Der Wirtschaftsprüfer

Schriften aus dem Bereiche des deutschen Wirtschaftsprüfungswesens

Herausgegeben von

Dr. Otto Mönckmeier

Vorsitzender des Instituts der Wirtsch

Siebentes Heft

Kommunales Prüfungswesen

Zweiter Teil

Prüfung kommunaler Betriebe

Vorträge und Aufsätze

Zusammengestellt und eingerichtet von

Wirtschaftsprüfer Dr. **Peter van Aubel**

Springer-Verlag Berlin Heidelberg GmbH

1936

ISBN 978-3-662-34859-8 ISBN 978-3-662-35189-5 (eBook)
DOI 10.1007/978-3-662-35189-5

Geleitwort.

Mit dem vorliegenden Heft wird in der Schriftenreihe „Der Wirtschaftsprüfer“ erstmals ein Sondergebiet des deutschen Wirtschaftsprüfungswesens behandelt.

Die Prüfung der gemeindlichen Betriebe ist seit dem Erlaß der einschlägigen gesetzlichen Regelung in den Aufgabenbereich des Wirtschaftsprüfers einbezogen worden und sieht nunmehr auf eine dreijährige Entwicklung zurück. Angesichts der besonderen volkswirtschaftlichen Bedeutung dieses Prüfungszweiges hat das Institut der Wirtschaftsprüfer in Gemeinschaft mit der Verwaltungs-Akademie Berlin vom 17. bis 22. Juni 1935 die „Erste Wirtschaftsprüferwoche über Gemeindeprüfungen“ veranstaltet. Die Aufgabe der Tagung war es, unter Mitwirkung der an diesem Tätigkeitsgebiet beteiligten Kreise des Staates, des Gemeindewesens und der Wirtschaftsprüfer die staats- und kommunalpolitischen Erfordernisse, die wirtschaftlichen Aufgaben und Maßstäbe und die sich hieraus für den Beruf ergebenden Folgerungen klarzustellen.

Der außerordentliche Erfolg, den diese Veranstaltung für alle Teilnehmer bedeutet hat, ließ es als richtig erscheinen, den wertvollen Vortragsstoff, ergänzt um weitere Arbeiten, zu sammeln und in Form eines Buches zur weiteren Aufbauarbeit bereitzustellen. Als erstes Sammelwerk des gemeindlichen Wirtschaftsprüfungswesens füllt das Buch eine große Lücke im Schrifttum aus und wird deshalb für die beteiligten Berufsangehörigen ebenso wie für die staatlichen und gemeindlichen Stellen eine wertvolle Bereicherung bilden. Zugleich aber bedeutet das Buch einen großartigen Beweis für den Erfolg fruchtbarer Gemeinschaftsarbeit, die hier in engster Zusammenarbeit von Staat, Gemeinde und Wirtschaftsprüferberuf zum Wohle des Ganzen geleistet worden ist.

Berlin, im März 1936.

Dr. Otto Mönckmeier.

Vorwort.

Die Erste Wirtschaftsprüferwoche über Gemeindeprüfungen wurde von mehr als 300 Personen besucht. Teilnehmer waren leitende Staats- und Gemeindebeamte, gemeindliche Ehrenbeamte, technische und kaufmännische Werkleiter, Abrechnungsfachleute, beamtete und freiberufliche Prüfer und Vertreter der Wissenschaft. Alle diese Kreise hatten erfreulicherweise auch Vorträge übernommen. Es blieb nicht aus, daß dabei berufseigentümliche Haltungen und unterschiedliche Auffassungen zutage traten, die nur zum Teil in den vielstündigen nachmittäglichen Arbeitsgemeinschaften geklärt und angeglichen werden konnten.

Auch in diesem Buch gehen bei aller Einheitlichkeit der Grundrichtung die Ansichten in einzelnen Fragen auseinander. Wie die Woche selbst will es nicht fertige Rezepte liefern, sondern Tatsachen darstellen und persönliche Erfahrungen und Urteile vermitteln, um dadurch zu eigener Verarbeitung und Weiterarbeit anzuregen. Nur soweit eine Übereinstimmung, insbesondere in rein betriebswirtschaftlichen Fragen, erzielbar und zweckmäßig erschien, wurde sie bei der Überarbeitung der Vorträge angeregt und versucht, ohne daß dadurch der Eigenverantwortung der Verfasser in irgend einer Weise Abbruch geschah.

Über die Vorträge der Wirtschaftsprüferwoche hinaus enthält das Buch eine Reihe von erstmaligen Beiträgen, und zwar die Aufsätze 5 und 8 und wesentliche Stücke des Vierten Teiles. Die Arbeiten im Vierten Teil sind, soweit ihre Herkunft nicht besonders angegeben wurde, Früchte einer Gemeinschaftsarbeit. Bei ihnen war infolgedessen die Angabe von Verfassernamen entbehrlich.

Wenn man auch bei der Benutzung im einen oder anderen Falle zur Ergänzung das angegebene Schrifttum heranziehen muß, so bringt das Buch im ganzen doch erstmalig eine abgerundete Darstellung aller wesentlichen Sonderfragen, die bei der Pflichtprüfung gemeindlicher Betriebe auftreten. Damit ist ein Mittel bereitgestellt, das der gemeindlichen Betriebsprüfung neuen Auftrieb geben kann. Nicht zuletzt wird dazu das ausführliche Sachverzeichnis beitragen, das einen umfassenden Überblick über die angeschnittenen Fragen bietet und dem Buch über die ursprüngliche Absicht hinaus den Wert eines Nachschlagewerkes verleiht.

Berlin, im März 1936.

Dr. Peter van Aubel.

Inhaltsverzeichnis.

Erster Abschnitt.

Gemeindebetriebe und Gemeindeprüfung im Rahmen der Staats- und Gemeindepolitik.

Zweiter Abschnitt.

Aufbau und Führung von Versorgungs- und Verkehrsbetrieben.

Dritter Abschnitt.

Die Prüfung von Versorgungs- und Verkehrsbetrieben.

Vierter Abschnitt.

Ergänzungen zum ersten bis dritten Abschnitt.

Erster Abschnitt.

Gemeindebetriebe und Gemeindeprüfung im Rahmen der Staats- und Gemeindepolitik.

1. Staatsforderungen an die Gemeindeprüfung.

Von Dr. Ludwig Grauert,

Staatssekretär im Reichs- und Preußischen Ministerium des Innern.

Wer vor wenig mehr als fünf Jahren die Frage aufgeworfen hätte, welche Forderungen der Staat an die Gemeindeprüfung stelle, dem hätte jedenfalls für den größten Teil des Staatsgebiets nur die Antwort gegeben werden können, daß der Staat an diesen Fragen kein besonderes Interesse nehme. In der Tat hat das Reich, wesentlich schon aus Gründen der gesetzgeberischen Zuständigkeit, bis vor wenigen Jahren auf diesem Gebiete völlig in Reserve gestanden, und auch die meisten Länder begnügten sich entsprechend der Konstruktion des damaligen Gemeindeverfassungsrechts damit, die Gemeindeprüfungen in der Form der Rechnungsprüfung als eine rein örtliche Angelegenheit, als ein Geschäft zwischen Gemeindevertretung und Gemeindevorstand zu betrachten.

Erst seit dem Jahre 1930 begann sich diese Haltung des Reichs zu ändern. Das bisher wesentlich nur theoretisch erörterte Problem einer staatlich beeinflußten Gemeindeprüfung gewinnt in schnellem Schritt gesetzgeberische Gestaltung, die allerdings nicht unter einer irgendwie einheitlichen Konzeption steht, sondern zunächst ganz bestimmten, relativ isolierten Staatszielen dienen soll. Sie sehen das ganz deutlich an zwei Beispielen:

Sie finden in der Reichsgesetzgebung die erste „Staatsforderung an die Gemeindeprüfung" in einer Notverordnung vom 5. Juni 1931. Dort wird die Beteiligung der Bezirksfürsorgeverbände an den sogenannten Reichswohlfahrtsdotationen u. a. davon abhängig gemacht, daß die Ausgabenwirtschaft dieser Verbände den Grundsätzen der Sparsamkeit und Wirtschaftlichkeit entspricht, und daß die regelmäßige Prüfung der Haushaltsrechnungen durch eine geeignete unabhängige Stelle und die Bekanntgabe der Prüfungsergebnisse satzungsgemäß sichergestellt ist. Diese Regelung ist, wie Sie unschwer erkennen, reichsfiskalisch orientiert. Sie setzt sich nicht das Ziel, eine Gemeindeprüfung um ihrer selbst willen einzuführen. Sie verlangt eine derartige Prüfung vielmehr nur für einen bestimmten Kreis notleidender Gemeinden und Gemeindeverbände, die infolge ihrer Belastung mit Fürsorgeausgaben auf finanzielle Unterstützung durch das Reich angewiesen sind. Der Zweck dieser gesetzgeberischen Maßnahme ist dabei völlig klar: das Reich wollte bei seinen eigenen finanziellen Schwierigkeiten diese Reichszuschüsse durch die Sicherstellung sparsamster Wirtschaft in den unterstützungsbedürftigen Gemeinden und Gemeindeverbänden auf das unerläßliche Maß beschränken.

Zeigen demnach die Anfänge des Gemeindeprüfungswesens auf der Seite der gemeindlichen Hoheitsverwaltung unverkennbar reichsfiskalische Motive, so verdankt ein anderer Zweig der Gemeindeprüfung ganz offensichtlich bestimmten wirtschaftspolitischen Tendenzen sein Entstehen. Die Jahre, um die es sich hier handelt, standen im Zeichen scharfen Kampfes zwischen privater und öffentlicher Wirtschaft. Es wäre nach der damaligen Verfassungslage an sich Aufgabe der Länder gewesen, hier jedenfalls insoweit, als es sich um den Sektor der Gemeinden handelt, eine vernünftige und sachgemäße Abgrenzung zu finden. Es hat in der Tat auch nicht an Versuchen nach dieser Richtung gefehlt. In dem größten deutschen Lande, in Preußen, waren bei der damaligen politischen Situation die von den rechtsstehenden Parteien wiederholt eingebrachten Gesetzentwürfe über eine Abgrenzung zwischen privater und öffentlicher Wirtschaft jedoch ohne weiteres zur Aussichtslosigkeit verurteilt. Diese Situation hat im Jahre 1931 das Reich zum Eingreifen veranlaßt. Dabei ist es nicht den Weg einer konkreten Abgrenzung dieser Wirtschaftsgebiete gegangen wie später das Preußische Gemeindefinanzgesetz und heute die Deutsche Gemeindeordnung; Ansatzpunkt für die gesetzliche Regelung war vielmehr das Prüfungswesen, und so ist in der Notverordnung vom 6. Oktober 1931 der andere Zweig des gemeindlichen Prüfungswesens, die Prüfung der Wirtschaftsbetriebe der Gemeinden, ins Leben gerufen worden. Wie stark und ausschließlich dabei die vorhin erwähnten wirtschaftspolitischen Ziele maßgebend waren, ersehen Sie aus der Begründung zur Durchführungsverordnung vom 30. März 1933, die unzweideutig zum Ausdruck bringt, daß die regelmäßige jährliche Prüfung der gemeindlichen Wirtschaftsbetriebe wesentlich dazu beitragen solle, einem Abbau entbehrlicher Regiebetriebe den Weg zu ebnen.

So stehen die Anfänge der Gemeindeprüfung unter einer durchaus isolierten Betrachtungsweise, und dem entspricht es, daß sich im gemeindlichen Prüfungswesen jedenfalls zunächst eine Aufspaltung in die Prüfung der sogenannten Hoheitsverwaltung und der gemeindlichen Wirtschaftsbetriebe ergibt.

Das war im wesentlichen der rechtliche Zustand, den der nationalsozialistische Staat bei der Machtübernahme antraf. Es war aber zunächst auch nur ein rechtlicher Zustand, der in seiner Verwirklichung noch nicht sehr weit fortgeschritten war. Das erforderte eine alsbaldige Stellungnahme des neuen Staates zu den Fragen der Gemeindeprüfung, die um so dringlicher wurde, je mehr die alten Verfassungsformen der Gemeinden zunächst tatsächlich, dann aber auch rechtlich beseitigt wurden. Die grundlegende Entscheidung, die auch die weitere Entwicklung maßgebend bestimmt hat, ist dann in dem Preußischen Gemeindefinanzgesetz vom 15. Dezember 1933 gefallen und in dem Vorwort zu diesem Gesetz in folgende Worte gekleidet:

„Die Staatsführung ist der Volksgemeinschaft dafür verantwortlich, daß die Verwaltung der dem Staate eingegliederten Körperschaften jederzeit nach den Grundsätzen gewissenhaftester Sparsamkeit, höchster Wirtschaftlichkeit und unbedingter Sauberkeit geführt wird. Diese Grundsätze haben die altpreußische Verwaltung von jeher ausgezeichnet. Ihrer Wiederherstellung und Erhaltung in den Gemeinden dient das Gemeindefinanzgesetz.

Die der Staatsführung obliegende Verantwortung verpflichtet sie, die Verwaltungsführung der Gemeinden daraufhin zu überwachen, ob die Grundsätze der Sparsamkeit, Wirtschaftlichkeit und Sauberkeit gewissenhaft beobachtet werden. Durch dieses Gesetz werden deshalb als Dienststellen der Aufsichtsbehörden Gemeindeprüfungsämter eingerichtet. Ihre Aufgabe ist die planmäßige Überprüfung der Haushalts- und Kassenführung der Gemeinden, der Verwaltung ihrer Unternehmungen und ihres Vermögens. Der Staat übernimmt zugleich die Entlastung des Leiters der Gemeinde aus der Führung der Verwaltung in seine Zuständigkeit.“

Das Preußische Gemeindefinanzgesetz hat heute im wesentlichen nur noch geschichtliche Bedeutung. Ich habe Ihnen die vorhin erwähnten Stellen seines Vorworts aber zitieren wollen, um Ihnen daraus den grundlegenden Wandel der „Staatsforderungen an die Gemeindeprüfung“ darzutun. Sie finden in diesem Vorwort und auch im Gemeindefinanzgesetz selbst nichts mehr von der isolierten Betrachtungsweise der Notverordnungen des Jahres 1931. Sie sehen hier vielmehr erstmalig eine ganz einheitliche Betrachtungsweise, eine Herausstellung der Bedeutung und des Wertes der Gemeindeprüfung an sich und nicht zuletzt ihren endgültigen Einbau in die neuen Formen der Gemeindeverfassung. Darin liegt nach meiner Auffassung das Entscheidende: die Gemeindeprüfung ist heute nicht mehr eine Angelegenheit, der sich der Staat bedient, um gewisse einzelne finanzpolitische, wirtschaftspolitische oder sonstige Zwecke zu erreichen; sie ist heute echter, aus dem neuen Verfassungssystem nicht mehr wegzudenkender Teil der Gemeindeverfassung. Ich brauche, um dies deutlich zu machen, nur noch einmal an den letzten Satz des bereits erwähnten Vorworts zum Gemeindefinanzgesetz anzuknüpfen:

„Der Staat übernimmt zugleich die Entlastung des Leiters der Gemeinde aus der Führung der Verwaltung in seine Zuständigkeit.“

Es bedarf keiner näheren Begründung, daß der Staat diese verantwortungsvolle Aufgabe nur erfüllen kann, wenn eine ausreichende Gemeindeprüfung ihm die Grundlagen für seine Entscheidung geliefert hat. Ohne

diese Voraussetzung wäre der Staat mit einer Verantwortung belastet, die er einfach nicht tragen kann.

So sehen Sie denn auch in der Deutschen Gemeindeordnung vom 30. Januar 1935 eine ganz klare Weiterführung dieser Gedankengänge, eine Weiterverfolgung der grundsätzlichen Linie und eine Weiterentwicklung nur in der abweichenden Gestaltung von Einzelfragen.

Diese Deutsche Gemeindeordnung hat davon abgesehen, die Fragen der Gemeindeprüfung völlig abschließend zu regeln, nur in dem einen Teil der Prüfung, der sogenannten örtlichen Prüfung, sind ihre Vorschriften einigermaßen vollständig. Dagegen gibt sie für das Gebiet der sogenannten überörtlichen Prüfung nur einige knappe Grundsätze und überläßt den näheren Ausbau insoweit der Verordnung. Eine derartige Regelung war, wie das in der Begründung zur Gemeindeordnung näher ausgeführt ist, unvermeidlich, da die endgültige Gestaltung des überörtlichen Prüfungswesens Klarheit der endgültigen Form des Reichsaufbaues überhaupt zur notwendigen Voraussetzung hat. Unbeschadet der danach noch ausstehenden endgültigen Regelung des überörtlichen Prüfungswesens im einzelnen läßt die Deutsche Gemeindeordnung aber schon jetzt durchaus klar erkennen, welche Forderungen der Staat in einer Reihe von grundsätzlichen Fragen an die Gemeindeprüfung stellt und stellen muß.

1. Einheit der Prüfung. Wenn Sie einmal den allgemeinen Teil der Begründung zur Deutschen Gemeindeordnung durchsehen, so finden Sie dort einen umfangreichen Abschnitt, der sich mit den heute viel erörterten Fragen der Einheit der örtlichen Verwaltung auseinandersetzt. Diese Einheit der örtlichen Verwaltung wird dort ganz klar als zum staatspolitischen Sinn der Selbstverwaltung überhaupt gehörig bezeichnet. Die Gemeinde, bei der danach in weitestem Umfange alle örtlichen Aufgaben zusammengefaßt werden sollen, bildet aber auch in sich eine absolute Einheit. Mögen ihre Aufgaben der Sache nach noch so vielfältig sein, mögen auch die Formen, in denen sich die gemeindliche Betätigung im einzelnen abspielt, noch so unterschiedlich sein, es ist immer die Einheit der Gemeinde, die der Bevölkerung handelnd gegenübertritt. Darüber hinaus bestehen aber auch zwischen all diesen verschiedenen Betätigungen so zahlreiche und so innige innere Zusammenhänge, daß sie sich schlechthin nicht voneinander lösen lassen. Daraus ergibt sich ganz zwangsläufig, daß auch die Gemeindeprüfung die Gemeinde uur als eine Einheit sehen kann, und daß dieser Grundgedanke auch in der endgültigen Gestaltung der Gemeindeprüfung seinen Ausdruck finden muß. Das bedeutet, daß eine sinnvolle Verbindung der verschiedenen Prüfungsarten gefunden werden muß. Diese Erkenntnis ist für uns in Preußen nicht neu. Zu ihrer Verwirklichung bedurfte es jedoch damals gewisser Korrekturen der reichsrechtlichen Gesetzeslage. Wir hatten damals bei Schaffung der Gemeindeprüfung auf dem Gebiete der Prüfung der sog. Hoheitsverwaltung freie Hand und konnten alle anfallenden Prüfungsaufgaben ohne große Schwierigkeit bei unseren Prüfungsämtern zusammenfassen. Schwieriger lagen die Verhältnisse bei der Prüfung der gemeindlichen Unternehmungen, für die die maßgebenden reichsrechtlichen Rechtsnormen nicht so sehr aus dem Blickfeld der Gemeinde und der gemeindlichen Wirtschaft als aus dem der privaten Wirtschaft gewachsen waren. Sie wissen, daß wir über den § 7 der Durchführungsverordnung vom 30. März 1933 trotzdem eine Lösung gefunden haben, die eine gewisse Zusammenfassung der einzelnen Prüfungszweige gewährleistete. Trotzdem haben sich, was bei der Verschiedenheit der Rechtsquellen auf diesem Gebiete nicht sehr verwunderlich ist, gewisse Überschneidungen ergeben; es sind, wenn Sie z. B. an den Umfang der Pflichtprüfung bei den rein kommunalen Aktiengesellschaften denken, auch gewisse Uneinheitlichkeiten übrig geblieben, die mehr als bloße Schönheitsfehler sind.

Wenn wir nun die Frage aufwerfen, wie denn die Deutsche Gemeindeordnung sich zu der Einheit der Gemeindeprüfung stellt, so gibt uns ein Blick auf die Vorschrift des § 103 eine unzweideutige Antwort. Diese Vorschrift umgrenzt die Fragen, die auf dem Gebiete der Gemeindeprüfung demnächst durch Verordnung des Reichsministers des Innern und des Reichsministers der Finanzen geregelt werden sollen. Sie finden in dieser Aufzählung neben der sog. Ordnungsprüfung des Haushalts-, Kassen- und Rechnungswesens auch die sog. Wirtschaftlichkeits- und Organisationsprüfungen und auch die Prüfung der wirtschaftlichen Unternehmungen der Gemeinde. Aus dieser Regelung ergibt sich, daß wir nach Erlaß der in § 103 vorgesehenen Verordnung eine einheitliche Rechtsquelle für das gesamte Gebiet des Prüfungswesens haben werden, und es dürfte nicht zweifelhaft sein, daß alsdann auch die innere Geschlossenheit des gemeindlichen Prüfungswesens erreicht sein wird. Damit ist — darauf möchte ich zur Vermeidung jedes Mißverständnisses ausdrücklich hinweisen — über die Faktoren, die im Rahmen dieser Gemeindeprüfung mitzuwirken berufen sein werden, selbstverständlich noch nichts gesagt.

2. Unabhängigkeit der Prüfung. Die zweite Forderung, die der Staat auf dem Gebiete der Gemeindeprüfung stellen muß, ist die der restlosen Unabhängigkeit dieser Prüfung. Die Frage der Unabhängigkeit der Gemeindeprüfung ist an sich so alt wie das Problem der Gemeindeprüfung selbst. Schon die von mir erwähnte Notverordnung des Reichs vom 5. Juni 1931 betont diesen Gesichtspunkt, wenn sie von der regelmäßigen Prüfung der Haushaltsrechnungen durch eine geeignete unabhängige Stelle spricht. Wenn Sie einmal in der Begründung zur Deutschen Gemeindeordnung nachlesen, so finden Sie dort ganz die gleichen Gesichtspunkte entwickelt. Dort heißt es:

„In der Zielsetzung kam es dabei darauf an, eine Prüfungseinrichtung zu schaffen, die bei Berücksichtigung der Umgestaltung des Gemeindeverfassungsrechts einen möglichst guten Erfolg für Staat und Gemeinde ver-

spricht. Dabei konnte aus dem Gesichtspunkt heraus, daß eine derartige Einrichtung von den zu prüfenden Gemeinden unter allen Umständen unabhängig sein muß, nur eine Rechtsform in Betracht kommen, die diesem Erfordernis gerecht wird."

Unabhängigkeit der Gemeindeprüfung bedeutet demnach in erster Linie Unabhängigkeit von den zu prüfenden Gemeinden selbst, und zwar von der zu prüfenden Einzelgemeinde sowohl als auch von einer Gesamtheit von Gemeinden. Eine derartige Unabhängigkeit ist nicht nur für das Gebiet der Prüfung der Hoheitsverwaltungen, sondern auch für das Gebiet der Betriebsprüfungen von gleicher Bedeutung, und es handelt sich ja hier um eine Frage, die in den letzten Jahren wiederholt erörtert worden ist. Während dabei auf dem erstgenannten Gebiet die Frage der Form der Prüfungseinrichtungen im Vordergrunde stand, drehte sich die Erörterung auf dem anderen Gebiete um die möglichste Kundenunabhängigkeit des Prüfers. Ich brauche sie hier nur an die verschiedensten Äußerungen in den Zeitschriften „Der Wirtschaftstreuhänder" und „Der deutsche Volkswirt" zu erinnern, Äußerungen, in denen u. a. gerade unter der Zielsetzung möglichster Unabhängigkeit nichts weniger als beispielsweise die Verbeamtung der Wirtschaftsprüfer erörtert wurde. Ich glaube, daß wir in Preußen auch nach dieser Richtung hin durch die Zwischenschaltung der Gemeindeprüfungsämter eine durchaus glückliche Lösung gefunden hatten, die den Interessen Ihres Berufsstandes und auch den Interessen des Staates gerecht wurde, und die sich, soweit ich sehe, auch durchaus befriedigend eingespielt hat.

Nun bedeutet Unabhängigkeit der Gemeindeprüfung aber auch noch etwas anderes. Es ist Aufgabe der Prüfung, bestimmte objektive Tatsachen festzustellen, die im System unseres heutigen Gemeindeverfassungsrechts alsdann die Grundlage für Entscheidungen namentlich des Staates in der Form der sogenannten Entlastung abgeben. Diese Entscheidung hat wie jede Entscheidung der staatlichen Verwaltung einen gewissen politischen Gehalt; demgegenüber ist die vorhergehende Prüfung eine grundsätzlich unpolitische Funktion, und sie verliert deshalb ihren Wert, wenn sie sich von anderen Gesichtspunkten leiten läßt als denen der rein objektiven Feststellung. So bedeutet Unabhängigkeit der Prüfung auch das Fernhalten jedes einen objektiven Prüfungsbericht verhindernden Einflusses auf die Prüfungstätigkeit.

Ich glaube, daß die Endlösung der Deutschen Gemeindeordnung durchaus Gewähr dafür bietet, daß die Unabhängigkeit der Gemeindeprüfung nach den beiden Richtungen hin, die ich vorhin kennzeichnete, gesichert ist. Eine als Körperschaft des öffentlichen Rechts eingerichtete Anstalt, die dem Reichsminister des Innern unmittelbar untersteht, hat bei richtiger Ausgestaltung sowohl die erforderliche Distanz von den zu prüfenden Gemeinden selbst, als auch die nötige Festigkeit gegen sonstige unerwünschte Einflüsse.

3. Höchster Wirkungsgrad der Gemeindeprüfung. Die dritte Forderung, die der Staat an die Gemeindeprüfung stellen muß, ist die, daß die Prüfung in allen ihren Zweigen mit den einfachsten Mitteln und den geringsten Kosten höchste Leistungen erzielt. Daraus ergibt sich eine Reihe von Forderungen, die z. T. auf dem Gebiete der zweckmäßigen Organisation, zum anderen Teil auf dem der inneren Haltung dieser Prüfung liegen.

Was zunächst die organisatorische Seite des Problems betrifft, so wird es hier entscheidend darauf ankommen, eine Gestaltung der Prüfungsanstalt zu erreichen, die sich von jeder vermeidbaren Zentralisation ebenso fernhält wie von der Versuchung, die einzelnen Prüfungsaufgaben Stellen zuzuweisen, denen zu ihrer Lösung die nötigen Kräfte und der nötige Überblick fehlen. Die Prüfung wird um so besser, um so wirklichkeitsnaher und auch um so weniger kostspielig sein, je näher die Prüfungsstelle an das zu prüfende Objekt herangerückt wird. Schon aus diesen Erwägungen werden wir im Rahmen der in der Gemeindeordnung vorgesehenen Prüfungsanstalt zu Untergliederungen kommen müssen, die in zweckmäßiger Abgrenzung das Gros der anfallenden Prüfungsaufgaben durchführen können. Die Grenze ihrer Tätigkeit wird jedoch da liegen müssen, wo die Sonderheit des Prüfungsobjekts und das Fehlen hinreichender Vergleichsobjekte eine wirklich fruchtbringende Prüfung nicht mehr gestattet. Die weitere bedeutsame organisatorische Frage, die sich bei der Endlösung auf diesem Gebiet stellen wird, ist die, in welchem Umfange die Anstalt mit ihren Untergliederungen die Prüfungsaufgaben mit eigenen beamteten oder angestellten Kräften durchführt und inwieweit sie außerhalb stehende Kräfte in den Dienst ihrer Aufgaben zieht. Auch hier muß letzten Endes der Gedanke höchsten Nutzeffekts der Prüfung mit einfachsten Mitteln und geringsten Kosten ausschlaggebend sein, wobei ich diesen Gedanken nicht ausschließlich auf eine rein gemeindliche Betrachtung dieser Dinge abgestellt wissen möchte, sondern auf eine Betrachtung, die auch die größeren Gesichtspunkte des Staats- und Wirtschaftslebens mit in ihren Bereich zieht.

Nicht minder entscheidend als diese organisatorischen Fragen wird für den Erfolg aber die innere Haltung der Gemeindeprüfung sein. Es kommt alles darauf an, für die Gemeindeprüfung, wie sie nach den Vorschriften der Deutschen Gemeindeordnung geschaffen werden soll, eine innere Haltung zu gewährleisten, die die Gefahr der Verbürokratisierung und Verknöcherung unter allen Umständen vermeidet. Verknöcherung und Bürokratismus sind etwas, was gerade die deutschen Gemeinden in einem Volksstaate mit ihrem pulsierenden Leben nicht ertragen können. Wenn die Gemeindeprüfung den Zusammenhang mit diesem pulsierenden Leben verliert, wenn sie im Formalen erstarrt, dann wird sie für den Staat und für die Gemeinden in gleichem Maße wertlos sein. Ich bin der Überzeugung, daß sich diese Gefahren durchaus vermeiden lassen, und sehe den besten Weg hierzu darin, daß man in der Anstalt auch die Kräfte des gemeindlichen Lebens und der Wirtschaft in den geeigneten Fragen zur Mitwirkung heranzieht.

Die Gemeindeprüfung kann aber, darauf hat kürzlich der Leipziger Oberbürgermeister Dr. Goerdeler hingewiesen, noch in einem anderen Punkte Gefahr laufen. Der Staat kann für die gemeindliche Betätigung Richtpunkte geben, wie es vor allem in dem Sechsten Teil der Deutschen Gemeindeordnung geschehen ist. Er kann von ihnen auch bis zu einem gewissen Grade verlangen, daß sie ihre Betätigung im Rahmen einer bestimmten formalen Ordnung abwickeln. Er kann und darf aber das vielfältige gemeindliche Leben nicht in allen Einzelheiten in allgemein geltende Rezepte pressen, nach denen alsdann in den Gemeinden regiert werden müßte. Würde die Gemeindeprüfung ihren Zweck in einer derartigen Rezeptierung sehen, so stehe ich nicht an, sie für unsere deutschen Verhältnisse als unsinnig und mit dem in der Deutschen Gemeindeordnung niedergelegten Willen des Führers als unvereinbar zu bezeichnen. So liegen die Dinge aber auch gar nicht. Was will die Gemeindeprüfung? Ich habe bereits vorhin darauf hingewiesen, daß sie im Rahmen unseres neuen Gemeindeverfassungsrechts die Vorstufe eines bestimmten staatlichen Akts, der Entlastung des Bürgermeisters aus seiner Haushalts- und Wirtschaftsführung, ist. Hier hat sie eine ganz bestimmt umrissene Funktion; hier erfährt sie eine bestimmt abgegrenzte Auswertung, die ihre Grenze grundsätzlich in den Schranken der Kommunalaufsicht überhaupt findet. Insoweit ist es also schon von selbst ausgeschlossen, daß dem „Einheitsrezept" auf dem Gebiete gemeindlicher Betätigung, das außerhalb des Zugriffs der Kommunalaufsicht steht, Eingang verschafft werden könnte. Nun ist das aber nur die eine Seite der Gemeindeprüfung. Sie hat daneben noch eine andere Funktion, die im Gesetz zwar nicht ausdrücklich ausgesprochen ist, die aber in bezug auf die Gemeinden sicherlich besondere Bedeutung hat. Die Gemeindeprüfung soll in der Sphäre, die ich einmal als den freien Bereich der Selbstverwaltung bezeichnen möchte, Berater der Gemeinden sein. Es ist ja doch so, daß wir jetzt und alle Zeit mit Gemeinden rechnen müssen, die gut verwaltet sind, und mit solchen, die weniger gut verwaltet sind. Es ist ferner auch so, daß sich in der einen Gemeinde auf einem bestimmten Gebiet besonders brauchbare Verwaltungsmethoden ausbilden, während die gleiche Arbeit in der anderen Gemeinde vielleicht nach wie vor in den bisherigen, wenig zweckmäßigen Geleisen läuft. Nun ist es doch immer schon so gewesen, daß der tüchtige, interessierte Bürgermeister sich auch in anderen Gemeinden umsah und das Gute ihrer Arbeit in seine eigene Gemeinde übernahm, und es ist ferner auch ganz kennzeichnend, daß es die Selbstverwaltung selbst war, die in bestimmten Sektoren Einrichtungen schuf, die auf diesem oder jenem Gebiet dem Erfahrungsaustausch zwischen den Gemeinden dienen sollten. Hier eröffnet sich nun für die Gemeindeprüfung ein Gebiet reicher Tätigkeit, einer Tätigkeit allerdings, die nichts Dekretierendes oder Aufdrängendes an sich haben darf, die vielmehr nichts weiter sein kann als Erfahrungsvermittlung. Der Bürgermeister muß dann selbst die Eignung dieser Erfahrungen für seine eigene Gemeinde prüfen, und seiner Entscheidung bleibt es dann ausschließlich vorbehalten, was er hiervon für seine Gemeinde als geeignet übernimmt, oder was er als für die Sonderlage der Gemeinde unpassend verwirft. Die wirkliche Führerpersönlichkeit, wie sie die Deutsche Gemeindeordnung als Bürgermeister will, wird dabei nie in die Gefahr einer bequemen Initiativlosigkeit verfallen; ich sehe vielmehr aus dieser Seite der Tätigkeit der Gemeindeprüfung eine ganz andere, durchaus erfreuliche Wirkung: Die Fragen der Gemeindeorganisation und der gemeindlichen Betätigung werden in ihren Einzelheiten weit mehr als bisher in den Mittelpunkt des Interesses gerückt werden, wie wir das ja ganz plastisch im Anschluß an die bekannten Gutachten des früheren Reichssparkommissars gesehen haben, und das ist, wie ich schon sagte, für die Arbeit in den Gemeinden nur wünschenswert und erfreulich.

Aus diesen mehr ins Negative gerichteten Ausführungen ergibt sich nun zugleich, welche positiven Erwartungen der Staat an die Gemeindeprüfung knüpft, und nach welchen Richtungen sie ihre Wirkungen entfalten muß: sie hat dem Staate zuverlässige Grundlagen für die Entlastung zu liefern, und sie hat darüber hinaus den Gemeinden Erkenntnisse zu vermitteln, die nur aus einer überörtlichen Betrachtung gewonnen werden können, die die Gemeinde alsdann aber selbst für das gemeindliche Leben fruchtbar macht. Wir sind uns darüber klar, daß diese Ziele nur von einer Prüfungseinrichtung erreicht werden können, die von höchster Leistung und Verantwortung getragen ist. Wir wissen auch, daß mancher Weg zu diesem Ziel erst noch zu bahnen ist, und daß auch die Menschen, die in dieser Prüfungsarbeit tätig sind und tätig sein werden, erst nach einer gewissen Zeit mit ihren Aufgaben so verwachsen und mit ihnen so vertraut sind, daß diese letzten Ziele, die ich vorhin kennzeichnete, in vollem Umfange erreicht werden können. Aber gerade die bisherigen Erfahrungen geben die Gewähr, daß diese Ziele erreichbar sind, und zeigen, daß wir schon ein gutes Stück Wegs zu ihnen zurückgelegt haben. So sehe ich auch diesen Lehrgang, auf dem ich einleitend zu Ihnen sprechen durfte, als ein besonders erfreuliches Zeichen des auf dem Gebiete des gemeindlichen Prüfungswesens herrschenden Bestrebens nach möglichster Vervollkommnung der hier liegenden schweren und verantwortungsvollen Arbeit an.

2. Gemeindeforderungen an die Prüfung der Gemeindebetriebe durch Wirtschaftsprüfer.

Von Oberbürgermeister **Friedrich Budde**, Bielefeld.

Grundsätze für die Gemeindeverwaltung und Wirtschaftsführung.

Die Begründung zur Deutschen Gemeindeordnung enthält die folgenden bedeutungsvollen und inhaltsreichen Sätze: „Selbstverwaltung ist nicht an starre Formen und Begriffe gebunden, sie erhält ihr Gepräge von dem Grundgedanken, auf dem der Staat selbst beruht". — Dazu heißt es weiter: „Der neue Staat beruht auf dem Grundsatz der unbeschränkten Führerverantwortlichkeit. Er lehnt alle Richtungen parlamentarisch-demokratischer Art, die die Verantwortung des einzelnen verwischen oder auslöschen, unbedingt ab. Autorität nach unten und uneingeschränkte Verantwortung nach oben ist der Grundsatz des nationalsozialistischen Staates. Die Gemeinden aber sind Zellen des Staates. Ihr Eigenleben muß daher mit dem Wohl des Staates und Volksganzen in Einklang stehen."

Was hier für die Selbstverwaltung der Gemeinden gesagt ist, muß auch für ihre wirtschaftliche Betätigung gelten. Die Wirtschaftsprüfung gemeindlicher Betriebe kann daher neben den ergangenen besonderen Bestimmungen nur diesen allgemeinen Grundsätzen Rechnung tragen und die Ansprüche der Gemeinden können sich ebenfalls nur in diesem Rahmen halten.

Wenn ich dieses allgemein herausstelle, so möchte ich darüber hinaus besonders zum Ausdruck bringen, daß ich keine theoretisch-akademisch gehaltenen Betrachtungen über die bestehenden gesetzlichen Bestimmungen und Erlasse anstellen, sondern aus der Praxis für die Praxis sprechen will. — Die ergangenen Bestimmungen müssen selbstverständliche Grundlage jeder Praxis sein, die eine Gegenwart gestalten und eine Zukunft gewährleisten soll. Gegenwart und Zukunft aber ruhen auf einer Vergangenheit, die, wenn auch ideenmäßig überwunden, dennoch ihre Ausstrahlungen auch heute noch erkennen läßt und die wir deshalb nicht ganz vernachlässigen können. Denn die Gegenwart ist nicht Vollendung, sondern nur Gestaltung mit dem Ziele künftiger Vollendung.

Vergangene Auffassungen. — Trennung der Betriebsführung von der parlamentarischen Gemeindepolitik. Man gestatte mir über die Vergangenheit ein paar kurze Ausführungen an Hand eines praktischen Beispieles, wenn dabei auch Fragen berührt werden, die heute bereits beantwortet sind.

Bei Durchsicht alter Akten spielte mir der Zufall einen Auszug aus Nr. 64 der Vossischen Zeitung vom 5. Juni 1914 in die Hände mit Ausführungen des Kgl. Baurates Georg Sobersky über „Kaufmännische Gemeinden". Es heißt dort: Immer näher rückt die Stunde, wo Magistrat und Stadtverordnete von Berlin die Entscheidung treffen müssen, ob die Versorgung der Reichshauptstadt und eines Teiles ihrer Umgebung mit elektrischer Energie seitens der Gemeinde selbst unter Übernahme der Berliner Elektrizitätswerke erfolgen oder weiterhin dem privaten Unternehmertum unter entsprechenden Abgabeverpflichtungen überlassen werden soll oder endlich, ob ein Mittelweg einzuschlagen ist durch die Errichtung einer gemischtwirtschaftlichen Unternehmung, bei der sich Gemeinde und Unternehmer zur Durchführung eines wirtschaftlichen Betriebes vereinigen.

Bei den sich schroff gegenüberstehenden Meinungen versucht Sobersky an

Hand eines Beispieles, das ihm eine mittlere Provinzstadt Westfalens zu geben scheint, den Nachweis zu führen, daß auch rein gemeindliche Betriebe immer mehr vom kaufmännischen Geist durchdrungen und ausschließlich nach kaufmännischen Grundsätzen, wie er sagt, verwaltet werden können.

Diese Stadt, es ist Bielefeld, hat im Gegensatz zu vielen anderen Städten die für die Allgemeinheit wirtschaftlich wichtigen Unternehmungen: Wasser-, Gas- und Elektrizitätswerke sowie die Verkehrsunternehmungen von vornherein auf städtische Kosten gebaut und selbst betrieben. Damals war die Leitung dieser sämtlichen Betriebe in einer Hand vereinigt worden. Der Leiter aller Betriebe wurde besoldetes Magistratsmitglied, seine Aufgaben waren ähnlich denen des Direktors eines Privatunternehmens. Ihm stand nach dem Beispiel der Privatwirtschaft ein Ausschuß zur Seite, zu dessen Mitgliedern der Direktor der Werke zählte, dem zugleich die Vertretung des Vorsitzenden übertragen war; den Vorsitz selbst führte der Bürgermeister. In der Organisation waren zwei Bestimmungen von besonderer Wichtigkeit.

1. Der Entscheidung des Ausschusses unterlagen nur Fragen von grundlegender Bedeutung. Die Beschaffung von Betriebsmitteln, normale Erweiterungen, der Verkauf von Nebenerzeugnissen usw. waren dagegen allein vom Werksleiter zu entscheiden. Er konnte nach eigenem Ermessen in einem Umfange handeln, wie das nur selten bei privaten Wirtschaftsgebilden der Fall sein dürfte.

2. Als weitere Folge der Einführung kaufmännischer Grundsätze wurde bestimmt, daß für die städtischen Betriebe keine Haushaltpläne mehr aufzustellen seien. Wichtiger fast noch als diese Tatsache ist der Beweggrund, daß sich die Ausgaben für die gewerblichen Betriebe nach den Bedürfnissen dieser Betriebe und nicht nach der allgemeinen Finanzlage der Gemeinde zu richten hätten.

Gegenwärtige Auffassung und ihre Auswirkung auf die Wirtschaftsprüfung. Hier stehen wir einer grundsätzlichen Einstellung gegenüber, mit der sich alle Gemeinden mit gleichgelagerten und ähnlichen Verhältnissen auseinanderzusetzen hatten und haben und die auch für die wirtschaftliche Prüfung der gemeindlichen Betriebe und die Einstellung der Prüfer Bedeutung hat. Darüber hinaus ist die Gestaltung des Organisationsrechtes in der demnächst nach § 74 DGO. neu aufzustellenden Betriebssatzung entscheidend von der grundsätzlichen Haltung zu dieser Frage abhängig.

Ich habe bereits zum Ausdruck gebracht, daß wir zwar in den letzten zwei Jahren für die wirtschaftliche Betätigung der Gemeinden grundlegende gesetzliche und andere bedeutungsvolle Bestimmungen erhalten haben, die richtunggebend volle Klarheit schufen. Demgegenüber ist aber zu berücksichtigen, daß sich bei den Menschen der lebenden Generation, die aus einer Vergangenheit kommend mit dieser belastet sind, die Grundanschauungen des Denkens, insbesondere auf wirtschaftlichem Gebiete, naturgemäß noch längst nicht gewandelt haben.

Die bewußt herbeigeführte Trennung der gemeindlichen Betriebe von einer üblen parlamentarischen Gemeindepolitik hat in der Vergangenheit ohne Zweifel Gutes bewirkt und Schlechtes verhindert. Als Schatten für die Gegenwart wurde jedoch hinterlassen, daß Betriebsführer mit entsprechender persönlicher Veranlagung sich und ihr Werk vielfach als allein bestehend ansahen und einen Ressortegoismus, wenn nicht sogar Partikularismus wachsen ließen, der zu schwerwiegenden Auseinandersetzungen führen mußte.

Ich darf hier wiederholen, was ich in dieser Beziehung als Kämmerer in einer Stadtverordnetenversammlung im Juni 1933 bereits grundsätzlich zum Ausdruck gebracht habe. Das Betriebsamt (d. h. die Zusammenfassung der Betriebswerke) ist hinsichtlich seiner Aufgabenerfüllung nicht mit einem privaten Wirtschaftsbetriebe vergleichbar, da es infolge seines gemeinnützigen Charakters in erster Linie der Gesamtheit zu dienen hat und in Notzeiten wie den gegenwärtigen auch besondere Leistungen vollbringen muß. Ich betrachte die städtische Verwaltung einschl. Betriebsamt als eine Einheit. Zur Wahrung dieser Einheit und zur gemeinnützigen Zweckerfüllung muß der Magistrat (Oberbürgermeister) den unbedingten Führungsanspruch gegenüber den städtischen Wirtschaftsbetrieben erheben. Die Betriebswerke dürfen deshalb kein Eigenleben führen, an dem die besonderen Sorgen und Nöte der Zeit mehr oder weniger spurlos vorübergehen. Ich bin ein persönlicher Gegner jeder Wirtschaftsbürokratie, durch die die persönliche Entschlußkraft der leitenden Direktoren ausgeschlossen wird. Ebensowenig aber bin ich ein Freund von Bestrebungen, wodurch die städtischen Betriebe zu einem Selbstzweck würden und damit aufhören, der Allgemeinheit in dem Umfange zu dienen, wie dieses z. Z. unbedingt notwendig ist. — Solange Teile eines Ganzen diesem zu dienen haben, können sich diese Teile nicht voneinander trennen oder abschließen, sondern haben sich miteinander im gemeinsamen Dienste auf das engste zu verbinden.

Bilanzgestaltung und Prüfung in Vergangenheit und Gegenwart. Aus der oben gekennzeichneten früheren Grundhaltung erwuchsen fragwürdige Verfahren für die Bilanzgestaltung und Erfolgsberechnung sowie bedenkliche Auswirkungen auf die seinerzeitigen Prüfungen. Sie verdienen kurz gestreift zu werden. Wiederum ein Beispiel und zwar aus einem Prüfungsbericht für das Jahr 1930. Der Prüfer schreibt über seinen Auftrag: „Die Prüfung sollte nur in dem Umfange vorgenommen werden, daß eine Beglaubigung der Übereinstimmung der Bilanzen und Gewinn- und Verlustrechnungen mit den ordnungsmäßig geführten Büchern erfolgen konnte. Damit war eine Prüfung der Betriebsgebarung, Geschäftsführung und Finanzpolitik ausgeschlossen, so daß von mir (so schreibt der Prüfer) die formelle und materielle Ordnungsmäßigkeit der Buchhaltung und die richtige Übernahme der Ergebnisse in die Bilanzen und Gewinn- und Verlustrechnungen zu prüfen war. Außer dieser Beschränkung ergab sich eine weitere aus der innerhalb der knapp bemessenen Zeit zwischen Auftragserteilung und Prüfungsende mir persönlich zur Verfügung stehenden Zeit."

Eine solche Prüfung hat natürlich keinen praktischen Wert. Die auferlegten Bedingungen bedeuten für einen gewissenhaften und denkenden Prüfer eine Zumutung, für die Gemeinden und ihre Bürger eine schlechte Unterrichtung, wenn nicht Irreführung. Als zweifelhaftes greifbares Ergebnis ist lediglich zu verzeichnen auf der Minusseite das Prüferhonorar und als Plus für die Betriebsführung allenfalls die Beruhigung des eigenen Gewissens und die Hoffnung, auf dem beschrittenen Wege weiterwandeln zu dürfen.

Nicht die förmliche und sachliche Ordnungsmäßigkeit der Buchhaltung und die richtige Übernahme der Ergebnisse in die Bilanzen und Gewinn- und Verlustrechnungen ist wesentlicher Prüfungsinhalt. Ordnungsmäßigkeit in dieser Richtung sollte selbstverständlich und dürfte schon durch die Tätigkeit des ständig anwesenden Rechnungsprüfungsbeamten gewährleistet sein.

Prüfung der wirtschaftlichen Verhältnisse als Hauptaufgabe der Prüfung. Die wirtschaftliche Prüfung der Betriebe kann und darf m. E. nur das Betriebsgebaren, die Geschäftsführung und die Finanzpolitik einschl. der Tarifgestaltung als wesentlichste Aufgaben kennen, wobei die vorbezeichneten sonstigen Feststellungen nebenher getroffen werden können.

Kurz gesagt: die Gemeinden erwarten, daß das Hauptgewicht der Prüfung auf den den wirtschaftlichen Erfolg bestimmenden Umständen und Vorgängen ruht. Nur eine dieser Richtschnur Rechnung tragende Prüfung kann die Betriebsführung praktisch verwerten und den Gemeindeleiter, der auch für die Betriebswerke allein die Verantwortung vor Bürgerschaft und Staat hat, unterstützen.

Mancher Gemeindeleiter, der mit seinem Werksdirektor stolz ist auf einen Betrieb, in dem in den letzten Jahren, um Zahlen eines praktischen Falles zu nennen, rund 40 Millionen RM für Erhaltung und Erweiterung angelegt sind, wird dann erkennen, wenn auch zu spät für die Änderung der Vergangenheit, aber immer noch rechtzeitig genug für Gegenwart und Zukunft, daß derselbe Wirtschaftserfolg möglicherweise auch für beispielsweise 30 Millionen RM zu haben gewesen wäre. Daß derartige Feststellungen für die Beurteilung der persönlichen Eignung der Werksleitung mit ausschlaggebend sein werden, braucht in diesem Zusammenhange nur erwähnt zu werden.

Vorbeugende Prüfung der Wirtschaftspläne. Mit dieser kritisch feststellenden Aufgabe einer Prüfung kann es jedoch nicht sein Bewenden haben, vielmehr muß die Wirtschaftsprüfung vornehmlich vorbeugend wirken. Das bedeutet, daß auch die für kommende Jahre aufzustellenden Wirtschafts- und Finanzpläne einer eingehenden Prüfung unterzogen werden müssen. Hier sind m. E. ganz klare Linien zu zeichnen, und zwar in ständiger Rücksicht und in organischer Einfügung in die finanziellen Gesamt-Vorkehrungen der Gemeinde.

Finanzzuschläge und Tarifgestaltung. Solange die gemeindlichen Haushalte mit Arbeitslosenlasten beschwert sind, können die Gemeinden auf besondere Leistungen ihrer Betriebe nicht verzichten. Alle Erörterungen über Abbau von Finanzzuschlägen und Senkung von Tarifen sind daher heute noch müßig, weil z. B. die Möglichkeit der praktischen Durchführung fehlt. Der Staat verlangt, daß die Gemeinden finanziell auf eigenen Füßen stehen und nicht seine ständige Hilfe in Anspruch nehmen. Diese Forderung ist jedoch nicht durch Drosselung der Ausgaben allein durchsetzbar, es müssen auch alle Einnahmemöglichkeiten ausgeschöpft werden.

Wenn ich von jeder öffentlichen Behandlung der Finanzzuschläge und Tarife abrate, so bin ich andererseits geradezu ein fanatischer Vertreter der Auffassung, daß eine Nachprüfung der Tarife unter besonderer Berücksichtigung der Gestehungskosten, d. h. einschl. aller Nebenkosten, unbedingt gefordert werden muß. Erst dann werden viele Werks- und Gemeindeleiter erkennen, wo sie insbesondere mit ihren Großabnehmertarifen stehen. Erst dann aber auch dürften die Voraussetzungen für die Prüfung der Frage gegeben sein, in welchem Umfange es noch möglich ist, unserer heimischen Wirtschaft bei ihrem Kampfe um die Absatzmärkte durch eine neue Tarifgestaltung zu helfen und darüber hinaus den wirtschaftlich schwachen Volksschichten eine Erleichterung zu verschaffen. — Diese Nachprüfungen und Feststellungen sollten m. E. die Wirtschaftsprüfer leisten können. Bei zweckmäßiger Auswertung des zu sammelnden Materials dürfte es dann nicht mehr schwer sein, diese Frage einigermaßen abschließend zu beurteilen, ohne übertriebene Hoffnungen oder Befürchtungen aufkommen zu lassen.

Teilzahlungsgeschäfte. In Zusammenhang damit steht ein anderes Gebiet, das der besonderen Aufmerksamkeit der Wirtschaftsprüfer bedarf. Das sind die erheblichen Vorfinanzierungen (Teilzahlungsgeschäfte), die auf allen Gebieten, insbesondere des Gas- und Elektrofaches, vorgenommen sind.

Die großen Arbeitsschlachten der Reichsregierung erfordern selbstverständlich den willigen Einsatz aller Kräfte, um zu einem endgültigen Erfolge zu gelangen, so daß die Fachverbände geradezu verpflichtet waren, angeschlossene Werke zur tatkräftigen Unterstützung der Regierungsmaßnahmen aufzufordern. Diese nützliche und notwendige Gesamteinstellung der Fachverbände hat jedoch hier und da zu falschen Auffassungen geführt. Es gab Menschen, und vielleicht gibt es sie heute noch, die sich in nicht immer schöner Weise derartig in Arbeitsbeschaffung überschlugen, daß die Reichsregierung vielleicht von ihnen noch etwas lernen könnte. Alle möglichen Forderungen und Projekte glaubten diese Diensteifrigen lediglich mit dem Stichwort begründen zu brauchen: „Im Interesse der Arbeitsbeschaffung".

Die Vorfinanzierungsgeschäfte will ich selbstverständlich mit dieser Bemerkung nicht abgetan haben. Sie haben unserer privaten Wirtschaft wertvolle Hilfen gegeben mit durchaus günstigen volkswirtschaftlichen Auswirkungen. Wer jedoch das Wesen von Teilzahlungsgeschäften kennt, versteht auch die großen Gefahren, die darin bestehen, daß diese Geschäfte konjunkturbedingt sind, stetig steigende Ziffern bei den Außenständen aufzuweisen haben und demzufolge sehr kapitalgierig sind.

Wenn es in Zukunft überhaupt Aufgabe der gemeindlichen Wirtschaft bleiben sollte, derartige Teilzahlungsgeschäfte zu finanzieren, so kann das nur in einem Umfange erfolgen, der nicht in erster Linie von einem besonderen privaten Bedürfnis bestimmt wird, sondern nur übergeordneten allgemeinen Belangen Rechnung trägt. Die steuer- und gebührenzahlende Allgemeinheit verlangt mit Recht gebieterisch eine Durchleuchtung der Verhältnisse durch die Wirtschaftsprüfer. Ich könnte mir vorstellen, daß es zweckmäßig wäre, das zu investierende Kapital der Höhe nach zu begrenzen und, soweit bereits Beträge investiert sind, diese in sich arbeiten zu lassen. Es würde dieses praktisch bedeuten, daß nur insoweit Finanzierungen erfolgen dürften, als zweckbestimmtes Kapital vorhanden ist oder durch Rückzahlungen wieder flüssig wird. Damit würden diese Geschäfte dem Umfange nach begrenzt, das Wagnis übersehbar und die Gefahr der Uferlosigkeit vermieden werden. Der weiteren allgemeinen wirtschaftlichen Gesundung würde es darüber hinaus überlassen werden müssen, zu beurteilen, ob eine derartige Betätigung der öffentlichen Hand überhaupt noch tunlich erscheint, oder ob nicht die vorhandenen besonderen Einrichtungen, insbesondere die Kreditinstitute, allein zuständig sein sollen.

Mitprüfung der technischen Verhältnisse. Ein weiterer Punkt sei erwähnt, der für die Gestaltung des Erfolges ausschlaggebend ist. Das ist die Persönlichkeit des Betriebsführers sowohl als auch die des Wirtschaftsprüfers. Die private Wirtschaft hat sich schon oft die Frage gestellt, ob es zweckmäßiger sei, als leitenden Mann einen Kaufmann oder einen Ingenieur zu nehmen. Sie ist eindeutig nicht beantwortet worden. Das Ideal wäre der kaufmännische Techniker oder der technische Kaufmann, wenn ich es einmal so ausdrücken darf.

Diese idealen Persönlichkeiten sind so selten, wie praktisch erreichte Ideale überhaupt.

Aus der Vergangenheit, aus den Zeiten der Rationalisierung der Betriebe, können wir eines festhalten, daß, wenn die Betriebe durchorganisiert, technisch auf das modernste eingerichtet waren, sie häufig nicht mehr die nötigen Betriebsmittel hatten, um weiterbestehen zu können, so daß vielfach am Ende der Rationalisierung der Untergang stand. Ähnliche Erfolge hat der einseitige Kaufmann, der auf die betrieblichen Dinge keine Rücksicht nimmt. Es wird somit notwendig sein, daß sich der Techniker und der Kaufmann im Interesse des Gemeinwohles gegenseitig ergänzen. Wer dabei führen soll, bleibt für die Zusammenarbeit immer eine Frage der Persönlichkeiten.

Entsprechendes gilt für die Wirtschaftsprüfung. Wohl kann der Kaufmann den Kaufmann, aber nicht den Techniker prüfen, und umgekehrt der Techniker wiederum nur den Techniker und nicht den Kaufmann. Bei den

z. B. stattfindenden Wirtschaftsprüfungen fehlt vielfach die technische Ergänzung. Aus dieser Tatsache möchte ich, organisatorisch gesehen, den Vorschlag machen, den kaufmännisch und allgemein volkswirtschaftlich ausgezeichnet vorgebildeten Wirtschaftsprüfern eine Ergänzung nach der betriebstechnischen Seite beizugeben. Nur dadurch kann die Durchleuchtung der Betriebe und die Feststellung der wirtschaftlichen Verhältnisse eine einigermaßen vollkommene sein.

Konkurrenzbetriebe. Ich habe meine Ausführungen im wesentlichen auf die Monopolbetriebe abgestellt. Sie treffen selbstverständlich, soweit die Durchführung der Prüfung hier behandelt worden ist, für Konkurrenzbetriebe (Gärtnereien, Ziegeleien, landwirtschaftliche Betriebe usw.) in gleichem Maße zu. Darüber hinaus hat die Beurteilung der Rentabilität dieser Betriebe eine ganz besondere Bedeutung. Auch hier wird nur der Fachmann die Dinge zutreffend erkennen und beurteilen können. Das Ziel, der privaten Wirtschaft bei ihrer Aufgabenerfüllung nicht unnötige Konkurrenz zu bereiten, ist bereits allgemeiner Grundsatz, und eine große Zahl von Betrieben, deren Aufgaben besser von der privaten Wirtschaft erfüllt werden können, sind in den letzten Jahren von den Gemeinden aufgegeben worden. Soweit solche Betriebe noch bestehen, wird zu prüfen sein, ob besondere volkswirtschaftliche, soziale oder kulturelle Gesichtspunkte ihre Beibehaltung rechtfertigen. Dies kann z. B. zutreffen für Friedhofsgärtnereien, denen zur Wahrung der Eigenart und der Geschlossenheit der ganzen Friedhofsanlage das alleinige Recht der gewerbsmäßigen Grabpflege vorbehalten ist. Die Frage, ob die Grabpflege nicht ebensogut von privaten Gärtnereien ausgeführt werden könnte, würde zu verneinen sein, wenn die Besonderheiten des Friedhofes (etwa als Waldfriedhof) beeinträchtigt werden könnten. Auch würde bei entfernter Lage des Friedhofes nur wenigen Gärtnern die Einrichtung eines rentablen Betriebes möglich sein, und diese in Ermangelung eines Wettbewerbes dann praktisch ein Monopol für die Grabpflege erlangen. Da ein privates Monopol für die Allgemeinheit erfahrungsgemäß aber immer ungünstiger wirkt als ein Monopol der öffentlichen Hand, würde hiermit dem Gemeinwohl nicht gedient sein. Dagegen ließe sich im privatwirtschaftlichen Interesse ein Ausgleich dadurch herbeiführen, daß die Anzucht der Pflanzen im Betriebe der Friedhofsgärtnerei stark eingeschränkt und der Bedarf bei privaten Gärtnereibetrieben gedeckt wird. Dieses Beispiel zeigt, wie schwierig es auf diesem Gebiete manchmal für den Wirtschaftsprüfer ist, die berechtigten Belange der Privatwirtschaft mit den Erfordernissen des Gemeinwohls in Einklang zu bringen.

Auswertung allgemeiner Prüfungserfahrungen. Die Wirtschaftsprüfer erwerben durch ihre Tätigkeit eine Fülle von wertvollen Erfahrungen und Kennzahlen. Nur müssen sich die Wirtschaftsprüfer davor hüten, mit generellen Erfahrungen spezielle örtliche Verhältnisse ohne weiteres beurteilen zu wollen. Diese Gefahr ist vermeidbar, wenn bei der Prüfung die persönliche Fühlung zwischen Prüfer und zu Prüfenden durch Aussprache und Meinungsaustausch erhalten bleibt. Dann werden die Prüfungsberichte dem Umfange nach so gestaltet werden können, daß zum Lesen Zeit und Lust bleibt und die nötige Nutzanwendung nicht ausbleibt.

Mut zur Verantwortung. Der Wirtschaftsprüfer muß natürlich dafür sorgen, nicht mit dem § 14 der Durchführungsverordnung, der ihn mit Gefängnis oder mit Geldstrafe bedroht, wenn er erhebliche Umstände in den Berichten verschweigt, in Konflikt zu kommen. Bei nicht allzu ängstlichen Gemütern auf der einen und nicht allzu weitherziger Einstellung auf der anderen Seite dürfte der richtige Weg nicht schwer zu finden sein.

Allgemein gehaltene Empfehlungen sind nur dann wertvoll, wenn sie praktisch zu realisieren sind. Sie dürfen deshalb nur in Rücksicht hierauf gemacht werden und nicht etwa einer gewissen Scheu vor der eigenen Verantwortung ihre Entstehung verdanken. Das bedeutet, daß der Prüfer gegebenenfalls auch den Mut zu der Feststellung haben muß, daß bei der Prüfung Wesentliches nicht zu beanstanden war.

Herstellung des Vertrauens. Wir müssen überhaupt im Gegensatz zu Auffassungen der Vergangenheit den Mut zur Wahrheit haben. Die nationalsozialistische Gemeindepolitik und Wirtschaftsführung soll, wie bereits eingangs betont, der Gesamtheit dienen, kann somit also auch irgendwelche Geheimnisse vor der Gesamtheit nicht dulden. Nur so kann eine der vornehmsten Aufgaben erfüllt werden, die darin besteht, das in der Vergangenheit verlorene Vertrauensverhältnis zwischen Bevölkerung und Verwaltung wieder herzustellen. Wirtschaftsprüfer, Werks- und Gemeindeleiter können dies Vertrauen jedoch nur dann erreichen, wenn sie gemeinsam durch ihre Handlungen die bewährten preußischen Beamteneigenschaften — Treue, Pflichterfüllung und Sauberkeit — unter Beweis stellen, und zwar in einer Art und Weise, die zu erkennen gibt, daß wir wahrhafte Treuhänder all der Menschen und Dinge sind, mit denen wir helfend den Auf- und Ausbau des Dritten Reiches gestalten wollen. Wenn wir unsere Aufgabe in diesem Sinne erfüllen, dann werden wir Vertrauen und Anerkennung finden und in unserem Pflichtenkreis wahrhaft glücklich und zufrieden sein.

3. Werkspolitik als Mittel der Gemeindepolitik.

Von Oberbürgermeister Dr. **Henricus Haltenhoff**, Cottbus.

Wirtschaftspolitik als Teil der Gesamtpolitik. Im nationalsozialistischen Staate ist die Erkenntnis allgemein geworden, daß es eine „Wirtschaftspolitik" nicht gibt, sondern daß sie nur ein Teil der Gesamtpolitik ist. Es ist nicht möglich, die „Interessen der Wirtschaft" für sich allein zu betrachten und zu fördern, ohne sie im Rahmen der Gesamtpolitik zu sehen, und noch viel weniger ist es möglich, eine besondere Förderung nur einem einzelnen Wirtschaftszweige zuzuwenden, ohne auf seine Beziehungen zu den Lebensnotwendigkeiten des gesamten Volkes und zum Volksvermögen zu achten.

Werkspolitik als Teil der Gemeindepolitik. Mit der gleichen Begründung kann ich darauf hinweisen, daß die Betriebswerke einer Stadt, die nur einen Teil des Gesamtvermögens der städtischen Bevölkerung, und deren Belange nur einen Teil der Gesamtbelange ausmachen, stets im Rahmen der Gesamtpolitik einer Stadtverwaltung gesehen werden müssen.

Cottbus als Normalfall. Ich möchte dies am Beispiel einer mittleren Gemeindeverwaltung, wie es die Stadt Cottbus ist, im einzelnen darlegen und darf dazu vorweg bemerken, daß deren Verhältnisse für alle größeren und kleineren deutschen Städte durchaus bezeichnend sind.

Die Stadt mit ihren rund 55000 Einwohnern ist zwar eine östliche Stadt, hat jedoch als ausgesprochene Industriestadt viele Merkmale mit westdeutschen Städten gemeinsam; das zeigt sich insbesondere in ihrer Lage inmitten einer dichtbesiedelten Umgebung. Das deutsche Land östlich der Elbe ist weitgehend durch einen großen Grundbesitz gekennzeichnet, während in der Umgebung von C. ein ausgesprochener Kleinbauernstand überwiegt. Für die dichte Besiedlung seiner näheren und weiteren Umgebung ist bezeichnend, daß, wenn man um den Mittelpunkt der Stadt einen Kreis mit einem Halbmesser von nur 6 km zieht, außerhalb des Stadtkreises, aber innerhalb dieses Gürtels, rund 24000 Menschen wohnen, welche Zahl sich um weitere 15000 erhöht, wenn man statt eines Halbmessers von 6 km einen von 10 km nimmt. Die Fragen der heute und in näherer Zukunft für alle Städte so besonders wichtigen Siedlungspolitik sind also schon für C. seit einer Reihe von Jahren vorhanden und werden es auch noch in späteren Jahrzehnten sein. Ein großer Teil der in C. beschäftigten Arbeiter und Angestellten wohnt schon heute in den zahlreichen größeren und kleineren Vororten und Nachbargemeinden und ist auf diese Weise nicht nur durch seine Person, sondern auch durch seinen Wohnsitz eng mit der Entwicklung der Stadt C. verbunden.

Werksfinanzen und Gemeindefinanzen. Zunächst einen Überblick über die Bedeutung der städtischen Betriebswerke, des in ihnen angelegten Kapitals und der von ihnen an die Kämmereikasse gezahlten Überschüsse im Rahmen der gesamten Finanzpolitik der Stadt. Der Haushaltsplan der Stadt schließt in Einnahme und Ausgabe mit rund 10 Mill. RM ab, worin der Haushalt der städtischen Werke nicht mit Einnahme und Ausgabe, sondern nur mit seinem Überschuß enthalten ist. Von diesen 10 Mill. RM beträgt der sogenannte Zuschußbedarf etwa die Hälfte, d. h. mit anderen Worten: Die eine Hälfte der städtischen Einzelverwaltungen ist in der Lage, durch ihre eigenen Einnahmen sich selbst zu erhalten, die andere Hälfte ist es nicht. So tragen z. B. die städtische Kanalverwaltung, das Krankenhaus, die Friedhofsverwaltung durch ihre Einnahmen sich selbst, während das Wohlfahrtsamt, das Bauamt, die Polizeiverwaltung, die Hauptverwaltung, die Feuerwehr u. a. eigene Einnahmen in dem notwendigen Umfange naturgemäß nicht haben und deshalb auf die Überschüsse der Steuerverwaltung, der Betriebswerke und anderer Überschußverwaltungen angewiesen sind.

Wären die Betriebswerke nicht im Besitze der Stadt oder würfen sie keine Überschüsse ab, so bliebe der Stadt nichts anderes übrig, als ihre Hauptquellen zur Finanzierung der Zuschußverwaltungen stärker in Anspruch zu nehmen, nämlich die städtischen Steuern. Um die Auswirkung einer solchen Maßnahme zu übersehen, möchte ich folgende Zahlen nennen: Die Überschüsse der städtischen Werke betragen 1,1 Mill., d. h. 22,6% des Zuschußbedarfes. Im Vergleich hierzu beträgt der Gesamtsteuerüberschuß 3,8 Mill., woran der Grundvermögensteuerertrag mit 930000 RM, der Gewerbesteuerertrag mit 860000 RM, der Bürgersteuerertrag mit 480000 RM, der Lohnsummensteuerertrag mit 250000 RM beteiligt sind. Die Steuersätze stehen im Vergleich zu anderen brandenburgischen und außerbrandenburgischen deutschen Städten ähnlicher Größe auf einer normalen Höhe, sind indessen an sich, wie in allen größeren deutschen Städten, reichlich angespannt. Es ist infolgedessen nicht denkbar, eine etwa fehlende Summe von 1 Mill. RM an Einnahmen auf die bezeichneten Steuerarten umzulegen. Selbst eine Verdoppelung der Hauptsteuerarten, der Grundvermögensteuer und der Gewerbesteuer, die schon aus wirtschaftlichen Gründen untragbar ist, würde höchstens den Ausfall von 1 Mill RM insgesamt decken, da damit zu rechnen ist, daß eine Verdoppelung dieser beiden Steuerarten nur auf dem Papier den doppelten Ertrag bringen würde, in Wirklichkeit aber nicht, denn durch Verdoppelung der Gewerbesteuern würden viele Gewerbebetriebe sofort zum Erliegen kommen und keinerlei Abgaben mehr aufbringen; durch Verdoppelung der Grundvermögensteuer würde eine so fühlbare Erhöhung der Mieten bedingt werden, daß sie für eine große Zahl von Hausbesitzern und Mietern untragbar und infolgedessen undurchführbar würde.

Der Prozentsatz des Überschusses der Betriebswerke in C. zu dem Finanzbedarf der Kämmereiverwaltung beträgt, wie gesagt 22,6 und liegt damit im Vergleich zu anderen Städten ansehnlich hoch. Nach dem Statistischen Jahrbuch deutscher Städte tragen von den 94 Städten mit mehr als 50000 Einwohnern 2 Städte, nämlich Ulm und Potsdam, mehr als 40% des Zuschußbedarfes der Kämmereiverwaltung, zwischen 30 und 40% tragen 4 Städte, zwischen 20 und 30% 39 Städte (darunter auch Cottbus), zwischen 10 und 20% 25 Städte und bis zu 10% 24 Städte. Hieraus ist ersichtlich, daß man die Verhältnisse der Stadt C. für die größeren deutschen Städte als durchaus normal ansehen kann.

Werksvermögen und Gemeindekredit. Im Gesamtvermögen der Stadt C. spielt der Wert der Betriebswerke eine entsprechend große Rolle. Wer als Stadtvater veranlaßt gewesen ist, in der Vergangenheit und in der Gegenwart Anleiheverhandlungen zu führen, weiß, daß von allen Geldgebern,

Banken u. dgl. bei der Frage der Kreditwürdigkeit einer Stadt zuerst danach gefragt wird, ob und in welchem Umfange die geldsuchende Stadt im Besitze von rentierlichem Vermögen, d. h. im Besitze von Betriebswerken, ist. Der in städtischen Verwaltungsgebäuden, Schulen, Straßenbefestigungen, Brücken, Grünanlagen u. dgl. angelegte Teil des städtischen Vermögens, der naturgemäß in allen Städten besonders groß ist, spielt bei Anleiheverhandlungen eine geringe Rolle, da er im Falle der Zahlungsunfähigkeit einer Stadt für den Anleihegläubiger ohne praktischen Wert ist. Diese Erfahrung sollte insbesondere denjenigen zu denken geben, welche geneigt sind, einer Stadtverwaltung namentlich in ihrer Werkspolitik Mangel an kaufmännischer Befähigung und kaufmännischem Wissen vorzuwerfen. Es ist bei dieser Gelegenheit überhaupt zu betonen, daß es nicht möglich ist, die Gesichtspunkte eines Kaufmannes und kaufmännischer Betätigung an alle Maßnahmen einer Kommunalverwaltung anzulegen; denn das Zeitmaß einer rein wirtschaftlichen kaufmännischen Betätigung ist ein durchaus anderes, als das Zeitmaß einer Stadtverwaltung; der Kaufmann ist genötigt, sich stets und in erster Linie das Ergebnis der diesjährigen Bilanz vorzuhalten, was indessen einer Kommunalverwaltung, die vielmehr als ein einzelner Wirtschaftsbetrieb über Jahre und Jahrzehnte hinaus zu denken hat, völlig unmöglich ist.

Werke und Siedlung. Ich sprach eingangs von der besonderen Rolle, welche die Probleme der Siedlungspolitik in der Stadt C. und in allen deutschen Städten spielen. Der Wunsch und der Drang, nicht in den beengten Verhältnissen eines städtischen Häusermeeres zu wohnen, ist heute und in Zukunft so stark und so unwiderstehlich, daß er der ernstlichen Aufmerksamkeit und Sorge jedes verantwortlichen Leiters einer Stadtverwaltung bedarf. Dies gilt, wie gesagt, nicht nur von Berlin und den anderen deutschen Großstädten, sondern für alle mittleren und größeren Städte überhaupt. Welche Bedeutung die siedlungspolitische Frage in C. hat, geht aus den von mir angeführten Zahlen über die dichte Besiedlung der näheren und weiteren Umgebung hervor.

In der Siedlungspolitik spielt die Frage der Versorgung der Außenbezirke und auch der Nachbargemeinden mit Elektrizität, Gas, Wasser und Verkehrsmitteln eine ausschlaggebende Rolle. Ohne im Besitze der städtischen Betriebswerke zu sein, ist es unmöglich, die sich aus der Stadtflucht ergebende Bautätigkeit in den Außenbezirken vernünftig zu beeinflussen und zu leiten. Eine planvolle Siedlungspolitik kann auf den Einfluß, welchen die Werke in der Planung neuer Elektrizitäts-, Gas- und Wasserleitungen und insbesondere in ihrer Tarifpolitik haben, unter keinen Umständen verzichten. Eine städtische Wirtschaftspolitik ist ohne den Besitz der Betriebswerke überhaupt nicht möglich.

Für jeden Verwaltungsfachmann mit Erfahrung ist es klar, daß ein sog. Bebauungsplan allein, wenn er noch so weitsichtig und weitgreifend aufgestellt ist, in dieser Beziehung nicht genügt. Das gilt insbesondere dann, wenn, wie in sehr vielen Städten und wie auch in C., das Stadtgebiet d.h. der Stadtkreis, im Vergleich zu dem gesamten Siedlungsgebiet der in der Stadt beschäftigten und auf sie angewiesenen Bevölkerung klein ist. Auch die sog. Planungsgemeinschaften, welche sich über ein großes Wirtschaftsgebiet erstrecken, können jedenfalls bislang den notwendigen Bedürfnissen nicht genügen. Ich will hierfür ein Beispiel anführen:

Im Siedlungs- und Wirtschaftsgebiet einer Stadt besitzt ein Bauer, der im Landkreis wohnt, ein Wäldchen, dessen Erhaltung zum Wohle der Stadtbevölkerung notwendig ist. Wenn der Bauer das Wäldchen verkaufen und zu Baugrundstücken parzellieren will, so liegt es in der Hand seines Gemeindevorstehers oder des Landrats, die Parzellierung und Bebauung zu verbieten. Hierbei muß man sich jedoch vor Augen halten, daß beide mit ihrem Verbot unter Umständen nicht der eigenen Gemeinde oder dem Landkreise, sondern der benachbarten Stadt dienen, also fremde Bedürfnisse wahrzunehmen haben; daß diese Wahrnehmung nicht mit dem gleichen Nachdruck erfolgen wird, wie wenn sie von der Stadtverwaltung als solcher ausgeht, ist menschlich erklärlich. Aber auch, wenn ein Bauverbot ausgesprochen würde, so wäre, beiläufig bemerkt, damit keine Gewähr gegeben, daß das für die Erhaltung und Schaffung eines Grüngürtels wichtige Wäldchen bestehen bleibt; denn der Bauer hat, wenn ihm Geld mangelt, jedenfalls noch heute die Möglichkeit, seinen Wald abzuholzen und das Holz zu verkaufen. Eine Wiederaufforstung des Wäldchens wird erst in Jahrzehnten eine wirkliche Grünfläche schaffen.

Eine Handhabe, eine im Rahmen der gesamten Siedlungspolitik unerwünschte Bebauung zu verhindern, oder umgekehrt, sie auch zu fördern, bietet jedoch der Besitz der städtischen Betriebswerke. Ohne elektrisches Licht oder gegebenenfalls ohne Gas- und Wasserleitung wird eine größere Siedlung, welche von „Städtern“, d.h. nicht von Bauern bewohnt wird, nicht zur Entstehung gelangen.

Tarifpolitik als Wirtschaftspolitik. Die Bedeutung einer planvollen Tarifpolitik im Rahmen einer weitsichtigen Stadtpolitik bedarf kaum einer ausführlichen Begründung. Bei der Förderung einheimischer und bei der Heranziehung neuer Industriewerte nach der Stadt spielen oftmals die Strom-, Gas- und Wassertarife eine ausschlaggebende Rolle. Ein Entgegenkommen auf dem Gebiete der Gewerbebesteuerung für einzelne Unternehmer ist bei der Starrheit der Steuergesetzgebung nicht so leicht möglich; dagegen sind die Städte in der Tarifgestaltung wesentlich freier gestellt und können diese Handhabe leicht zur Belebung der Industrie anwenden. Ein Betriebswerk in den Händen dritter Personen oder auswärtiger Gesellschaften wird zwar unter Umständen auch zu einem Entgegenkommen in Tariffragen geneigt sein, jedoch kann es diese Dinge nur im Rahmen seiner eigenen Bilanz und eines vielleicht erst in Zukunft zu erarbeitenden Gewinnes sehen. Für eine Stadtverwaltung dagegen spielen bei der Heranziehung einer Industrie nicht die Frage der Mehreinnahmen seines Elektrizitätswerkes aus dem Fabrikbetriebe, sondern auch die Beschäftigung und die Heranziehung von Arbeitern, die Mehreinnahmen aus Gewerbe-, Lohnsummen- und Hauszinssteuern und ähnliche kommunalpolitischen Erwägungen eine ausschlaggebende Rolle.

Wirtschaftsprüfer und Gemeindepolitik. Die Wirtschaftsprüfer, die ihre Arbeit den Betriebswerken widmen, sollten deshalb ihre Aufgabe nicht allzu dezernatsmäßig auffassen, sondern sich stets bewußt sein, daß die städtischen Betriebswerke nur einen Teil der Gesamtverwaltung ausmachen, und daß deren Aufgaben nur einen kleinen, wenn auch sehr wichtigen Teil in der Gesamtpolitik einer Stadtverwaltung darstellen. Erst wenn die Wirtschaftsprüfer die Werkspolitik im Rahmen der Gesamtaufgaben einer Stadtverwaltung sehen, werden sie eine richtige und wichtige Arbeit leisten.

4. Betriebsprüfungen im Rahmen der Gesamtverwaltungsprüfungen der Präsidialabteilung des Rechnungshofes des Deutschen Reiches.

Von Geheimem Baurat **A. A. Schubert**, Wirtschaftsprüfer, Berlin.

I. Begriff und Abgrenzungen.

Die Betriebsprüfungen, die die Präsidialabteilung des Rechnungshofes im Rahmen von Gesamtverwaltungsprüfungen durchführt, unterscheiden sich wesentlich von dem, was man sonst unter einer Betriebsprüfung zu verstehen pflegt.

Mit den Buch- und Betriebsprüfungen nach der Reichsabgabenordnung haben sie fast nichts gemein. Denn ihr Zweck und Ziel liegen in anderer Richtung.

Von den technischen Betriebsprüfungen, die der Verbilligung der Produktion oder der Verbesserung der Absatz- und Vertriebsorganisation dienen sollen, unterscheiden sich die Prüfungen des Rechnungshofes dadurch wesentlich, daß sie von der Untersuchung technischer Einzelheiten bewußt Abstand halten.

Von den Pflichtprüfungen der Notverordnung vom 6. Oktober 1931 (RGBl. I S. 562), durch die die wirtschaftlichen Verhältnisse bestimmter Wirtschaftsbetriebe der öffentlichen Hand festgestellt werden sollen, unterscheiden sich die Betriebsprüfungen des Rechnungshofes in doppelter Hinsicht: durch ihren Ausdehnungsbereich und durch eine erweiterte Betrachtungsweise.

Die Betriebsprüfungen des Rechnungshofes erstrecken sich einerseits auch auf solche Betriebe, die nicht unter § 1 der Durchführungsverordnung vom 30. März 1933 (RGBl. I S. 180) zu der genannten Notverordnung fallen und nicht als wirtschaftliche Unternehmungen gelten, also z. B. Badeanstalten, Turn- und Sportanlagen, Entseuchungsbetriebe, Straßenreinigungs-, Müllabfuhr- und Kanalisationsbetriebe, Friedhöfe, Krematorien, Heil- und Pflegeanstalten, Küchenbetriebe, Schlacht- und Viehhöfe, ferner auch die Unterrichts-, Erziehungs- und Bildungsanstalten, Theater, Betriebe des Markt- und Messewesens, Leihhäuser usw. Andererseits machen die Betriebsprüfungen des Rechnungshofes nicht halt vor Betrieben, die bereits durch die Gemeindeprüfungsämter oder von Wirtschaftsprüfern geprüft worden sind; doch nicht, um diese Prüfungen nochmals nachzuprüfen, vielmehr deswegen, weil im Rahmen einer Gesamtverwaltungsprüfung die Betriebe und Veranstaltungen nicht als Einzelobjekt, sondern als Glied des gesamten Wirtschaftsorganismus der Gemeinde zu beurteilen sind. Aus dieser erweiterten Aufgabe ergibt sich zwangsläufig eine erweiterte Betrachtungsweise der Betriebe.

Man könnte geneigt sein, zu glauben, daß bei Gesamtverwaltungsprüfungen die Betriebe ausschließlich unter volkswirtschaftlichen Gesichtswinkeln betrachtet werden oder zu betrachten seien. Einer solchen Auffassung würde entgegengetreten werden müssen. Denn sie würde bedeuten, daß man ein Gebäude nur nach seiner Anpassung und Einfügung in das Landschaftsbild, nicht aber nach seiner Fundamentierung und seiner Grundrißgestaltung zu beurteilen brauche.

Eine Betriebsprüfung ist viel sorgfältiger zu unterbauen: Zuerst muß durch eine vorangegangene Ordnungsprüfung die formale Richtigkeit der Rechnungsunterlagen festgestellt worden sein. Alsdann ist die Statik der Gegebenheiten innerhalb des Betriebes klarzulegen: Also Anfangs- und Endbestand des Vermögens und der Schulden, Aufwand und Erlös sowie Leistungen und Leistungsverhältnisse in dem zu prüfenden Jahr.

Dann ist durch die Wirtschaftlichkeits- und Organisationsprüfung die Dynamik des Betriebes festzustellen. Das heißt, über mehrere Jahre hin sind die inneren und äußeren Ursachen, durch die sich die Leistungen und die Erträge änderten, offenzulegen; ihre wirtschaftlichen Auswirkungen sind zu behandeln, und es ist ein Urteil darüber abzugeben, ob und in welchem Maße die Betriebsleitung sich den veränderten Verhältnissen angepaßt hat.

Bis zu diesem Punkt kann man die Prüfungen etwa mit dem Inhalt der aktienrechtlichen Bilanzprüfungen und den darüber hinausgehenden Pflichtprüfungen der Wirtschaftsbetriebe der öffentlichen Hand vergleichen. Bei den Betriebsprüfungen des Rechnungshofes beginnt indessen die Hauptarbeit erst, wenn durch die Ordnungsprüfung und die Wirtschaftlichkeits- und Organisationsprüfung das erforderliche Material beschafft und ausgearbeitet ist. Denn es ist nunmehr zu erforschen, welchen Sonderanforderungen der Betrieb als Unternehmen der Gemeinde zu genügen hat.

Die Sonderanforderungen können verschiedenen Quellen entstammen: finanzwirtschaftlichen, finanzpolitischen, arbeitspolitischen, bevölkerungspolitischen Erfordernissen u. dgl. m. Bei ihrer Berücksichtigung kann die Lei-

tung des Betriebes den Wünschen der Stadtverwaltung zu bereitwillig nachgegeben haben; die Anforderungen der Stadtverwaltungen können überspannt worden sein; sie können zu falscher Tarifpolitik und Tarifgestaltung geführt haben oder zu übermäßiger Ausweitung und Ausdehnung des Betriebes. Auch die Betriebsleitung kann in Abwehr der Anforderungen oder der Gefahren, die aus der Entziehung flüssiger Mittel drohten, zu falschen Maßnahmen gegriffen haben. Daher sind sowohl die Wirkungen solcher außerbetrieblicher Einflüsse auf den Betrieb als auch die Rückwirkungen auf die Finanzen der Gemeinde und die steuerliche Belastung der Einwohnerschaft zu untersuchen; und zwar zunächst ohne daß gefragt wird, ob die Anforderungen an den Betrieb volkswirtschaftlich begründet sind oder nicht.

Erst wenn klargelegt ist, welche Folgen sich aus den Anforderungen für beide Teile, den Betrieb und die Gemeindefinanzen ergeben, erst dann, im zweiten Teil der Betriebsprüfung, ist den volkswirtschaftlichen Belangen Rechnung zu tragen; jetzt aber mit vollem Gewicht.

Eine frühere Berücksichtigung würde die Reinheit der Erkenntnisquelle trüben und den Leiter der Gemeinde zu Fehlentscheidungen veranlassen können. Weil das vermieden werden muß, und weil die prüfende Stelle hierfür die Mitverantwortung trägt, bedürfen die allgemeinen volkswirtschaftlichen Verhältnisse eines Gemeindegebiets besonders sorgfältigerer Durchleuchtung. Diese und die Vorarbeiten hierzu gehen über das Können eines einzelnen hinaus. Darum werden — und hierin liegt ein weiteres Unterscheidungsmerkmal von sonstigen Betriebsprüfungen — Prüfungen der Präsidialabteilung nicht von einer Einzelperson durchgeführt: Es wirken vielmehr stets eine Anzahl von Fachleuten mit: Verwaltungs- und Finanzbeamte, Rechnungsbeamte, Techniker und Betriebswirtschafter; unter Umständen werden auch Persönlichkeiten, die im privaten Wirtschaftsleben stehen, hinzugezogen.

II. Gang einer Betriebsprüfung.

1. Unterlagen und Einleitung der Prüfung. Die Betriebsprüfungen des Rechnungshofes gründen sich zunächst auf der Untersuchung der Ausgaben und Einnahmen.

Erste Unterlagen hierfür sind Haushaltplan und Haushaltsrechnungen, d. h. der Anschlag des laufenden Jahres und die Abschlüsse der vergangenen Jahre. Sofern Pflichtprüfungsberichte vorliegen, werden diese mit benutzt. Weitere unentbehrliche Unterlagen bilden die Nachweisungen über den Personalbestand, die Betriebsstatistik und Betriebsverträge. Die Unterlagen werden als richtig unterstellt. Erweist sich im Verlauf der Prüfung, daß die Unterlagen nicht stimmen, so wird die Verwaltung veranlaßt, sie in Ordnung zu bringen, bevor die Prüfung fortgesetzt wird. An Hand der Unterlagen wird zunächst versucht, ein allgemeines Bild von dem Betrieb zu gewinnen.

Die örtliche Prüfung beginnt mit einer Besichtigung des Betriebes. Soweit möglich, nehmen alle in Betracht kommenden Mitarbeiter an ihr Teil. Einerseits, um über die Zusammenhänge im Betrieb und über die

Organisation unterrichtet zu sein, andererseits um sich gegenseitig auf die Gebiete aufmerksam zu machen, auf denen ein enges In-Fühlung-bleiben erwünscht erscheint.

Nach der ersten Besichtigung findet in der Regel noch eine Besprechung mit dem Leiter des Betriebes statt, in der geklärt wird, welche Unterlagen noch beschafft werden sollen und wann die einzelnen Sachbearbeiter mit ihren Arbeiten beginnen.

Nach dieser Besprechung geht jeder Sachbearbeiter seinem Sondergebiet nach. Sie halten sich aber dauernd auf dem Laufenden und unterrichten den Prüfungsleiter über alle besonderen Beobachtungen.

Die Dauer der örtlichen Prüfung hängt von dem Umfang und den Zusammenhängen zwischen dem Betrieb und anderen Veranstaltungen der Gemeinde ab. Ist die Prüfung etwa bis zur Hälfte gediehen, so werden die wesentlichen Ergebnisse in einer gemeinsamen Sitzung vorgetragen, an der alle Mitarbeiter beteiligt sind. Es sollen alle auch über die Beobachtungen an anderen Verwaltungsstellen unterrichtet sein. Denn vielfach kommen die gleichen Fehler an verschiedenen Stellen vor. Auch wird bei dieser Gelegenheit festgelegt, welche Stellen in dem Betrieb durch die Sonderfachleute genauer untersucht werden sollen. Endlich wird in dieser Besprechung der Plan für den Aufbau des Prüfungsberichtes festgelegt.

Die örtliche Prüfung wird beendet, wenn alle Unterlagen gesammelt sind oder festgestellt ist, welche noch nachzureichen sind. Die Ausarbeitung des Berichtes erfolgt in Berlin. Sie beansprucht in der Regel die zwei- bis dreifache Zeit der örtlichen Prüfung.

2. Prüfung des Personalbedarfes und der Organisation. Eine der schwierigsten Fragen ist die *Beurteilung des Personalbedarfes*.

Von der Demobilmachung her sind die meisten Verwaltungsbetriebe reichlich mit Personal besetzt; in den Jahren 1929 bis 1932 wurden mehr Kräfte als nötig in den Betrieben gehalten, um die Arbeitslosigkeit nicht zu vermehren; seitdem auf Anordnung des *Führers* der Kampf gegen die Arbeitslosigkeit mit Nachdruck aufgenommen worden ist, sind vielfach Neueinstellungen erfolgt, ohne daß sich das produktive Betätigungsfeld der Betriebe erweitert hat.

Teilweise wurden in den Nachkriegsjahren die Bediensteten in zu hohe Gehalts- und Lohnstufen eingereiht, auch werden Kräfte der höheren Gehaltsgruppen mit untergeordneten Arbeiten beschäftigt; Aufgaben, die ebensogut von Angestellten oder Lohnempfängern erfüllt werden könnten, sind an Beamte übertragen. Hierdurch haben sich die Kosten verteuert, die Verwaltungen haben sich übermäßig ausgedehnt und eine Zersplitterung der Verantwortlichkeiten hat um sich gegriffen. Dadurch werden die Entscheidungen verzögert und die wertschaffende Tätigkeit der freien Wirtschaft gehemmt.

Es muß daher bei den Betriebsprüfungen stets zunächst die *Organisation* des Betriebes sorgfältig untersucht werden.

Dies geschieht an Hand des Geschäftsverteilungsplanes, der alle im Betrieb wesentlichen Arbeiten — nach Arten unterteilt — enthalten muß. Es wird dann geprüft, ob der Geschäftsverteilungsplan Überschneidungen enthält, ob zuviel Sachbearbeiter an den einzelnen Vorgängen mitwirken. Der Geschäftsgang innerhalb des Betriebes und der Schriftwechsel mit anderen Dienststellen der Verwaltung sowie mit Dritten wird auf Zweckmäßigkeit und Notwendigkeit hin untersucht. Die Arbeiten der Registratur, das Karteiwesen und die Schreibstube werden überprüft. Schließlich wird eine Skizze der bestehenden Organisation und derjenigen angefertigt, die für den Betrieb die zweckmäßigste und einfachste zu sein scheint.

Gelegentlich der Neueinstellungen zur Bekämpfung der Arbeitslosigkeit sind vielfach Arbeiten in Angriff genommen worden, deren Produktivität nicht gewährleistet erscheint. Die zur Bekämpfung der Arbeitslosigkeit zur Verfügung stehenden Mittel werden dadurch in falsche Bahnen geleitet. Umgekehrt hat der Zwang, die Fürsorgebedürftigen zu beschäftigen, dazu geführt, daß diese nun nicht nur zu zusätzlichen Arbeiten herangezogen werden, sondern zu solchen, die regelmäßig und dauernd erforderlich sind. Da die Pflichtarbeiter einen geringeren Lohn erhalten als die Arbeiter des freien Marktes, besteht die Gefahr, daß sich falsche Vorstellungen entwickeln sowohl über die Höhe der Betriebskosten als über die notwendige Zahl von Kräften und den jährlichen Geldbedarf, und daß somit die Tarife und Gebühren des Betriebes auf Voraussetzungen aufgebaut werden, die sich auf die Dauer nicht halten lassen.

Es liegt auf der Hand, daß sich diese Mängel in gegenwärtiger Zeit nicht einfach dadurch beheben lassen, daß man die überzählig erscheinenden Kräfte abbaut und Arbeiten einstellt; ebenso können aber keine Zweifel darüber bestehen, daß dieser Krankheitszustand so rasch wie irgend möglich behoben werden muß. Ziel muß sein, daß wir in den Betrieben wieder zu Leistungen gelangen, die etwa denen der Vorkriegszeit entsprechen, damit die Steuerlasten gesenkt werden können.

Aufgabe der Prüfung ist es daher, die Krankheitssymptome unverblümt klarzustellen und Wege zu zeigen, wie der Betrieb allmählich wieder gesund gemacht werden kann.

Bei dieser nicht leichten Aufgabe arbeiten die mit der Prüfung Beauftragten eng zusammen. Es finden sich fast immer Möglichkeiten des Personalaustausches, der Zusammenlegung und Vereinfachung der Geschäfte, teils durch andere Platzverteilung oder Vereinigung von Registraturen u. dgl. In Beachtung des Führerprinzips konnten schon oft Vorschläge gemacht werden, wie die Erfahrungen bewährter Kräfte des mittleren und des gehobenen mittleren Dienstes wirksamer zur Geltung gebracht werden können, um den Verkehr mit dem Publikum, der Kundschaft, zu beschleunigen. Auch Pläne für andere Diensteinteilung und für die Bewältigung von Spitzenbeanspruchungen sind in Vorschlag gebracht worden.

Ein Sondergebiet bei der Prüfung des Personalbedarfs ist die sogenannte Dienstpostenbewertung. Durch sie wird festgestellt, ob das Arbeitsgebiet einer im Geschäftsverteilungsplan vorgesehenen Stelle die Besetzung durch einen Beamten erfordert, oder ob ein Angestellter oder eine Hilfskraft dafür in Betracht kommt; ferner, welche Fähigkeiten und Vorbildung vorhanden sein müssen, um den Posten ausfüllen zu können, und welche Vergütung nach den reichsgesetzlichen Vorschriften zu gewähren ist. Es handelt sich dabei nicht nur darum, festzustellen, ob der Posten augenblicklich richtig besetzt ist, sondern darum, zu verhindern, daß fehlerhafte Besetzungen, die aus den oben erwähnten Gründen in gegenwärtiger Zeit bei fast allen Verwaltungen anzutreffen sind, als das Normale angesehen und durch alle weiteren Jahre hindurch beibehalten werden.

Für die Dienstpostenbewertung bedient sich die Präsidialabteilung eines besonders bewährten Fachmannes mit langjährigen Erfahrungen. Er prüft natürlich nicht alle Stellen einer Verwaltung durch, und er steht jederzeit auch den Sonderprüfern der einzelnen Verwaltungsbetriebe mit seinem Rat zur Verfügung. Seine Mitarbeit ist indessen bei keiner Betriebsprüfung zu entbehren.

3. Stoffwirtschaft und Sachausgaben. Das zweite wichtige Gebiet der Betriebsprüfungen ist die Untersuchung der Stoffwirtschaft und der Sachausgaben. Hierunter fallen nicht nur die Beschaffungen und der Einkauf der Stoffe[1], sondern auch die Arbeiten und Leistungen, die innerhalb des Betriebes bewirkt werden: also das gesamte Werkstättenwesen, Heizung, Licht- und Kraftversorgung, die bauliche Unterhaltung und die Vergebung von solchen Arbeiten.

Die Prüfung der Beschaffungen und des Einkaufs erstreckt sich auf die Beschaffungspolitik; auf Mengen- und Sortenbeschränkung; auf Vereinheitlichung der Formen und Maße, der Gütebegriffe und Gütevorschriften, der Prüf- und Abnahmeverfahren; auf die Lagerhaltung und Kapitalbindung. Dabei kann der Prüfende sich naturgemäß nicht auf Untersuchungen in den Betrieben beschränken, er muß vielmehr das Gesamtbeschaffungswesen in der Gemeinde gründlich kennen. Der von sonstigen Betriebsprüfungen abweichende Charakter der Prüfungen des Rechnungshofes tritt hierin wieder in Erscheinung.

Weiter interessiert nicht allein, welche Geldbeträge für die Stoffbeschaffung ausgegeben wurden und wie sie erfolgte, sondern auch, ob das Verhältnis der Aufwendungen zu den sonstigen Sachausgaben und den Personalausgaben der Eigenart des Betriebes entspricht.

Die Grundlage für die Beurteilung dieser Fragen bildet wieder der Haushaltplan. Seine Gliederung in sächliche und persönliche Ausgaben und die Unterteilung der sächlichen in verschiedene Posten eignet sich so hervorragend für die Überwachung der Wirtschaftlichkeit der Betriebe, daß, wenn sie nicht schon bestände, eine bessere Unterscheidung nicht mehr gefunden werden könnte.

Wer einen Haushaltplan zu lesen versteht und zugleich die Art des Betriebes kennt, für den der Haushaltplan aufgestellt ist, der wird in der Regel finden, daß sich die Einzelposten der sächlichen Ausgaben unschwer nach

---

[1] **Vgl. den Aufsatz Beschaffung und Einkauf von Wirtschaftsprüfer Ministerialrat Prof. Dr.-Ing. Schäfer. Erschienen in der Sammlung „Der Wirtschaftsprüfer", Heft 6, Kommunales Prüfungswesen 1. Teil, S. 112 ff. Verlag Julius Springer, Berlin 1934.**

Gruppen von Kostenarten gliedern lassen: nach Unterhaltungskosten, Betriebskosten und Sonstigen Sachkosten.

Werden die Einzelposten nach diesen Artgruppen geordnet, so lassen sich nicht nur die öffentlichen Betriebe, sondern fast alle Verwaltungen in drei große Gruppen unterscheiden: in umsatzbetonte, vorhaltungsbetonte und in verwaltungsbetonte Betriebe.

Soweit es sich zur Zeit übersehen läßt, gehören zu den umsatzbetonten alle Versorgungsbetriebe (Gas-, Wasser- und Elektrizitätswerke), Straßenbahnen, Kraftverkehrsbetriebe, Stadtentwässerungen, Müllabfuhr, Straßenreinigungen.

Zu den vorhaltungsbetonten Betrieben gehören: Die Bauverwaltungen, soweit sie Hochbauten, Straßen- und Verkehrsanlagen vorzuhalten haben; teilweise die Krankenhausbetriebe, Badeanstalten, Schlacht- und Viehhöfe, Hafenanlagen und Speicher, Leihhäuser und Friedhöfe.

Zu den verwaltungsbetonten Betrieben gehören die Einrichtungen des Schul- und Bildungswesens, die Wasserwirtschaft, d.h. die Vorflutschaffung und die Flußregulierungen, sofern nicht die Schiffahrt in Betracht kommt. Ferner alle Betriebe der rein hoheitlichen Tätigkeit, also z.B. die Betriebe der Rechtspflege, des Polizeiwesens, der Wohlfahrtspflege und des Fürsorgewesens. Doch fällt die Prüfung dieser verwaltungsbetonten Veranstaltungen nicht unter die Betriebsprüfungen, über die hier zu berichten ist.

Stellt man bei den umsatz- und vorhaltungsbetonten Betrieben die sächlichen Ausgaben für die Unterhaltung und den Betrieb über eine Reihe von Jahren den persönlichen Ausgaben gegenüber, so findet man in der Regel, daß sich das Verhältnis in den letzten 10 Jahren in der Richtung verschlechtert hat, daß die Sachausgaben zugunsten der persönlichen Ausgaben immer mehr gedrosselt worden sind.

Bei einigen vorhaltungsbetonten Betrieben, die früher z.B. 60% der Gesamtausgaben für sächliche und 40% für persönliche Ausgaben aufgewendet hatten, hat sich das Verhältnis umgekehrt. Die Senkung der Sachausgaben um 20% der Gesamtsumme bedeutet, wenn man die Gesamtsumme als gleich geblieben unterstellt, daß nur noch $^2/_3$ der früheren Aufträge für Materiallieferungen und Instandsetzungsarbeiten vergeben werden konnten.

Die Stoffbewirtschaftung der Betriebe wirkt sich daher auf den allgemeinen Beschäftigungsgrad in der Privatwirtschaft aus. Darum ist bei allen Betriebsprüfungen zu untersuchen, ob nicht innerhalb der Betriebe Arbeiten ausgeführt werden, die zweckmäßiger vergeben würden.

Es bedarf keiner Begründung, daß zur Beurteilung dieser Frage weitreichendes Verständnis, sowohl für die technischen Gegebenheiten in dem Betrieb als auch für die äußeren Bedingungen, denen er unterliegt, vorhanden sein muß.

Eine Reihe öffentlicher Betriebe — insbesondere gewisse vorhaltungsbetonte — tragen jahreszeitlichen Charakter.

An viele von ihnen werden während des Jahres so unterschiedlich hohe Anforderungen gestellt, und die Einwohnerschaft ist so verwöhnt worden, daß die Leistungskapazität solcher Betriebe stark übersteigert worden ist.

Da die Betriebe ihr Personal auch in der stillen Jahreszeit beschäftigen müssen, greifen sie zu mancherlei Füllarbeiten, die die private Wirtschaft billiger würde bewirken können. Der Prüfende muß daher beurteilen können, wieweit und auf welchem Weg die Spitzenbeanspruchungen gemildert oder durch Hinzuziehung von Privatunternehmern ausgeglichen werden können.

Die Verfolgung der sächlichen Ausgaben und ihr Vergleich mit den persönlichen über mehrere Jahre hin vermittelt weiter die Bildung eines Urteils über den **Unterhaltungszustand** der Betriebseinrichtungen.

Wenn sich das vorgenannte Verhältnis von 40:60 in 60:40 umgekehrt hat und dazu noch die Gesamtausgaben gesunken sind, so können für die Unterhaltung nicht mehr die gleichen Beträge ausgegeben worden sein. Es besteht dann stets die Gefahr, daß die Indienstbelassung des Personals und die gleichzeitige Drosselung der Stoffbeschaffungen auf Kosten des Unterhaltungszustandes gegangen ist.

Hierüber Klarheit zu gewinnen, muß versucht werden, besonders deswegen, weil mit dem Grad des Unterhaltungszustandes die stillen Reserven des Betriebes am Anlagevermögen steigen oder fallen, Reserven, auf die die öffentlichen Betriebe ebensowenig verzichten können wie die Privatbetriebe.

Diese Reserven lassen sich durch keine noch so sorgfältig und gewissenhaft aufgestellte Vermögensrechnung sichtbar machen, auch nicht durch Verfeinerung irgendwelcher Abschreibungsverfahren. Sie lassen sich nur beurteilen durch genaue Besichtigung des Betriebes, durch Vergleich des Materialverbrauches und der für die Unterhaltung geleisteten Lohnstunden. Die Geldrechnung allein kommt hier nicht zum Ziel.

Die Prüfung muß sich daher auch mit der **Vorratswirtschaft** befassen, die in weiter zurückliegenden Jahren getrieben wurde.

Daß für diese Dinge nicht nur fachmännisches Können, sondern auch ein durch eigene praktische Tätigkeit in der Betriebsführung geschulter Blick gehört, bedarf keiner besonderen Betonung. Doch sei darauf hingewiesen, daß es bei der Besichtigung der Anlagen darauf ankommt, daß das Auge eine Fülle dem Laien kleinlich und nebensächlich erscheinender Dinge zu sehen vermag, die erkennen lassen, ob der Betriebsleiter und seine Gehilfen sorgsame Hauswalter sind.

Die Frage, wie die Unterhaltung der Anlagen öffentlicher Betriebe am wirtschaftlichsten zu gestalten sei, bedarf dringlich der Klärung. Die Fehler, die in der Vergangenheit gemacht wurden, werden künftig vermieden werden müssen. Grundsatz wird sein müssen, daß die Vorratsbeschaffungen bei allgemein aufsteigender Konjunktur zurückgehalten werden. Der Fiskus darf bei steigenden Preisen die Nachfrage nicht noch steigern. Bei fallender Konjunktur wird er mit Aufträgen herauskommen müssen. Er wird — wie es im § 13 des Preuß. Gemeindefinanzgesetzes heißt — „durch vorsorgliche Haushaltswirtschaft Sicherungen gegen Schwankungen der allgemeinen Wirtschaft und zu ihrer Milderung schaffen" müssen. Dazu müssen die Betriebe einerseits Rücklagen, kaufmännisch gesprochen Rückstellungen bilden, andererseits aber zu einer planmäßigen Gestaltung ihrer Unterhaltungsarbeiten gelangen: Die Wirtschaftspläne dürfen auch für die Unterhaltungsausgaben nicht allein ein Jahr umfassen, sondern müssen auf Jahre vorher festlegen, was geschehen sollte. Darum empfiehlt die Präsidialabteilung in der Regel allen Betrieben, daß sie einen Plan für die Unterhaltungsarbeiten aufstellen und darin die Arbeiten nach vordringlichen, dringlichen und erwünschten Arbeiten unterscheiden.

Die Prüfung der Ausgabewirtschaft eines Betriebes wird erheblich erleichtert, wenn in den Haushaltplänen nach fortlaufenden und einmaligen Ausgaben unterschieden wurde; wenn also die Kosten der fortlaufenden Unterhaltung und des Betriebes von den Ersatzbeschaffungen gesondert ausgewiesen werden. Durch Aufrechnung der Einmaligen Ausgaben über mehrere Jahre und Teilung durch die Zahl der Jahre lassen sich dann die mittleren Abschreibungsbeträge und Abschreibungssätze zuverlässiger berechnen als durch irgendwelche Vermögensrechnung.

Leider ist es bei den meisten Gemeinden zur Übung geworden, sowohl Aufwendungen für die laufende Unterhaltung und den Betrieb, als auch Erweiterungen auf die Einmaligen Ausgaben zu verbuchen. Es ist auch nicht selten, daß solche Kosten aus Mitteln des außerordentlichen Haushalts, also durch Aufnahme von Schulden, bestritten wurden. Wo solche Verstöße gegen eine gesunde Finanzwirtschaft festgestellt werden, muß auf ihre Abstellung gedrungen werden.

4. Leistungen und Leistungsbedingtheiten. Hand in Hand mit der Feststellung der persönlichen und sächlichen Ausgaben, der laufenden und der einmaligen, geht die Ermittlung der Leistungen und Leistungsbedingtheiten des Betriebes.

Die Unterlagen hierfür liefert die Betriebsstatistik, die auf den einschlägigen Gebieten mit den Aufzeichnungen der Buchhaltung übereinstimmen muß. Das Schwergewicht der Durchforschung ist zunächst auf die Klarstellung der Leistungsbedingtheiten zu legen. Diese können innerbetrieblicher Art sein; sie können von der technischen wie von der Markt- und Geldseite her bestimmt sein, aber auch von personal- und allgemein wirtschaftspolitischen Einflüssen. Darum kann die Untersuchung nicht bei der Feststellung haltmachen, wieviel der Betrieb z. B. Gas, Strom oder Wasser erzeugt, weitergeleitet und an die Verbraucher abgegeben hat, oder wieviel Bäder verabreicht wurden, wieviel Schlachtungen erfolgten, wieviel Personen befördert oder Güter umgeschlagen wurden: Um den innerbetrieblichen Bedingtheiten Rechnung zu tragen, müssen vielmehr die Leistungskapazität und eine etwa vorhandene Überkapazität festgestellt werden, ferner die Verfahren und Erfolge von Werbemaßnahmen, Tarifgestaltung u. dgl.

Wichtig ist auch, ob der Betrieb neuzeitlich eingerichtet ist oder sich mit alten Anlagen behelfen muß. Ist letzteres der Fall, so darf nicht einfach gefordert werden, daß die Anlagen erneuert werden. Es sind vielmehr dann erst die Auswirkungen auf die Kostenlage, die Gemeindefinanzen und den Arbeitsmarkt zu ermitteln.

Einflüsse außerbetrieblicher Art werden durch eine Analyse des Absatzgebietes und der Abnehmerstruktur erkannt; sie können z. B. in Gewohnheiten des Publikums und in örtlichen Sonderheiten, z. B. durchgehender oder geteilter Arbeitszeit liegen, ferner in allgemein wirtschaftlichen Ursachen, in Beschränkungen durch Verträge, in der Rücksichtnahme auf Beteiligung der Stadt an anderen Unternehmungen.

Die Leistungsbedingtheiten können sich im Laufe der Jahre wesentlich verschoben haben. Die Auswertung der Betriebsstatistik muß daher mit großer Vorsicht erfolgen.

So können z. B. die von einer Straßenbahn gefahrenen Triebwagenkilometer dadurch sehr gestiegen sein, daß die Bahn in Siedlungsgebiete verlängert worden ist. Damit ist aber noch kein Grund gegeben, daß auch die geleisteten Platzkilometer in gleichem Verhältnis steigen. Durch innerbetriebliche Anordnung, z. B. durch Verwendung kleinerer Wagentypen kann es möglich sein, ein Ansteigen der Platzkilometer und damit ein Sinken der Platzausnutzung zu verhindern. Die Kritik kann aber erst einsetzen, wenn festgestellt worden ist, ob der Betrieb über kleinere Wagen verfügt.

Oder ein anderes Beispiel: In einem Hafenumschlagbetrieb war die Menge der umgeschlagenen Güter stark zurückgegangen. Auch die Leistungen je Tag und Kopf waren sehr stark gesunken. Die Nachprüfung ergab, daß sich die äußeren Leistungsbedingungen völlig verändert haben, indem der Güterumschlag nicht mehr am Kai erfolgte, sondern im Strom.

Einem Mangel an statistischen Angaben wird man bei den Betrieben nur selten begegnen. Doch sind sie meist für betriebswirtschaftliche Untersuchungen nicht ohne weiteres brauchbar. So sind die Angaben vielfach auf das Kalenderjahr statt auf das Rechnungsjahr bezogen. Besonders bei Betrieben mit eigener Rechtspersönlichkeit findet man oft, daß die Betriebsstatistik recht geschickt ausgewertet ist, um die Lichtpunkte besonders hervortreten zu lassen. Bei näherer Aufspaltung der Zahlen ergeben sich aber manchmal recht wenig erfreuliche Dinge.

So hatte z. B. eine Gaswerk-G. m. b. H., die mehrere Gemeinden belieferte, für den Gasverlust im Geschäftsbericht eine Zahlenreihe gebracht, die erkennen ließ, daß die Gasverluste von Jahr zu Jahr geringer geworden waren. Die Aufspaltung nach den Leitungsnetzen der angeschlossenen Gemeinden ergab jedoch, daß die Gasverluste in der Leitung einer bestimmten Gemeinde bedeutend gestiegen waren.

Fast gänzlich unbeachtet läßt die übliche Betriebsstatistik die Bereitschafts- und Leerlaufzeiten sowohl der Anlagen selbst und ihrer Ausrüstungen — etwa Fahrzeuge — als auch des Personals. Auch eine Statistik der stoßweisen Beanspruchung und der Verminderung der Spitzenbelastung wird man nicht immer finden.

Auf diesen Gebieten werden sich noch eine Reihe von Möglichkeiten erschließen lassen, wie die Wirtschaftlichkeit der Betriebe verbessert werden könne. Darum befassen sich die Prüfungen der Präsidialabteilung in der Regel auch mit dem Aufbau der geführten Betriebsstatistik.

5. Geldwirtschaft und Kosten. Ein weiteres Glied in der Aufgabenkette einer Betriebsprüfung ist die Untersuchung der Geldwirtschaft und der Kosten.

Nach § 60 der Deutschen Gemeindeordnung ist das Gemeindevermögen pfleglich und wirtschaftlich zu verwalten. Mit möglichst wenig Kosten soll es einen bestmöglichen Ertrag bringen. Für wirtschaftliche Unternehmungen wird im Gesetz noch mehr gefordert. Nach § 72 „sollen sie einen Ertrag für den Haushalt der Gemeinde abwerfen", und „die Einnahmen sollen mindestens alle Aufwendungen decken und angemessene Rücklagen ermöglichen".

Die Tragweite des § 60 und zugleich die Reichweite der Betriebsprüfungen der Präsidialabteilung des Rechnungshofes erhellt aus dem gesetzlichen Inhalt des Begriffes Gemeindevermögen. Es fallen hierunter das Verwaltungsvermögen, das Betriebsvermögen und das Allgemeine Kapital- und Grundvermögen (Finanzvermögen).

Unter Verwaltungsvermögen sind die beweglichen und unbeweglichen Vermögensgegenstände zu verstehen, die unmittelbar oder mittelbar den hoheitlichen Verwaltungsaufgaben gewidmet sind. Hierunter fallen u. a. öffentliche Wege und Einrichtungen, die nicht wirtschaftliche Unternehmungen im Sinne des § 67 Abs. 1 sind, also z. B. Wasserversorgungs- und Abfallbeseitigungsanlagen, Museen, Büchereien; Badeanstalten, Sportplätze, Kranken-, Heil- und Pflegeanstalten; Straßenreinigungs-, Müllabfuhr- und Abdeckereibetriebe; Friedhöfe, Krematorien; Schlacht- und Viehhöfe.

Unter das Betriebsvermögen fallen die beweglichen und unbeweglichen Vermögensgegenstände der wirtschaftlichen Betriebe, also z. B. der Versorgungsbetriebe, Verkehrsbetriebe, Hafen und Werftanlagen, Speditions- und Lagerhäuser, Ausstellungs- und Messehallen, Industrie- und Handwerksbetriebe, ferner land- und forstwirtschaftliche Betriebe, Wohnungs- und Siedlungsunternehmungen.

Unter das Allgemeine Kapital- und Grundvermögen oder Finanzvermögen fallen Geld, Kassenwerte, Forderungen, Beteiligungen, Liegenschaften und Realberechtigungen.

All dies Vermögen soll mit geringsten Kosten erhalten werden und einen bestmöglichen Ertrag abwerfen.

Es bedarf keiner Ausführungen darüber, was die Betriebswirtschaftslehre alles unter die Kosten rechnet (auch Steuern, Zinsen und Abschreibungen gehören dazu); ferner, daß sie nach (im Rechnungszeitraum) festen und veränderlichen Kosten unterscheidet. Bei den Betrieben der öffentlichen Hand kann indessen manchmal zweifelhaft sein, ob z. B. Gewerbeertragssteuern oder Zinsen für Darlehen, die die Stadt aus eigenen Mitteln gegeben hat, zu den Kosten oder schon zum Reinertrage zählen.

In der Unterscheidung der Kosten nach festen und veränderlichen und der veränderlichen nach proportionalen, progressiven und degressiven (wobei diese drei Begriffe meist auf die im Rechnungszeitraum gewonnene Leistungs- oder Erzeugungsmenge bezogen werden) ist — von den Versorgungs- und Verkehrsbetrieben abgesehen — die betriebswirtschaftliche Forschung in den Verwaltungsbetrieben über erste Anfänge noch kaum hinausgekommen. Dazu ist das betriebliche Rechnungswesen noch nicht weit genug entwickelt.

Schwieriger noch als die Beurteilung der Kosten ist die des Ertrages. Nicht nur sind viele Betriebe der öffentlichen Hand infolge ihrer Monopolstellung (ihrer örtlichen Einmaligkeit) in der Lage, die Gebühren und Tarifpreise fast nach Belieben zu bestimmen, so daß die Höhe des Gewinnes kein Maßstab für die Wirtschaftlichkeit sein kann; viele Betriebe erhalten auch für ihre Leistungen kein Entgelt, oder der Wert der Leistung ist in einer Geldgröße nicht ausdrückbar. Als typische Beispiele können die Schlachthöfe oder Baggerbetriebe gelten.

Für die Schlachthöfe ist durch § 1 des Schlachtgebührengesetzes vom 5. Mai 1933 vorgeschrieben, daß die Gebühren die Selbstkosten nicht überschreiten dürfen. Dadurch ist zwar der Höhe der Gebühren eine Grenze gesetzt, doch nicht der Höhe der Selbstkosten. Die Wirtschaftlichkeit eines Schlachthofes muß daher ausschließlich an den Selbstkosten gemessen werden; aber wie soll das geschehen? Ist der Betrieb schon etwa wirtschaftlich, wenn seine Selbstkosten unter denen des Reichsdurchschnitts liegen? Und wenn sie das tun: Welche Verfahren gibt es, um sagen zu können, um wieviel sie darunter liegen müssen, bevor dem Betrieb bescheinigt werden kann, daß er wirtschaftlich arbeitet?

Baggerbetriebe erhalten für ihre Leistungen überhaupt kein Entgelt, und der Wert, den sie für die Schiffahrt haben, läßt sich kaum schätzen — obwohl z. B. im Hamburger Hafen jährlich nahezu 2 Millionen RM dafür ausgegeben werden müssen.

Ähnlich ist es bei Heil- und Pflegeanstalten.

Versagt also bei vielen Betrieben der öffentlichen Hand die übliche Methode der Privatwirtschaft, an Hand der Buchhaltung den Gewinn zu berechnen und danach die Wirtschaftlichkeit bzw. Rentabilität zu beurteilen, so mußten von der Präsidialabteilung des Rechnungshofes andere Wege gesucht werden.

Den naheliegenden Versuch, durch Betriebsvergleiche der Lösung näher zu kommen, lehnen die Praktiker vorläufig ab. Solange nicht bei allen Betrieben gleicher Art ein gleicher Kontenplan besteht und die Konten tatsächlich gleichen Inhalt haben, bieten Betriebsvergleiche keine sichere Unterlage für die Beurteilung des Betriebes.

Die Erfahrung lehrt, daß die Betriebsleiter zwar stets mit Stolz erfüllt sind, wenn ihre Betriebszahlen unter dem Durchschnitt anderer Städte liegen; auf die Frage aber, wie sie beweisen können, daß ihre Kosten die geringstmöglichen sind, erhält man nur selten eine befriedigende Antwort. Liegen die Selbstkosten des Betriebes aber über denen eines ähnlichen Betriebes, so wird die Überschreitung stets mit einer Fülle gewichtig erscheinender Gründe gerechtfertigt, ohne daß diese Gründe immer nachprüfbar sind. Außerdem dürfte es nur selten Betriebe geben, in denen die innerbetrieblichen und die sie bestimmenden außerbetrieblichen Verhältnisse zu mehr als einem rohen Vergleich berechtigen. Nur wenn es sich um rein technische Vorgänge handelt, wo mit feststehenden Maßeinheiten und Leistungen gerechnet wird, bieten Betriebsvergleiche schon heute einen Anhalt. Trotzdem ist anzustreben, daß in Betrieben, die für Vergleiche einigermaßen geeignet erscheinen, auch für die Geldrechnung ein einheitlicher Rahmen und Kontenplan geschaffen wird.

Da diese Vorbedingung zur Zeit nur bei wenigen Betrieben, z. B. bei einer Anzahl von Versorgungs- und Verkehrsbetrieben, gegeben ist und da in der Präsidialabteilung zudem bekannt war, daß Betriebsvergleiche auch für die Zwecke des Buch- und Betriebsprüfungsdienstes des Reichsfinanzministeriums bisher nur ebenso spärliche Erfolge gezeitigt haben wie in der Privatwirtschaft, werden Betriebsvergleiche als Prüfungsmittel nicht verwendet.

Es wurde vielmehr von Anfang an gefordert, daß jeder Betrieb zu beweisen habe, daß er mit den geringstmöglichen Kosten arbeite, die sich bei ihm erzielen lassen. Dabei beschränkte man sich nicht auf die Kosten im Sinne der Erfolgsrechnung, sondern bezog auch die Aufwendungen für Erneuerungen, Erweiterungen und Neubauten ein. Die Betriebsleitung und die Gemeindeverwaltung hatten somit die Frage zu beantworten, ob die Bewirtschaftung der Anlagen und die Betriebspolitik so geführt worden sei, daß die den Betrieben entstammende mittelbare und unmittelbare steuerliche Belastung der „in nachbarlicher Gemeinschaft verbundenen Volksgenossen" hat gemildert werden können.

Die Beantwortung dieser Frage setzt voraus, daß bei den Betrieben scharf auseinandergehalten werden

a) die Kosten für den Betrieb im ganzen,

b) die Anschaffungskosten für Erweiterungs- und Neubauten (Neuinvestierungen),

c) die Zinsaufwendungen für Investierungen aus eigenen Mitteln der Gemeinde oder des Betriebes und mit fremden Mitteln.

Daß sich viele Gemeinden in der Nachkriegszeit nicht die nötige Beschränkung in Erweiterungsbauten und deren sachgemäßer langfristiger Finanzierung auferlegt haben, ist bekannt. Man findet daher nicht selten, daß die Bauten übergroß bemessen wurden, und daß sie entgegen den Grundsätzen ordnungsmäßiger Mittelbeschaffung mit einem zu großen oder zu teuren Anteil an Fremdschulden bezahlt wurden. Die Finanzierungsvorgänge sind ferner in einer Reihe von Fällen dadurch verschleiert, daß den Betrieben der Schuldendienst von Anleihen aufgebürdet ist, die für andere Zwecke verausgabt wurden. Die Ausgabenrechnungen der Betriebe müssen daher entsprechend aufgegliedert werden. Es muß ferner zweifelsfrei festgestellt werden, inwieweit sich die steuerliche Belastung einerseits durch die Erweiterungs- und die Finanzpolitik der Gemeinde, andererseits durch Maßnahmen in der Bewirtschaftung des Betriebes verändert haben.

Das Ergebnis ist meist, daß bis Ende 1929 die Ausgaben sowohl des ordentlichen Haushalts, der die laufenden Ausgaben umfaßt, als auch die des außerordentlichen Haushalts, der in der Regel nur die Neuinvestierungen enthalten sollte, gestiegen sind. Von 1930 an setzte aber eine fast völlige Drosselung der außerordentlichen Ausgaben und auch eine starke Einschränkung der ordentlichen Ausgaben ein. Dadurch sanken zwar die Gesamtausgaben, doch durfte das nicht als ein Zeichen gewertet werden, daß die Betriebe wirtschaftlicher arbeiteten als bisher: Die eingetretene Senkung der Kosten ist vielmehr fast ausschließlich eine Folge der Diktatur der leeren Kassen.

Der Vergleich der Ausgaben eines Betriebes über eine Reihe von Jahren liefert also noch keine ausreichende Grundlage für die Beurteilung seiner Wirtschaftlichkeit.

Der nächste Schritt ist daher ein Vergleich der Ausgaben mit den Leistungen des Betriebes. Es muß festgestellt werden, wie sich die Kosten im Sinne der Erfolgsrechnung je Leistungseinheit verändert haben, also z. B. die Kosten je erzeugten oder verkäuflichen cbm Gas, je Kilowattstunde, je Rechnungswagenkilometer bei Verkehrsbetrieben usw.

Aber auch die Leistungsvergleiche führen nicht ohne weiteres zum Ziel. Ein Beispiel mag das erläutern.

In einem Betriebsbericht über ein städtisches Gaswerk, das nur noch Verteilungsbetrieb ist, da es das Gas aus der Ferngasleitung bezieht, war ausgeführt, daß sich die Kosten je cbm verkauftes Gas binnen 2 Jahren um 10% hatten senken lassen. Die Untersuchung ergab folgende Kennzahlen:

	1931	1933
Verteilungskosten je cbm	100	90
Verteilungskosten je Jahr	100	98
Gasabgabe je Jahr	100	108

Hätte sich der Gasverbrauch verdoppelt, so würden die Verteilungskosten je cbm ohne Dazutun der Betriebsleitung auf weniger als 6 Rpf gefallen sein. Wäre der Gasverbrauch gesunken, so hätten die Verteilungskosten in einem bestimmten Umfange steigen können, ohne daß man dem Leiter einen Vorwurf hätte machen können.

Trotz der 10proz. Senkung der Kosten je cbm hatte sich die Wirtschaftlichkeit des Betriebes verschlechtert. Denn die Aufspaltung der Ausgaben nach persönlichen und sächlichen Kosten ergab, daß im letzten Jahr hauptsächlich an den Unterhaltungskosten gespart worden war, die persönlichen Ausgaben aber waren gestiegen. Dadurch waren die Kosten je Anschlußnehmer, auf die es bei Verteilungsbetrieben hauptsächlich ankommt, gestiegen.

Das Beispiel zeigt, daß durch Vergleich der Aufwendungen mit den Leistungen wohl ein weiterer Einblick in die Wirtschaftlichkeit des Betriebes gewonnen werden kann, doch müssen die richtigen Bezugsgrößen gewählt werden. Und zwar nicht nur zwischen Geld- und Leistungseinheiten, sondern auch zwischen Geldgrößen unter sich und Leistungen unter sich, z. B.

nicht nur	sondern auch
Reichsmark je Wagenkilometer (Längen)	Personalkosten zu Sachkosten, Unterhaltungskosten zu Betriebskosten usw.
„ „ Hektar (Fläche)	
„ „ cbm (Raum)	Kilowattstunden je Wagenkilometer
„ „ Tonnen (Gewicht, Masse)	Brennstunden je qm Straßenflächen
„ „ Verpflegungstag (Zeit)	Brennstoffe je cbm beheizten Raum usw.

schließlich auch Geldeinheiten und Leistungen je Kopfzahl der beschäftigten Personen.

Bei richtiger Auswahl der Bezugsgrößen ist es möglich, mittels der Meßziffern tief in das innere Leben eines Betriebes einzudringen. Voraussetzung ist aber, daß die Bezugsgrößen der tatsächlichen Höhe nach schlüssig sind. Das heißt, daß sowohl die Geldgrößen richtig sind und sich mit der Buchhaltung decken, als auch die Angaben über die Leistungen.

Hierauf wird oft nicht genügend geachtet. Die Betriebsprüfung muß daher auch mit einer Nachschau der Statistik verbunden sein. Bei Pflichtprüfungen im Sinne der Notverordnung darf nicht versäumt werden, sich von der Richtigkeit der ausgewerteten statistischen Unterlagen zu vergewissern.

6. Betriebskritik und Abschluß der Prüfung. Nach der betriebswirtschaftlichen Durchleuchtung des Betriebes und seiner Dynamik und nach Offenlegung seiner Leistungen über mehrere Jahre kann mit der Betriebskritik begonnen werden. Dabei kommt es darauf an, aus der Fülle dessen, was günstiges und ungünstiges über den Betrieb gesagt werden könnte: über seine Organisation und Personalbesetzung, über die Sachausgaben und die Geldwirtschaft sowie die Kostengestaltung, eine Auswahl in doppelter Hinsicht zu treffen.

Ziel ist zunächst, sowohl dem Leiter der Gesamtverwaltungsprüfung die Bildung eines eigenen Urteils zu ermöglichen, als auch dem Leiter der Gemeinde ein abgerundetes Bild davon zu vermitteln, wie der Betrieb geführt wurde und welche Möglichkeiten gegeben erscheinen, ihn wirtschaftlicher zu gestalten. Beide, der Leiter der Gesamtverwaltungsprüfung und der Leiter der Gemeinde, sind in der Regel keine Betriebswirtschafter. Es kommt also darauf an, den Bericht in eine leicht verständliche Form zu bringen, das Zahlenwerk auf das unbedingt nötigste Maß zu beschränken. Der Bericht sollte gleichsam ohne Zahlenangaben verständlich sein. Dagegen müssen alle Behauptungen soweit wie möglich zahlenmäßig belegt werden. Werturteile sollen vermieden werden. Weiter muß der Bericht allen in Betracht kommenden Stellen der Gemeindeverwaltung ermöglichen, die Bedeutung des Betriebes als Glied des gemeindlichen Wirtschaftskörpers zu erkennen. Der Bericht ist daher nicht ausschließlich unter betrieblichen Gesichtspunkten zu erstatten. Es sind vielmehr sowohl die außerbetrieblichen Bedingtheiten, die der Wirtschaftsstruktur der Gemeinde entstammen, als auch schließlich die allgemein volkswirtschaftlichen Gesichtspunkte hervorzuheben, die bei der Beurteilung des Betriebes Berücksichtigung zu verdienen scheinen.

Die richtige Beurteilung der gemeindewirtschaftlichen Belange setzt voraus, daß der Prüfende einen vollen Überblick über sie gewonnen hat. Das läßt sich nur in den seltensten Fällen erreichen. Darum wird der Bericht über die Betriebsprüfung den in Betracht kommenden Mitarbeitern an der Gesamtverwaltungsprüfung zur Stellungnahme zugeleitet. Sofern die Ansichten auseinandergehen und eine Einigung nicht erzielt werden kann, findet Vortrag beim Leiter der Prüfungsabteilung der Präsidialabteilung statt. Dieser entscheidet gemäß den allgemeinen Weisungen des Präsidenten des Rechnungshofes.

In den Besprechungen über die abschließende Betriebskritik und gelegentlich des Vortrages beim Leiter der Abteilung wird besonders geprüft, inwieweit allgemein volkswirtschaftliche Belange berechtigen oder zwingen, das

Urteil des Betriebswirtschafters über den Betrieb anzunehmen oder es zu berichtigen. Die Entscheidung wird um so mehr erleichtert, je sachlicher einerseits der Bericht abgefaßt ist und je größere Zurückhaltung sich der Berichterstatter in Fragen auferlegt hat, die er schlechthin nicht voll zu beurteilen vermag; je deutlicher andererseits diejenigen Stellen aufgezeigt sind, an denen die Belange des Betriebes solchen des gemeindlichen Wirtschaftsorganismus widerstreiten, und wo allgemein volkswirtschaftliche Gesichtspunkte zu beachten sind.

In der Schlußbesprechung im Kreise der Mitarbeiter ergibt sich nicht selten, daß die Auskünfte, die die Prüfer von den verschiedenen Stellen der Gemeinde erhalten haben, nicht voll übereinstimmen. Denn der Leiter eines Betriebes sieht seine Aufgabe vielfach unter einem anderen Gesichtswinkel als der Kämmerer und der Leiter der Gemeinde; ihre Ansichten über das Gewicht allgemein volkswirtschaftlicher Belange decken sich nicht immer ganz. In je engerer Fühlung die an der Gesamtverwaltungsprüfung Beteiligten während der örtlichen Prüfung geblieben sind, desto schneller lassen sich solche Fehlauskünfte aufklären und beheben; desto glatter wickelt sich dann die Erstattung des Gesamtgutachtens über die Verwaltung der Stadt und ihre Betriebe ab.

Nach der Schlußbesprechung und dem Vortrag beim Leiter der Prüfungsabteilung des Rechnungshofes wird das Gutachten über den Betrieb endgültig abgeschlossen und dem Gesamtgutachten als Teil eingegliedert. Nach Zeichnung durch den Präsidenten des Rechnungshofes wird es schließlich dem Auftraggeber zugeleitet.

III. Wünsche und Ziele.

Die Ausführungen werden gezeigt haben, daß Betriebsprüfungen im Rahmen der Gesamtverwaltungsprüfung einen wesentlich erweiterten Inhalt haben als Pflichtprüfungen von wirtschaftlichen Unternehmungen. Wo über solche Betriebe bereits ein Prüfungsbericht eines Wirtschaftsprüfers vorliegt, bildet er besonders dann eine wertvolle Unterlage, wenn er folgende Angaben enthält:

1. Kurze Beschreibung des Betriebes mit Angabe der Größenverhältnisse und Leistungskapazität; Leistungen im letzten Jahr, sowie Zahl der in ihm beschäftigten Personen.

2. Kurze Beschreibung der rechtlichen Grundlagen mit den im Laufe der Zeit erfolgten wichtigen Veränderungen. Hinweis auf diejenigen Punkte in den Verträgen, die besonders überwacht werden müssen.

3. Beschreibung der Finanzierungsgeschichte von der Errichtung ab bis in die letzte Zeit. Mit Angabe der Herkunft der Mittel, ihrer Deckung und Tilgung vor und nach der Festigung der Währung. Angabe der Forderungen sowie der Schuldenlast, die auf dem Betrieb lastet oder von der Gemeinde für ihn übernommen ist; ferner Angabe, welche Rücklagen seit 1924 gebildet worden waren, in welchen Jahren, von wem — der Gemeinde oder dem Betrieb —, und ob sie noch vorhanden sind.

4. Angabe der Leistungen, die der Betrieb in den Jahren 1925 und 1929 bis 1934 bewirkte. Zahl des Personals in der gleichen Zeit.

5. Entwicklung der persönlichen und sächlichen Ausgaben in 1925 und 1929 bis 1934. Desgleichen Entwicklung der Einnahmen sowie der Tarife in den gleichen Jahren.

6. Entwicklung der Zinsen und der Abschreibungen.

Liegt ein solcher Bericht vor, so kann der Kreis der besonderen Feststellungen, die im Rahmen der Gesamtverwaltungsprüfungen zu treffen sind, stark eingeengt werden. Das bedeutet eine wesentliche Abkürzung der Gesamtverwaltungsprüfung.

Leider sind die Fälle noch recht selten, in denen die Prüfungsberichte diese Punkte enthalten. In der Regel umfassen sie nur die zwei oder drei letzten Jahre. Dagegen enthalten die Berichte vielfach eine sorgfältige Nachprüfung der Anlagebewertung und der Abschreibungen. In manchen Berichten wird zu diesem Zwecke bis auf die Goldmarkeröffnungsbilanz zurückgegangen.

Solchen Untersuchungen kann dann ein gewisser Wert nicht abgesprochen werden, wenn es sich um Betriebe handelt, die in Wettbewerb mit der Privatindustrie stehen. Bei allen anderen Betrieben dagegen würde die Zeit besser aufgewendet worden sein, wenn die Frage, wie die Gegenstände des Anlagevermögens in der Bilanz zu bewerten sind, zunächst offen gelassen und dafür die Entwicklung der Einnahmen und der Ausgaben gezeigt und diese nach Unterhaltungs- und Betriebs-, nach Erneuerungs- und Erweiterungsaufwand getrennt worden wären. Denn der Frage der Bewertung ist bei Betrieben der öffentlichen Hand nicht das gleiche Gewicht beizumessen, wie in der Privatwirtschaft. Da ferner das Risiko bei öffentlichen Betrieben erheblich kleiner ist als in Privatbetrieben, führt eine starre Übertragung der in der Privatwirtschaft üblichen Abschreibungssätze auf die öffentlichen Betriebe unter Umständen zu einer Überteuerung der Gebühren oder Tarife und damit zu einer Schädigung der Steuerzahler. Sie führt weiter leicht zu einer Überspannung der Ansammlung von Abschreibungsrücklagen, die im Bedarfsfalle meist deswegen nicht liquide sind, weil sie entweder vom Kämmerer für andere Zwecke verbraucht oder, wenn sie den Betrieben belassen wurden, von diesen verbaut worden sind. In manchen Fällen führt die Anwendung des Abschreibungsgedankens auf öffentliche Betriebe auch zu Unsinnigkeiten, nämlich dann, wenn neben angemessenen Abschreibungen noch Tilgungen als erfolgswirksam behandelt statt aus den Abschreibungsrücklagen bezahlt zu werden. Dann wirkt sich die Verrechnungsweise dahin aus, daß ein und dieselbe Generation eine Anlage gleichsam zweimal bezahlen und außerdem das Kapital noch verzinsen muß.

Andererseits muß der Wirtschaftsprüfer nachprüfen, ob die Abschreibungen auch ausreichen und den gesetzlichen Vorschriften entsprechen. Diese fordern, daß Rücklagen gemacht (kaufmännisch gesprochen: Wertberichtigungen oder Abschreibungen vorgenommen und in Form von Barmitteln verfügbar gehalten) werden, die gestatten, die Anlage ertragsfähig zu erhalten und den Anlageverbrauch zu ersetzen. Die Rücklagen müssen daher einerseits nach dem Anschaffungs- oder Wiederbeschaffungspreis, nicht nach einem Wert mit anderer Kaufkraft oder nach einem willkürlichen Buchwert, z. B. dem aus der Goldmarkeröffnungsbilanz abgeleiteten, bemessen werden; andererseits muß aber die Rücklage der Ersatzbedürftigkeit der Betriebsanlagen und des Zubehörs angemessen sein. Diese läßt sich wiederum nicht nach den Zahlenbeträgen einer Vermögensrechnung beurteilen, sondern nur nach dem tatsächlichen Bedarf für Ersatzbeschaffung und Erneuerung. Der Prüfer muß sich daher die Unterlagen über das Alter der dem Verschleiß unterliegenden Anlageteile geben lassen und sich aus der Zahl und den Zeitpunkten der einzelnen Instandsetzungen, sowie durch Besichtigungen ein Urteil über den notwendigen Umfang der Rücklagen bilden.

Ein Prüfungsbericht, der sich hierüber ausspricht, wird also stets wertvoller sein als eine noch so sorgfältige theoretische Berechnung der Abschreibungen.

Die Aufgabe der Wirtschaftlichkeitsprüfung öffentlicher Betriebe liegt in Neulandgebiet. An seiner Erschließung hat das Büro des Reichssparkommissars, das jetzt der Präsidialabteilung des Rechnungshofes eingegliedert ist, bahnbrechend mitgewirkt. In nunmehr bereits zehnjähriger Tätigkeit konnten reiche Erfahrungen gesammelt und fortlaufend neue Erkenntnisse gewonnen werden.

Eine wesentliche Förderung erfuhren die Arbeiten, als der betriebswirtschaftlichen Betrachtungsweise ein breiterer Einfluß eingeräumt und hervorragende Betriebswirtschafter hinzugezogen wurden, die in der Großindustrie in leitenden Stellungen praktische Erfahrungen gesammelt hatten.

Gleichwohl bedeuten die Arbeiten der Präsidialabteilung erst einen Anfang. Denn weite Gebiete der öffentlichen Wirtschaftsführung konnten bisher noch kaum betreten werden. So konnte z. B. die Abhängigkeit der Kostenarten vom Beschäftigungsgrad und von der Betriebsgröße und die Frage der Kapitalbindung und des Kapitalumschlages noch kaum untersucht werden. Ferner ist das günstigste Verhältnis von Eigen- und Fremdkapital und die wirtschaftliche Grenze der Rücklagebildung im Gesamthaushalt der Gemeinde noch nicht geklärt, ebensowenig die Frage der zweckmäßigsten Gestaltung der Betriebsrechnung (nicht der Buchhaltungsform) und der Gewinnung von Meßziffern.

Es sind das Gebiete, auf denen die Prüfungsberichte der Wirtschaftsprüfer manchen wertvollen Beitrag werden leisten können, besonders dann, wenn sie von Persönlichkeiten erstattet werden, die über praktische Erfahrung in der Leitung von Betrieben oder im Kalkulationswesen verfügen.

Über die mehr formalen, doch darum nicht nebensächlichen Fragen hinaus werden als besonders vordringlich solche der Verkehrswirtschaft zu klären sein. Hierunter an erster Stelle die Frage der wirtschaftlichen Verkoppelung von Straßenbahnen und Kraftverkehrsbetrieben, beide in Verbindung mit dem städtischen Straßenbauwesen, den zu wählenden Straßenbefestigungen und Straßenbreiten in Wohn- und Verkehrsgebieten der Stadt.

Ferner bei den Versorgungsbetrieben die wirtschaftlichste Verbindung zwischen Gas und Strom, wobei wehrwirtschaftlichen Erfordernissen mehr als bisher Rechnung zu tragen ist.

Auf dem Gebiet des Fürsorgewesens harren die Probleme der Wirtschaftsführung in Krankenhäusern, in Heil- und Pflegeanstalten in Zusammenhang mit Fragen der Krankenbeschäftigung, noch immer der Lösung.

Im Kampfe gegen die Arbeitslosigkeit werfen die zunehmende Überalterung unseres Volkes und die Möglichkeit, daß die Welthandelsbeziehungen sich nicht mehr in die alten Gleise werden lenken lassen, schwere Schatten voraus: Die Unmöglichkeit, die Arbeitslosigkeit nur durch Schaffung von Beschäftigungen beheben zu können und die Schwierigkeiten der Finanzierung der Arbeiten zwingen, den Kampf in die Richtung unbedingt produktiver Wertschaffung zu lenken.

Die Frage der Auflockerung der Großstädte und der wirtschaftlichsten Formen der An- und Umsiedlung harrt der Klärung. Es fehlt noch an der Zusammenarbeit der Sachverständigen des Bau- und Verkehrswesens, der Landwirtschaft und des Gartenbaus: Untersuchungen über die wirtschaftlich günstigste Mischung der Siedlungsarten in der Nähe der Städte und über die vorteilhafteste Größe der Gesamt-Kapitalinvestierungen fehlen noch ganz. Dabei wird nicht so sehr auf höchste geldliche Rentabilität zu achten sein, sondern auf höchste Gemeinnützigkeit. Doch darf mit diesem Begriff kein Mißbrauch getrieben werden. Es muß verhindert werden, daß sich die Einrichtungen, die wir jetzt schaffen, in einer Aufblähung der öffentlichen Anlagen und Betriebe oder der Verwaltung auswirken, durch die der Zukunft über Gebühr Lasten aufgebürdet werden.

Endlich werden Richtlinien dafür gefunden werden müssen, wie die Gemeinden zu wirtschaften haben, damit sie dazu beitragen können, die allgemeinen Konjunkturschwankungen zu mildern.

So aufgefaßt, ist den Gesamtverwaltungsprüfungen durch den Rechnungshof ein hohes Ziel gestellt. Gelingt es, es zu erreichen, so hat auch die Einrichtung der Gemeindeprüfungsämter, der Rechnungsprüfungsämter und der Wirtschaftsprüfer, durch die die Unterlagen für die Gesamtverwaltungsprüfungen zu schaffen sind, ihre Lebensberechtigung erwiesen. Dann werden alle, die dabei mitwirkten, von ihrer Arbeit sagen können, daß sie dem Wohle unseres Volkes gedient habe.

Zweiter Abschnitt.

Aufbau und Führung von Versorgungs- und Verkehrsbetrieben.

5. Die Betriebssatzung, das Organisationsstatut der Eigenbetriebe.

Von Wirtschaftsprüfer Dipl.-Kfm. Dr. **Artur Richter**, Berlin.

1. Grundlage der Betriebssatzung. Nach § 74 der Deutschen Gemeindeordnung vom 30. Januar 1935 (DGO) sind für die Unternehmen der Gemeinden ohne Rechtspersönlichkeit (Eigenbetriebe) Betriebssatzungen aufzustellen. Die amtliche Begründung führt hierzu aus, daß über die vorliegende Umgestaltung der Gemeindeverfassung hinaus „es erforderlich ist, für diese Eigenbetriebe noch Sonderregelungen zuzulassen, die ohne Änderung des Rechtscharakters dieser Betriebe den Bedürfnissen einer möglichst elastischen Wirtschaftsführung entgegenkommen. Deshalb schreibt § 74 Abs. 1 nunmehr zwingend vor, daß für derartige Betriebe besondere Satzungen, sog. Betriebssatzungen, aufzustellen sind. In ihnen wird vor allem die Führung des Betriebes, seine Vertretung nach außen, seine Haushaltführung und seine Rechnungslegung zu regeln sein". Die vorläufige Ausführungsanweisung zu diesem Paragraphen vom 22. März 1935 bemerkt: „Es ist in Aussicht genommen, für die Betriebssatzung unter Zuziehung des Deutschen Gemeindetages ein Muster aufzustellen. Es wird den Gemeinden empfohlen, bis dahin die Feststellung der Betriebssatzungen zurückzustellen. Soweit sie schon bisher derartige Satzungen haben, bleiben sie in Geltung, es sei denn, daß sie in einzelnen Bestimmungen den Vorschriften der DGO widersprechen". Das in Aussicht genommene Muster ist noch nicht erschienen. Deshalb lassen sich nur allgemeine Gedankengänge entwickeln. Anhaltspunkte bietet aber die gleichartige Mustersatzung für kommunale Versorgungs- und Verkehrsbetriebe, die im Jahre 1934 vom Deutschen Gemeindetag als Richtlinie für die lt. § 92 GemFinG. vom 15. Dezember 1933 für *preußische* Eigenbetriebe geforderten Betriebssatzungen aufgestellt worden ist, sowie die Erfahrungen, die mit diesem Vorschlag in preußischen Städten und Landkreisen gemacht worden sind. Als neueste Unterlage liegt außerdem die vorläufige Sonderanweisung für die städtischen Versorgungs- und Verkehrsbetriebe der Stadt München vom 1. Oktober 1935 vor, die die Verhältnisse in München bis zum Erlaß der Richtlinien des Reiches regelt.

Nach dem Willen des Gesetzgebers und nach dem preußischen Vorbild werden die zukünftigen Betriebssatzungen auf Grund der DGO wahrscheinlich zwei größere Teile umfassen. Der erste Teil müßte die Organisation der Eigenbetriebe, insbesondere die Organe und ihre Befugnisse, regeln, während der zweite Teil das gesamte Rechnungswesen zum Gegenstand nimmt. Die vorliegende Abhandlung beschäftigt sich nur mit dem ersten Teil. Es wird versucht, unter betriebswirtschaftlichen Gesichtspunkten die praktisch durchführbaren und zweckmäßigen Organisationsformen zu untersuchen. Vorausgeschickt sei, daß die unterschiedliche Größe und Struktur der deutschen Gemeinden und ihrer Wirtschaftsbetriebe sowie die auf bodenständiger Selbstverwaltung begründete Eigenart und Mannigfaltigkeit der deutschen Gemeindeverwaltungen es weder gestatten noch zweckmäßig erscheinen lassen, ein einheitliches Organisationsschema zu entwerfen und vorzuschreiben. Im Rahmen der Vorschriften der DGO wird es möglich sein, alle berechtigten Voraussetzungen zu beachten.

2. Die Eigenbetriebe als Glieder der Gemeindeverwaltung. Jede betriebliche Organisation läßt sich nur aus den Aufgaben des Betriebes und dem Rahmen, in den er gestellt ist, begreifen. Bei den Wirtschaftsbetrieben der Gemeinden im Sinne des VI. Teiles 2. Abschn. der DGO sind im wesentlichen Monopolbetriebe auf dem Gebiete der Versorgungswirtschaft (Gas-, Wasser-, Elektrizitätswerk, Straßenbahn und andere Nahverkehrsmittel mit ihren Neben- und Hilfsbetrieben) gemeint; andere Betriebe, die im Wettbewerb mit der privaten Wirtschaft stehen, treten an Bedeutung zurück. Soweit sie heute noch vorkommen, geht ihre Führung durch die Gemeinde auf eine besondere örtliche Entwicklung zurück, es sei denn, daß der öffentliche Zweck die Beibehaltung des Unternehmens grundsätzlich und auf die Dauer rechtfertigt. Ohne zu diesen vielfältigen Erscheinungsformen Stellung zu nehmen, kann im folgenden von dem sog. Konkurrenzbetrieben abgesehen und der Monopolbetrieb als Prototyp der wirtschaftlichen Betätigung der Gemeinden behandelt werden.

Das Monopol der Versorgungs- und Verkehrsbetriebe ist rein rechtlicher Natur. Die Wirtschaftlichkeit des Betriebes, die Form der Erstellung und Aufgabe der Leistungen, die Benutzung der öffentlichen Verkehrsräume als Leistungsträger u. a. m. haben zur Voraussetzung, daß auf jedem räumlich abgegrenzten Gebiete jeweils nur ein Unternehmen Gas, Wasser und Strom öffentlich vertreibt bzw. (mit unwesentlichen Einschränkungen) Verkehrsleistungen zur Verfügung stellt. Daß dieses Monopol notwendig ist, zeigt auch die Entwicklung der Versorgungsbetriebe in Ländern und Gebieten, in denen die öffentliche Hand keinen oder nur geringen Einfluß auf die Entwicklung genommen hat. Zu beachten ist aber der rein rechtliche

Charakter des Monopols. Das Versorgungsunternehmen tritt den in seinem Gebiet lebenden Einwohnern zwar als Monopolanbieter gegenüber, doch ist niemand gezwungen, die Leistungen in Anspruch zu nehmen. Die Einwohner können den Bedarf auch auf andere Weise decken, sei es durch Eigenerzeugung der Leistungen, die praktisch nur für Großabnehmer in Frage kommt, sei es durch Benutzung anderer Güter zur Deckung des Bedarfs. So steht die Energiewirtschaft in Konkurrenz mit allen anderen festen oder flüssigen Wärmeträgern, z. B. Kohle zur Deckung des Wärmebedarfs, Öl zur Deckung des Lichtbedarfs usw. Die Verkehrsunternehmungen sind dem Wettbewerb aller übrigen Nahverkehrsmittel, des Kraftwagens, des Kraftrades und vor allem des Fahrrades, ausgesetzt. Nur in den seltenen Fällen, wo praktisch keine andere Möglichkeit zur Deckung des Bedarfs, als die Benutzung der Einrichtungen des öffentlichen Versorgungsunternehmens bestehen, gewinnt dieses außer dem rechtlichen Monopol auch das tatsächliche Monopol; dies ist z. B. der Fall bei Wasserwerken in mittleren und größeren Städten, die außerdem häufig durch polizeilichen Anschlußzwang u. dgl. gesichert sind.

Im Zusammenhang mit einem technisch verhältnismäßig starren, sehr kapitalintensiven und auf lange Sicht berechneten Produktions- und Verteilungsapparat erhält das Versorgungsunternehmen eine besondere Struktur, die seine planmäßige Ausrichtung auf längere Zeiträume gestattet, aber im einzelnen Beweglichkeit erfordert. Die Aufgaben dieser Versorgungsbetriebe sind zunächst technischer Natur. Sie ergeben sich insbesondere aus der Tatsache, daß die Leistungen der Versorgungs- und Verkehrsbetriebe entweder gar nicht oder nur innerhalb enger Grenzen speicherbar sind und deshalb der Betrieb jederzeit zur Erzeugung und Abgabe der im einzelnen nicht voraussehbaren Entnahmen der Abnehmer bereit sein muß. Da es sich um lebensnotwendige Güter handelt, wirken sich auch die geringsten Störungen sehr ungünstig aus. Sicherheit und stete Bereitschaft sind demnach die primären technischen Aufgaben. Der Verkehr mit einer außerordentlich großen Zahl von Abnehmern stellt der Verwaltung besondere Aufgaben, insbesondere auf dem Gebiet des Hebedienstes, der Kassen- und Buchhaltungsorganisation. Schließlich sind auch von erheblicher Bedeutung die rein wirtschaftlichen Aufgaben.

Diese betrieblichen Aufgaben stehen für den kommunalen Eigenbetrieb im Rahmen der Gesamtaufgaben der Gemeinde. Die übrigen unmittelbaren Aufgaben der Gemeinde weichen von der wirtschaftlichen Betätigung derart weit ab, daß es gerechtfertigt ist, innerhalb der Gemeinde zwischen Hoheits- und Betriebsverwaltung zu unterscheiden, womit aber eine Gleichwertigkeit der beiden Verwaltungszweige nicht begründet werden soll. Zu den unmittelbaren Arbeitsgebieten der Gemeinde kommen die eigentlichen Verwaltungsarbeiten, z. B. Rechnungs- und Finanzwesen, Personalverwaltung, Organisation und Revision, Aktenablage usw. hinzu.

Nach dem Willen des Gesetzgebers und nach bester Überlieferung ist verantwortlicher Leiter aller dieser Gebiete der Gemeindeverwaltung der Bürgermeister (in kreisfreien Gemeinden der Oberbürgermeister). Im Rahmen allgemeiner gesetzlicher Normen bestimmt er den Umfang der zu übernehmenden Aufgaben und die Art und Weise, in der sie durchgeführt werden, damit auch die gesamte Organisation. Ihm unterstehen als gesetzliche Vertreter nach der DGO Beigeordnete, von denen der Erste Beigeordnete sein allgemeiner Vertreter ist. Die weiteren Beigeordneten stehen im allgemeinen bestimmten Sachgebieten vor. Es ist aber nicht notwendig, daß die gesamte Verwaltung der Gemeinde in Sachgebiete aufgeteilt ist, denen Beigeordnete vorstehen. Die deutsche Gemeindeverfassung kennt auch die Beauftragung anderer Beamter und Angestellter in deren Sachbereichen. Die Aufteilung der Funktionen soll so vorgesehen werden, daß bei Wahrung der gebotenen Wirtschaftlichkeit die rechtzeitige Erfüllung aller Aufgaben in der Gegenwart und Zukunft gesichert ist.

Die Frage der zweckmäßigsten Organisation der Betriebsseite innerhalb der Gemeindeverwaltung wirft die Entscheidung darüber auf, ob sämtliche Versorgungs- und Verkehrsbetriebe, die sich im Eigentum der Gemeinde befinden, zusammengefaßt werden sollen. Die Erfahrung hat unzweideutig gezeigt, daß die gemeinsamen Aufgaben der eigentlichen Versorgungsbetriebe (Gas, Wasser, Elektrizität) einerseits und der Verkehrsbetriebe (Straßenbahn, Autobus usw.) anderseits so nachhaltig wirksam sind, daß die Zusammenfassung innerhalb dieser beiden Gruppen ohne Einschränkung anzustreben ist. Ausnahmen, die sich in einzelnen Gemeinden häufig nur aus personellen Gründen im Laufe der Zeit herausgebildet haben (z. B. Zuweisung des Wasserwerks zum Bauwesen), bestätigen die Richtigkeit dieser Regel. Die eigentliche Frage ist dann, ob es wünschenswert und zweckmäßig ist, auch die beiden Gruppen Versorgungs- und Verkehrsbetriebe in einer gemeinsamen Verwaltung zusammenzufassen, derart, daß der unmittelbare Leiter der Betriebe beide Zweige unter sich vereinigt, daß weiterhin die kaufmännische Verwaltung für beide Teile gemeinsam ist usw. Beim Abwägen aller Vorzüge und Nachteile zeigt sich, daß hier eine Zweckmäßigkeitsfrage vorliegt, die örtlich unterschiedlich gelöst werden kann und muß. So ist es zweifellos richtig, daß ein unbedeutender Nahverkehrsbetrieb, etwa ein Autobusbetrieb in einer mittleren Stadt mit nur einer oder wenigen Linien, ohne weiteres dem wesentlich bedeutenderen Versorgungsbetrieb angegliedert wird. Andererseits können die Verkehrsbetriebe in größeren und Großstädten einen solchen Umfang annehmen, daß es tunlich erscheint, sie als gesonderte Eigenbetriebe neben den Versorgungsbetrieben zu führen. Sieht man die Zusammenhänge in dieser Weise, dann muß eine Neuordnung in manchen Orten grundlegende Veränderungen historisch entwickelter Betriebsgestaltung nach sich ziehen; so dürfte die vielfach noch anzutreffende Zweiteilung der Betriebe in Gas- und Wasserwerk einerseits,

Elektrizitätswerk — gegebenenfalls mit Straßenbahn — anderseits nicht mehr aufrecht zu erhalten sein, es sei denn, daß auch hier wieder besondere örtliche Voraussetzungen (Größtstädte wie Berlin, Hamburg, München) eine andere individuelle Regelung erheischen.

3. Die Leitung der Eigenbetriebe. Bei der folgenden Untersuchung der Leitung der Eigenbetriebe wird davon ausgegangen, daß zumindest die Versorgungsbetriebe und die Verkehrsbetriebe je für sich zusammengeschlossen sind. Die Überlegungen gelten dann für jeden Betrieb.

Bei Berücksichtigung der unter 2 dargelegten Zusammenhänge zwischen den allgemeinen Aufgaben des Betriebes und seiner Stellung im Rahmen der gesamten Gemeindeverwaltung ergeben sich folgende Hauptformen der Leitung der Eigenbetriebe:

	A	B	C	D
1	Der Bürgermeister Allgemeiner Vertreter: Erster Beigeordneter			
2	Beigeordn.	Beigeordn.	—	—
3	1. Werkleiter	—	1. Werkleiter	—
4	Die einzelnen technischen und kaufmännischen Abteilungsleiter (Werkleiter)			
Beispiele	Köln	Breslau Nürnberg Hannover	Stuttgart Düsseldorf Wuppertal mittlere Gemeinden	viele kleinere Gemeinden

Alle vier Hauptformen sehen als verantwortlichen obersten Leiter der Gemeindewerke den Bürgermeister vor. Die weitere Unterscheidung ergibt sich je nachdem, ob ein Beigeordneter zwischen diesem und der eigentlichen Werksverwaltung steht; dabei ist wiederum auf die verschiedenartige Stellung des Beigeordneten selbst Rücksicht zu nehmen.

Im Falle A ist der Beigeordnete Sachbearbeiter des Bürgermeisters für die allgemeinen Belange der Gemeindewerke. Er hat daneben in der Regel noch weitere Aufgabengebiete aus der Gemeindeverwaltung. Die eigentliche unmittelbare Führung der Betriebe liegt in der Hand des Ersten Werkleiters (Generaldirektor in Großstädten, sonst Direktor o. dgl.). Der Beigeordnete ist also in diesem Falle nur Referent des Bürgermeisters, er bereitet dessen Entscheidungen vor und übernimmt eigene Entscheidungen nur in dem Rahmen, in dem sie ihm durch den Bürgermeister satzungsgemäß übertragen werden. Die eigentliche Leitung der Betriebe, die sich im allgemeinen nicht durch Einzelvorbehalte kennzeichnen läßt, ruht in vollem Umfange bei dem Ersten Werkleiter. Die Organisationsform A läßt für einen Wirtschaftsbetrieb, der nach dem Willen des Gesetzgebers und nach dem Inhalt seiner Aufgaben möglichst beweglich arbeiten soll, genaue Kompetenzabgrenzungen zweckmäßig erscheinen.

Im Falle B übernimmt der Beigeordnete außer der ihm vom Bürgermeister als Beigeordneten übertragenen Vertretungs- und Entscheidungsmacht noch die Stellung des Ersten Werkleiters. Er ist also gemeindeverfassungsrechtlich „Beigeordneter", von den Betrieben aus gesehen „(General)Direktor". Ihm unterstehen unmittelbar die einzelnen Hauptabteilungsleiter (Werkleiter), z. B. der Leiter der kaufmännischen Abteilung, die technischen Leiter des Gaswerks, Eltwerks, Wasserwerks, gegebenenfalls der Straßenbahn usw.

Die Organisationsform C stimmt im wirtschaftlichen Ergebnis mit B überein. Gemeinsam ist insbesondere, daß zwischen dem Bürgermeister und den einzelnen Werkshauptabteilungen nur eine Instanz eingeschaltet ist, die die unmittelbare Führung des Gesamtbetriebes innehat. Der Bürgermeister überträgt auch in diesem Falle praktisch alle Funktionen, die er nicht kraft Gesetzes selbst ausüben muß, auf die nächste Instanz. Eine im wirtschaftlichen Ergebnis geringere Befugnis als der Beigeordnete im Falle B braucht der Erste Werkleiter im Falle C auch schon deshalb nicht zu besitzen, weil der Bürgermeister kraft Gesetzes „auch andere Beamte und Angestellte mit seiner Vertretung in bestimmten Angelegenheiten" beauftragen kann. Die Form C ist lediglich freier, weil der Beigeordnete immer Beamter ist und deshalb den für diese geltenden besonderen Bestimmungen, auch hinsichtlich der Besoldung, unterliegt, während der Erste Werkleiter auch Angestellter mit freiem Dienstvertrag sein kann. Die Organisationsform C gilt aber, wie aus den Beispielen entnommen werden könnte, nicht nur für die großen Städte; sie ist auch die gegebene Form für mittlere Gemeinden. Dabei brauchen die dem Ersten Werkleiter nachgeordneten Hauptabteilungen nicht mit Werkleitern im Sinne von Abteilungsdirektoren besetzt zu sein; die vorliegende Form ist auch dann anwendbar, wenn die Abteilungen kleiner sind.

Die Organisationsform D geht davon aus, daß die Gemeindewerke durch nur je einen Werkleiter besetzt sind, der unmittelbar dem Bürgermeister untersteht. Sie findet sich insbesondere in den kleineren Gemeinden, bisweilen mit der Zwischenschaltung eines (ehrenamtlichen) Beigeordneten.

Der vorstehend beschriebene Verwaltungsaufbau läßt den bestimmenden Einfluß der Werksgröße in Erscheinung treten. Sobald die einzelnen Betriebszweige und die kaufmännische Verwaltung eine derartige Größe im organisatorischen Sinne erreicht haben, daß es notwendig ist, selbständige

Abteilungsleiter einzusetzen, muß im Bereiche des Betriebes eine Spitze geschaffen werden, die entweder als „Erster Werkleiter" vom Betrieb aus die Verbindung zum Leiter der Gemeinde herstellt oder als „Beigeordneter" vom Leiter der Gemeinde als sein satzungsgemäßer Vertreter aus dem Bereiche der Gemeinde selbst ernannt wird. Beide unmittelbaren Leiter der Werke müssen ihren ursprünglichen Standpunkt erweitern: Der Beigeordnete wird sich der besonderen wirtschaftlichen Struktur und Selbständigkeit des ihm übertragenen Bereiches bewußt werden, während der Erste Werkleiter sich in die Stellung eines wesentlichen Gliedes der Gemeindeverwaltung hineingesetzt sieht. Beide Formen dürften die Idealtypen für Groß- und Mittelstädte darstellen.

4. Die Hauptabteilungen. Innerhalb des Gesamtunternehmens „Versorgungsbetriebe" und, sofern diese gesondert geführt werden, „Verkehrsbetriebe" muß die Untergliederung in Hauptabteilungen, Abteilungen, Stellen usw. bis zu den letzten Arbeitsplätzen nach den betrieblichen Aufgaben vorgesehen werden. Voraussetzung einer zweckmäßigen Organisation ist demnach, wie bei allen derartigen betriebswirtschaftlichen Überlegungen, ein genau gegliederter Aufgabenplan. Dieser wird dann bei Berücksichtigung des Umfanges, der Wertigkeit und des örtlichen Anfalls der Aufgaben in einen organisatorischen Stellenplan umgebaut. Der Stellenplan berücksichtigt also sowohl die Kompetenzabgrenzung wie auch die gegenseitigen Beziehungen und Abhängigkeiten der einzelnen Arbeitsgänge.

An der Spitze steht, wie unter 3 entwickelt, der erste unmittelbare Leiter der Betriebe, der im Normalfall Beigeordneter oder Erster Werkleiter ist. Ihm werden zweckmäßig die wenigen Stellen unmittelbar angegliedert, die für den gesamten Werksbereich gemeinsam sind und innerhalb der Kompetenz des Ersten Werkleiters Einflußmöglichkeiten auf die Hauptabteilungen besitzen. Hierzu gehören reine Verwaltungsstellen, wie das Sekretariat, der Assistent des Ersten Werkleiters u. dgl., Überwachungsstellen, sofern sie über den Rahmen der Aufgaben der einzelnen Hauptbereiche hinausgehen, z. B. zentrale Revisions- und Organisationsstellen für die kaufmännische und die technische Seite, Referat für langfristige Werksentwicklung usw. und schließlich Stellen, die sich der Erste Werkleiter wegen ihrer zentralen oder besonders wichtigen Aufgaben vorbehalten hat; unter die letzte Gruppe kann z. B. die Tarifabteilung fallen.

Hinsichtlich der Gliederung in Hauptabteilungen ist es auch heute noch wichtig, hervorzuheben, daß gleichrangig neben den Hauptabteilungen der technischen Betriebsbereiche eine gemeinsame kaufmännische und Verwaltungsabteilung stehen muß. Standen bei der Einrichtung und dem Ausbau der Versorgungsbetriebe, wenigstens nach der Meinung der damals verantwortlichen Spitzen, die technischen Probleme im Vordergrund, so hat sich das Schwergewicht seit der Nachinflationszeit mit ihren schwierigen wirtschaftlichen Anforderungen ohne Zweifel nach der kaufmännischen

Seite verschoben. Für die Zukunft wird man deshalb dort nicht mehr von einer guten und gesicherten Organisation sprechen können, wo die kaufmännische Verwaltung dezentralisiert ist oder auf mehr oder weniger notwendige Verwaltungsarbeiten auf dem Gebiete des Rechnungswesens beschränkt wird. Die Aufgaben der kaufmännischen Abteilung sind weit zu fassen, und zwar dergestalt, daß alle Fragen hinsichtlich der zweckmäßigen Verwaltung, der Überwachung und der Wirtschaftlichkeit der Betriebe zwangläufig mit der kaufmännischen Abteilung verzahnt sind oder in ihr zusammenfließen. Die Funktionen der kaufmännischen Abteilung sind grundsätzlich etwa wie folgt zu fassen:

a) Beschaffung von Sachmitteln und Fremdleistungen, einschließlich Lagerwesen,

b) Personalverwaltung,

c) Verkauf im weitesten Sinne: Hebedienst, Vertrieb sonstiger Lieferungen und Leistungen, Werbung, Tarifwesen,

d) Rechnungswesen: Haupt- und Finanzbuchhaltung einschließlich Kasse, Betriebsbuchhaltung, sofern nicht in Hauptbuchhaltung enthalten, Selbstkostenwesen,

e) Verwaltung: Hauptaktenablage, Botendienst, Hausverwaltung, Schreibwesen, Verwaltung und Disposition der Kraftfahrzeuge.

Aus dieser Aufstellung ist ersichtlich, daß die wesentlichen grundsätzlichen Entscheidungen mehr nach der Seite der Vorbehaltsgebiete des Ersten Werkleiters als nach den technischen Hauptabteilungen getroffen werden müssen. Auf eine Einzelerläuterung der Funktionen kann verzichtet werden. Zu verweisen ist aber insbesondere auf a), b) und c). Auf dem Gebiete des Einkaufs findet man heute noch teilweise eine Dezentralisation. Von Sonderfällen abgesehen, ergeben eingehende Untersuchungen stets die aus der privaten Wirtschaft bekannte Tatsache, daß ein zentralisierter Einkauf wirtschaftlicher und geschlossener arbeitet als die dezentrale Beschaffung durch die einzelnen Abteilungsleiter. So ist darauf hinzuweisen, daß regelmäßig jeder Abteilungsleiter nach seiner speziellen Vorbildung und Begabung für die von ihm zu betreuenden Aufgaben ausgewählt wird; auf Fähigkeiten anderer Art, wie sie auch das Beschaffungswesen erfordert, kann dabei grundsätzlich keine Rücksicht genommen werden. Es ist deshalb betriebswirtschaftlich nur richtig, die Verantwortung für das Beschaffungswesen dem besonders hierzu ausgewählten Sachbearbeiter zu übertragen. Das bedeutet nicht, daß die Sachbearbeiter der verschiedenen Bereiche bei der Beschaffung ausgeschaltet sind; im Gegenteil, sie wenden sich mit allen Anforderungen und Vorschlägen an die zentrale Beschaffungsstelle, die ihrerseits sowohl bei mündlichen wie schriftlichen Verhandlungen die einzelnen Stellen zuzieht. Die Führung und Verantwortung hat aber der Einkäufer, der eine kaufmännisch-wirtschaftliche Funktion und erst in späterer Linie technische Aufgaben mit erfüllt. Dabei darf nicht übersehen werden, daß das Beschaffungswesen wirtschaftlicher Kontrollen bedarf, die sich ebenfalls wirksam nur bei zentraler Verwaltung ausüben lassen. Ähnliches gilt vom Lagerwesen. Von einer sachlichen Zentralisierung unter der kaufmännischen Verwaltung sollten nur die möglichst klein zu haltenden Betriebsvorläger ausgenommen werden. Daß auch die Hauptläger je nach den betrieblichen Voraussetzungen örtlich dezentralisiert werden können, liegt auf der Hand und schließt die zentrale Verwaltung, Disposition und Kontrolle innerhalb des kaufmännischen Bereiches nicht aus. (b) Die Personalverwaltung umfaßt selbstverständlich nicht die Vorbehaltsgebiete des Ersten Werkleiters. Ihre Zentralisierung bedeutet weiterhin nicht die Aufhebung der Vorgesetzteneigenschaft der einzelnen Abteilungsleiter und ihrer Einschaltung bei der Einstellung, bei der Schaffung der Arbeitsnachweise für die Entlohnung und gegebenenfalls bei der Entlassung. Die zentrale Personalverwaltung innerhalb der kaufmännischen Abteilung legt demnach den Hauptwert auf „Verwaltung", nämlich die geordnete Ablage und terminmäßige Überwachung der Personalvorgänge, die Abrechnung der Löhne und Gehälter, die Verwaltung der gesetzlichen und freiwilligen Sozial- und Wohlfahrtseinrichtungen u. dgl.; eine irgendwie geartete Personalaufsicht ist mit dieser Stelle nicht verbunden. (c) Im Verkaufsbereiche sind besonders die Propaganda und das Werbewesen hervorzuheben. Aus verschiedenen Gründen empfiehlt sich die zentrale Abwicklung innerhalb des kaufmännischen Bereiches, wobei naturgemäß auch hier nicht die Mitwirkung anderer Hauptabteilungen ausgeschlossen ist. (d) Daß die kaufmännische Abteilung die gesamte Finanz- und Wirtschaftsplanung im Interesse einer gesicherten Betriebsführung übernehmen muß, bedarf eigentlich keiner näheren Erläuterung; es muß aber hinzugefügt werden, daß sich diese wirtschaftliche Überwachung bis zu den letzten wirtschaftlich auszuwertenden Vorgängen im Betrieb erstrecken muß, wenn sie die Bedeutung und die Wirksamkeit erlangen will, die alle maßgeblichen Stellen für notwendig halten.

Die Aufgliederung der technischen Hauptabteilung entspricht dem Betriebsfluß. In der Regel wird bei größeren Betrieben je eine Hauptabteilung für Gas-, Wasser- und Elektrizitätswerk einzurichten sein. Vielerorts hat es sich aber als zweckmäßig herausgestellt, die Erzeugung von der Verteilung zu trennen, etwa dergestalt, daß je ein Hauptabteilungsleiter für Gas- und Wassererzeugung und für Elektrizitätserzeugung und daneben je einer für Gas- und Wasser- bzw. Stromverteilung eingesetzt wird. Sind keine Erzeugungsstätten vorhanden, dann erstrecken sich die Hauptabteilungen nur auf Übernahme der fernbezogenen Energie und die Verteilung, wobei die Gliederung ebenfalls den örtlichen Voraussetzungen folgt. Besondere Beachtung erfordern innerhalb der technischen Bereiche der Einbau, die technische Überwachung und die Unterhaltung der Meßgeräte. Die Gesamtorganisation muß gewährleisten, daß von diesen Stellen zwangläufige Verbindungen zum Hebedienst der kaufmännischen Abteilung bestehen, so daß der Hebedienst alle Unterlagen über Ein- und Ausbau der Meßgeräte, über Neuanschluß und Absperrung von Abnehmern gesichert erhält.

5. Die Nachwuchsfrage. Als ein erfreuliches Zeichen der Zusammenarbeit und gegenseitigen Wertschätzung der einzelnen Berufszweige darf gewertet werden, daß die deutsche Wirtschaft den alten Streit über Aufgaben, Einsatz und Kompetenz der Kaufleute und Techniker begraben hat. Je nach den Aufgaben, die die einzelnen Arbeitsgebiete stellen, findet man heute Ingenieure in kaufmännischen Bereichen wie Kaufleute in technischen. Es darf angenommen werden, daß in der öffentlichen Wirtschaft auch das Hinzutreten des Verwaltungsfachmannes der unteren, mittleren und höheren Laufbahn nicht zur starren Durchführung vorgefaßter Meinungen verleitet. Unbestritten ist, daß die Leistung entscheidet. Die Leistung ist mit dem Können und Wissen untrennbar verbunden. Eine volle Leistung kann deshalb nicht dort verlangt werden, wo der Ausbildung des Nachwuchses und der Einarbeitungsmöglichkeit ausgewählter Anwärter keine genügende Aufmerksamkeit zugewandt wird. Auf dem Wege der Förderung des Auswahl-, Ausbildungs- und Anlernverfahrens dürfen Zeit und Kosten nicht gescheut werden, Verständnis und guter Wille müssen sich zusammenfinden. Daß im übrigen das Nachwuchsproblem sich nicht nur auf die unteren und mittleren Stellen bezieht, sondern in mindestens gleicher Bedeutung für die leitenden Stellen in Frage kommt, sei noch besonders betont.

6. Die Zusammenarbeit mit anderen Verwaltungsgliedern der Gemeinde. Der Wirtschaftsbetrieb der Gemeinde steht, wie schon eingangs erwähnt, im Rahmen der Gesamtaufgaben und Gesamtorganisation der Gemeinde. Er ist hierin etwa einem konzernabhängigen Betriebe vergleichbar, der in seiner Wirtschaftsführung eng an die Konzernspitze gebunden ist und eigene, verantwortliche Wirksamkeit nur im Rahmen dieser Beschränkung entfalten kann. Von der Gemeinde aus gesehen, ist es deshalb richtig, die Ausführung der gleichartigen Aufgaben dorthin zu legen, wohin sie nach dem Gemeindeverfassungsrecht einerseits und den Anforderungen an die Wirtschaftlichkeit der Arbeit anderseits am zweckmäßigsten gehören. Von dieser Gesamtregel wird auch die Verwaltung der Gemeindebetriebe beeinflußt. Mögliche Überschneidungen liegen insbesondere auf dem Gebiete der allgemeinen Organisation und Revision, hinsichtlich der Beschaffung, der Personalverwaltung und des Finanzwesens vor, weniger auf technischen Gebieten.

Der Bürgermeister als Leiter der Gemeinde muß dafür sorgen, daß im Rahmen der notwendigen beschränkten Selbständigkeit der Wirtschaftsbetriebe deren Führung und Verwaltung in Übereinstimmung mit den allgemeinen Zielen und Absichten der Gemeindeverwaltung steht. Er wird demnach das Prüfungsorgan der Gemeindeverwaltung, das örtliche Rechnungsprüfungsamt, nicht nur aus gesetzlichen Erwägungen, sondern auch aus wirtschaftlichen Rücksichten, soweit es tunlich erscheint, für die Überwachung der Gemeindebetriebe einsetzen, unter Umständen in einem solchen

Umfange, daß besondere Revisionsstellen der Betriebe sich erübrigen. Das gleiche gilt von den allgemeinen Aufgaben der Organisation.

Die möglichen Organisationsformen im Beschaffungswesen, der Einsatz städtischer Beschaffungsstellen für Werkzwecke und umgekehrt, richten sich nach den bestehenden örtlichen Voraussetzungen. Das Ziel muß sein, Doppelarbeit auf jeden Fall zu vermeiden und die Aufgaben dort durchführen zu lassen, wo die Voraussetzungen am günstigsten liegen.

Daß insbesondere das Personalwesen der Gemeindewerke in Einklang mit der Personalpolitik der Gemeinde geführt werden muß, ist selbstverständlich. Deshalb sollte der Erste Werkleiter bei allen Angelegenheiten von grundlegender Bedeutung mit dem Personaldezernenten der Stadt in Verbindung stehen. Der Ausgleich der allgemeinen Ziele der Stadt mit den besonderen Anforderungen der Gemeindewerke läßt sich in diesem Rahmen ohne Zweifel finden. Anderseits entspricht es dem Grundgedanken des Gemeinderechtes, daß der Erste Werkleiter Vorgesetzter der Beamten, Angestellten und Arbeiter der Werke ist, daß weiterhin die Beamten, Angestellten und Arbeiter der Werke amtlich mit vorgesetzten Stellen der Gemeindewerke und mit anderen Dienststellen der Gemeinde nur auf dem Dienstwege verkehren. Die Pflicht zur wirtschaftlichen Arbeit, die auch in der DGO. verankert ist, läßt die Verantwortung aller Beteiligten erkennen, die Besetzung aller Stellen nur auf den jeweils notwendigen Bedarf abzustellen, ebenso wie die Richtlinie bei der Auswahl ist, daß alle Mitarbeiter neben den allgemeinen Voraussetzungen die erforderliche fachliche Vorbildung und Eignung für den in Aussicht genommenen Aufgabenkreis besitzen.

Die DGO. betont mit Recht die starke Stellung des Kämmerers, der in allen entscheidenden Fragen der Finanzpolitik der Gemeinde eingeschaltet sein muß. Es liegt darüber hinaus auch im wirtschaftlichen Interesse der Gemeindebetriebe, daß diese „Finanzhoheit" der Gemeinde in allen grundlegenden und entscheidenden Fragen der Werksfinanzen zum Ausdruck kommt. Eine besondere Finanzpolitik dürften deshalb die Gemeindewerke ohne Genehmigung des Bürgermeisters und ohne Kenntnis des Kämmerers nicht treiben. Auf der anderen Seite verpflichten sowohl das Gesetz wie auch die allgemeinen betriebswirtschaftlichen Grundsätze die Gemeinde, bei allen ihren finanziellen Entscheidungen die Belange der Gemeindewerke für die Gegenwart und die Zukunft zu beachten und sicherzustellen. Insbesondere ist darauf Bedacht zu nehmen, daß das Vermögen der Gemeindewerke erhalten bleibt und daß für die weitere Entwicklung notwendige Rücklagen rechtzeitig und in ausreichender Höhe gebildet werden. An die Gemeinde dürfen mittelbar oder unmittelbar nur die nach ordnungsgemäßer Verrechnung des Gesamtaufwandes einschließlich Abschreibungen und der notwendigen Rücklagen verbleibenden Reingewinne ausgeschüttet werden. Ein darüber hinausgehender Kapitalentzug durch die Gemeinde ist nur dann statthaft, wenn die Gemeindewerke ohne Beeinträchtigung ihrer Aufgaben und ihrer weiteren Entwicklung Kapital freistellen können. Umgekehrt muß die Gemeinde ordnungsgemäß errechnete Fehlbeträge der Gemeindewerke erstatten, es sei denn, daß letztere den Verlust mit Sicherheit aus späteren Überschüssen decken können oder die Vermögenserhaltung nach der Art des Betriebes nicht notwendig ist. Diese in der DGO. verankerten Grundsätze werden mehr als bisher ein weitgehendes Verständnis des verantwortlichen Finanzleiters der Gemeinde für die besonderen Grundlagen der Wirtschaftsbetriebe erfordern; die finanzielle Sicherheit ist eine Hauptgewähr für die befriedigende Entwicklung der wirtschaftlichen Betätigung der Gemeinde.

6. Einheitliche Führung der Gemeindebetriebe.

Von Direktor Dr.-Ing. Dr. rer. pol. **Hans Finter**, Cottbus.

Einheitsorganisation oder Einzelbetriebe? An den Wirtschaftsprüfer wird sehr oft die Frage gerichtet, ob er es nach seiner Kenntnis der Einzelbetriebe für zweckmäßig und ratsam hält, alle werbenden Betriebe einer Stadt einheitlich zusammenzufassen. In Zukunft wird der Wirtschaftsprüfer um so eher um seine Stellungnahme gebeten werden, als die in Vorbereitung befindlichen Betriebssatzungen, die nach § 74 der Deutschen Gemeindeordnung unter Zuziehung des Deutschen Gemeindetages als Muster aufzustellen sind, Grundsätze enthalten sollen, die auf eine einheitliche Leitung sämtlicher städtischer werbender Betriebe hinauslaufen.

In einem Vortrage, der kürzlich in Hamburg gehalten wurde, wurden Leitsätze angegeben, die für die Leitung gemeindlicher Wirtschaftsbetriebe und damit auch für die Ausarbeitung der in Vorbereitung befindlichen Musterbetriebssatzung wichtig sind.

1. Die Versorgungswirtschaft der Gemeinde bildet eine *einheitliche* wirtschaftliche Aufgabe.

2. Diese Aufgabe ist durch eine *besondere* Person, einen *Ersten Werkleiter* der Betriebe, zu vertreten. Der Erste Werkleiter ist verantwortlich für die *Energiepolitik der Gemeinde* und für die Versorgungswirtschaft als *Ganzes*. Er organisiert und leitet die Versorgungsbetriebe. Ihm ist gegenüber seinen Werkleitern insbesondere die Entscheidung aller die Versorgungswirtschaft als *Ganzes* berührenden Angelegenheiten vorzubehalten.

3. Der Leiter der Gemeinde ist *oberster Leiter* der Versorgungsbetriebe. Ihm sind insbesondere alle Angelegenheiten der Versorgungsbetriebe zur Entscheidung vorzubehalten, die das *Gesamtinteresse der Gemeinde* berühren.

4. Bestellt der Leiter der Gemeinde zu seiner Vertretung in Wirtschaftsfragen einen *Beigeordneten*, so sind diesem Wirtschaftsdezernenten insbesondere alle Angelegenheiten der Versorgungsbetriebe zur Entscheidung vorzubehalten, welche für die *gesamte Wirtschaftspolitik* und *wirtschaftliche Betätigung der Gemeinde* von Bedeutung sind.

5. Dem Ersten Werkleiter der Versorgungsbetriebe ist außer den technischen Werkleitern ein *Verwaltungsleiter* zu unterstellen, der für die *gemeinsame Verwaltung* und die *gemeinsamen kaufmännischen Angelegenheiten* der Versor-

gungsbetriebe verantwortlich ist. Zur gemeinsamen *Verwaltung* gehören insbesondere die Buchhaltung und das Finanzwesen sowie das Personalwesen der Versorgungsbetriebe. Zu den *gemeinsamen kaufmännischen Angelegenheiten* rechnen die Beschaffung, die Lagerung, die *Werbung*, die Absatzplanung und das Tarifwesen.

Für die hier zum Ausdruck kommende Zielsetzung ist besonders wichtig, daß der Erste Werkleiter für die Energiepolitik der Gemeinde und für die Versorgungswirtschaft als *Ganzes* verantwortlich sein soll. Damit ist gesagt, daß in Zukunft eine einheitliche Leitung sämtlicher gemeindeeigener werbender Betriebe erwünscht ist.

Zur Begriffsabgrenzung sei herausgestellt, daß unter werbenden Betrieben einer Stadt gemeinhin die Betriebe der kommunalen Versorgungs- und Verkehrswirtschaft, also die den Bedürfnissen der Stadt dienenden Gas-, Wasser- und Elektrizitätswerke und die Verkehrsunternehmungen einer Stadt zu verstehen sind.

Wenn ich die mir zweckmäßig erscheinende einheitliche Organisation solcher Gemeindebetriebe darlegen soll, so möchte ich diese Ausführungen auf die deutschen Mittelstädte beschränken. Darunter sind Städte bis etwa 150000 Einwohner zu verstehen. Es wird sich nämlich zeigen, daß die Größe der Stadt und damit der Betrieb entscheidend ist gerade für die wichtigste Organisationsfrage, die der zentralen oder Einzelverwaltung.

Nicht in den Kreis der zu erörternden Fragen gehört die Frage nach Eigenerzeugung oder Fremdbezug der Energieträger für die Versorgungsbetriebe, denn bei den in Betracht kommenden Größenordnungen beeinflußt das Vorhandensein oder Nichtvorhandensein eigener Erzeugungsanlagen die Organisationsform nicht wesentlich.

Eigenbetrieb oder Gesellschaft? Streifen muß ich aber die Frage nach der juristischen Form der städtischen wirtschaftlichen Unternehmungen. Wohl zum erstenmal in der deutschen Gesetzgebung hat sich das preußische Gesetz über die Haushalt- und Wirtschaftsführung der Gemeinden vom 15. Dezember 1933 mit dieser Frage beschäftigt. Die Deutsche Gemeindeordordnung hat die damals gegebenen Richtlinien zum Teil mit § 67 übernommen.

Daß zunächst die Versorgungsbetriebe und die innerstädtischen Verkehrsunternehmungen zu den wirtschaftlichen Unternehmungen gehören, die die Gemeinde nach dem genannten Gesetz als Eigenbetriebe errichten, oder an denen sie sich beteiligen darf, ist nicht zweifelhaft. Gegenteilige Auffassungen, die sich gelegentlich in der Presse finden, sind irrig. Die in der Gemeindeordnung aufgestellten Voraussetzungen, nämlich, daß die Gemeinde wirtschaftliche Unternehmungen nur errichten oder wesentlich erweitern darf, wenn

1. der öffentliche Zweck das Unternehmen rechtfertigt,
2. das Unternehmen nach Art und Umfang in einem angemessenen Verhältnis zu der Leistungsfähigkeit der Gemeinde und zum voraussichtlichen Bedarf steht,

3. der Zweck nicht besser und wirtschaftlicher durch einen anderen erfüllt wird oder erfüllt werden kann,

sind bei dem Monopolcharakter dieser Unternehmungen, ihrer Bedeutung für die gesamte Wirtschaft der Stadt und angesichts der in den Begriffen Tarif- und Gebietshoheit eingeschlossenen öffentlichen Interessen für unsere Mittelstädte gegeben.

In welcher Form die Unternehmungen in Zukunft zu betreiben sind, ergibt sich mittelbar aus der amtlichen Begründung zu § 74 und vor allem zu § 75 DGO. der lautet: „Zur Umwandlung eines Eigenbetriebes in ein rechtlich selbständiges Unternehmen bedarf die Gemeinde der Genehmigung der Aufsichtsbehörde". In der amtlichen Begründung zu § 74 ist gesagt, daß die Umwandlung von Gemeindebetrieben in selbständige Unternehmungen unerwünscht sei, da sie die Einheit der Gemeindeverwaltung und Aufsicht beeinträchtigen würde. Zur Verhinderung vorschneller Entscheidung schreibt der § 75 die Genehmigung der Aufsichtsbehörde vor. Es besteht demnach kein Zweifel, daß der Gesetzgeber für die Zukunft der werbenden Betriebe einer Stadt die Form des Eigenbetriebes wünscht. Dem steht nicht entgegen, daß zwingende Gründe unter Umständen eine Ausnahme zulassen.

Die Zeit liegt noch nicht lange zurück, wo die Gesellschaftsform in der besonderen Abart des gemischtwirtschaftlichen Betriebes als die einzig richtige gepriesen wurde. In vielen Fällen ist sie, namentlich wo fremde Kapitalbeteiligung zur Errichtung erwünscht oder notwendig war, oder bei überörtlichen Unternehmungen, durch die Verhältnisse gegeben. Es sind aber namentlich in der Nachkriegszeit in Gegenwirkung gegen die Kommunalisierungsbestrebungen und zu dem Zwecke, die Werke den störenden Einflüssen des auch in den Gemeinden sich breitmachenden parlamentarischen Systems zu entziehen und ihre Führung beweglicher zu gestalten, innerstädtische Eigenbetriebe ohne Hereinnahme fremden Geldes in Gesellschaften umgewandelt worden. Es mag unerörtert bleiben, ob wirklich die politischen Verhältnisse der Vergangenheit zu solchen Maßnahmen hinreichend begründeten Anlaß gegeben haben. Heute jedenfalls dürften die Gründe nicht mehr zutreffen. Mit der Parlaments- und Parteiwirtschaft ist auch in den Gemeinden aufgeräumt worden, der Ballast der Stadtverordneten-Versammlungen ist über Bord geworfen, und die erwünschte größere Bewegungsfreiheit ist nicht nur durch die unabhängigere Gestaltung der Stellung des Gemeindeleiters und seiner Vertreter, sondern auch durch die in dem genannten Gesetz enthaltenen Sondervorschriften über die Führung wirtschaftlicher Gemeindeunternehmungen gewährleistet. Nach § 32, Abs. 1 DGO. führt der Bürgermeister die Verwaltung in voller und *ausschließlicher* Verantwortung.

Weiter ermöglichen die Grundsätze eine kaufmännische Einrichtung der Unternehmungen mit doppelter Buchführung, den Ersatz der kameralistischen Jahresrechnung durch Inventur, Bilanz, Gewinn- und Verlustrechnung und befreien die so geführten Werke auch von den lästigen kameralistischen Voranschlagsformen. Nützt man diese neuen Möglichkeiten der Betriebsführung aus und sorgt man dafür, daß in den Büros der Betriebe nicht nur kaufmännische Form, sondern auch kaufmännischer Geist herrscht — und das ist letztlich eine Personenfrage —, dann dürften die Bedingungen erfüllt sein, die den Eigenbetrieb an Leistungsfähigkeit und Wirtschaftlichkeit dem privaten Unternehmen durchaus gleichwertig machen. Anderseits kann aber wohl kein Zweifel bestehen, daß in dem Eigenbetrieb der Gemeinden, der frei ist von fremden Einflüssen und Interessen, die beste Gewähr gegeben ist, die gemeindlichen Gesamtinteressen zu wahren und den Zweck der technisch und wirtschaftlich einwandfreien, sicheren und billigen Versorgung der Bevölkerung mit Wasser, Gas und Elektrizität und die ihren Bedürfnissen bestens angepaßte Gestaltung der Verkehrsverhältnisse zu erreichen. Einer Gesellschaft bedarf es hierzu, wenn diese nicht durch andere Gründe bedingt ist, nicht mehr.

Einheitliche Leitung der Versorgungsbetriebe. Kommen wir also zu dem Schluß, daß der Eigenbetrieb uns als die gegebene juristische Form der städtischen wirtschaftlichen Unternehmungen erscheint, so ist damit freilich für die Frage nach ihrer idealen Organisation noch nicht das Entscheidende gewonnen. Dieses Entscheidende sehe ich in ihrer Zusammenfassung unter einer zentralen Leitung.

Dies gilt zunächst in besonderem Maße für die städtischen Versorgungsbetriebe, also die Gas-, Wasser- und Eltwerke. Es ist die besondere Gunst der Verhältnisse der Mittelstädte, daß hier das Bedenken, das solcher Vereinigung entgegengehalten zu werden pflegt, nämlich die Grenze der Leistungsfähigkeit des Leiters, nicht aufkommen kann. Allerdings ist es wichtig, daß der Leiter der vereinigten Werke in der Lage ist, nicht nur die gesamten ihm unterstellten Werke technisch zu kontrollieren und zu überblicken, es muß ihm auch die Zeit zur Verfügung stehen, die wichtigsten Angelegenheiten jedes einzelnen Zweiges selbst durchzuarbeiten und sich ein eigenes Urteil über die zu entscheidenden Fragen zu bilden. Daß dabei das technische Wissen des Ersten Werkleiters mit ausgeprägten wirtschaftlichen Fähigkeiten gepaart sein muß, ist selbstverständlich. Man muß sich also darüber klar sein, daß bei einer auf die Entscheidung einer Person eingerichteten Organisation besondere Fähigkeiten des Leiters vorhanden sein müssen. Die Frage wird damit zu einer Persönlichkeitsfrage erster Ordnung. Ein bloßes, äußerliches Darüberschweben, ohne die Möglichkeit des Eindringens auch in die Einzelheiten und vor allem ohne Mitarbeit am Projektieren, genügt freilich nicht. Bei dem Umfang der Gas-, Wasser- und Eltwerke mittlerer Städte ist aber, richtige Auswahl des Leiters vorausgesetzt, diese notwendige „Betriebsnähe" des Leiters durchaus gegeben.

Einheitliche kaufmännische Abteilung. Die Vorteile der Zusammenfassung der Versorgungsbetriebe in einem Amte springen in die Augen.

Sie liegen zunächst beim kaufmännischen und Verwaltungsteil der Geschäfte, und es ist nicht uninteressant festzustellen, daß da, wo der kaufmännische Teil der Betriebe eine besonders starke Pflege erfahren hat, auch schon in früherer Zeit, ohne gesetzlichen Zwang, gerade von dieser Seite der Anstoß des Zusammenschlusses gekommen ist. In der Tat drängt die Gleichartigkeit des kaufmännischen Verwaltungsablaufes den Gedanken der Zusammenfassung zum Zwecke seiner Vereinfachung und der Steigerung der Wirtschaftlichkeit unmittelbar auf. Hier ist die Zusammenfassung der Geschäfte in einem Bürobetrieb bis zum Grade der vollständigen Verschmelzung derart möglich, daß die einzelnen Arbeitsgruppen die gleichartigen Anfälle der einzelnen Betriebszweige in einem Arbeitsvorgang erledigen. Die Berührungspunkte sind hier überaus vielseitig. Wir erwähnen

die Registratur,	Ablesung,	Buchhaltung,
Aktenführung,	Kundenabrechnung,	Lohn- und Gehaltsabrechnung,
Kanzlei,	Rechnungsausstellung,	Einkauf,
Statistik,	Restekontrolle,	Verkauf,
Werbung,	Kassenwesen,	Personalwesen.

Gerade der Wirtschaftsprüfer wird es vor allem als unwirtschaftlich empfinden, wenn er bei der Prüfung des Gas-, Wasser- und Elektrizitätswerks einer Stadt feststellen muß, daß bei jedem Betrieb derselbe Leerlauf entsteht und daß vielleicht letzten Endes die einzelnen Betriebe, obwohl sie demselben Eigentümer gehören, durch die Post brieflich miteinander verkehren. Es fehlt in der Praxis nicht an Stilblüten solcher Politik der vergangenen Zeit.

Es ist wohl nicht notwendig, die Wirkungen der Zusammenfassung der Geschäfte auf diesen Gebieten in Richtung auf Vereinfachung, Ersparung von Menschenkraft, Maschinen und Papier im einzelnen darzustellen. Sie sind bereits Gegenstand zahlreicher Einzeldarstellungen gewesen, auf die hier verwiesen werden kann.

Für den weniger Eingeweihten ist wohl am eindeutigsten das Beispiel der gleichzeitigen Ablesung, der einheitlichen Rechnungsausstellung und der gleichzeitigen Geldeinziehung beim zusammengefaßten Unternehmen gegenüber der dreifachen Wiederholung der Vorgänge bei getrenntem Hebedienst.

Nicht zu übersehen ist ferner als Folge der Zusammenfassung die Erleichterung der Finanzierung. Da erfahrungsgemäß finanzielle Beanspruchung bei den verschiedenen Betrieben zu verschiedenen Zeiten auftritt, hat die vereinigte kaufmännische Leitung die Möglichkeit, ihre Finanzvorkehrungen danach einzurichten; zur Flüssighaltung des Unternehmens sind erheblich geringere Mittel notwendig; es wird auch vermieden, daß gegenläufige Bankenbeanspruchung durch die einzelnen Abteilungen eintritt. Diese Beispiele ließen sich vervielfältigen.

Gemeinsame Lager und technische Abteilungen. Während die Erkenntnis der Zweckmäßigkeit der Zusammenfassung der kaufmännischen und Verwaltungsabteilungen der Versorgungsbetriebe heute bereits weit fortgeschritten ist, begegnet man nicht selten dem Einwande, daß die technischen Belange bei den Versorgungsbetrieben derart verschieden seien, daß auf diesem Gebiete eine Zusammenlegung zwecklos sei. Aber auch diese Auffassung, aus partikularistischer Betrachtungsweise entstanden, bedarf der Richtigstellung. Wenn auch hier in der Hauptsache nicht eine vollständige Verschmelzung in einen einzigen Bürobetrieb wie bei den kaufmännischen Abteilungen in Frage kommt, sondern nur eine koordinierte Aneinanderreihung der einzelnen Abteilungen, so lassen sich doch gerade auf der technischen Seite durch einheitliche Führung ganz erhebliche Vorteile gewinnen. Daß in den Mittelstädten eine Zentralisierung gewisser, jedem Betrieb anhaftender Nebenbetriebe bei den in Frage kommenden kurzen räumlichen Entfernungen möglich ist, liegt ja auf der Hand. In Betracht kommen zentrale Werkstätten, gemeinsamer Fuhrpark, gemeinsame Läger, gemeinsame Störungsabteilungen. Auch die Vereinheitlichung des technischen Einkaufs und der technischen Kundenberatung ist möglich und vorteilhaft.

Einheitliche Energiepolitik. Viel wichtiger aber als diese Dinge ist die vorteilhafte Auswirkung einer einheitlichen Leitung auf dem Gebiete der gemeindlichen Energiepolitik. Dieser Gedanke ist in der Muster-Betriebssatzung eindeutig zum Ausdruck gebracht. Ziel der gemeindlichen Energiepolitik muß es sein, die Bedürfnisse der Bevölkerung in einer technisch möglichst zweckmäßigen und wirtschaftlich möglichst vorteilhaften Weise, d. h. so sicher und billig wie möglich zu befriedigen. Das Wohl der Bevölkerung ist oberstes Ziel aller gemeindlichen Betätigung, also auch ihrer Werke. Sie sind nicht Selbstzweck wie ein privater Betrieb, sondern sind hineingestellt in die Gesamtaufgabe der Stadtverwaltung, den Gemeindeangehörigen bestens zu dienen. Daraus ergibt sich mit Notwendigkeit, daß die Energiepolitik der Stadt nur nach der Abnehmerseite, nicht nach der Erzeugerseite ausgerichtet sein kann. Insbesondere muß das Bestreben darauf gerichtet sein, den Wettbewerb zwischen Gas und Elektrizität, der hierbei die entscheidende Rolle spielt, zu einem nach dem wahren Bedürfnis der Abnehmer gestalteten Ausgleich zu bringen. Es wurde von berufener Seite bereits anderen Orts einmal dargelegt, wie wichtig vor allem die Beratung für konsumschwächere Bevölkerungsschichten ist. Die Beratung ist nur bei einheitlicher Leitung der Werke so durchzuführen, daß der Kunde sich nicht an das Gas- oder Eltwerk wendet, sondern an eine g e m e i n s a m e Beratungsstelle, die ihn unbefangen unterrichtet.

Fehlinvestitionen, deren schädliche Folgen letzten Endes die Bevölkerung tragen muß, sind gerade heute in kapitalarmer Zeit trotz der Forderung nach Arbeitsbeschaffung besonders verwerflich. Es kann aber nicht geleugnet werden, daß bei getrennter Führung der Gas- und Eltwerke solche

Gefahren kaum zu vermeiden sind. Das ist im besonderen der Fall, wenn Gas- und Eltwerk in verschiedenen Händen sind, womöglich die eine Energieart kommunal, die andere privatwirtschaftlich orientiert, so daß keine übergeordnete Stelle vorhanden ist, die die Macht hat, wenigstens die gröbsten Einseitigkeiten hintanzuhalten. Es liegt eben in der Natur der Sache, daß jeder Leiter sein Werk für das wichtigste hält und den Ehrgeiz hat, es nach Kräften zu fördern. Und wenn dabei der Hemmschuh der gleichzeitigen Verantwortung für das gleichstrebende andere Werk fehlt, werden leicht die Grenzen überschritten, die durch die Rücksicht auf die Gesamtaufgaben der städtischen Werke geboten sind.

Verbundwirtschaft innerhalb der Versorgungsbetriebe. Die Wirkung einer durchdachten Zentralleitung besteht aber nicht allein in der Verhütung von schädlichen Wettbewerbsmaßnahmen, sie geht in einem gut organisierten Betrieb darüber hinaus, indem sie zur innergemeindlichen Verbundwirtschaft führt. Wir meinen damit nicht nur die wärmetechnische oder sonstige Kupplung zweier Betriebe, die natürlich unter günstigen Bedingungen auch möglich ist, sondern verstehen den Begriff auch in einem weiteren wirtschaftlichen Sinne. Wirtschaftliche Verbundwirtschaft soll dahin führen, daß in den verschiedenen Versorgungsbetrieben die betrieblichen Maßnahmen getroffen werden, die für die Stadt als Gesamtunternehmer die wirtschaftlichsten sind. Solche Maßnahmen können, vom Standpunkt des Einzelbetriebes aus gesehen, unwirtschaftlich erscheinen und kommen deshalb bei getrennter Leitung zum Schaden der Gesamtwirtschaft kaum zur Ausführung.

Es wird beispielsweise wohl kaum der Einzeldirektor eines Wasserwerks auf den Gedanken kommen, seine Kessel an Sonn- und Feiertagen unter Umständen mit Gas zu unterheizen. Bei der Verbundwirtschaft weiß der zentrale Leiter, daß an Sonntagen in seinem Gaswerk im Normalfalle ein derartiger Gasüberschuß vorhanden ist, daß er zum wirtschaftlich optimalen Betrieb des Gaswerks ein Ventil schaffen muß, das er in den Dampfkesseln des Wasserwerks findet. Die Maßnahme kann für die Wirtschaftlichkeit des Gaswerks so bedeutend sein, daß eine vorübergehende „unwirtschaftlichere" Betriebsführung des Wasserwerks mit in Kauf genommen werden kann.

Weiter ist der Fall denkbar, daß das Gaswerk mit überdeckten Kohlekosten[1] arbeitet, d. h., daß der Betrieb als reine Kokerei bereits wirtschaftlich ist. Während beim getrennten Betrieb des Gaswerks die Elastizität der Kokserzeugung im Rahmen der gegebenen Werkskapazität im wesentlichen nur durch den Übergang zur Starkgasunterfeuerung verändert werden kann, ist dies bei Verbundbetrieb durch die bereits angedeutete Verwendung von Starkgas zu anderen Zwecken noch in weit größerem Umfang möglich.

---

[1] Vgl. den Aufsatz von Direktor H. Müller in diesem Buche.

Oder aber, ein Wasserwerksbetrieb ist aus Gründen der Betriebssicherheit gezwungen, eine Dieselreserve vorzuhalten. Zur selben Zeit bezieht das vorhandene getrennt geleitete Elektrizitätswerk Fremdstrom. Was liegt bei zentraler Leitung der Werke näher, als die Dieselaggregate des Wasserwerks zur Spitzenbrechung heranzuziehen, um dadurch den Fremdstrombezug des Elektrizitätswerks zu verbilligen. Während mir Werke bekannt sind, bei denen sich infolge der getrennten Leitung eine so enge Zusammenarbeit, wie sie zur Lösung derartiger Fragen notwendig ist, nie ergab, gibt es zentralgeleitete Werke, die durch die kurz angedeuteten Möglichkeiten allein aus ersparter Grundgebühr an Fremdstrombezug den Kapitaldienst für die Dieselreserveanlage des Wasserwerks aufbringen konnten, so daß die Reservehaltung für das Wasserwerk praktisch ohne Unkosten für das Wasserwerk durchzuführen ist. Auch diese Beispiele ließen sich vervielfältigen.

Angliederung der Verkehrsbetriebe, Maschinenämter und Schwachstromabteilungen. Der erörterte Grundsatz der zentralen Leitung gilt, wie bereits ausgeführt, zunächst und hauptsächlich für die Versorgungstriebe im engeren Sinne. Es lassen sich aber noch andere städtische Aufgaben in ihren Bereich einziehen. Es ist durchaus möglich, und vielfach auch durchgeführt, daß auch die Straßenbahn dem Leiter der Versorgungsbetriebe unterstellt und ihre kaufmännische Abteilung mit der der Versorgungsbetriebe vereinigt ist. Auch hier ergeben sich sowohl im kaufmännischen wie im technischen Bereich vielfach Möglichkeiten der Vereinfachung gegenüber bei getrennten Betriebsführung, die ich wohl nicht näher auszuführen brauche, wenn sie auch nicht so durchgreifend sind wie im Verhältnis der Versorgungsbetriebe untereinander.

Endlich hat es sich vielfach als vorteilhaft erwiesen, den vereinigten städtischen Werken auch eine wärmetechnische Beratungsstelle und eine Schwachstromabteilung anzugliedern. Diese Abteilungen übernehmen die Arbeit der sonst üblichen selbständigen Maschinenämter, die dadurch als selbständige Einrichtungen mit besonderem Verwaltungsapparat in Wegfall kommen. Bei der wärmetechnischen Abteilung handelt es sich um die Überwachung sämtlicher Heizungsanlagen der Stadt, auch ist sie dazu berufen, alle maschinentechnischen Ergänzungen für die Bauprojekte der Bauämter unter der Verwendung der Erfahrung der Spezialabteilungen auszuführen. Damit ist nicht nur eine Gewähr für die wünschenswerte Zusammenarbeit der Versorgungsbetriebe mit den Bauämtern gegeben, es tritt auch insofern eine Ersparnis ein, als dadurch der Maschineningenieur des Bauamtes, dessen Arbeitskraft in Mittelstädten erfahrungsgemäß dort nie ganz ausgenutzt werden kann, in Wegfall kommt.

Die Zweckmäßigkeit der Eingliederung der Schwachstromabteilung, die sämtliche städtischen Fernsprechanlagen, Feuermelder, Polizeirufanlagen betreut, ist wohl ohne weiteres einleuchtend.

Zusammenschluß eine Notwendigkeit. Die Vorteile der geschilderten Zusammenfassung der städtischen Werke sind so groß, daß maßgebliche Vertreter heute selbst für Großstädte die Zentralleitung fordern und bereit sind, die Nachteile, die darin bestehen, daß der einheitliche Leiter — nennen wir ihn Generaldirektor, um den Typ zu kennzeichnen — infolge der Fülle der Aufgaben die „Betriebsnähe" aufgeben muß, mit in Kauf zu nehmen. Unsere Auffassung von der entscheidenden Bedeutung der Betriebsnähe des Leiters haben wir oben dargelegt. Für die Werke mittlerer Städte entfallen die daraus gegen die Zusammenfassung geltend gemachten Bedenken unbedingt. Je mehr der Gesichtspunkt der Wirtschaftlichkeit der Werke in den Vordergrund tritt — und wo zwängen die Verhältnisse nicht dazu, ganz abgesehen davon, daß der Gesetzgeber die sparsame und wirtschaftlich ergiebige Betriebsführung für die Gemeinden fordert —, desto mehr drängt sich die Notwendigkeit ihrer Zusammenfassung auf. Sie muß und wird sich durchsetzen auch dort, wo die historische Entwicklung und die dadurch heute noch gegebenen Verhältnisse entgegenzustehen scheinen.

7. Der Kaufmann in der Versorgungswirtschaft.

Von Dipl.-Kfm. Dr. **Ludwig Winkler,**
Vorstandsmitglied der Main-Gaswerke A.-G., Frankfurt a. M.

Aufgabe des Kaufmanns in den Versorgungsbetrieben ist es, in engster Zusammenarbeit mit dem Techniker den Betriebsablauf nach den Grundsätzen höchster Wirtschaftlichkeit zu leiten. Dem Kaufmann ist damit in den Versorgungsbetrieben keine andere Aufgabe gestellt als in allen anderen Erzeugungsbetrieben. Im Rahmen normaler kaufmännischer Betätigung fallen ihm also vor allem folgende Gebiete zu: geeignetste Organisation des Betriebs, wirtschaftlicher Ein- und Verkauf, planvolle Vorrathaltung, zielbewußte Personalleitung, Steuer- und Vertragswesen, zweckmäßiger Kapitaleinsatz und geordnete Finanzgebarung, wozu vor allem auch die Bereitstellung ausreichender Abschreibungen gehört. Darüber hinaus aber ergeben sich in den Versorgungsbetrieben eine Reihe von betriebstypischen Aufgaben, von denen im folgenden sieben ausführlicher behandelt seien.

1. Rechnungsmäßige Betriebsüberwachung.

Der Betriebsführer muß wissen, ob der Betrieb im ganzen und in allen Einzelzweigen wirtschaftlich arbeitet. Diese Feststellungen zu treffen und die Unterlagen dafür zu liefern ist die erste Aufgabe des Kaufmanns in Versorgungsbetrieben.

Erfolgs- und Kostenvergleich. Eine Eigenart der Versorgungsbetriebe besteht darin, daß die Feststellung des tatsächlichen Betriebserfolges durch Außeneinflüsse, z. B. Standortverhältnisse, vor allem aber durch eine gewisse Monopolstellung, die sich in der Preisbildung ausdrückt, außerordentlich erschwert ist. Es bedarf infolgedessen gerade in den Versorgungsbetrieben einer besonders scharfen Herausarbeitung der beiden Seiten der Erfolgsrechnung, wenn man ein wirkliches Bild des Betriebsablaufes gewinnen will. Aus dem Betriebsüberschuß allein ist im Versorgungsbetrieb ein Urteil über die Wirtschaftlichkeit nicht möglich.

Die Kontrolle des Betriebsablaufes muß sich in erster Linie auf die Verfolgung der Selbstkosten richten, und zwar auf die Entwicklung der Kosten der einzelnen Betriebszweige. Der Erfassung des *Kostenflusses* ist also besondere Aufmerksamkeit zu widmen, und deshalb wird gerade von einer zweckmäßigen Erfassung der Kosten nach Kostenarten und Kostenstellen ungemein viel abhängen. Richtig voneinander abgegrenzte Kostenbilder werden zwangläufig richtige Unterlagen für den Selbstkostenaufbau der Erzeugnisse liefern, die ihrerseits wieder die Grundlage für die richtige Betriebsdisposition geben. Diese Erkenntnis gilt selbstverständlich nicht nur für die Vorhaben im laufenden Betrieb, sondern auch für die Überprüfung neuer technischer Pläne auf ihre voraussichtliche Wirtschaftlichkeit.

Besonders schwierig ist die Beobachtung des Kostenflusses bei der Gaserzeugung und zwar deswegen, weil hier verbundene Erzeugnisse, Kuppelprodukte, mit großenteils gemeinsamen Kosten hergestellt werden. Gerade deswegen ist aber die Kostenstellenrechnung auch für das Gaswerk von Wert, denn sie allein ermöglicht eine ausreichende Kostenüberwachung auch ohne Beziehung auf einen Kostenträger. Es muß deshalb unbedingt gefordert werden, daß gerade bei dem verwickelten Herstellungsprozeß des Gaswerksbetriebes die Kostenerfassung nicht — wie es vom Standpunkt der Kostenträgerrechnung aus gesehen ausreichen würde — in *einer* Kostenstelle, sondern nach mehreren Kostenfeldern erfolgt. Diese Aufteilung allein gibt die Möglichkeit, den Kostenfluß stufenweise im Zeit- und Betriebsvergleich zu verfolgen.

Zeitvergleich. Die Vergleiche spielen bei der Schwierigkeit der Wirtschaftlichkeitsermittlung in Versorgungsbetrieben eine überragende Rolle. Sie sind das beste Werkzeug, das dem Kaufmann in den Versorgungsbetrieben zur Überwachung der Wirtschaftlichkeit in die Hand gegeben ist. Auf ihren Ausbau kann deshalb nicht Wert genug gelegt werden.

Beim innerbetrieblichen oder Zeitvergleich müssen die Zahlenergebnisse der einzelnen Zeiträume so gegenübergestellt werden, daß der Niederschlag jeder technischen Betriebsumstellung und Marktveränderung deutlich hervortritt. Deswegen ist dafür Sorge zu tragen, daß die Erfassung der Betriebszahlen auf stets völlig gleicher Grundlage erfolgt und, daß sorgfältig jeder zahlenmäßigen Veränderung im einzelnen nachgegangen wird. Eine oberflächliche Beurteilung würde angesichts der verwickelten Zusammenhänge des technischen Betriebsablaufes allzu leicht irreführen.

Betriebsvergleich. Neben dem Zeitvergleich ist der zwischenbetriebliche oder Betriebsvergleich von größter Wichtigkeit. Er ist durchaus geeignet, noch weit umfassendere Erkenntnisse zu vermitteln als jener. Gerade Fehlurteile über die eigene Wirtschaftlichkeit, die dem Einzelbetrieb u. U. aus einer falschen Gestaltung der Verkaufspreise unterlaufen können, werden beim Vergleich zweier verschiedener Betriebe leichter erkannt. Jedoch begegnet gerade der Betriebsvergleich ganz besonderen Schwierigkeiten. Zwar ist bei den Versorgungsbetrieben die Besorgnis vor einer Verletzung des Geschäftsgeheimnisses in weit geringerem Maße berechtigt als bei Industriebetrieben. Trotzdem ist auch bei vielen Versorgungsbetrieben keine allzu große Bereitwilligkeit zur Offenlegung ihres Zahlenmaterials zu finden. Daneben bestehen aber bei ihnen zweifelsohne sachliche Schwierigkeiten zur Erlangung vergleichbarer Ziffern aus der völligen Verschiedenheit der einzelnen Betriebsorganisationen. Voraussetzung für einen ordnungsmäßigen Betriebsvergleich ist deshalb, daß der Zahlenstoff unter strenger Beachtung einheitlicher Grundsätze gewonnen wird.

Ein vorzügliches Hilfsmittel hierzu ist vor allem ein einheitlicher Kontenplan. Die vielfachen Bemühungen einzelner Stellen zur Schaffung eines solchen haben allerdings bisher immer noch nicht zu einem greifbaren Ergebnis geführt; sie teilen vielmehr das Schicksal aller Anstrengungen um Herbeiführung eines organisierten Vergleichs zwischen einzelnen Kommunalbetrieben. Es scheint allerdings, daß in der letzten Zeit gerade durch die Bemühungen überörtlicher Prüfungsgesellschaften das Verständnis für die Zweckmäßigkeit der Einführung einheitlicher Kontenpläne wächst, und es ist erfreulich festzustellen, daß ein gewisser Zug zur Vereinheitlichung des Kostenwesens sich allenthalben bemerkbar macht.

Die sachlichen Auswertungsschwierigkeiten, die sich beim Betriebsvergleich zweier Versorgungsbetriebe ergeben, dürfen aber auch dann keineswegs unterschätzt werden, wenn der Vergleichsstoff denkbar weitgehend vereinheitlicht ist. Sie erstrecken sich in der Erzeugung hauptsächlich auf den Einfluß der Kohlenpreise und der Frachtraten, in der Gaswirtschaft zusätzlich auf die örtliche Aufnahmefähigkeit des Nebenproduktenmarktes. In den Verteilungsbetrieben wirken vor allem die Verschiedenheit der Bevölkerungsverhältnisse sowie Wohndichte und Lebenshaltung der Bewohner ein. Diese Standortsunterschiede bestimmen teilweise das Betriebsergebnis so stark, daß ein Vergleich ungemein erschwert wird. Deshalb kann nur ein sorgfältiges Eingehen auf alle den Zahlenergebnissen zugrunde liegenden Einzelheiten eine nützliche Auswertung gewährleisten.

Betriebsvergleich durch Kennzahlen. Je mehr aber ein solcher Kostenvergleich ins einzelne geht, desto größere Schwierigkeiten anderer Art stellen sich ein, desto größer werden insbesondere die Fehlerquellen, die durch Zahlenverschiebung von einer zur andern Kostenstelle infolge ungenauer Abgrenzung entstehen. Aus diesem Grunde ist es zweckmäßig, sich, solange eine hinreichende Übereinstimmung der Kontenpläne und der Kostenzuordnung zwischen den einzelnen Werken noch nicht erreicht ist, gewisser vergleichbarer Kennzahlen zu bedienen. Sie geben in zusammengefaßter Form wenigstens Auskunft über das Ergebnis des Betriebsablaufs im ganzen und in einzelnen Teilen. Bei den Elektrizitätswerken kommen für einen solchen gedrängten Betriebsvergleich etwa folgende Kennzahlen in Betracht:

1. Erzeugte und nutzbar abgegebene kWh,
2. Bruttoeinnahmen je kWh, unterteilt in Einnahmen aus Stromverkauf und sonstige Einnahmen,
3. Bruttoausgaben je kWh, unterteilt in Erzeugungskosten, Verteilungskosten, Verwaltungskosten einschl. Ruhegehälter, Steuern, Zinsen und Abschreibungen,
4. Abführungen an die Gemeinde und Gewinn,
5. Kapitalumschlag (Verhältnis der Einnahmen zu den arbeitenden Gesamtmitteln des Unternehmens),
6. Anlageumschlag (Verhältnis der Einnahmen zum Anlagevermögen),
7. Arbeitsstunden des Personals je 1000 kWh und je installierte kW.

Auch für das Gaswerk lassen sich diese Kennzahlen großenteils verwenden, nur muß hier der Einfluß der Nebenprodukte besondere Berücksichtigung finden. So wird man zweckmäßigerweise die Einnahmen je cbm Gas in solche aus Gas, aus Nebenprodukten, aus Beteiligungen und Sonstige aufteilen.

Selbstverständlich liefert auch der Vergleich solcher Kennzahlen zunächst nur Anhaltspunkte, die weiter zu durchdenken sind. So beweist z. B. die Tatsache, daß die Arbeitsstunden je 1000 Erzeugungseinheiten niedriger sind als beim Vergleichsbetriebe, nicht ohne weiteres, daß der Betrieb wirtschaftlicher arbeitet. Man wird vielmehr zusätzlich feststellen müssen, ob nicht die günstigere Kennzahl von einer größeren Mechanisierung der Anlagen (und entsprechend höherem Abschreibungsbedarf) herrührt, ob nicht der Fremdbezug von Energie zu unterschiedlicher Personalbesetzung führen muß, ob die Beschäftigungsgrade einigermaßen übereinstimmen (denn viele Löhne sind gerade in Versorgungsbetrieben als ziemlich feste Kosten anzusprechen), ob bei den Unterhaltungsarbeiten eigene Regie oder Fremdbeschaffung vorherrscht usw. Ebenso bedingt sind die Kapital- und Anlageumschlagszahlen. Bei ihnen spielen besonders die Anlagerestwerte eine Rolle, in die ja die Goldmarkbilanz und die unterschiedliche Abschreibungspolitik starke Verschiedenheiten gebracht haben.

Schon diese wenigen Einzelheiten dürften dartun, wie schwierig es ist, bei der Auswertung von Betriebsvergleichen zu praktisch brauchbaren Schlüssen zu gelangen. Nur bei sorgfältiger Durchdringung des Zahlenstoffes auf Grund genauen Einblicks in die örtlichen Betriebsverhältnisse und vor allem auch genauer Kenntnis der fachlichen Voraussetzungen wird es möglich sein, Fehlschlüsse zu vermeiden. Voreilige Schlüsse, die etwa nur auf allgemeinen Angaben der Geschäftsberichte usw. beruhen, werden bis auf weiteres nur in seltenen Fällen einer genauen Nachprüfung standhalten können.

Soll-Ist-Vergleich mit Hilfe des Wirtschaftsplans. Neben dem Betriebsvergleich kann auch der Wirtschaftsplan zu einem geeigneten Hilfsmittel zur Überwachung des Kostenflusses ausgestaltet werden, wenn er, auf Erfahrungszahlen der Vergangenheit aufbauend, die Erreichung eines optimalen Betriebsergebnisses vorschreibt. Seine Aufstellung hat für jedes Jahr unter Berücksichtigung der Ergebnisse abgelaufener Zeitabschnitte zu geschehen, wobei deren mögliche Verbesserung nicht zuletzt auf Grund der Erkenntnisse von Betriebsvergleichen zu versuchen ist. Voraussetzung für die an Hand eines solchen Wirtschaftsplanes vorzunehmende Betriebsüberwachung ist, daß möglichst oft, am besten monatlich, die Entwicklung durch einen von den einzelnen Betriebszweigen möglichst unabhängigen Sachbearbeiter verfolgt und dabei jeder auffälligen Abweichung vom Soll genau nachgegangen wird. Natürlich ist das nur fruchtbar, wenn auch die technischen Grundlagen, die zu der abweichenden Betriebskostengestaltung den Anlaß gegeben haben, beurteilt werden können. Aus diesem Grunde muß der Wirtschaftsplan in genauer Übereinstimmung mit dem ins einzelne gehenden Kontenplan aufgestellt werden. Er darf sich nicht damit begnügen, gewisse Richtzahlen herauszuarbeiten oder große Kostenstellen ungegliedert anzuführen. Der Plan sollte vielmehr das Spiegelbild der endgültigen Betriebsabrechnung in allen ihren Einzelheiten sein.

2. Steuerung der Erzeugung nach den wechselnden Marktbedürfnissen[1].

Die durch Rechnung und Vergleich gewonnene Feststellung, daß der eine oder andere Betrieb zu teuer arbeitet, führt unmittelbar zu der Überlegung, wo seine Wirtschaftlichkeit verbessert und wo insbesondere der Kaufmann eingreifen kann, um diese Verbesserung herbeizuführen. Das weite Gebiet des Einsatzes von Anlageverbesserungen, Organisationsstraffungen und anderen sinnvollen Sparmaßnahmen kann in diesem Rahmen nur erwähnt werden. Was hier vor allem interessiert, sind die besonderen Möglichkeiten, die der Versorgungsbetrieb dem Kaufmann nach dieser Richtung bietet.

Abhängigkeit vom Absatzmarkt. Der Versorgungsbetrieb zeigt die Eigenart, im Absatzgebiet gebunden und in der Größe des Absatzes von der Kundschaft bestimmt zu sein. Die Betriebe können den Umfang dieses Bedarfs wohl im großen durch Werbung, Tarifmaßnahmen usw. beeinflussen, sind im einzelnen aber von dem Ausmaß der jeweiligen Entnahme abhängig. Die Bedeutung dieser Tatsache zeigt besonders das Betriebsbild der Elektrizitätswirtschaft, die wegen mangelnder Speicherfähigkeit ihrer Ware in der Lage sein muß, den gesamten erfahrungsgemäß möglichen Bedarf jeden

[1] Dieser Abschnitt ergänzt die einschlägigen Ausführungen von Schraeder und Müller, die erst später folgen. Der Herausgeber.

Augenblick durch frische Erzeugung bereitzustellen. Sie ist also gezwungen, ihre Anlagen so umfangreich vorzuhalten, daß sie jeden Spitzenbedarf zu decken vermag.

Spitzendeckung in der Elektrizitätswirtschaft. Hieraus ergibt sich das für die Wirtschaftlichkeit der Elektrizitätserzeugung ausschlaggebende Problem des Verhältnisses von Spitzenlast, Gleichzeitigkeit und installierter Leistung und damit zusammenhängend das nicht minder wichtige Problem einer wirtschaftlichsten Deckung des Spitzenbedarfes. Die Technik hat hierzu verschiedene Lösungen entwickelt, beispielsweise die Zerlegung der Erzeugungsanlagen in einzeln abschaltbare Einheiten, Großraum-Verbundwirtschaft, Pumpspeicherwerke usw. Ihr wirtschaftlichster Einsatz aber wird von rein kaufmännischen Erwägungen bestimmt. So stellt auch die Ausnutzung bestehender Fremdstromverträge über die Deckung des Spitzenbedarfes hinaus vorwiegend ein wirtschaftliches Problem dar, wie überhaupt das Zusammenwirken von Eigenerzeugung und Strombezug in der Verbundwirtschaft nur nach wirtschaftlichen Grundsätzen geregelt werden kann. Beispielsweise können wirtschaftliche Überlegungen dazu führen, daß man das eigene Werk vorteilhafter während eines Jahresteiles völlig stillegt, um auf diese Art die größtmögliche Kostensenkung zu erreichen, die sich im Rahmen vertragsmäßigen Strombezuges erlangen läßt. Daraus geht hervor, daß die Elektrizitätswirtschaft außerordentliche Anforderungen an die wirtschaftlich richtige Steuerung des Betriebes nach dem Bedarf stellt. Hinzu treten Erwägungen darüber, in welcher wirtschaftlichsten Spannungshöhe sich der Strom dem Abnehmer am besten zuführen läßt, und welche Stromart nicht nur den Produktionsbedingungen des Elektrizitätswerkes, sondern auch den Bedürfnissen der Abnehmer am besten gerecht wird. Hierher gehört auch die Kostenwirkung der Verteilungsnetze und ihrer Abspannungseinrichtungen, ein Gebiet, das bei der Elektrizität infolge des besonders fühlbaren Spannungsverlustes sorgfältigste Überwachung nach kaufmännischen Grundsätzen erfordert.

Bewegliche Nebenprodukterzeugung in der Gaswirtschaft. Mindestens ebenso bedeutungsvoll sind die Aufgaben, die der Gaswirtschaft für eine elastische Steuerung des Betriebes gestellt sind. Hier tritt zwar das Spitzendeckungsproblem nicht in solcher Schärfe auf wie bei der Elektrizitätswirtschaft, da die Gaswerke ihre Erzeugung speichern können. Anderseits muß auch in der Gaserzeugung zunächst mit einem mehr oder weniger feststehenden Gasbedarf gerechnet werden. Da jedoch der dadurch ausgelöste Anfall von Nebenprodukten bei dem heutigen Stand der Erzeugungstechnik nur noch in ziemlich weiten Grenzen zwangläufig ist, ergeben sich für die Bereitstellung des Gasbedarfes der Verbraucher bezüglich der anfallenden Nebenproduktmenge verschiedene technische und wirtschaftliche Möglichkeiten. Eine die Wirtschaftlichkeit der Gaserzeugung einschneidend bestimmende Aufgabe des Kaufmannes wird es deshalb sein, den Anfall an

Nebenprodukten den gegebenen Marktverhältnissen nach Menge und Preis möglichst anzupassen[1].

Wie weit diese Maßnahmen, beispielsweise durch Ausnutzung der technischen Betriebselastizität in der Gaserzeugung, das Kostenbild beeinflussen können, dafür möchte ich hier nur einige Beispiele anführen. Hinsichtlich näherer Einzelheiten verweise ich auf eine meiner Untersuchungen, die sich eingehend mit diesem Sondergebiet befaßt[2].

Kohlensorte und Kohlenpreis. Zunächst ist für den Anfall der Nebenprodukte die Auswahl des Rohstoffes Kohle von ausschlaggebender Bedeutung. Mit der Art der verwendeten Kohlensorten ändert sich der zur Herstellung einer feststehenden Gasmenge notwendige Kohlendurchsatz. Mit verändertem Kohlendurchsatz tritt zwangläufig auch eine Veränderung in der Menge der anfallenden Nebenprodukte ein und damit ein stärkerer oder schwächerer Einfluß auf die Nebenproduktmärkte. Daraus geht hervor, welch bedeutungsvolle Aufgabe dem Kaufmann durch die richtige Sortenwahl der Kohle zufällt. Nur sorgfältige wirtschaftliche Berechnungen können zur Wahl der betrieblich richtig zusammengesetzten Kohlenmischung führen. Beispielsweise kann der Fall eintreten, daß eine an sich teure Kohle infolge besonderer Eigenschaften im Verbrauch sich als die billigste herausstellt, während eine billig angebotene Sorte infolge ungenügender Koksqualität verlustbringend ist. Deshalb ist gerade beim Kohleneinkauf die Berücksichtigung dieser wirtschaftlichen Erkenntnisse von weitreichender Bedeutung. Es kann nicht nachdrücklich genug darauf hingewiesen werden, daß die Nachprüfung der Wirtschaftlichkeit des Kohleneinsatzes nicht nur auf Grund von sog. Erfahrungszahlen vorgenommen werden darf, sondern daß bei den immer wieder veränderten Verhältnissen die Wirtschaftlichkeit des Kohleneinsatzes sorgfältig an Hand von genauen Berechnungen überwacht werden muß. In meiner vorerwähnten Arbeit habe ich nachgewiesen, daß bei Zugrundelegung einer Spanne zwischen Kohlen- und Kokspreis von 5,— RM Kokskohle eindeutig vorteilhafter ist als Gaskohle. Die Erzeugungskosten je cbm Gas erfahren bei Einsatz von Kokskohle gegenüber einer reinen Gaskohle danach eine Ermäßigung um rd. 10%. Erhöht sich der Preis der Kokskohle bzw. vermindert sich die Spanne zwischen Kohle- und Kokspreis jedoch nur um 1,— RM, so ist bereits der ganze Vorteil wieder beseitigt. Wie weitreichend im einzelnen die Möglichkeiten sind, den Kohleneinsatz zur elastischen Gestaltung der Erzeugung zu variieren[1], also von reiner Kokskohle auf reine Gaskohle überzugehen, welche markmäßige Spanne zwischen beiden Extremen liegt, ergibt sich ohne weiteres, wenn man bedenkt, daß zahlreiche weitere Möglichkeiten bestehen, den

---

[1] Zum folgenden vgl. man auch die Tafel „Kohlerestkosten" im Vierten Abschnitt dieses Buches. Der Herausgeber.

[2] Winkler: „Die Nebenprodukte-Träger der Wirtschaftlichkeit in der Gaserzeugung". („Das Gas- und Wasserfach" Nr. 22/1934, auch als Sonderdruck erschienen.)

Durchsatz an Kohle und damit den Anfall von verkäuflichem Gas bzw. verkäuflichem Koks zu verändern. Hier seien erwähnt: die Verlängerung oder Verkürzung der Ausstehzeit der Kohle in den Entgasungsöfen, die Erzeugung von Wassergas in den Öfen oder in besonderen Anlagen, die Entbenzolierung des Gases und vor allem die Verwendung von Starkgas oder Schwachgas zur Beheizung der Ofenanlage. Hieraus geht klar hervor, wie groß die Möglichkeiten und wie vielseitig die technischen Mittel sind, die im Gaswerk dem Kaufmann zu Gebote stehen, um die Wirtschaftlichkeit des Betriebes zu erhöhen.

Der Koksmarkt. Ausschlaggebend aber für die Wahl einer der hier kurz skizzierten Möglichkeiten ist die richtige Einschätzung ihrer Auswirkung auf den Markt, insbesondere des Umstandes, ob bei steigender Koksbereitstellung die erhöhten Mengen zu angemessenen Preisen absetzbar sind. Die sorgfältige Feststellung der Grenzen der Aufnahmefähigkeit des gegebenen Koksmarktes und vor allem auch die geschickte Bearbeitung des Marktes, also die Erhöhung der Absatzmöglichkeit, ist daher eine Aufgabe des Kaufmannes in den Versorgungsbetrieben, auf deren Bedeutung hier besonders nachdrücklich hingewiesen werden muß. Von welch ungeheurer Wichtigkeit die Regelung des Koksabsatzes ist — Teer und die sonstigen Nebenerzeugnisse spielen eine untergeordnete, Benzol eine weniger wichtige Rolle — das wird vollends klar bei einem Hinweis darauf, daß auch die Lösung der neu für die Gaswirtschaft aufgetauchten Probleme: nationale Treibstoffversorgung, Leuchtgasentgiftung, ebenso auch die Frage eines höheren Heizwertes, ausschließlich davon abhängt, ob es gelingt, den dadurch gesteigerten Anfall verkäuflichen Kokses wirtschaftlich unterzubringen. Die mit der Lösung der Treibstoffrage für die Gaswirtschaft in Betracht gezogene Umstellung des heutigen Erzeugungsverfahrens von der Destillation mit hohen Temperaturen auf eine solche mit niederen Temperaturgraden würde etwa einen doppelten Kohlendurchsatz bedeuten und wird hiernach hauptsächlich zu einer Koksfrage. Erst in zweiter Linie kommt dabei der volkswirtschaftliche Einsatz der anfallenden Nebenprodukte: der flüssigen Treibstoffe und des Schwelkokses, in Betracht. Genau so hängt aber auch die Wirtschaftlichkeit der Gasentgiftung von der Unterbringung eines wesentlich erhöhten Koksanfalls ab. Es wird bei der Anwendung des hierfür in der Praxis am weitesten gediehenen einstufigen Verfahrens mit einer Erhöhung des verkäuflichen Koksanfalls um 36% gerechnet. Welchen Einfluß die Gestaltung der Kokspreise auf die Durchführungsmöglichkeit des ganzen Gasentgiftungsverfahrens danach hat, bedarf nach obigen Ausführungen über den Einfluß der Spanne zwischen Kohlen- und Kokspreis keiner weiteren Darlegung. Von demselben Standpunkt ist auch die Veränderung des heute in der Gaswirtschaft eingeführten Heizwertes zu betrachten — eine Frage, die im übrigen nicht nur vom Standpunkt des Gaserzeugers, sondern auch von dem des Gasverbrauchers aus zu prüfen ist. Daß der heutige Heizwert von 4200 kcal in seiner Wirtschaftlichkeit zum mindesten als bestritten angesehen werden muß, glaube ich in einer Abhandlung „Warum 4200 WE“[1] bereits vor längerer Zeit nachgewiesen zu haben.

Fachtechnisch richtige Steuerung. Aus diesen Ausführungen, die nur einen gedrängten Überblick über die dem Kaufmann zur Beeinflussung der Wirtschaftlichkeit des Betriebes zur Verfügung stehenden wichtigsten Maßnahmen geben können, dürfte genügend hervorgehen, daß er über einschneidende Mittel verfügt, um den Betriebsablauf in wirtschaftlichere Bahnen zu lenken, wenn er durch sorgfältige Beobachtung der Kostenentwicklung zu der Überzeugung gekommen ist, daß die derzeitige Arbeitsweise des Betriebs wirtschaftlich nicht befriedigen kann. Die Vielzahl dieser Mittel und die weitreichenden Kostenwirkungen ihres Einsatzes verlangen aber — und das muß immer wieder betont werden —, die Aneignung umfassender fachlicher Kenntnisse. Nur wenn der Kaufmann auch über das notwendige technische Einfühlungsvermögen verfügt, wird er in der Lage sein, wirtschaftlich richtige Entscheidungen zu treffen. Das Wissen darum, wie diese oder jene technische Maßnahme kosten- und erfolgsmäßig auf den Betrieb zurückwirkt, ist gewissermaßen das Handwerkszeug, mit dem er zu arbeiten hat. Ebenso aber ist Voraussetzung, daß er die wirtschaftliche Einwirkung einer Marktpreisänderung auf das ganze Betriebsergebnis klar übersieht, so daß die zu treffenden wirtschaftlichen Maßnahmen gewissermaßen selbstverständliche Schlußfolgerung dieser Erkenntnis sind. Nur wenn umfassende kaufmännische Erfahrung sich mit gründlichen fachtechnischen Kenntnissen zusammenfindet, wird der Kaufmann in den Versorgungsbetrieben in der Lage sein, die ihm gestellten Aufgaben wirklich zu erfüllen.

3. Tarifbildung.

So sehr auch die wirtschaftliche Erzeugung die Grundlage für den Erfolg des Betriebes bildet, so wenig reicht sie allein aus, um diese Wirtschaftlichkeit zu gewährleisten. Die erzeugte oder mit besonders günstigen Kosten erzeugbare Menge muß auch abgesetzt werden, und zwar zu einem möglichst günstigen Gesamterlös. Deshalb ist eine richtige Preisstellung, d. h. eine zweckmäßige Tarifbildung, von nicht geringerer Bedeutung für die wirtschaftliche Gestaltung des Betriebes. Der Tarif- und Sonderpreisgestaltung muß darum der Kaufmann seine größte Aufmerksamkeit zuwenden.

Energiearten im Wettbewerb. Der ursprüngliche Monopolcharakter der Versorgungsbetriebe ist mit der Zeit auf fast allen Gebieten mehr und mehr verloren gegangen. Gas und Elektrizität treten in immer stärkeren Wettbewerb mit anderen Energieträgern. Das hat zur Folge, daß sich im erzielbaren Preis immer stärker die Nutzenschätzung (selbstverständlich einschließlich der besonderen Vorzüge, die das Produkt aufweist) des Verbrau-

[1] Das Gas- und Wasserfach Nr. 19, 1933.

chers ausdrückt. Damit aber ergibt sich für den einzelnen Versorgungsbetrieb die Überlegung, wie weit es wirtschaftlich möglich ist, sich in der Preisstellung dieser Nutzenschätzung anzugleichen. Die Feststellung des jeweils noch tragbaren Verkaufspreises ist damit zu einem ungemein wichtigen Aufgabengebiet des Kaufmanns in der Versorgungswirtschaft geworden.

Festkosten und Preis. Diese Frage kann nur nach eindeutiger Klarheit über das Verhältnis fester und beweglicher Kosten im Betriebsbild richtig entschieden werden. Es ist nicht zu verkennen, daß besonders der Versorgungsbetrieb eine äußerst starke Kapitalbindung erfordert und daß infolgedessen die festen Kosten überwiegen. So erwünscht deshalb jede zusätzliche Abgabe wegen ihres Einflusses auf den Anteil fester Kosten sein muß, so wird gerade die Erschließung neuer Abnahmegebiete infolge der erwähnten Nutzenschätzungsgrenze sehr oft völlig von dem untersten Preise abhängen, den das Werk im Wettbewerb am offenen Markte mithalten kann. Diese Preisuntergrenze setzt aber wieder voraus, daß der Kaufmann im Versorgungsbetrieb sich einwandfrei darüber klar ist, in welcher Weise die neue Abgabe das Verhältnis der festen und beweglichen Kosten im Rahmen der vorhandenen Kapazität verschiebt und welche kostenmäßigen Folgen ein durch die Preispolitik eintretender neuer Kapazitätsbedarf haben wird. Eine eingehende Durchleuchtung der Kostengestaltung in der Energiewirtschaft, die ich mir in einer besonderen Abhandlung zum Ziele setzte[1], ergibt die vielleicht nicht allerorts genügend erkannte Tatsache, daß die von der Praxis entwickelte Aufteilung der Kosten in Erzeugung, Verteilung und Verwaltung wohl durchaus zweckentsprechend ist, aber eine völlig verschiedene Bedeutung für die Preisgestaltung hat.

Preiselemente des Gases. Beispielsweise gilt im Gaswerk für die Erzeugung ohne weiteres, daß die entstehenden Gesamtkosten nach Abzug der Nebenprodukterlöse durch Divisionskalkulation auf die verkäufliche Gasmenge bezogen werden müssen, die Kosten je cbm also Preiskalkulationsgrundlage sind. Die umfangreichen Aufwendungen für Verteilung und Verwaltung jedoch würden bei gleicher Zurechnung nicht ihr volles Gewicht zeigen. Eine genaue Untersuchung ergibt vielmehr, daß hier eine Umlage auf den einzelnen Abnehmer richtiger ist. Dies wird bereits klar, wenn man sich z. B. überlegt, daß unabhängig von einem Produktionsrückgang die Verteilungsanlagen nach wie vor in vollem Umfange aufrecht erhalten werden müssen, und daß weiterhin die beträchtlichen Aufwendungen für den Hebedienst auch bei rückläufigem Verbrauch des einzelnen Kunden keine Verminderung erfahren. Die Kosten gerade der Verwaltung stellen sich für den einzelnen Kunden ziemlich gleich hoch, ganz unabhängig davon, ob er viel oder wenig abnimmt. Ähnlich, wenn auch nicht ganz so gleich-

[1] Winkler: „Die Preisbildung in der Gaswirtschaft" (Der praktische Betriebswirt Nr. 12, 1934) und Winkler: „Kosten und Kostenprobleme in der Energiewirtschaft" (Der praktische Betriebswirt Nr. 6, 1935).

mäßig, wirkt sich auch der Kostenanteil des einzelnen Kunden an den Aufwendungen der Verteilung aus.

Tarifkalkulation für Strom. Bei der Elektrizität ist grundlegend ebenfalls zunächst zu unterscheiden zwischen den Kosten der Erzeugung, der Verteilung und der Verwaltung. Die Ermittlung der für Tarifkalkulationen nichtssagenden Gesamtkosten ist hier ebenso leicht möglich wie bei Gas. Dagegen treten große Schwierigkeiten bei der Notwendigkeit einer Umlegung dieser Kosten auf den einzelnen Abnehmer auf. Bei der Elektrizität tritt im Gegensatz zum Gas ein völlig neuer Kostenfaktor hinzu: Die Abgabezeitpunkte. Der Zwang zu ununterbrochener Bereithaltung der Energiemengen ohne Speichermöglichkeit läßt fast die gesamten Kosten, die bei der Elektrizitätserzeugung entstehen, zu festen werden. Die Kosten der eigentlichen Energiegewinnung treten demgegenüber nahezu in den Hintergrund. Von diesem Standpunkt aus betrachtet sind bewegliche Kosten in der Elektrizitätserzeugung im wesentlichen nur so weit vorhanden, als in den Stunden verminderter Abgabe einzelne Maschinenaggregate der Erzeugung völlig oder teilweise ausgeschaltet werden können. Da diese Einsparung beweglicher Kosten nur gering sein kann, bestimmen bei der Elektrizität noch viel stärker als beim Gas die festen Kosten den Gesamtaufwand. Über die Verteilung fester Kosten bestehen aber die verschiedensten Ansichten. Mit rein logischen und technischen Argumenten ist diesem Problem in keiner Weise beizukommen, mögen die zugehörigen mathematischen Methoden auch noch so verfeinert sein. Deswegen ist die riesige internationale Tarifliteratur für die Elektrizitätswirtschaft zum größten Teile praktisch unbrauchbar; nur wenige Verfahren vermögen eine Orientierung auf diesem Gelände zu liefern, aber auch sie sind wertlos, wenn sie ohne kaufmännische Instinktsicherheit angewendet werden.

Verlustkunden. Eine nach bestmöglichen Verfahren gewonnene Klarheit über die Kostenverteilung gestattet erst einwandfreie Schlüsse über das Verlustkundenproblem. Dadurch, daß die Versorgungsbetriebe infolge eines — vielfach sogar ausdrücklich festgelegten — Kontrahierungszwangs dem einzelnen Kunden jede erfahrungsgemäß gewünschte Menge dauernd vorrätig halten müssen, sodann auch den Hebedienst durchzuführen haben, während anderseits die Höhe der Abnahme völlig vom Kunden bestimmt wird, müssen sie eine mehr oder weniger große Zahl von Kunden beliefern, deren Einnahmen nicht einmal die von ihnen verursachten Sonderaufwendungen decken. Zwar kann das Werk durch eine Tarifgrundgebühr oder den Zwang zur Abnahme einer Mindestmenge dagegen einen gewissen Selbstschutz üben. Aber die erwähnten Methoden zur Kostendurchleuchtung ergeben in den meisten Fällen, daß diese Sicherungen nicht ausreichen können. Denn das die Preisbildung letzten Endes bestimmende Nutzwertprinzip des Kunden läßt für viele Abnehmer eine so hohe Belastung an Grundgebühr oder Mindestmenge, wie sie für eine absolute Kostendeckung des Werkes bei jedem Einzelkunden notwendig wäre, nicht zu.

Da nach alledem die individuellen Verhältnisse des Abnehmers von einschneidender Bedeutung sind, so müßten eigentlich für einen nur auf der Kostenwirkung aufgebauten Tarif für jeden Abnehmer von Gas oder Elektrizität die Kostenwirkung ermittelt und hiernach die Preisbedingungen festgelegt werden, d. h. es müßte für jeden Kunden eine eigene Preisfestsetzung vorgenommen werden. Weil sich dies praktisch nicht durchführen läßt, ist es für den Tarifaufbau in erster Linie notwendig, die Teilnehmer mit wenigstens ungefähr gleicher Kostenwirkung zu Gruppen zusammenzufassen und für diese einigermaßen gleich zu wertenden Abnehmer jeweils eine ihrer tatsächlichen Kostenwirkung möglichst nahekommende Durchschnittsrechnung aufzustellen. Nur bei ganz großen Abnehmern werden sich zur Ermittlung der wettbewerbsfähigen Preisuntergrenze Einzelfeststellungen nicht umgehen lassen. Folgt hieraus schon, wie kaufmännische Erwägungen den Tarifaufbau beherrschen, so wird das noch deutlicher angesichts der Tatsache, daß der Tarif nicht nur die Kostenwirkung berücksichtigen darf, sondern umgekehrt auch einen werbenden Charakter tragen soll. Ihm einen absatzfördernden Aufbau zu geben, wird dem Kaufmann als dankbare Aufgabe erscheinen müssen, denn diese Werbewirkung steht weit über allen anderen Mitteln, die ihm zur Förderung des Absatzes zu Gebote stehen.

Tarifform und Liefereinheit. Begrüßenswert sind in diesem Zusammenhang die Bestrebungen nach einer Vereinheitlichung der heute fast an jedem Ort verschiedenen Tarife. Diese Vereinheitlichung wird zwar keinen Einheitspreis bringen können, aber auch mit der Herausbildung von *Einheitsformen* wäre schon viel gewonnen. Einheitliche Tarifformen haben wenigstens den Vorteil, daß die Energiepreise der verschiedenen Werke untereinander ohne weiteres verglichen werden können und der Eindruck eines völligen Tarifwirrwarrs beseitigt wird. Hierher gehört schließlich auch noch die Frage der Beschaffung einer absolut gleichmäßigen Maßeinheit beim Verkauf und damit im Zusammenhang die Abschaffung des nicht ohne weiteres eindeutig bestimmbaren „cbm Gas" durch 1000 Wärmeinheiten im Gas. Zweifelsohne würde dies alles einen wertvollen Fortschritt bedeuten, und m. E. läßt sich ein derartig einheitlicher Tarifaufbau für die überwiegende Mehrzahl der Werke oder, richtiger gesagt, der abgegebenen Energiemengen, auch ohne weiteres durchführen. Ich verweise in diesem Zusammenhang auf meinen Aufsatz „Tarifreform in der Gaswirtschaft"[1].

[1] **Winkler**: „Tarifreform in der Gaswirtschaft". („Das Gas- und Wasserfach" Nr. 29/30, 1934.)

4. Werbung.

Ein gut durchgebildeter Tarif allein genügt allerdings keineswegs, um die Absatzentwicklung ausreichend zu fördern. Wie jedes wirtschaftliche Unternehmen bedürfen auch die Versorgungsbetriebe einer wirkungsvollen Werbung für ihr Erzeugnis.

Marktgebiet und Verbraucherstruktur. Die Werbung der Versorgungsbetriebe unterliegt insofern ganz besonderen Verhältnissen, als von vornherein ein fest begrenzter Kreis von Abnehmern vorhanden ist. Er ist nicht nur der Ausdehnung nach bekannt, sondern auch in seiner sozialen Schichtung, in seinen Einkommensverhältnissen und in seinen Ansprüchen an die Lebenshaltung. Zudem besteht noch eine dauernde Verbindung mit der Abnehmerschaft, so daß für die Beobachtung von Werbewirkungen günstige Voraussetzungen vorliegen. Der Zweck, den die Werbung der Versorgungsbetriebe anstrebt, ist in erster Linie die Umsatzförderung. Hierzu ist der vorhandene Kundenstamm zu pflegen (intensive Werbung), darüber hinaus müssen aber auch neue Gebiete erschlossen werden (extensive Werbung).

Werbung durch Beratung. Eine eigene Form der Werbung haben die Versorgungsbetriebe durch die Ausnutzung der bestehenden direkten Beziehungen zur Kundschaft ausgebildet. Für diese direkte Werbung benutzen sie in erster Linie den sog. Hausfrauendienst, dessen besonders geschultes Personal die Hausfrauen in hauswirtschaftlichen Fragen beraten und unterstützen soll. Seine Aufgabe ist es, den Hausfrauen die vielfache Verwendungsmöglichkeit der elektrisch und gasbeheizten Haushaltgeräte zu zeigen und in praktischen Versuchen u. U. im eigenen Haushalt vorzuführen und zu erläutern. Darüber hinaus veranstaltet der Hausfrauendienst Lehrvorträge, Koch- und Backkurse, er gibt Broschüren mit Rezepten und praktischen Winken heraus und strebt in jeder Weise danach, im Haushalt als sachkundiger und uneigennütziger Berater immer willkommen zu sein. Eine weitere Form dieser direkten Werbung besteht in der Heranziehung des Ableser- und Erheberpersonals zu Werbezwecken. Diese unmittelbarste Form einer ununterbrochenen Verbindung mit der Abnehmerschaft kann für die Werbung außerordentlich fruchtbar gemacht werden. Vorbedingung ist natürlich nicht nur eine geeignete Auswahl dieses Personals, das damit höheren Ansprüchen zu genügen hat als für den Hebedienst allein, sondern auch seine laufende Schulung in der Werbung. Diese Werbeschule hat sich aber zweckmäßigerweise nicht nur auf das Personal des Kassendienstes zu beschränken, sondern muß die ganze Belegschaft erfassen. Denn diese muß allgemeine Fachauskünfte, wie sie im täglichen Umgang immer wieder auftauchen — Bezugsbedingungen und Tarifauskünfte, aber auch über die Ursachen kleiner Störungen an den Geräten usw. — ohne weiteres erteilen können, und so den Interessenten den Weg zum Geschäftshaus ersparen.

Die ganze Belegschaft muß, soweit wie irgend möglich, in die praktische Werbung einbezogen werden.

Werbung durch Unterhaltung. Als weitere Besonderheit der Werbung von Versorgungsbetrieben hat sich in jüngster Zeit die Veranstaltung von Bunten Abenden, Hausfrauen-Nachmittagen usw. herausgebildet, die gewissermaßen das Angenehme mit dem Nützlichen, Belehrung mit Unterhaltung, verbinden. Den Wert dieser Veranstaltungen sehe ich darin, daß sie geeignet sind, rein stimmungsmäßig für eine gute Verbindung zwischen der Hausfrau als dem Hauptabnehmer und den Versorgungsbetrieben zu sorgen.

Werbung durch Gerätelieferer. Auch der Einsatz von direkter Hauswerbung für Verkauf von Geräten durch Werbekolonnen, der Apparateverkauf von Firmen — also die unmittelbare Verkaufswerbung im Hause, zum Teil durch praktische Vorführung der Geräte —, hat vielerorts einen überraschend großen Verkaufserfolg gebracht und sich als äußerst werbewirksam erwiesen. Man wird diese Form aber nur gewissermaßen in einzelnen Werbewellen einsetzen können.

Werbung bei Großabnehmern. Ein besonders umfangreiches Werbungsgebiet erwächst den Versorgungsbetrieben bei Industrie und Gewerbe. Hier ist besonders technische Beratung notwendig, die den Abnehmer von der Brauchbarkeit und Verwendungsfähigkeit der betreffenden Energie sachgemäß überzeugen soll. Es kann sich also nicht nur darum handeln, anderen Wettbewerb aus dem Felde zu schlagen und einen neuen Kunden um jeden Preis zu gewinnen, sondern die angebotene Energie muß auch so zweckvoll eingesetzt sein, daß sie dem Abnehmer einen wirklichen Vorteil zu bringen vermag und ihn zum zufriedenen Kunden macht. Entscheidend kann daher nur der Nutzeffekt beim Verbraucher sein. Diesen durch zweckmäßige Auswahl des Gerätes und sorgfältige Beratung bei der Ausführung der Anlage möglichst hoch zu halten, ist oberstes Gebot dieses Sondergebietes der Werbung. Gerade die Großverbraucher werden auch nach Hereinholung des Auftrages regelmäßig besucht und beraten werden müssen. Nur so können die Geräte, die sie benutzen, dauernd auf dem höchsten Wirkungsgrad gehalten werden und nur so kann einer unzulänglichen Ausnutzung vorgebeugt werden, die notwendig eine Mißstimmung gegen die verwendete Energieform zur Folge haben müßte. Diese Form der Werbung, die man als Leistungswerbung bezeichnen könnte, ist „Dienst am Kunden" im wahren Sinne dieses oft mißgedeuteten Wortes.

Streuende Werbung. Umstritten ist die Frage, wieweit die Versorgungsbetriebe ihre Werbung auch auf dem Gebiete repräsentativer Ausstellungen, durch Zeitungsanzeigen und durch Plakate betreiben sollen. Es handelt sich hierbei nicht darum, ein Erzeugnis im Einzelfalle zu empfehlen, sondern darum, allgemein meinungsbildend zu wirken, einen an sich vorhandenen Bedarf auf das besondere Erzeugnis hinzulenken und die Bevölkerung von der Zweckmäßigkeit einer Umstellung zu überzeugen. Deswegen kann es fraglich erscheinen, ob Aufwendungen nach dieser Richtung das Hereinbringen des vollen Gegenwertes erwarten lassen.

Kaufmännischer Werbegeist. Alle diese Werbegebiete eröffnen dem Kaufmann ein Feld besonders wirksamer Betätigung. Er muß diesen Werbemaßnahmen immer wieder einen neuen Impuls geben, der sie vor Erstarrung bewahrt. Er hat ihnen neue, befruchtende Ideen zuzuführen und dafür zu sorgen, daß die ganze Werbung des Versorgungsbetriebes Einfachheit und Unaufdringlichkeit mit gutem Geschmack vereinigt, so daß ein „Reißen" von vornherein ausgeschlossen ist. Auch hier muß man sich darüber klar sein, daß nur sorgfältigstes Einfühlen in die Verhältnisse den Einsatz der Mittel rechtfertigen kann.

Öffentliche Verantwortung. Der Versorgungskaufmann darf weiter die gemeinwirtschaftlichen Gesichtspunkte keineswegs übersehen, seine Werbung darf nicht unbemittelte Schichten zu Luxusausgaben veranlassen. Vielmehr muß gerade diese in direkter Fühlung mit der Kundschaft stehende Werbung auch nach der Richtung hin aufklärend wirken, daß die Kunden zu einem sparsamen Verbrauch der zur Verfügung gestellten Energie erzogen werden. Die Frage, wie beim Kochen das cbm Gas, die kWh Strom am wirksamsten ausgenutzt wird, muß bei der Beratung der Kundschaft im Falle der Anschaffung und Benutzung von Haushaltgeräten im Vordergrund stehen. So muß die Werbung der Versorgungsbetriebe getragen sein vom Bewußtsein der Verantwortung für die volkswirtschaftlich richtigste Ausnutzung der vorhandenen Kaufkraft der Bevölkerung, wie auch von der besten Nutzung unserer Kohlenvorräte, also ihrer günstigsten Umsetzung in Wärmeträger. Hiernach ist vor allem auch der Wettstreit zwischen Elektrizität und Gas in die Bahnen eines sinnvollen Ringens zu leiten, das gemeinwirtschaftliche Gesichtspunkte und nicht den Vorteil des einzelnen Betriebes in den Vordergrund stellt. Nicht allein die Frage nach der besten Förderung des Betriebszweckes, sondern auch das Streben nach einer zweckvollen Verbindung der Interessen des Kunden mit volkswirtschaftlichen Belangen muß hier entscheidend sein[1].

5. Aufbau von Verkaufsorganisationen.

Organisation des Geräteverkaufs. Da eine Steigerung des Geräteumsatzes in der Regel zu einer Verbrauchszunahme führen wird, muß sich der Versorgungskaufmann die Pflege des Gerätegeschäftes besonders angelegen sein lassen.

Finanzierung von Geräten und Installationen. Eine starke Stütze für die Förderung des Geräteabsatzes ist die Absatzfinanzierung durch Teilzah-

[1] Vgl. Winkler: „Volkswirtschaftliche Wärmebilanz" (Zeitschrift für öffentliche Wirtschaft Nr. 4, 1935).

lung, die gerade aus der engen Verbindung der Versorgungsbetriebe mit ihrer Abnehmerschaft heraus entwickelt wurde. Diese Einrichtung erwies sich auch als besonders geeignet zur Durchführung von Gemeinschaftsarbeiten mit dem örtlichen Handel bei der Bildung der sog. Gas-Elektro-Gemeinschaften, deren ungemein erfolgreiches Wirken aus den letzten Jahren noch allseits bekannt ist. Diese Gemeinschaftsarbeit erstreckt sich nicht nur darauf, daß die Versorgungswerke die Einziehung der Ratenbeträge für die Geräte übernehmen, die vom örtlichen Handel verkauft wurden; es handelt sich vielmehr auch um ein Zusammenwirken der gesamten am Energieabsatz Interessierten, neben dem Versorgungsbetrieb also vor allem des Handels und der Einrichter (Installateure). Gerade der geschlossene Einsatz aller dieser Beteiligten für die Absatzwerbung hat sich in den Arbeitsschlachten der beiden letzten Winter außerordentlich bewährt. Diese planmäßigen gemeinsamen Werbefeldzüge, die unter dem Kennwort „Angriff der Elektro-Gas-Front" bekannt sind, hatten hauptsächlich die zusätzliche Einrichtung neuer Steigleitungen, den Absatz von Herden, Bade-Einrichtungen, Warmwasser-Bereitern usw. zum Ziel. Wie groß die Erfolge dieser Maßnahmen gewesen sind, zeigt das Beispiel des Rhein-Mainischen Wirtschaftsgebietes. In diesem war es möglich, durch solche planmäßige Werbung allein im Winter 1933/34 etwa 2800 Volksgenossen neu in Arbeit und Brot zu bringen, ohne die große Zahl derer, die bei den Gerätefirmen durch die gewaltige Erhöhung ihres Umsatzes zusätzlich beschäftigt werden konnten[1].

Organisation des Koksverkaufs. Die Verkaufsorganisation, deren Aufgabe es ist, den durch die Werbung vorbereiteten Boden erfolgreich auszunutzen, wird sich in den Versorgungsbetrieben jedoch nicht nur auf das Geräte-Geschäft und die damit im Zusammenhang stehenden Einrichtungen beschränken können. Vornehmlich bei den Gaswerken ist angesichts des überragenden Einflusses der Nebenprodukte auf den Betriebserfolg der Unternehmung auch die Frage einer wirkungsvollen Absatzorganisation hierfür von ausschlaggebender Bedeutung. Nach dieser Richtung ist zu überlegen, ob die örtlichen Verhältnisse es geboten erscheinen lassen, den Nebenproduktenverkauf völlig durch eine eigene Absatzorganisation zu betreiben oder sich etwa des ortsansässigen Handels zu bedienen. Hinsichtlich ihres bedeutendsten Nebenproduktes, des Kokses, ist es früher die Hauptsorge der Gaswerke gewesen, den Wettbewerb der einzelnen Nachbarwerke untereinander im Koksabsatz auszuschalten. Deswegen erfolgte der Zusammenschluß aller deutschen Gaswerke im Gaskokssyndikat, das Gewähr dafür leisten sollte, daß das örtliche Absatzgebiet eines jeden Werkes Monopolschutz im Koksverkauf erhielt.

Zu dieser Zeit verband die Kundschaft mit dem Begriff „Gaskoks" die

[1] Vgl. Studt, Dr. E.: „Die Erfolge der Elektro-Gas-Front des Rhein-Maingebietes im Winter 1934/35". (Rhein-Mainische Wirtschaftszeitung Nr. 11, 1935.)

Vorstellung von einer Ware, die dem Zechenkoks gegenüber nicht als gleichwertig gelten könne.

Inzwischen haben sich aber die Verhältnisse infolge der Qualitätssteigerung des Kokses, die besonders den großen Gaswerken möglich war, teilweise verschoben. Das Gaskokssyndikat hat heute gerade für die Werke mit neuzeitlichen Erzeugungsanlagen nicht mehr die Möglichkeit, einen wirksamen Monopolschutz zu verschaffen, denn ihr hochwertiges Erzeugnis ist inzwischen mit dem Zechenkoks in schärfsten Wettbewerb getreten. Deswegen ist gerade für die Erzeuger von hochwertigem Gaswerkskoks eine Regelung des Absatzes im Einvernehmen mit dem örtlichen Kohlenhandel notwendig, der den Zechenkoks anbietet. Wieweit sie dabei ihren Qualitätskoks vorteilhafter durch eine eigene Verkaufsorganisation an den Verbraucher heranführen, oder wieweit sie sich vorteilhafter auf den örtlichen Kohlenhandel stützen können, ohne eine Preisgabe des Absatzmarktes befürchten zu müssen, das ist eine Frage, die kaufmännische Überlegungen und Entschlußkraft erfordert.

Teermarkt. Für den Absatz des Teeranfalles gelten ähnliche Gesichtspunkte, wie sie für den Koks entwickelt wurden. Gerade hier muß auch angesichts der beschränkten Anzahl der Erzeuger eine gegenseitige Überschneidung der Absatzgebiete ausgeschlossen sein.

6. Betriebsorganisation.

Wurden bisher die verschiedenen Wege betrachtet, die dem Versorgungskaufmann zur Erhöhung der Wirtschaftlichkeit des technischen Betriebsablaufs und zur Verbesserung des Betriebsergebnisses überhaupt offen stehen, so verlangt die Vollständigkeit, sich schließlich auch noch dem Gebiet zuzuwenden, das gewissermaßen die Grundlage für alle diese Maßnahmen bildet: dem Aufbau einer zweckmäßigen Betriebsorganisation. Diese betriebliche Innenorganisation ist eines der eigensten Gebiete des Kaufmanns. Wir müssen es uns versagen, dabei auf allgemeine Probleme, z. B. den zweckvollen Ausbau der Personalverteilung nach einzelnen Abteilungen und die Aufteilung der einzelnen Arbeitsgebiete näher einzugehen; nur zwei Fragenkreise sollen angedeutet werden.

Rechnungswesen. Daß der Aufbau einer guten Selbstkostenrechnung, die ebenso wie die Buchhaltung neuzeitlichen Ansprüchen genügen muß, Vorbedingung für ein erfolgreiches Wirken ist, wurde schon erwähnt, ebenso die Notwendigkeit der Schaffung eines übersichtlichen Kontenplanes. Sowohl der Kontenplan als auch die darauf gegründete Betriebsrechnung werden von der Erkenntnis bestimmt, daß sie das wesentliche kenntlich machen sollen. Es kann also nicht darauf ankommen, die Aufteilung der Kosten bis zur Atomisierung zu treiben und so die Entwicklungslinie des Betriebes in einem Zahlenwust zu begraben. Vielleicht ist nach dieser Richtung gerade in den gemeindlichen Betrieben bei den ersten tastenden Versuchen der

Nachkriegszeit im Bestreben, ein zeitgemäßes Rechnungswesen aufzubauen und über die durch die Kameralistik mittelbar oder unmittelbar beeinflußten dürftigen Kostennachweise hinauszugelangen, des Guten zuviel geschehen. Eine Übersicht vermag der Betriebsführer nur dann zu gewinnen, wenn die Abrechnungen auf wenige, aber schlagende Zahlen zusammengezogen sind, so daß der Betriebsablauf deutlich wird und sich der Vergleich mit den Ergebnissen früherer Zeiträume leicht bewerkstelligen läßt. Dabei muß besonders betont werden, daß die grundlegende Frage für die Organisation des Rechnungswesens der Versorgungsbetriebe in der Erfassung der Löhne zu erblicken ist. Eine genaue Kostenrechnung läßt sich in Großbetrieben nur aufbauen, wenn man diesen ersten Schritt einer ins einzelne gehenden Lohnverteilung vornimmt.

Genau so wichtig wie die Lohnverteilung ist die kostenmäßige Feststellung des Wertes der Werkstattleistungen für die einzelnen Verkaufsabteilungen. Bei der Gaswirtschaft taucht gerade wegen der Schwierigkeiten der Kuppelproduktkalkulation hierbei immer wieder die Überlegung auf, ob die sorgfältige Zergliederung der auf die einzelnen Kostenstellen entfallenden Kostenarten sich überhaupt lohne, da sich auch hierdurch eine genaue Kostenrechnung doch nicht erreichen lasse. Gerade die eingangs gemachten Ausführungen über die Notwendigkeit einer Kostenüberwachung, besonders in der Gaserzeugung, dürften demgegenüber die Zweckmäßigkeit einer möglichst genauen Verteilung auf die einzelnen Kostenstellen ohne weiteres erhärten. Als grundsätzliche Frage ergibt sich dabei die Überlegung, ob die anteiligen Kapitaldienstkosten (Abschreibung und Zins) direkt der einzelnen Kostenstelle angelastet werden sollen, oder ob sie in einem Gesamtposten unter „Verwaltung" aufzuführen sind. Im Interesse einer genauen Selbstkostenrechnung ist man zunächst rein gefühlsmäßig geneigt, jeder Kostenstelle die ihr zukommenden Kostenteile zuzurechnen. Man darf jedoch nicht übersehen, daß die Kostenermittlung letzten Endes doch in das Endprodukt einmündet, also auf das cbm Gas oder die kWh elektrische Energie bezogen wird. Deshalb kommt einer Umlegung des Kapitaldienstes auf die einzelnen Kostenstellen nur insofern Bedeutung zu, als sie der Kostenüberwachung zu dienen geeignet ist. Für Betriebsvergleiche muß deshalb gerade einer richtigen Erfassung der anteilmäßigen Belastung jeder Kostenstelle mit dem ihr zukommenden Kapitaldienst größte Beachtung geschenkt werden.

Hebedienst. Der Hebedienst stellt eine Eigentümlichkeit der Organisationsform der Versorgungsbetriebe dar. Die Versorgungsbetriebe gehören zu der geringen Zahl von Unternehmungen, in denen die Abnehmerverbindlichkeit nicht als Bringschuld behandelt, sondern vom Unternehmen selbst eingezogen wird. Da es sich dabei um eine große Zahl von Kunden mit überwiegend kleinen Monatsbeträgen handelt, erfordert die Organisation des Hebedienstes nachhaltige Beachtung. Es wird nicht nur auf die zweckmäßigste, billigste und schnellste Erledigung von Ablesung, Rechnungserteilung und Geldeinziehung und auf das gewählte Verfahren allein ankommen. Ausschlaggebend für die Wirtschaftlichkeit sind letzten Endes die „Reste“ und damit die zeitlichen oder dauernden Geldausfälle. Deshalb zwingt gerade das Restewesen auch zur Herausbildung einer den örtlichen Umständen voll gerecht werdenden Lösung, die Kontrolle und Wirtschaftlichkeit gleichermaßen wahrt.

7. Schlußbetrachtungen.

Gemeinwirtschaftlicher Kaufmannsgeist. Wurde im Vorstehenden der Versuch unternommen, das große Gebiet kaufmännischer Betätigung in den Versorgungsbetrieben in wenigen Zügen zu umreißen, so bleibt zum Schluß noch übrig, mit aller Deutlichkeit herauszustellen, daß sich der Kaufmann gerade in der Versorgungswirtschaft nicht nur von betrieblichen Erwägungen leiten lassen darf, sondern daß er dem Zwang zu gemeinwirtschaftlichem Denken und Handeln in besonderem Maße unterliegt. Gemeinwirtschaftlichen Grundsätzen in seinem Betriebe Geltung zu verschaffen und selbst danach zu handeln, muß ihm oberstes Gebot sein. Fast täglich treten an den Leiter eines Versorgungsbetriebes Aufgaben heran, die nicht allein vom Gesichtspunkt des Betriebes entschieden werden können. Ob die Erzeugung teilweise oder ganz durch Fremdbezug von Strom oder Gas ersetzt werden soll, ist genau so wie die Steigerung der örtlichen Kokserzeugung durch Verdrängung entsprechender Zechenkoksmengen letzten Endes ein volkswirtschaftliches Problem. Wie stark die Arbeit des Versorgungskaufmannes die technische Ausgestaltung des Produktionsprozesses beeinflußt, ist bereits gezeigt worden bei der Darstellung der Frage der Entgiftung des Leuchtgases, der nationalen Eigenversorgung mit Treibstoffen usw. Auch für den Einsatz von Elektrizität als Wärmeträger im Wettbewerb mit Gas ist nicht zuletzt, wie ebenfalls bereits ausgeführt wurde, ausschließlich die volkswirtschaftliche Auswirkung entscheidend. Gleiche Betrachtungen ergeben sich für die Gaswerke bezüglich der Ferngasfrage, die schließlich in der Überlegung gipfelt, ob es volkswirtschaftlich vorteilhafter erscheint, die Kohlenveredlungsstätten aufzulockern, d. h. die Koks- und Gaserzeugung auf den Stellen des Verbrauchs dieser Erzeugnisse durchzuführen, oder die Koksbereitung in wenigen, auf der Kohle errichteten Erzeugungsstätten zusammenzuziehen, was letzten Endes, wenn man von wehrwirtschaftlichen Gesichtspunkten einmal absieht, für große örtliche Werke eine Frage der volkswirtschaftlichen Transportkosten ist[1].

So ließe sich noch eine ganze Reihe von in dieses Gebiet der volkswirtschaftlichen Betrachtung gehörenden Energiefragen anführen. Darüber hinaus spielen alle wichtigen Fragen der Personal-, Kapital- und Anlage-

[1] Vgl. Winkler: Gedanken zum Ferngasproblem, Zeitschrift für öffentliche Wirtschaft 11, 1934.

wirtschaft und der Preisgestaltung ins Volkswirtschaftliche hinein. Schon diese Andeutungen zeigen, wie umfassend auch nach der Richtung einer notwendigen Beachtung gemeinwirtschaftlicher Gesichtspunkte sich das Betätigungsfeld im Versorgungsbetrieb gestaltet.

Ingenieur und Kaufmann. Es kann nicht Aufgabe dieser Darstellung sein, zum Schluß noch eine Abgrenzung der Aufgabengebiete von Kaufmann und Ingenieur in Versorgungsbetrieben zu versuchen. Technik und Wirtschaft gehören zusammen, lassen sich nicht voneinander trennen, fließen ineinander über, auch in der Versorgungswirtschaft. Der Zweck der Ausführungen konnte infolgedessen nur sein, die Wichtigkeit der wirtschaftlichen Betrachtungsweise bei der Führung von Versorgungsbetrieben darzutun und zu zeigen, daß für den Wirtschafter in den Versorgungsbetrieben ein übergroßes Feld für verantwortungsreiche und wirtschaftlich ausschlaggebende Betätigung besteht. Ob zur besonderen Durchsetzung dieser wirtschaftlichen Grundsätze ein eigener Kaufmann bestellt wird, oder ob diese Aufgabe dem Betriebstechniker mitübertragen wird, dürfte im wesentlichen von der Größe des Betriebes abhängen und nicht zuletzt auch davon, ob es möglich ist, einen Fachmann zu gewinnen, der beide Aufgabengebiete überlegen beherrscht. Die beste Gewähr für die Erreichung günstigster Betriebserfolge wird aber ohne Zweifel im harmonischen *Zusammenwirken* von Techniker und Kaufmann liegen. Wenngleich Beider Aufgaben zunächst eine verschiedene Zielrichtung haben mögen, so treffen sie sich letzten Endes doch im gemeinsamen Streben nach Wirtschaftlichkeit ihrer Maßnahmen, worunter noch einmal das betriebliche Optimum, begrenzt durch die Bedürfnisse der Volkswirtschaft, verstanden sei.

Dritter Abschnitt.

Die Prüfung von Versorgungs- und Verkehrsbetrieben.

8. Besonderheiten der Pflichtprüfung der Versorgungsbetriebe.

Von Wirtschaftsprüfer **Fritz Mlasowsky**,
Berlin[1].

1. Vorbemerkung.

Besonderheiten der Prüfung gibt es in jedem Geschäftszweig. Jeder Prüfer muß sich, ehe er an die Prüfung eines ihm bis dahin fremden Geschäftszweiges herantritt, über diese Besonderheiten vorher sorgfältig unterrichten. Meist geschieht dies durch die Praxis selbst, indem er zunächst unter einem in dem betreffenden Geschäftszweig besonders erfahrenen Oberprüfer arbeitet. Aber das geht nicht immer; manchmal ist der Geschäftszweig-Neuling zu alt, um als Assistent zu arbeiten; manchmal ist kein Kollege oder Vorgesetzter mit Spezialerfahrung vorhanden; manchmal liegen Erfahrungen auch in Form von Berichten, Archivmaterialien usw. noch nicht vor. Dann muß sich der Prüfer selbst zu helfen wissen. Meist genügt für einen erfahrenen und umsichtigen Prüfer die Kenntnis der technologischen Verhältnisse und der volkswirtschaftlichen und rechtlichen Stellung des Geschäftszweiges, die er sich an Hand von Nachschlagewerken oder kleineren Einzeldarstellungen selbst erwerben kann. Alles übrige ist dann Sache der praktischen Einfühlung. Allerdings verlasse sich niemand allzusehr auf das Material, das ihm bei der Prüfung selbst zugetragen wird! Es kommt nicht nur auf die Beurteilung dessen an, was man vorfindet; wichtiger ist manchmal die Frage nach dem, was einem vorenthalten wird.

Die folgende Darstellung beschränkt sich auf (gemeindliche) Versorgungsbetriebe, also auf Gas-, Wasser- und Elektrizitätswerke. Sie behandelt im wesentlichen nur die Eigenbetriebe, weil Betriebe mit eigener Rechtspersönlichkeit darüber hinaus im allgemeinen keine weiteren Besonderheiten bringen, wenn nicht Auseinandersetzungsfragen der Kapitaleigner eine

[1] Die Arbeit fußt auf Prüfungserfahrungen bis 1933; sie liegt seitdem abgeschlossen vor. Überholtes wurde gestrichen oder angepaßt.

Rolle spielen. Mit Rücksicht auf den übrigen Inhalt dieses Buches werden die technologischen, rechtlichen und kommunalwissenschaftlichen Besonderheiten der Eigenbetriebe nicht behandelt.

Ein besonderer Abschnitt über die wirtschaftlichen Verhältnisse fehlt; statt dessen ist überall auf diese entscheidende Prüfungsaufgabe eingegangen, soweit sie von einem kaufmännischen Prüfer gelöst werden kann.

2. Besonderheiten des Prüfungsumfangs und des Prüfungsverfahrens.

Das Ziel der Pflichtprüfung gemeindlicher Eigenbetriebe ist im Kommentar zu den Vorschriften über die Prüfungspflicht der Wirtschaftsbetriebe der öffentlichen Hand vom 6. Oktober 1931 nebst Durchführungsvorschriften vom 30. März 1933 von Zee-Heraeus-Rasch deutlich herausgestellt. Es empfiehlt sich, das Büchlein bei der Prüfung stets mitzuführen.

Der wesentlichste Unterschied gegenüber der Prüfung der Aktiengesellschaft beruht auf dem Gedanken, daß „der gesteigerten Macht der Verwaltungen bei der Betreuung fremden Kapitals eine gesteigerte Rechenschaftspflicht und Kontrolle entsprechen muß". Das kommt auch im Bestätigungsvermerk zum Ausdruck, von dem es u. a. heißt: „Sind wesentliche Einwendungen nicht zu erheben, so ist bei der Zusammenfassung des abschließenden Ergebnisses ausdrücklich festzustellen, daß ... im übrigen auch die wirtschaftlichen Verhältnisse des Betriebes wesentliche Beanstandungen nicht ergeben haben". Der Umfang der Prüfung ist insofern also wesentlich größer als der für Aktiengesellschaften. Anderseits ist eine Prüfung des Geschäftsberichts im Gegensatz zur Aktienrechtsnovelle nicht vorgesehen. Ebenso besteht keine dem Aktienrecht analoge Bestimmung des Inhalts, daß die Prüfung vorzunehmen ist, bevor der Abschluß genehmigt ist.

Eigenbetriebe darf man niemals für sich allein betrachten, sondern stets in Verbindung mit der Gemeinde. Zum mindesten trifft dies auch für gemeindliche Eigengesellschaften zu. Was z. B. für den Betrieb von wirtschaftlichem Vorteil ist, kann für die Körperschaft als Ganzes nachteilig sein. Sofern es bei der Prüfung des Betriebes möglich ist, Abweichungen zwischen der Jahresrechnung der Stadt und dem Jahresabschluß der Betriebe ohne Schwierigkeiten festzustellen, sollte man darauf im Bericht hinweisen.

Ein Beispiel solcher Unterschiedlichkeit aus der Praxis möge den Gedanken klarmachen:

Ein Betrieb war mit rd. einer Million RM gegründet. Die Stadt wies den gleichen Betrag auch jährlich in ihrem Vermögensverzeichnis nach. Der Betrieb hatte aber in seiner Bilanz bereits rd. 400000 RM Verluste aufgespeichert und vorgetragen, die in der Vermögensaufstellung der Gemeinde nicht in Erscheinung traten.

Eine Folge des größeren Kreises der Interessenten und der Unerfahrenheit vieler Beamter in wirtschaftlichen Dingen ist es, daß vom Prüfer gelegentlich der Pflichtprüfung Urteile über Personalbesetzung, Güte des Personals, Sparsamkeit in der Wirtschaftsführung u. dgl. gewünscht werden, die vom Prüfer nicht nur Erfahrung, sondern auch das Verständnis erfordern, die Dinge nicht nur in betriebswirtschaftlichem, sondern auch im Lichte der Kommunal- und Staatspolitik zu betrachten. Im allgemeinen muß man aus mancherlei Gründen in seinem Urteil vorsichtiger sein als in der Privatwirtschaft. Bei gemischt-wirtschaftlichen Betrieben, Pachtunternehmungen, Betriebsführungsgesellschaften u. dgl. muß der Prüfer, ob besonders dazu aufgefordert oder nicht, m. E. aus Gründen des Prüfungszweckes darauf achten, ob die öffentliche Hand nicht benachteiligt ist. Vielfach sind die Unternehmen selbst anderer Meinung über diesen Teil des Prüfungsumfangs.

Soweit man bei den Betrieben noch Installationsnebenbetriebe und Ladengeschäfte antreffen sollte, ist auf die Richtlinien, die der Reichswirtschaftsminister den Ländern unterm 18. August 1933 IB hat zugehen lassen, zu achten, damit nicht unter reinen Rentabilitätsgesichtspunkten Vorschläge gemacht werden, die mit den volkswirtschaftlichen Zielen der Förderung der Privatwirtschaft und insbesondere des Mittelstandes im Widerspruch stehen.

Bei der Prüfung ist darauf Rücksicht zu nehmen, daß die Buchführung und der Jahresabschluß meist bereits durch das unabhängige örtliche Rechnungsprüfungsamt vorgeprüft sind. Die Zeit, die der Prüfer dadurch spart, wird er in der Regel auf materiellem Gebiete sehr benötigen. Zur Zeit wird leider wegen der Neuigkeit der gesetzlichen Formvorschriften zu viel Wert auf äußerliche Dinge gelegt und die Seite der Veruntreuungsprüfung und der Prüfung auf sparsame Wirtschaftsführung sehr stark vernachlässigt. Wenn auch bei der Pflichtprüfung die Seite der Veruntreuungsprüfung sehr eingeengt ist, kommt der Prüfer doch bei Vernachlässigung dieses Teils, insbesondere bei öffentlichen Betrieben, sehr bald in Verruf.

Da die öffentlichen Versorgungsbetriebe im großen und ganzen keine finanzielle Konkurrenz untereinander kennen, ist der Betriebsvergleich mit dem Ziele einer idealen Konkurrenz im allgemeinen weit ausgedehnter und in Einzelheiten verfeinerter anzutreffen als in der Privatwirtschaft. Außerdem gibt es hier eine weit größere Zahl gleichartiger Betriebe. Im eigenen Interesse und dem der Allgemeinheit muß es liegen, daß die Prüfung auf eine die Vergleichbarkeit fördernde Buchhaltung und Statistik hinarbeitet. An Vorschlägen für Kontengliederungen und Statistiken sowie an Vergleichsmaterial für Versorgungsbetriebe fehlt es in der Literatur nicht, besonders nicht für Gaswerke.

Während der Prüfer bei Gesellschaften privaten Rechts nach eventueller Kassenprüfung zunächst einmal den Gesellschaftsvertrag, die Generalversammlungs- und Aufsichtsratsbeschlüsse usw. durchsieht, muß er bei Eigenbetrieben die Betriebssatzung, die Kassenordnung, die Geschäftsanweisungen u. dgl. einsehen. Ebenso muß er für die an das Versorgungsnetz angeschlossenen Gemeinden die Zeitpunkte des Konzessionsablaufs feststellen, um über die künftige Entwicklung und über die Abschreibung der Anlagen, soweit sie nicht von den Gemeinden zu Buchwerten übernommen werden, unterrichtet zu sein.

3. Besonderheiten der Verkaufsleistung und Verkaufspreise.

Die Betriebsleistung. Wasser und in gewissem Sinne auch Strom und Gas gehören zum notwendigen Bedarf. Wasser darf deshalb nur unter ganz bestimmten Voraussetzungen den Bewohnern entzogen werden[1].

Während der Verkauf im allgemeinen einer jeweiligen Vereinbarung über die zu liefernde Menge, den Zeitpunkt der Abnahme und des Preises bedarf, und die Ware an einem zentralen Ort abgenommen wird, findet der Verkauf der Versorgungsleistungen in den Häusern oder Wohnungen der Kunden statt. Die Leistung wird in einer für den Kunden ausreichenden Menge ständig vorgehalten. Der Versorgungsbetrieb hat die vertragliche Verpflichtung, seine Ware stets in einem solchen Maße zur Verfügung zu halten, daß alle Kunden zu gleicher Zeit und in beliebiger Menge Ware entnehmen können. Der Kunde braucht die Ware nur an den von ihm mit dem Betriebe vereinbarten Orten zu entnehmen. Der Verkäufer steht stets bereit, und zwar entweder als Barverkäufer in Form des Automaten (Messer mit Geldeinwurfmöglichkeit, der nach Einwurf der Münze eine dem Werte gleichkommende Menge der Ware freigibt), als Verkäufer gegen Vorauszahlung (Messer mit Einwurfsmöglichkeit für beim Werke erhältliche Sondermünzen, die zuvor gekauft werden müssen) oder als Verkäufer gegen Zahlungsziel (einfacher Messer).

Insbesondere die Zuleitungsanlagen, Meßgeräte usw. machen die Versorgungsbetriebe zu kapitalintensiven Betrieben solchen Umfanges, wie sie in der Privatwirtschaft selten vorkommen.

Das geht am besten aus den Abschreibungen hervor, die etwa 15 bis 30% der normalen Aufwendungen (ohne Vorabgaben an die Gemeinde) betragen.

Im Gegensatz zu anderen Unternehmen, die im Absatz ihrer Güter freizügig sind, ist der Versorgungsbetrieb ferner an ein bestimmtes Gebiet und an die an das vorhandene Verteilungsnetz angeschlossenen Abnehmer gebunden. Dafür genießt er anderseits, wie bereits erwähnt, den Vorteil der örtlichen Einmaligkeit, die in bestimmtem Umfange monopolähnliche Wirkungen auslösen kann.

Tarifpreise und Tarifpolitik. Die Gas- und insbesondere die Wassertarife sind im allgemeinen einfach. Für größere Abnahmen gewährt man im allgemeinen Mengenrabatte in Form von Staffelpreistarifen.

---

[1] Vgl. Ackermann: Zur Frage der Liefersperre, Zeitschrift für öffentliche Wirtschaft 1935.

Anders liegen die Dinge bei der Elektrizität. Da gibt es Tarifarten in übermäßiger Zahl. Während man früher für Kleinabnehmer allgemein nur einen kWh-Preis kannte, der für größere Abnahmemengen ebenso Rabatte vorsah wie bei Gas und Wasser, begann man nach dem Kriege in Deutschland mit dem sog. Grundgebührentarif. Dem Tarif liegt der Gedanke zugrunde, eine der kostenmäßigen Eigenart des Betriebes entsprechende Bezahlung der Leistung von jedem Abnehmer zu fordern. Ein Elektrizitätswerk muß bekanntlich so große Erzeugungsanlagen besitzen und betriebsbereit, zum Teil sogar laufend in Betrieb halten, daß das Werk den jeweiligen Anforderungen der Abnehmer jederzeit gerecht werden kann.

Es ist deshalb der Preis in eine Leistungsgebühr (Grundgebühr) und eine Arbeitsgebühr aufgeteilt. Während die Grundgebühr den Kapitaldienst und einen Teil der festen Kosten decken soll, ist die Arbeitsgebühr (je abgenommene kWh) zur Deckung der mehr oder weniger erzeugungsabhängigen Kosten bestimmt; sie enthält zugleich den Gewinnzuschlag.

Die Grundgebühr trifft man in den verschiedensten Formen an. Grundlage für die Bemessung ist die entweder beim Abnehmer installierte Leistung in kW (Brennstellen, Motorstärken usw.) oder die Anzahl der vorhandenen Wohnräume oder die Stärke des Stromzählers. In Gewerbebetrieben mißt man auch mit besonderen Meßgeräten (Höchstlastanzeigern) die höchste, in einem Monat in Anspruch genommene Leistung in kW und legt diese der Berechnung zugrunde. Bei der Auswahl der Bemessungsgrundlage für die Grundgebühr hat man sich von dem Gesichtspunkt leiten lassen, daß das Werk die Leistung nach diesen Maßstäben bereitstellen muß und seine Anlagen danach ausgebaut hat. Der Raumtarif soll nur eine Vereinfachung mit sich bringen, denn mit der Anzahl der Wohnräume steigt in der Regel auch die Anzahl der Brennstellen.

Aus außerwirtschaftlichen Gründen ist es den Elektrizitätswerken nicht möglich gewesen, den Tarifgedanken so durchzuführen, wie er anfangs bestand. Für Wirtschaftlichkeitsrechnungen bietet sich dem Prüfer auf diesem Gebiete ein großes Feld schwieriger Überlegungen. Die Tarife geben gerade dem unvoreingenommenen Prüfer häufig Anlaß zur Kritik, wenn er findet, daß schon im Grundgedanken des Tarifs das kaufmännische Prinzip der Mengenrabatte nicht genügend berücksichtigt ist.

Für Kraft- und Heizzwecke sind, soweit Grundgebührentarife nicht bestehen, überall die Preise niedriger als für Licht. Der Preis regelt sich meist nach der Nachfrage.

Für Großgewerbe und Industrie kannte man schon vor dem Kriege Einzelpreise an Stelle der allgemeingültigen Tarifpreise. Jeder Großabnehmer hatte einen besonderen Vertrag mit dem Elektrizitätswerk und hat ihn, natürlich in anderer Form, noch heute. Der Preis war schon seinerzeit in Leistungspreis (Grundgebühr je kW) und Arbeitspreis (je kWh) geteilt. Die Leistung wird in der Regel mit besonderen Geräten gemessen. Bei der Bemessung der Leistung berücksichtigt man heute nicht mehr nur die Wirkleistung, sondern durch Anwendung der $\cos\varphi$-Klausel auch die Blindleistung. Die Strombezugsverträge, die zwischen Verteilungsbetrieben und Großkraftwerken bestehen, sind ebenfalls meist auf dieser Grundlage aufgebaut. Es ist notwendig, daß der Prüfer die Verträge und Rechnungen für solche Lieferungen genau prüft.

Da die Großabnehmer einen nicht unbeträchtlichen Teil (meist 40 bis 60%) der Gesamtstromabgabe eines Elektrizitätswerks in Anspruch nehmen, ist hier der mehrteilige Preis in der Regel wirtschaftlich gerechtfertigt.

4. Besonderheiten der Verwaltungsarbeit und des Einkaufs.

Allgemeines. Infolge der höheren Verantwortlichkeit gegenüber der Allgemeinheit haben sich bei den Gebietskörperschaften im Laufe der Zeit besondere Formen der Verwaltungsorganisation herausgebildet, die sich naturgemäß auch auf die Betriebe mehr oder weniger übertragen haben.

Trotz der allmählich steigenden und nun durch Gesetz erzwungenen Durchsetzung des Personalstabes der Betriebe mit Angestellten und damit Kaufleuten hat sich der von der Verwaltung herkommende Einfluß bisher nur im geringeren Umfange zurückdrängen lassen. Einfache und zugleich zweckmäßige Verwaltungsformen für die Betriebe sind immer noch verhältnismäßig selten. Anderseits scheinen die gelegentlich anzutreffenden kostspieligen *kaufmännischen* Organisationsformen, für die eine Vielzahl unzweckmäßig eingesetzter teurer Büromaschinen kennzeichnend ist, eine Übergangserscheinung zu sein. Der Blick für das Verhältnis von Aufwand zu Nutzen dürfte allmählich geschärft werden.

Der Eigenbetrieb war unter dem alten Recht in seiner Bewegungsfreiheit sehr gehemmt und viel stärker mit der öffentlichen Körperschaft verbunden und von ihr abhängig als derjenige mit eigener Rechtspersönlichkeit. Wie sich das unter der Deutschen Gemeindeordnung (vgl. § 74 Abs. 1 und die vorläufige Ausführungsanweisung dazu) ändern wird, ist im einzelnen noch nicht abzusehen.

Bisher nahm oft eine Vielzahl von Gemeindeinstanzen unmittelbaren Einfluß auf die Betriebsgebarung; dadurch wurde die an sich einfache Verwaltung trotz vielleicht guter innerbetrieblicher kaufmännischer Organisation umständlich. Das ist ein Mangel, auf den der Prüfer unter Hinweis auf einfachere, nicht weniger sichere Verfahren aufmerksam machen muß.

Es gibt große Betriebe, in denen die Verwaltung wesentlich vereinfacht werden könnte, wenn die Werkleiter eine größere Selbständigkeit hätten. Mit Rücksicht auf die Kassenlage der Gemeinde hat z. B. der Kämmerer einer großen Stadt für jede Ausgabe über 200 RM die Ausfüllung eines besonderen Vordrucks zur Mittelbewilligung gefordert. Die Käufe durften nicht vor Bewilligung der Mittel — nach einem Instanzenweg von durchschnittlich mindestens 2 Tagen Laufzeit — getätigt werden. Dabei hatte der Betrieb einen Umsatz von rd. 12 Millionen Reichsmark jährlich. Trotz dieser Vorschrift war es jedoch möglich, daß der Betrieb einen Kohlenvorrat für den Bedarf von vielen Monaten ansammeln konnte, weil der vorgesetzten Stelle das betriebliche Verständnis abging und die Zahl der täglich vorgelegten Bewilligungsanträge der bewilligenden Stelle eine Übersicht unmöglich machte.

Buchhaltung. Vorherrschend ist in den Versorgungsbetrieben die kaufmännische doppelte Buchführung. Jedoch trifft man, vor allem in kleineren Betrieben, auch noch oft die Kameralbuchhaltung an.

a) *Kaufmännische Buchhaltung.* An die kaufmännische Buchführung stellt der Versorgungsbetrieb keinerlei besondere Anforderungen. Bemerkenswert ist nur, daß er in der Regel für die Forderungen aus seinen Versorgungsleistungen an die Kleinverbraucher auf die übliche Art des kaufmännischen Kontokorrents verzichtet und dies durch ein primitiv scheinendes, aber für diese besonderen Verhältnisse zweckmäßigeres Verfahren ersetzt. Wir besprechen es an anderer Stelle.

Obwohl die kaufmännische Buchführung in ihrer ursprünglichen Form für den Versorgungsbetrieb durchaus geeignet ist, trifft man nicht selten in der Führung der Bücher einen stark kameralistischen Einschlag an, dessen Beseitigung dem Prüfer im allgemeinen nicht leicht fallen wird, weil Dezernenten und Personal (meist Beamte) kameralistisch zu denken gewohnt und nur schwer davon abzubringen sind. Diese kameralistische Denkungsart äußert sich hauptsächlich in folgenden Punkten.

1. Die Versorgungsbetriebe bilden mit Recht neuerdings in den meisten Gemeinden eine Verwaltungseinheit, Stadtwerke genannt. Das Personal der Kasse, des Einkaufs, der Rechnungserteilung, der Buchhaltung, des Lohnwesens usw. ist für alle drei Betriebe das gleiche. Für Strom und Gas wird zur Verbilligung des Verfahrens eine gemeinsame Rechnung ausgestellt, die manchmal auch den Wasserverbrauch umfaßt. Dennoch führt man für jeden Betrieb einen getrennten Kontenkreis, stellt getrennte Jahresabschlüsse auf, verrechnet die gegenseitigen Leistungen in der gleichen Art, wie man dies zwischen Fremden zu tun pflegt. Die Betriebe stellen sich also gegenseitig Rechnung aus, die gelegentlich sogar die Unterschrift eines und desselben Beamten über die ordnungsgemäße Errechnung und Verbuchung für den einen Betrieb und die Unterschrift des richtigen Empfangs, der ordnungsmäßigen Eingangsverbuchung usw. für den anderen Betrieb tragen.

Praktisch gibt es meist nur eine Kasse, ein gemeinsames Bankkonto aller Werke, und trotzdem trennt man die Bestände buchmäßig für die Einzelbetriebe. So kommt es vor, daß bisweilen ein Teilbetrieb einen buchmäßigen Kassenfehlbestand ausweist, den man am Jahresende, um ihn als solchen nicht im Jahresabschluß erscheinen zu lassen, durch ein buchmäßiges Darlehen eines anderen Teilbetriebes in einen Kassenbestand verwandelt.

Obwohl man in diesen Dingen sehr genau verfährt, teilt man am Jahresschluß oder schon bei jeder einzelnen Zinsbelastung oder -gutschrift den Betrag nach irgendwelchen Schlüsseln auf, wodurch die ursprüngliche Absicht, für jeden Betrieb eine genaue Gewinnerrechnung vorzunehmen, verfehlt wird.

2. Nach den gleichen Gedankengängen legt man jede einzelne eingegangene Rechnung über gemeinsame Kosten, wie Büromaterial, Inventarunterhaltung, ebenso Gehälter für kaufmännisches Personal u. dgl. von vornherein auf alle Betriebe um, wobei im allgemeinen sehr willkürlich verfahren wird.

3. Nicht selten führt die Verwaltung nicht nur getrennte Buchkreise, sondern auch für jeden Betrieb gesonderte Kassenbücher, Journale u. dgl. Praktisch tritt also der Fall ein, daß Ausgaben der unter 2. genannten Art

in drei Kassenbüchern gebucht, womöglich noch auf drei getrennte Kontokorrentkonten übertragen werden.

4. Wie bei den Ausgaben, so handhabt man es in den Versorgungsbetrieben oft auch mit den Einnahmen. Daß das Rechnungssoll (der Umsatz) getrennt nach Betrieben ermittelt werden muß, ist selbstverständlich, aber auch die eingehenden Gas-, Wasser- und Stromgelder werden, selbst wenn für sie ein gemeinsamer Rechenvordruck besteht, bei der Einnahmeverbuchung in drei Werkspalten aufgeteilt.

5. Eine Folge der kameralistischen Denkweise ist, daß viele Betriebe mit kaufmännischer Buchführung auch für ihre Lieferer kein Einzelkontokorrent führen. Was bei den Massenrechnungen an die Kleinkunden richtig ist, wird hier zum Fehler. Natürlich gibt es Lieferanten, von denen der Betrieb nur einmal kauft. Für sie persönliche Konten zu führen, wäre unzweckmäßig. Es empfiehlt sich wie beim Privatbetrieb hierfür ein Sammelkontokorrent. Am einfachsten ist die Einrichtung einer besonderen Spalte im Rechnungseingangsbuch und eines entsprechenden Hauptbuchsammelkontos. Bei diesem Verfahren spart man Übertragungsarbeit. Ausgeglichene Posten kennzeichnet man in üblicher Weise (durch Abhaken, besser Abnummern). Neben diesen sog. „Verschiedenen Lieferern" gibt es aber gerade bei Versorgungsbetrieben eine Reihe von Unternehmen, die laufend liefern, z. B. die Firmen der Elektro-, Kabel- und Röhrenindustrie, die Kohlenlieferer, die Stromlieferer. Die Notwendigkeit des Rückgriffs auf die meist in zeitlicher Folge abgelegten Rechnungen liegt hier ebenso oft vor wie in der Privatwirtschaft. Trotzdem bucht man die Rechnungen erst bei der Bezahlung und führt mitunter zum Nachweis der unbezahlten Rechnungen ein Rechnungseingangsbuch in zeitlicher Anordnung, in dem bei Bezahlung Datum, Kassenbuchblatt u. a. vermerkt werden. Abschlagzahlungen, die infolge der bei Versorgungsbetrieben außergewöhnlich zahlreichen Bauausführungen sehr oft vorkommen, bucht man unmittelbar zu Lasten der Baukonten. Der Prüfer wird bei diesem Verfahren trotz der von den Betrieben meist besonders geführten Kontrolliste über Abschlagzahlungen doch ab und zu bei Prüfung der Baurechnungen feststellen (wenn er sich dabei nicht nur auf die Ausgaben eines einzigen Jahres beschränkt), daß überzahlt worden ist.

Eine einzige Bilanz für alle Betriebe ist noch nicht überall eingeführt. Dabei erspart eine Gemeinschaftsbilanz eine Unzahl von Buchungen, Additionen, Nachprüfungen, Abstimmungen, Büchern. Die Gemeinschaftsbilanz verhindert durchaus nicht die Aufstellung getrennter Erfolgsrechnungen für jeden Einzelbetrieb. Denn wenn die Anlagen buchmäßig oder statistisch getrennt fortgeschrieben werden, ist die getrennte Berechnung von Abschreibungen möglich. Alle übrigen Bilanzposten können dann gemeinsam für alle Betriebe geführt werden. Im Kassenbuch, im Journal und sonstigen Grundbüchern bedarf es nur der Einrichtung besonderer Spalten für die Erträge und Aufwendungen der einzelnen Betriebe.

Für die Gemeinkosten empfiehlt sich die Einrichtung gemeinsamer Kostenartenkonten. Die Aufteilung auf die Einzelbetriebe geschieht am besten zum Jahresschluß nach dem Verhältnis der Abnehmerzahl der Betriebe. Diese Schlüsselgröße ist aus verschiedenen Gesichtspunkten heraus die genaueste und nach meiner Erfahrung die richtigste. Gewissenhaft durchgeführte Einzelschlüsselungen der Einzelbelege nach jeweils besonderen Schlüsseln haben in ihrem Gesamtsummen am Jahresschluß zum etwa gleichen Ergebnis geführt.

Für die Aufgliederung der Einnahmen bedarf der Prüfer an sich keines besonderen Hinweises. Die Gutschrift für die Ertragskonten wird bereits bei der Ermittlung der Forderungen, und zwar zu Lasten eines Sammelkontokorrents für Forderungen aus Versorgungsleistungen vorgenommen. Der Gesamtbetrag einer Rechnung kann dann ungeteilt zugunsten des letzteren Kontos vereinnahmt werden.

b) Kameralbuchhaltung. Man sollte sich in Fachkreisen darüber einig sein, daß mit der Kameralbuchhaltung bei entsprechendem Ausbau an sich sehr wohl der gleiche Zweck erreicht werden kann wie mit der kaufmännischen Buchführung, daß aber der Zeitaufwand, der zur laufenden Führung der Bücher, Listen usw. nötig wäre, größer ist als bei der kaufmännischen Buchführung. Der Vorwurf der Schwerfälligkeit, der der Kameralbuchhaltung sehr oft von Kaufleuten gemacht wird, beruht weniger auf der Buchhaltung selbst als vielmehr auf den von den Kämmereiverwaltungen gegebenen Formvorschriften für Belege und Beleganweisungen, für Umbuchung von Einnahmen und Ausgaben von einem Titel zum anderen sowie auf den Vorschriften der Mittelbewilligung für laufende im Betriebsinteresse unabwendbare Ausgaben und für die Überschreibung bewilligter Mittel von einem zum anderen Titel.

Einen Wirtschaftsplan muß sich jeder denkende Kaufmann machen, doch geht es nicht an, ihn an haushaltrechtliche Formvorschriften zu binden; es ist unmöglich, daß der Betrieb an die Höhe der Ausgaben gebunden bleibt, wenn die höheren Ausgaben eine natürliche Folge gesteigerter Einnahmen sind oder wenn sie auf unvorhergesehenen Fällen beruhen, die im Versorgungsbetrieb ebenso wie in der Privatwirtschaft eintreten.

Einkauf und Vergebung von Aufträgen. Rückgriffe auf reichsrechtliche Vorschriften, Ortssatzungen, Verwaltungsordnungen und Verfügungen werden häufig bei der Prüfung der Vergebung von Bauausführungen notwendig, die wegen der Eigenart der Versorgungsbetriebe laufend und in verhältnismäßig großer Anzahl auftreten. Bei Eigenbetrieben ist noch sehr stark das Submissionsverfahren in Übung. Es hat viele Vorteile, aber auch zahlreiche Nachteile.

Der Auftrag wird durch öffentliche Ausschreibung oder durch beschränkte Ausschreibung (Angebotseinholung bei bestimmten Firmen) vergeben. Während man früher die Nennung einer festen Gesamtangebotssumme forderte, verlangt man heute im allgemeinen ausführliche Aufgliederung der Summe, um bei Vergleichen Fehlkalkulationen, ungesunden Wettbewerb u. dgl. zu erkennen.

Die Städte verfügen bisweilen über zentrale Beschaffungsämter, von denen die Werke ihren Bedarf anfordern müssen. Selbst beschaffen dürfen sich die Betriebe dann meist nur die technischen Spezialitäten.

Zu achten ist für den Prüfer — das galt vor allem in den letzten Jahren, kann aber ebenso gut wiederkehren — auf die vereinzelt anzutreffende Neigung der technischen Direktoren von Elektrizitätswerken zu Kupferspekulationen. Bücherlich traten diese Geschäfte nicht in Erscheinung, weil von den Lieferern nur die jeweils gelieferte Menge berechnet wird. Lediglich aus den Preisunterscheiden und den Vermerken der Lieferer auf den Rechnungen über den Stand des Abschlusses geht die Tatsache hervor. Häufig begegnete man in den letzten Jahren auch dem Abschluß von Kohlenlieferverträgen für den Bedarf eines ungewöhnlich langen Zeitraumes (zwei bis drei Jahre). Kohlenabschlüsse für einen Bedarf bis zu einem Jahr lassen sich im allgemeinen rechtfertigen; über längere Zeiträume sollten Direktoren öffentlicher Betriebe nicht verfügen. Spekulationen liegen nicht im Interesse der Gemeinde.

Elektrizitätswerke kaufen in der Regel einen großen Teil ihres Bedarfs über die Einkaufsgemeinschaft der Elektrizitätswerke, Berlin. Diese gewährt am Jahresschluß Bezugs- und Mengenrabatte, deren Eingang vom Prüfer im Auge behalten werden muß.

Für die Normaltypen der Gas-, Elektrizitäts- und Wassermesser bestehen einheitliche Kontroll- bzw. Verbandspreise. Dennoch wird es der Prüfer nachträglich meist nicht als Fehler empfinden, nach Sonderrabatten und ihrer Verbuchung gefragt zu haben.

Zur Nachprüfung von Preisen empfiehlt es sich, in den Betrieben die sogenannten EG-Ordner zu verlangen.

Wenn örtliche Vorschriften bestehen, Handwerk und Handel des Ortes oder des Versorgungsgebietes bei der Vergebung von Aufträgen soweit als möglich zu berücksichtigen, so muß darauf geachtet werden, daß dennoch nicht übermäßig hohe und ungleiche Preise bezahlt werden.

Verkaufsabrechnung der Versorgungsleistungen. Auf die Eigenart des Geschäfts mit Versorgungsleistungen wurde bereits kurz hingewiesen. Es soll hier nun die rein technische Abwicklung des Verkaufsgeschäfts behandelt werden, soweit sie für die Prüfung von Interesse ist.

Für den Anschluß von Wasserverbrauchern gibt es, da die Verhältnisse meist durch Ortssatzung geregelt sind, keine schriftlichen Bedingungen. Bei Gas und Strom kennt man Anschluß- und Lieferungsbedingungen, die ebenso wie die Lieferbedingungen in der Privatwirtschaft einseitig vom Werk bzw. der Gemeinde festgesetzt sind.

Die Anschlußbedingungen für Gas und Strom enthalten in der Regel folgende Punkte:

a) sie beziehen sich nur auf den Anschluß von Hausgrundstücken,

b) sie müssen vom Hausbesitzer schriftlich anerkannt werden,

c) mit der Unterschrift gibt der Hauswirt zugleich für alle Zukunft die Genehmigung zum Anschluß weiterer Hausbewohner, sofern diese Wünsche danach äußern,

d) er gestattet für alle Zukunft die Inanspruchnahme seines Grundstücks zur Durchführung von Leitungen nach anderen Grundstücken zum Anschluß anderer Verbraucher,

e) er erkennt die Vorschriften für die Installation an und gestattet den Werksbeauftragten dauernden Zutritt zu den Anlagen zwecks Besichtigung der Anlagen, Prüfung der Messer usw.

Die Lieferbedingungen ähneln im allgemeinen den in der Privatwirtschaft üblichen. Hauptsächliche Besonderheiten sind:

a) mit der unterschriebenen Anmeldung eines Abnehmeranschlusses (nicht Hausanschlusses) anerkennt der Abnehmer zugleich die Lieferbedingungen, die er in vielen Fällen nicht einmal überreicht erhält, sondern im Bedarfsfalle anfordern oder gar kaufen muß,

b) erst nach der sog. Abnahme des Anschlusses, d. h. der Überzeugung eines vom Werk Beauftragten von der richtigen Ausführung der Installation (bei Elektrizitätswerken nach Maßgabe der Vorschriften des Vereins Deutscher Elektrotechniker), schließt das Werk die Anlage an ihr Netz,

c) für Nachinstallationen dürfen nur besonders vom Werk zugelassene Installateure herangezogen werden, andernfalls hat das Werk das Recht der Liefersperre,

d) das Werk hat das jederzeitige Recht der Anlagenbesichtigung,

e) Zahlungsverzug und andere Umstände berechtigen das Werk zur Liefersperre.

f) den Preis für die Versorgungsleistung bestimmt einseitig das Werk, der Abnehmer hat dagegen nur ein Kündigungsrecht der Lieferung.

Hinsichtlich der Anschlüsse bestehen unterschiedliche Eigentumsverhältnisse. Er geht entweder bis zum Eintritt in das Gebäude oder (bei der Gasleitung) bis zum Haupthahn, der sich meist im Keller befindet, oder (bei der Stromleitung) bis zur Hauptsicherung, bei der Wasserleitung bis zum Wassermesser.

In den letzten Jahrzehnten ist man dazu übergegangen, auch die Messer im Eigentum der Betriebe zu behalten. Die Versicherung gegen Bruchschaden u. dgl. ist in manchen Lieferbedingungen der Betriebe den Abnehmern zur Last gelegt. Eine Reihe von Werken übernimmt die Versicherung selbst; teilweise wird auch die Versicherung von den Abnehmern jährlich einmal gefordert oder ihnen durch die Meßgebühr (Grundgebühr) mit berechnet.

Die Schwierigkeit der Prüfung liegt hier in der Untersuchung und Beurteilung der Organisation im Hinblick auf die laufende vollzählige Erfassung aller vorhandenen und hinzukommenden Abnehmer für die Berechnung des Verbrauchs und die richtige Verbrauchsmessung. Man darf nicht vergessen, daß der Versorgungsbetrieb eine erhebliche Zahl unmittelbarer Abnehmer besitzt, deren Verbrauch sich nicht wie eine über den Ladentisch gehandelte Ware behandeln läßt.

Durchschnittlich ein Viertel sämtlicher Einwohner eines Versorgungsgebietes sind Gas- und Stromabnehmer (nicht jeweils als zwei, sondern als ein Abnehmer betrachtet).

Was man in der Privatwirtschaft verkauft, läßt sich meist an der Erzeugung kontrollieren, beim Versorgungsbetrieb dagegen nur bedingt. Es gibt selbstverständlich zuverlässige Meßgeräte für die erzeugte oder bezogene Menge an Strom, Gas und Wasser; aber zwischen Lieferung ins Netz und dem Verkauf liegt ein je nach Zustand des Netzes und der Zähler großer oder kleiner rechnerischer Verlust, der auf eine Vielzahl von Ursachen zurückzuführen ist. Er liegt etwa beim Elektrizitätswerk zwischen 7 und 15%, beim Gaswerk zwischen 5 und 15%, beim Wasserwerk zwischen 15 und 50% der Erzeugung oder des Fremdbezuges.

Allein 1% Mindereinnahme bedeutet in der Regel schon einen erheblichen Verlust. Die Kontrolle muß sich also allein auf die Verkaufsseite stützen und sie so genau wie möglich zu erfassen versuchen. Man trifft Betriebe an, die gute und schnellwirksame Gruppenkontrollen, Kontrollsicherheit und einfachste Verwaltung geschickt zu verbinden verstanden haben; anderseits aber auch solche, die in der Absicht der Erreichung einwandfreiester Kontrollen einen übermäßig großen Verwaltungsapparat aufgezogen haben, der bei näherer Betrachtung nicht einmal die notwendigsten Lücken ausfüllt.

Im einzelnen habe ich mich über den Hebedienst und die Verbrauchskontrolle im Wirtschaftstreuhänder 1935, Juniheft, geäußert. Ich verweise darauf und auf den Aufsatz von Nicklaus in diesem Buche. Nur eine Feststellung sei noch gestattet:

Das Einwegverfahren (direkte Inkasso) ist bei richtiger Organisation billiger als das Zweiwegverfahren; es gestattet aber keine große Beweglichkeit in der Tarifgestaltung. Durch schwierige Tarife wird die Arbeit des Außenbeamten erheblich erschwert und eine eingehende nochmalige Kontrolle durch das Büropersonal erforderlich, so daß dadurch der Vorteil wieder aufgehoben wird oder sich gar in einen Nachteil verkehrt. Bei der Bedeutung des Hebedienstes als Kostenfaktor der Versorgungsbetriebe sollten die Tarifgestalter deshalb mehr als bisher auf die kostenmäßigen Folgen überspitzter Tarifverfeinerungen achten.

5. Besonderheiten der Bilanzprüfung.

Bilanzgliederung. Der Jahresabschluß als das zusammengefaßte Ergebnis eines Wirtschaftszeitraumes muß so übersichtlich wie möglich sein. Bestes anerkanntes Vorbild ist die aktienrechtliche Gliederung, soweit der Betrieb nicht Besonderheiten erfordert. Auch wo man Rechtszweifel darüber hat, ob die aktienrechtlichen Vorschriften für Eigenbetriebe gelten, ist doch unbestritten, daß die Grundsätze ordnungsmäßiger Buchführung maßgeblich sind. Diese werden aber durch das bestimmt, was die solide Praxis für richtig hält. Für Eigenbetriebe steht das eindeutig fest: Es sind die Grundsätze für Gliederung und Bewertung, wie sie die Musterbetriebssatzung des Deutschen Gemeindetages entwickelt hat. Ein Abgleiten zum schlechteren ist also keinesfalls zu gestatten.

Anlagevermögen allgemein. Das Anlagevermögen ist beim Versorgungsbetrieb im allgemeinen der wichtigste Posten der Bilanz. Es nimmt im Durchschnitt 80 bis 90% der gesamten Aktivseite ein und beträgt im Anschaffungswert durchschnittlich das Zwei- bis Dreifache des Jahresumsatzes. Das Umlaufvermögen dagegen ist nur unbedeutend. Die Kapitalintensität, die bei Versorgungsbetrieben vorliegt, kennt man bis auf wenige Ausnahmen in der Privatwirtschaft nicht. Sie ist natürlich von erheblichem Einfluß auf die Gewinn- und Verlustrechnung und bedarf deshalb besonders scharfer Überwachung. Diese Überwachung wird um so mehr erforderlich, als es sich öffentliche Betriebe aus verschiedenen Gründen häufig nicht gestatten können, so stark abzuschreiben, daß sich für den Prüfer eine eingehende Untersuchung der Werte erübrigt. Eine weitere Schwierigkeit für die Prüfung des Anlagevermögens ergibt sich aus den dauernden Veränderungen, die das Versorgungsnetz, vor allen Dingen bei Elektrizitätswerken, mit sich bringt.

Bei Elektrizitätswerken z. B. werden die Freileitungen infolge von Neuanschlüssen einzelner Häuser, ganzer Straßenzüge oder Ortsteile, vielfach aber auch infolge Anschaffung von neuen Stromverbrauchsgeräten durch die Abnehmer dauernd verändert. Ist es in einem Falle nur die Auswechslung von Kupferdrähten gegen stärkere, so ist es in einem anderen der Abbruch an sich noch brauchbarer Leitungen und der Ersatz durch eine neue, in andere Straßenzüge verlegte Leitung. Damit in Verbindung steht nicht selten der Abbruch einer Umspannstelle oder die Auswechslung darin untergebrachter Geräte gegen modernere. Bei Überlandbetrieben gehört schon eine außerordentliche Kenntnis der technischen Zusammenhänge dazu, um bei den anlagewirksamen Geschäftsvorfällen zwischen Erweiterung, Erneuerung und Ausbesserung unterscheiden zu können. Durch die dauernden Veränderungen stehen oft gewisse Anlagen mit einem höheren Wert als dem Wert zu Buche, der sich ergeben würde, wenn die Anlage im Zeitpunkte der Prüfung neu erstellt worden wäre. Neubauten, Erneuerungen und Reparaturen werden bei den Betrieben fast ausschließlich von eigenem Personal ausgeführt, wobei nicht immer zwischen diesen drei Arbeiten unterschieden wird. Meist wird ein Gesamtkomplex, der aus Erweiterung, Erneuerung und Ausbesserung von Anlagen besteht, gleichzeitig mit gleichem Personal durchgeführt.

Damit der Betrieb nicht mit der Zeit die Übersicht über die Angemessenheit der Anlagewerte verliert, ist es nötig, auf möglichst weitgehende Anlagenuntergliederung zu halten. Das erfordert schon die Vielzahl der kleinen Bauten.

Selbst bei Gas- und Wasserwerken, bei denen die Verhältnisse einfacher liegen, kann man Rohrnetzwerte von vielen hunderttausend Mark ohne jedwede Unterteilung antreffen, die natürlich kein Bild von der Angemessenheit des Wertes gewähren. Die Netze sind nicht, wie etwa ein Gebäude, in irgendeinem Jahre erstellt und in irgendeinem Jahre erneuert oder erweitert, sondern haben dauernden Veränderungen unterlegen.

Nach den Gesichtspunkten der Selbstkostenrechnung gliedert man die

Anlagen in Erzeugungsanlagen, Verteilungsanlagen und Übergabeanlagen.

Bei Verteilungsanlagen unterscheidet man nochmals zwischen Hauptleitungen (beim Elektrizitätswerk Hochspannungsleitungen, beim Gas- und Wasserwerk Hauptrohrleitungen) und Verteilungsleitungen (beim Elektrizitätswerk Niederspannungsleitungen, Gas- und Wasserwerk Rohrleitungen).

Unter Übergabeanlagen versteht man: die Hauptanschlüsse (Abzweig von der Straßenleitung bis ins Gebäude) und die Strom-, Gas- und Wassermesser bei den Kunden.

Bei einer Erstprüfung kommt man nicht umhin, sich über die Art der Ermittlung der in die Goldmarkeröffnungsbilanz eingestellten Anlagewerte ein Bild zu verschaffen. Das ist bei Versorgungsbetrieben mehr als anderwärts nötig, weil zu niedrige oder zu hohe Einstellung erhebliche nachhaltige Folgen für die Abschreibungshöhe hat. Die Wirkungen können zwar durch abnorme Abschreibungssätze ausgeglichen sein; Abschreibungssätze allein können aber keine Beurteilungsgrundlage bilden. Auf die überschlägige Prüfung der Anlagewertzugänge vergangener Jahre wird man verzichten können, wenn man bei der Prüfung der Veränderungen im Berichtsjahre den Eindruck gewissenhafter Fortschreibung erlangt hat.

Bei der Prüfung der Zugänge muß man wegen der Ausführung der Arbeiten durch werkseigenes Personal mitunter schon sehr stark in die Lohn- und Werkstoffabrechnung hineinsteigen.

Es lassen sich hier nicht alle Besonderheiten restlos aufzählen. Der Prüfer wird fast in jedem Versorgungsbetriebe beim Anlagevermögen etwas Besonderes feststellen, wenn er sich kritisch einstellt. Es empfiehlt sich, die Anlagen selbst im Werk in Augenschein zu nehmen, um einen allgemeinen Eindruck von dem Zustand der Anlagen zu gewinnen. Die größeren Anlagezugänge sind nach Möglichkeit lückenlos an Hand der Belege zu prüfen.

Wenn die Anlagewerte im großen und ganzen richtig berechnet sind, in den letzten Jahren keine besonderen Erweiterungen zu verzeichnen waren und der Buchwert bei Betrieben im Alter von 20 Jahren und darüber nicht über 50 bis 60% des Anschaffungswertes liegt, können die Buchwerte im allgemeinen als angemessen bezeichnet werden; denn die Anlagen werden dauernd auf einer betrieblichen Höhe gehalten, die in ihrem Werte selten unter 50 bis 60% des Anschaffungswertes liegt.

Grundstücke und Gebäude. Für Grundstücke findet man bei Eigenbetrieben nur selten Grundbuchauszüge, weil sämtliche gemeindlichen Grundstücke beim Grundstücksamt der Gemeinde geführt werden. Bei Erstprüfung erscheint es ratsam, vom Grundstücksamt der Gemeinde oder dgl. eine Bestätigung der Richtigkeit der buchmäßig ausgewiesenen Grundstücke anzufordern. Man erlebt dabei die seltsamsten Dinge.

Besondere Aufmerksamkeit auf das Vorhandensein von Grundbuchauszügen ist bei solchen Betrieben mit eigner Rechtspersönlichkeit zu legen, die nur ein alleinzeichnungsberechtigtes Vorstandsmitglied haben.

Elektrizitätswerke sind häufig gezwungen, für Umspannstellen kleine Restgrundstücke, aber auch Grundstücksteile, die aus einem bisher im ganzen genutzten Grundstück herausgeschnitten werden müssen, zu erwerben und zwar zu Preisen, die beispielsweise für landwirtschaftliche Nutzung nicht bezahlt würden. Der Standort der Umspannstellen kann sich nun aber u. U. sehr schnell ändern. Insbesondere ist an folgende beiden Möglichkeiten zu denken:

a) Die gesamten Oberspannungsverhältnisse werden verändert, etwa beim Bau eines neuen Umspannwerkes; die Umspannstellen werden infolgedessen verlegt.

b) Der Stromlieferant ändert sich, etwa bei Ablauf des Liefervertrages, der Konzession, bei Stillegung des Werks usw., was ebenfalls Folgen für den Standort der Umspannstellen haben kann.

Wird eine Umspannstelle verlegt, so wird das Grundstück, auf dem sie errichtet ist, in der Regel nicht zum Anschaffungspreis veräußert werden können. Es ist deshalb allgemein die Frage aufzuwerfen, ob nicht solche Grundstücke, wenigstens soweit sie teuer erworben sind, abschreibungsbedürftig sind.

Eine genaue Analyse des Grundstückskontos, das häufig einen erheblichen Anteil der gesamten Anlagewerte der Kraftwerke bzw. Verteilungsbetriebe darstellt, empfiehlt sich nicht nur wegen der erwähnten Grundstücke für Umspannstellen, sondern auch in bezug auf Grundstücke zur Sicherung der Leitungsführung, mit deren Erwerb manche Werksleiter womöglich zu schnell bei der Hand gewesen sind. Solcher Grundstückserwerb soll die Sicherheit dafür geben, daß für die Zukunft geplante Überland- und Ortsleitungen wirtschaftlich geführt werden können, ohne daß bei der Errichtung von Masten und bei der Ziehung von Kabelgräben Zeitverluste durch Auseinandersetzung mit den Grundstückseigentümern und zusätzliche Kosten für Umleitungen entstehen. Solche Grundstücke liegen häufig jahrelang unbenutzt; bisweilen kommt es vor, daß sie für einen sehr niedrigen Preis zu landwirtschaftlicher Nutzung u. ä. verpachtet werden. Es empfiehlt sich, der Grundstückspolitik, der Person der Pächter usw. etwas genauer nachzugehen. Dabei wird man in geeigneten Fällen darauf verweisen können, daß u. U. der Erwerb eines dinglichen Rechts (einer Grunddienstbarkeit) an den später für Leitungsführung benötigten Grundstücken billiger zu stehen kommt, als der Erwerb des Grundstückes selbst, der ja nicht nur Zinskosten verursacht, sondern auch Kapital festlegt.

Häufig knüpfen ferner Grundeigentümer die Erlaubnis zur Errichtung von Masten usw. an die Bedingung, daß ihnen eine einmalige oder dauernde Anerkennungsgebühr (Bezeigungsgeld usw.) gezahlt wird, wobei Fälle vorgekommen sind, daß je Mast jährlich 20 RM und mehr Gebühr gezahlt worden sind. Auch diesen Fällen ist nachzugehen; man muß sich Vergleichsmaterial beschaffen und gegebenenfalls überlegen, ob nicht dauernde Lasten dieser Art gerade in Zeiten der Kapitalnot des Gebührensberechtigten durch eine einmalige Summe wirtschaftlich abgelöst werden können.

Handelt es sich beim Kauf von Grundstücken um größere Werte, so ist auf die Innehaltung der gesetzlichen und ortsrechtlichen Genehmigungsvorschriften zu achten. Das gleiche gilt für alle größeren Bauten, für die außerdem entsprechende Kostenvoranschläge und bei Ausführung durch Fremde Konkurrenzangebote vorhanden sein müssen.

In Werkswegen und Einfriedigungen stecken manchmal große Bausummen. Ob Straßen 1. Klasse nötig sind, ob sich Gaswerksexperimente mit neuem Straßenbelag (Teerstraße usw.) im eigenen Werk wirklich empfehlen, ist genau zu prüfen.

Bei Bauten, die von städtischen Bauämtern ausgeführt worden sind, wird man nicht selten Selbstkosten feststellen können, die höher sind, als Angebote von Fremden, sofern solche vorliegen.

Auf die Ausstattung der Gebäude ist besonders zu achten. Nicht selten findet man aufwendige Bauten, die nicht mit dem Betriebszweck in Einklang stehen, sondern mit städtebaulichen Gründen erklärt werden. Die Berechtigung solcher Maßstäbe ist in jedem Einzelfall zu prüfen.

Maschinelle Anlagen der Erzeugung. Manche Werke treiben ein Übermaß an Fortschrittsarbeiten. Die Folge sind technische Extraeinrichtungen, die häufig von Werk zu Werk wechseln und zu nichts anderem nütze sind als zu einem Artikel in den Fachzeitschriften, der für die Gemeinde ziemlich teuer werden kann. Im Zweifel wird der Prüfer in solchen Fällen einen Fachingenieur zu Rate ziehen.

Auch die maschinelle Ausstattung der Werke ist manchmal zu üppig. Die Isolierung von Abwässerleitungen wird man merkwürdig, die Verlegung von Telefon- und anderen Meldedrähten durch das Geländer in Krafthäusern nicht immer wirtschaftlich finden. Auch die Befehlsstationen in Elektrizitätswerken sind manchmal mit zu großem Luxus ausgestattet.

Bei Gaswerken muß die Ausmauerung der Öfen nach durchschnittlich 1500 Ofenbetriebstagen erneuert werden. Die Kosten sind verhältnismäßig hoch. Größere Werke sind wegen der Mehrzahl der vorhandenen Öfen in der Lage, es so einzurichten, daß in jedem Jahre ein gleicher Teil der Öfen erneuert und die Kosten dadurch auf die einzelnen Jahre gleichmäßig verteilt werden. Die Aktivierung der Einbauten lohnt sich wegen der öfteren Erneuerung nicht. Kleinere Betriebe sollten jährlich entsprechende Rückstellungen für Einbauten-Erneuerung vornehmen, um nicht die Gewinn- und Verlustrechnung der Jahre ungleich zu belasten.

Verteilungsleitungen. Die Verteilungsleitungen haben innerhalb der Anlagen einen verhältnismäßig großen Anteil. Ihre Abrechnung ist, wie erwähnt, besonders schwierig bei Elektrizitätswerken. Sofern passive Abschreibungsform besteht, ist bei Erneuerungen immer genau darauf zu achten, daß auch die nötigen Abschreibungen für die Altanlage angesammelt sind, weil, wie gesagt, Anlageteile oft aus technischen Gründen vor ihrem normalen Verschleiß abgebrochen werden müssen.

Wichtig ist dabei, ob die ausgebauten Kupferleitungen, Masten, Rohre usw. auch wirklich auf Lager genommen worden sind. Ihr Wert muß selbstverständlich buchhalterisch richtig behandelt werden. Sehr häufig besteht keine so ausreichende Anlagegliederung, daß einwandfrei festgestellt werden kann, wie hoch die Altanlage zu Buche stand und wie hoch sich die dafür angesammelten Abschreibungen belaufen. Das Erstellungsjahr der betreffenden Strecke ist wegen der vielen Veränderungen bei unzureichender Anlagengliederung meist nicht feststellbar. Um die Aufwendungen für die Bauten nachprüfen zu können, ist das sog. Bauaufmaß anzufordern. Ist ein solches nicht üblich, so empfiehlt sich ein entsprechender Hinweis durch den Prüfer. Wo kein nachträgliches Aufmaß besteht, ist bei Elektrizitätswerken dem Kupferdiebstahl Tür und Tor geöffnet.

Viele Betriebe belasten die Bauten auch mit Gehaltsanteilen. Da sie aber Bauabteilungen besitzen, deren Personalstab sich nur bei außergewöhnlich großen und stoßweisen Bauten erhöht, erscheint die Belastung mit Gehaltsanteilen unzweckmäßig. Wird in einem Jahr viel gebaut, so wird die Gewinn- und Verlustrechnung, die ebenfalls einen Teil der Kosten der Bauabteilung für Instandhaltungen zu tragen hat, wenig belastet, in Zeiten schwächerer Bautätigkeit dagegen höher. Das ist nicht der Sinn ordnungsgemäßer kaufmännischer Buchführung. Es ist deshalb anzuraten, den Baukonten grundsätzlich nur die Gehälter des speziell für einen Bau zusätzlich angestellten Personals zu belasten.

Verwaltungskostenzuschläge sind auf die Berechtigung ihrer Höhe zu prüfen; die Durchschnittshöhe ist im Bericht zu erwähnen.

Es gibt Betriebe, die Betonfundamente für Masten auf „Gebäude" oder „Hoch- und Tiefbauten" buchen. Da mit dem Abbruch des Mastes auch das Fundament wertlos wird, erscheint eine solche Buchungsweise nicht ratsam.

Hausanschlußleitungen. Sie werden teilweise von den Abnehmern bezahlt, bleiben aber trotzdem Eigentum des Werks, weil die Anschlüsse vom Werk mit unterhalten werden. Manche Betriebe aktivieren die Anschlüsse wegen des Eigentums und vereinnahmen den vom Abnehmer gezahlten Betrag zugunsten der Gewinn- und Verlustrechnung. Andere wieder schreiben den vereinnahmten Betrag dem Abschreibungskonto gut. Die erstere Handlungsweise widerspricht den gesetzlichen Vorschriften, weil nur Anschaffungskosten des Betriebes, nicht Neuwerte des Beschaffungsmarktes aktiviert werden dürfen. Dem Werk sind aber in der Tat keine Kosten entstanden. Die Musterbetriebssatzung des Deutschen Gemeindetages kommt deshalb zu einer anderen Lösung, auf die hier verwiesen sei.

Häufiger als die Bezahlung der Anschlüsse ist die Erhebung von Baukostenzuschüssen, die zuweilen höher sind als die Anschaffungskosten, weil sie mit Materialverkaufspreisen und Zuschlägen zu den Löhnen berechnet sind. Man findet auch pauschalierte Baukostenzuschüsse. Zu unterscheiden ist zwischen verzinslichen und verlorenen Zuschüssen. Verzinslichen Zuschüssen begegnet man heute nur noch selten. Die Verzinsung wird meist in Form niedrigerer Strom- oder Gaspreise gewährt. Da eine Rückzahlung des Betrages nicht stattfindet, können diese Zuschüsse deshalb als verlorene Zuschüsse betrachtet werden. Den niedrigeren Strom- oder Gaspreis sieht man einfach als Normalbetrag an.

Verlorene Zuschüsse sind bei passiver Abschreibung bis zur Höhe des Anschaffungswertes dem Wertberichtigungskonto oder einem entsprechenden Unterkonto gutzuschreiben. Gegebenenfalls erhobene Mehrbeträge sind echte „einmalige Erträge" und dürfen der Gewinn- und Verlustrechnung zugeführt werden.

Da die Baukostenzuschüsse den Zweck haben, die Wirtschaftlichkeit des Anschlusses zu gewährleisten, ist trotz Zuweisung des Zuschusses an das Wertberichtigungskonto die jährliche Abschreibung nur vom Differenzbetrag zu berechnen, damit die Umlegung der Abschreibung auf die längere Gebrauchszeit gewährleistet ist und sich die Kostenseite ungefähr in dem Maße verbilligt, in dem die Ertragsseite (durch zu geringe Abnahme oder zu niedrigen Preis) hinter der Norm zurückbleibt.

Baukostenzuschüsse bilden oft die Quelle von Unterschlagungen. Wo für aktivierte Hausanschlüsse keine Baukostenzuschüsse vereinnahmt sind, müssen, gegebenenfalls in Stichproben, die Vereinbarungen bei der Hausanschlußanmeldung des Kunden eingesehen werden.

Einrichtung von Umspannstellen im Netz. Die Einrichtungen bestehen aus nur wenigen, aber teuren Instrumenten. Über Ölschalter und Umspanner liegen in ordnungsgemäß geführten Betrieben Karteien oder Listen mit Angaben der Fabrikat- und Fabriknummern vor. Die Führung obliegt in der Regel dem technischen Personal.

Strom-, Gas- und Wassermesser, Umspanner, Ölschalter. Messer haben überall ein getrenntes Anlagenkonto. Zugänge werden im allgemeinen zu Anschaffungskosten, mitunter aber auch mit Pauschzuschlägen bis zu 20% für erstmalige Einbaukosten bei den Abnehmern, aktiviert. Kleinere Betriebe führen die Vorratszähler noch auf Lagerkonto und erschweren sich damit die Verwaltung. Die Geräte unterliegen nämlich starkem Standortwechsel, und die Feststellung des jeweiligen Buchwertes bereitet große Schwierigkeiten. Fortschrittliche Betriebe sind seit einigen Jahren dazu übergegangen, auch Umspanner und Ölschalter auf Sammelkonten und nicht mehr auf den Unterkonten der einzelnen Umspannstellen zu erfassen, um das viele Hin- und Herbuchen bei Ein- und Ausbauten zu vermeiden. Die Buchungsweise verdient Weiterempfehlung. Sowohl für die Messer als auch für Umspanner und Ölschalter bedarf es keines besonderen Einzelanlagewertnachweises, wenn man vorschlägt, die Anschaffungswerte und -sätze auf den jeweils vorhandenen Karteien zu buchen, auch wenn diese zunächst für andere Zwecke eingerichtet sind, wie z. B. die Messerkartei der Messerabteilung, die Umspanner- und Ölschalterkartei der technischen Abteilung.

Anlageabgänge. Auf die Notwendigkeit der richtigen Anlagewertabbuchung ausgebauter Teile wurde bereits an einigen Stellen hingewiesen. Es erscheint notwendig, sich bei jedem Anlagezugang klar zu werden, gegebenenfalls zu fragen, oder sich durch Erklärungen an Hand von Zeichnungen nachweisen zu lassen, inwieweit Veränderungen in den Außenanlagen vorgenommen worden sind, damit ersichtlich wird, ob Anlageabgänge zu verbuchen waren.

Abschreibungen. Die Mindestabschreibungen liegen für alle drei Versorgungsbetriebe im Durchschnitt von Erzeugungs- und Verteilungsanlagen bei 3 bis 3½% der Anschaffungswerte; der übliche Durchschnittssatz liegt bei 4¼%. Da der eine Betrieb weniger, der andere mehr an laufenden Erneuerungs- und Instandhaltungskosten über Gewinn- und Verlustkonto bucht und diese Kosten einen verhältnismäßig hohen Anteil der Gesamtaufwendungen ausmachen, ist die Beurteilung der Angemessenheit der Abschreibungen sehr stark von der Höhe der über Gewinn- und Verlustkonto gebuchten Unterhaltungskosten abhängig.

Für das Rohrnetz und das Kabelnetz ist der Satz auch abhängig von der

Bodenbeschaffenheit des betreffenden Gebietes (Wandersand, wasserhaltiger Boden, Bodensenkungen in Bergwerksgegenden usw.).

Unabgerechnete Neubauten. Vielfach wird dieser Posten in den Versorgungsbetrieben überhaupt noch nicht geführt, weil die durch eigenes Personal ausgeführten Bauten nicht erst auf einem besonderen Konto abgerechnet, sondern weil die einzelnen Aufwendungen jeweils unmittelbar auf die Anlagekonten gebucht werden. Eine nachträgliche Ausgliederung durch den Prüfer für die Bilanz ist wegen der vielen kleinen Posten sehr zeitraubend, und die Arbeit steht in keinem angemessenen Verhältnis zu ihrem Nutzen.

Versicherung des Anlagevermögens. Im Anschluß an die Prüfung der Anlagewerte ist zu prüfen, ob die Werte ausreichend versichert sind. Es ist dabei nicht nur an die Feuerversicherung, sondern auch an Maschinenbruch-, Explosivschäden-, Sturm-, Wasser-, Blitzschädenversicherung u. ä. zu denken. Die Maschinenbruch- und Explosivschädenversicherung ist besonders bei Elektrizitätswerken nötig, wo außerordentlich hohe Werte in dauernder Gefahr stehen. Die Blitzschädenversicherung ist in der Hauptsache für Umspannwerke und Stromzähler anzutreffen. Bei Kraftwagenbeständen ist auch auf Haftpflicht-, Unfallversicherung usw. zu achten.

Bei Erstprüfungen wird man die Versicherungen auch im Bericht unmittelbar nach Besprechung der Anlagen erwähnen müssen. In Berichten über spätere Prüfungen genügt ein Hinweis auf die Untersuchung.

Anlagen bei Pacht- und Betriebsführungsunternehmungen. Es gibt eine Reihe von Gemeinden, die ihre Werke, insbesondere Gas- und Elektrizitätswerke, einem Unternehmen in privater Rechtsform verpachtet haben, an dem sie selbst mit einem gewissen Anteil beteiligt sind. Meist ist dem privaten Beteiligten die verantwortliche kaufmännische und technische Betriebsführung übertragen.

Bei diesen Unternehmungen, insbesondere wenn es sich um eine Pflichtprüfung nach den Vorschriften für öffentliche Wirtschaftsbetriebe handelt, wo also nicht nur das Pachtunternehmen als solches zu untersuchen ist, sondern das wirtschaftliche Unternehmen in bezug auf den Besitz und Betrieb der öffentlichen Hand, müssen die Anlagen besonders kritisch untersucht werden. Es tauchen da wichtige Fragen auf, von denen einige genannt seien:

a) Welche vertraglichen Bestimmungen bestehen im Hinblick auf die Überlassung der Anlagen?

b) Bieten die Vereinbarungen über die laufende Instandhaltung und Erneuerung ausreichenden Schutz vor Verfall und Sicherheit für volle Werterhaltung?

c) Bestehen Kontrollrechte der Gemeinde und wird davon Gebrauch gemacht? Wird von bestehenden Rechten kein Gebrauch gemacht, so ist es Pflicht des Prüfers, die Prüfung im Rahmen des Möglichen entsprechend zu erweitern. Bestehen Kontrollrechte nicht, so ist im Bericht auf das Fehlen hinzuweisen.

d) Liegt ein ordnungsgemäßes Übergabeverzeichnis der Anlagen vor, so ist stichprobenweise Prüfung am Platze, für die Erzeugungsanlagen durch Besichtigung, für die Verteilungsanlagen an Hand der neuesten Lagepläne, für die Messer, das Inventar usw. durch Einsicht in Karteien u. dgl.

e) Von dem laufenden derzeitigen Zustand der Verteilungsanlagen gewinnt man einen verhältnismäßig sicheren Eindruck aus der Höhe der durchschnittlichen Unterhaltungsaufwendungen, für die es vergleichbare Erfahrungsziffern gibt. Den Eindruck vom Zustand der Erzeugungsanlagen gewinnt man am sichersten bei einer Besichtigung.

f) Schwierigkeiten bereiten in der Regel die vom Pachtunternehmen ausgeführten, vom Eigentümer laufend oder am Ende der Pachtzeit zu bezahlenden Erweiterungen und Neubauten. Die Genehmigung des Eigentümers der Altanlagen zu den Erweiterungen wird wohl immer vorliegen, aber die Frage ist, ob die Kostenanschläge, Bauabrechnungsunterlagen, Aufmaße, Zeichnungen (aus denen die Veränderungen ersichtlich sein müssen) usw. einen solchen Einblick gewähren, daß der Prüfer mit ziemlicher Sicherheit sagen kann, daß es sich bei dem ausgewiesenen Betrage tatsächlich in vollem Umfange um eine Erweiterung handelt.

Bei der Auswechslung einer Rohrleitung gegen eine im Durchmesser größere ist es zum Beispiel häufig strittig, welche von folgenden 7 Möglichkeiten vertraglich gewollt ist.

(1)(2) Kosten des neuen Rohres einschließlich (ausschließlich) Verlegung abzüglich Wert lt. Übergabeverzeichnis des alten Rohres einschließlich Verlegung.

(3)(4) Dgl. abzüglich Schrottwert des alten Rohres.

(5)(6) Dgl. abzüglich Zeitwert des alten Rohres beim Ausbau bzw. Übergabewert nach Abschreibung.

(7) Kosten des neuen Rohres ausschließlich Verlegungskosten abzüglich Kosten des alten Rohres zu dem Preis, den es im Zeitpunkt der Auswechslung neu kosten würde.

Wenn die Erneuerung der Anlage nach dem Vertrag Sache des Pachtunternehmens ist, wird die Berechnungsweise zu 7 auch dann die richtige sein, wenn das alte Rohr noch nicht verschlissen war, sondern nur infolge von Neuanschlüssen, größerer Mengenabgabe und dgl. ausgewechselt werden mußte.

g) Hat der Eigentümer bei Pachtende die Erweiterungen nur nach Abzug von Abschreibungen zu bezahlen oder nur durch Übernahme des Kapitalanteils des privaten Beteiligten, so kann das je nach Lage der sonstigen Vereinbarungen eine andere Berechnungsweise rechtfertigen.

Die festgesetzten Abschreibungssätze sind natürlich auf ihre Angemessenheit hin zu prüfen.

h) Ist die Höhe der Pachtsumme, gemessen am arbeitenden Anlagekapital und am Ertrag des Unternehmens aus der Nutzung der Anlagen, gerechtfertigt?

Auf die Angemessenheit und richtige Errechnung vereinbarter Betriebsabgaben, Straßenbenutzungsgebühren, Vorabgaben an die Gemeinde, Finanzzuschläge auf die Preise der Versorgungsleistungen usw. wird man besonders achten müssen.

Vorräte. Die Kohlenvorräte werden in jedem ordentlichen Versorgungsbetrieb durch Fortschreibung ermittelt. Der technische Betrieb braucht die laufenden Verbrauchsmengen zur Betriebskontrolle. Um nun die Gewißheit richtiger Verbrauchsmengenerfassung zu haben, schreibt man auch die Zugänge und Bestände fort. Zum Jahresabschluß und zuweilen auch zwischenzeitlich werden die Bestände aufgemessen und das Vorratsgewicht berechnet. Der Prüfer muß darauf achten, daß fortgeschriebener Bestand am Jahresschluß und Aufmaß annähernd übereinstimmen.

Am zweckmäßigsten ist es natürlich auch hier, wenn er, wie in Privatbetrieben mit großen Vorräten, der Bestandsaufnahme am Jahresschluß beiwohnt. In besonderen

Fällen ist es ratsam, eine Bestandsaufnahme im Zeitpunkt der Bilanzprüfung vorzunehmen und sich durch Rückrechnung an Hand der Fortschreibungsliste von der Richtigkeit des bilanzmäßig ausgewiesenen Jahresschlußbestandes zu überzeugen. Mehr als den Bedarf für 1½ Monate soll ein Betrieb, wenn keine Sonderbestimmungen vorliegen, nicht als Vorrat halten.

Die Verbrauchsmengen werden zur Führung der Fortschreibungslisten teils automatisch durch Waagen, die in den Transportanlagen eingebaut sind, teils durch Zählung der Greiferleistungen oder der in den Bunker eingefahrenen Wagenmengen oder schließlich (nur bei Elektrizitätswerken) durch Errechnung aus den erzeugten Dampfmengen ermittelt. Man hüte sich, die gewogenen Mengen des Verbrauchs als richtig zu unterstellen und das Ergebnis der Fortschreibungslisten als einwandfreie Grundlage für die Aufstellung des Jahresabschlusses zu betrachten, denn die Waage berücksichtigt nicht die jeweilige Feuchtigkeit der Kohle. Das Aufmaß ist und bleibt die sicherere Grundlage. Selbstverständlich wird man wegen der in Aufmaßen liegenden Fehlergrenzen immer den niedrigeren der beiden Bestände in die Bilanz einstellen, solange sich die Abweichungen innerhalb normaler Fehlergrenzen bewegen. Bei der Bestandsaufnahme darf der Vorrat in den Bunkertaschen oder auf den Förderbahnen nicht vergessen werden.

Für die Koksbestandsermittlung gilt das gleiche. Fortschreibungslisten bestehen hier meistens nicht.

Die Richtigkeit der erzeugten Koksmengen ist nur nachzuprüfen, wenn man Kohlensorte und Zeche und die Tiegelanalyse kennt. Zwecks häuslicher Nachrechnung durch Fachingenieure sollte man die entsprechenden Angaben (zu denen auch die Gasausbeute gehört) stets erarbeiten. Im übrigen ist auch die Beschaffenheit des Ofens auf den Koksanfall von Einfluß. Der Prüfer ist deshalb bei den Nebenerzeugnissen auf die Sorgfalt der Bestandsaufnahme angewiesen. Reinschriftinventuren sind hier noch weniger als anderswo eine ausreichende Unterlage. Die Schmierzettel des Aufnahmepersonals leisten vielfach den besten Dienst. Auch sie sollen natürlich, soweit angängig, vom Aufnahmepersonal unterschrieben sein.

Eine Besonderheit bietet die Bewertung des Kokses, weil für dieses Kuppelprodukt bis heute noch keine allgemeingültige Selbstkostengrundlage gefunden worden ist und auch nicht gefunden werden wird. Der Bestand ist mit dem Verkaufspreis unter Abzug eines angemessenen Hundertsatzes für die künftigen Verkaufsunkosten, der mindestens 10% beträgt, anzusetzen. Der Verkaufspreis wiederum schwankt je nach der Koksqualität (Koks mit Zechenkoksstruktur oder Schmelzkoks und Gaskoks), je nach der Körnung (Stückkoks bis Koksgrus) und je nach der Jahreszeit. Bei Märzabschlüssen ist der Verkauf der Lagermengen erst im Sommer möglich; die Sommerrabatte sollten deshalb beim Preisansatz beachtet werden.

Das Koks- und Nebenproduktegeschäft war bei Gaswerken ein reiches Feld für Unterschlagungen, weil eine mengenmäßige Kontrolle der Erzeugung unwirtschaftlich ist. Dazu kommt, daß ein nicht unbeträchtlicher Teil der erzeugten Koksmengen ungewogen im eigenen Betriebe zur Unterfeuerung der Gasöfen verwendet wird. Der Prüfer muß sich deshalb bei der Bestandsfeststellung auch um die Sicherheit der Verkaufsorganisation kümmern.

Schon in mittleren Betrieben lohnt sich eine Torkontrolle. Für Barverkäufe bedient man sich am besten der Streifenkontrolle. Der Käufer hat bei diesem Verfahren die Streifen (Bons) im voraus an der Kasse zu lösen und sie bei der Koksausgabestelle vorzuzeigen. Die Ausgabestelle trennt die eine Hälfte des Streifens ab und wirft sie in eine vom Büro verschlossene Büchse, die andere Hälfte hat der Käufer beim Verlassen des Werks dem Pförtner abzugeben, der auf Grund der Streifen die Richtigkeit der ausgelieferten Menge abzuschätzen hat. Auch er ist verpflichtet, den Streifenteil in einen vom Büro verschlossenen Kasten einzuwerfen. Von der Verwaltung aus ist dann die Übereinstimmung der beiderseitigen Abschnitte auf Grund der Nummern laufend oder in gewissen Zeiträumen vorzunehmen. Fehlen beim Pförtner Abschnitte, so hat er die Blickkontrolle vernachlässigt.

Im *Kreditverkauf* benutzt man zweckmäßigerweise einen dreiteiligen Vordruck, der fortlaufende Nummerung tragen muß. Der Vordruck wird gegebenenfalls im Durchschreibeverfahren vor Auslieferung der Ware im Büro ausgestellt. Der erste Abschnitt dient als Lieferschein und zugleich als Rechnung, der zweite und dritte für Ausgabe und Torkontrolle. Ausgeber und Pförtner haben ihre Abschnitte selbst vom Gesamtvordruck abzutrennen und sich von der Übereinstimmung der auf ihren Abschnitten eingetragenen Mengen mit denen der Rechnung zu überzeugen. Die Rechnung ist sofort bei Ausstellung des Vordruckes zu buchen. Nach der Beschreibung der Organisation bedarf es wohl keines Hinweises, wo hier der Hebel zur Prüfung anzusetzen ist.

Der Preis der *Kupferleitungen* setzt sich aus dem Rohkupferpreis und dem Verarbeitungszuschlag zusammen. Da das Rohkupfer einen Börsenpreis hat, verändert sich der Preis der Kupferleitungen entsprechend. Kupferleitungen müßten deshalb zum jeweiligen Marktpreis in die Inventur eingestellt werden. Da sie aber fast ausschließlich zum Bau von Anlagen, also dauernd zum Geschäftsbetriebe, bestimmt sind, können sie gemäß § 261, Nr. 1 HGB. zum Anschaffungspreis angesetzt werden. Sie müssen aber dann vom Zeitpunkt des Ankaufs ab nach den Sätzen für diejenigen Anlagen abgeschrieben werden, für die sie bestimmt sind.

Da die Versorgungsbetriebe keine lange Betriebsunterbrechung erleiden dürfen, müssen *Ersatzteile* (Reserveteile) zu Maschinen, Apparaten, Geräten usw. in verhältnismäßig größerer Anzahl gelagert werden als häufig anderswo. Es tritt deshalb auch öfter der Fall ein, daß eine Anlage verschlissen ist, obwohl noch neue Ersatzteile vorhanden sind. Die Teile können dann nur selten wieder verwendet werden, weil neuere Maschinen andere Abmessungen oder eine andere Bauweise besitzen. Den Betrieben ist daher zu empfehlen, Ersatzteile von Sondermaschinen nicht unter den Vorräten zu führen, sondern jeweils auf Anlagekonto zu buchen, damit die Teile mit abgeschrieben werden.

Die starken Anlageänderungen haben nicht nur den Verbrauch vielen neuen Materials zur Folge, sondern auch einen erheblichen Verkehr mit *ausgebautem, aber noch brauchbarem Altmaterial*. Bei Elektrizitätswerken z. B. kommen die meisten Anlagen vor ihrem Verschleiß zur Auswechslung. Das hat seine Ursache in dem dauernden technischen Fortschritt und dem infolge der Verbrauchszunahme notwendigen Bau stärkerer bzw. größerer Anlagen. Das freigewordene Material findet meist wieder bei anderen Anlagen Verwendung.

Es treten dabei folgende Fragen auf:

a) Mit welchem Wert ist das Material der Anlage gutgeschrieben und auf Lager genommen worden?

b) Mit welchem Wert wird es wieder dem Anlagekonto belastet?

c) Wie hält man die Unterschiedlichkeit des Wertes gleicher Geräte oder gleichen Materials in der Lagerbuchhaltung auseinander?

Wertpapiere. Wertpapiere und Depotscheine liegen vielfach nicht bei den Betrieben, sondern bei der Stadthauptkasse. Auf die Sicherstellung des Eigentums der Betriebe ist trotzdem zu achten, damit nicht bei der „konsolidierten Stadtbilanz“, die sich der Prüfer stets in Gedanken vor Augen halten muß, auch wenn sie tatsächlich nicht angefertigt wird, Doppelzählungen vorkommen.

Die Beantragung der den Betrieben zustehenden Steuergutscheine nimmt bei Eigenbetrieben oft die Gemeindeverwaltung vor. In der Praxis begegnet man nun Fällen, in denen die Gemeinde die erhaltenen Steuergutscheine unmittelbar bei sich vereinnahmt. Dagegen läßt sich nichts sagen; der Prüfer hat nur die Aufgabe, festzustellen oder zu veranlassen, daß der Wert der Steuergutscheine in der Gewinn- und Verlustrechnung als Steueraufwandsminderung einerseits und als Ablieferung an die Stadt anderseits behandelt ist.

Gegebene Anzahlungen. Da viele Betriebe leider noch kein Gläubigerkontokorrent führen, buchen sie Anzahlungen unmittelbar zu Lasten der Bau- oder Aufwandkonten. Eine Ausgliederung wird dem Prüfer wegen des Verstreutliegens, insbesondere auch bei kameralistischer Buchhaltung, nicht immer möglich sein. Ist der Betrieb zur Führung eines Kontokorrents nicht zu bewegen, so ist wenigstens die Führung eines Hauptbuchkontos für die Verrechnung der Anzahlungen zu empfehlen.

Forderungen an die Gemeinde und an gemeindeeigene Unternehmungen. Solche Forderungen sind in der Bilanz gesondert auszuweisen. Bei Forderungen an die Stadthauptkasse und an andere städtische Stellen ist zu untersuchen, ob und in welcher Höhe die Stadthauptkasse Zinsen vergütet hat. Haben Versorgungsbetriebe, die sich im alleinigen Besitz der Gemeinde befinden (Eigenbetriebe und Eigengesellschaften), größere Bankguthaben, die sie aller Voraussicht nach in absehbarer Zeit nicht vollauf benötigen, so wird die befristete Anlage des Betrages bei der Kämmereiverwaltung zu empfehlen sein. Denn es ist ein unmöglicher Zustand, die Selbständigkeit der Betriebe so weit zu treiben, daß die Betriebe niedrige Habenzinsen erhalten, die Gemeinde aber, möglicherweise beim gleichen Bankinstitut, hohe Sollzinsen bezahlen muß.

Forderungen aus Versorgungsleistungen. Die große Zahl von Messern gestattet nicht die Ablesung aller Messer am Bilanzstichtage. Gewöhnlich wird zwecks besserer Personalausnutzung durchgehend in Zeitabständen von ein bis zwei Monaten (bei Wasser auch drei Monaten) abgelesen. Für die Prüfung wichtig ist dabei, daß jedes Jahr etwa durchschnittlich den gleichen Verbrauchszeitraum aufweist. Es ist festzustellen, wann beim letzten Verbrauchszeitraum mit der Ablesung begonnen und wann sie beendet worden ist. Vorausgesetzt, daß von Anfang bis Ende der Ablesung immer ein gleich großer Personalstab tätig war, läßt sich der mittlere Stichtag mit Leichtigkeit feststellen. Der gleiche mittlere Stichtag ist für die letzte Vorjahresablesung zu suchen. Im allgemeinen werden dabei keine großen Abweichungen festzustellen sein, doch besteht durchaus die Möglichkeit, daß infolge Ausfalls von Ablesern (Krankheit usw.) der Ablesezeitraum stichtaggemäß verschoben ist. Jeder Tag der Veränderung kann für den Jahreserfolg von erheblicher Bedeutung sein.

Da nur ein ganz geringer Bruchteil der vielen kleinen und im Geldwert vielfach gleichen Außenstände geprüft werden kann, muß mehr Wert auf die Sicherheit der Organisation gelegt werden. Muß man auf eine ausreichende Prüfung der Außenstände verzichten, so kann man sich dennoch bis zu einem Grade Gewißheit über die ordnungsgemäße Behandlung der Außenstände verschaffen, wenn man die Prüfung mehr auf die richtige Ermittlung der Zusammenstellung des Rechnungssoll (d. h. auf die Summe der endgültigen Rechnungsbeträge oder Umsätze) abstellt. Die an der Kasse geleisteten Zahlungen werden meist ordnungsgemäß gebucht, und bei Überweisungen sind Fälschungen beinahe unmöglich. Außerdem sind ältere Außenstände nur zu einem ganz geringen Teil vorhanden. Unregelmäßigkeiten liegen hauptsächlich in neueren Außenständen und in Zahlungen, die an das Außenpersonal geleistet werden. Um diese Unregelmäßigkeiten zu verdecken, wird in Gemeinschaft mit dem Büropersonal manchmal das „Soll" verändert.

Ein Beispiel: Eine Gelderheberliste weist eine um 100 RM zu kleine Addition auf. Mit diesem geringeren Betrage wird das Gesamtforderungskonto belastet, und da der Gelderheber nur die Differenz zwischen Soll und Summe der Reste von jeder Liste abzuliefern hat, verbleiben ihm diese 100 RM, die sich weder aus dem Gesamtforderungskonto noch aus der Resteliste ergeben.

Im Bericht ist zu erwähnen, auf welchen Betrag sich eine am Jahresabschluß zwischen Hauptbuchkontensaldo und Summe der Resteliste ausgebuchte Differenz belief. Zweckmäßig ist auch eine berichtsmäßige Gliederung der Gesamtsummen der Außenstände nach den Monaten ihrer Entstehung.

Die Aufstellung einer besonderen Inventur der Außenstände für den Jahresschluß ist wegen der Vielzahl der Posten unmöglich. Die normalen Listen, an Hand derer die Außenstände verfolgt werden, genügt als Inventur, wenn aus ihr jederzeit die Außenstände zum Bilanzstichtage ersichtlich bleiben. Das ist z. B. dann gegeben, wenn für die Zahlungseingänge für jeden Monat eine besondere Spalte vorgesehen ist und die Summen der Spalten aufgerechnet sind.

Bankguthaben. Versorgungsbetriebe haben oft aus kameralistischen Gedankengängen heraus ihre passiv ausgewiesenen Abschreibungen, Rückstellungen und Reserven aktiv in Form von Sparbüchern angelegt. Wenn nach der Geldentwertung keine neuen aktiven Rücklagen angelegt worden sind, bestehen häufig wenigstens noch Aufwertungsbücher für Rücklagen aus der Vorkriegszeit. Falls keine Sparbücher bilanziert sind, erscheint es ratsam, nach solchen Büchern zu fragen. Sind Vorkriegsbilanzen in greifbarer Nähe, so ist ein Nachschlagen darin angebracht. Des öfteren schlummern die Bücher im Geldschrank, ohne inventarisiert zu sein. Zahlreicher noch finden sich Aufwertungssparbücher der Kunden aus hinterlegten Sicherheiten vor, die ebenfalls nirgends festgehalten sind.

Abgrenzungsposten. Den Rechnungsabgrenzungsposten wird in Versorgungsbetrieben oft zu wenig Bedeutung beigemessen. Manche Betriebe ziehen es vor, z. B. Versicherungen so abzuschließen, daß sich das Versicherungsjahr mit dem Geschäftsjahr deckt. Soweit es ihnen möglich ist, buchen sie ferner Einnahmen und Ausgaben in den Jahren, für die sie anfallen, gegebenenfalls mit Hilfe des unausrottbaren 13. Monats. Zu diesem Zwecke bleibt die Kasse auch bei kaufmännisch abrechnenden Betrieben über den Jahresschluß offen mit allen Veruntreuungsgefahren, die sich daraus ergeben. Wo Rechnungsabgrenzungsposten gebildet werden, wird häufig zwischen Abgrenzungsposten und Forderungen bzw. Verpflichtungen nicht unterschieden. So erscheinen z. B. alle Zahlungen, die nach dem Bilanzstichtag für das alte Jahr geleistet werden, unter Rechnungsabgrenzungsposten. Ein beliebtes Verfahren ist auch das normale Weiterbuchen aller Einnahmen und Ausgaben ohne Rücksicht auf den Zeitraum, für den sie bestimmt sind. Bei Aufstellung des Jahresabschlusses, der meist erst einige Monate nach dem Bilanzstichtag erfolgt, sieht dann der Buchhalter die Belege des alten und des neuen Jahres durch und stellt einen Buchungsbeleg mit Beleghinweisen auf, der dann die Grundlage zur Vornahme der Rechnungsabgrenzungsbuchung bildet.

Zinsfreies Betriebskapital. In der Goldmarkeröffnungsbilanz ist das Kapital der Eigenbetriebe fast immer als Differenzposten zwischen Vermögen und Schulden eingestellt worden. Durch Gewinnzuweisungen und Aufwertungsgewinne hat sich der Posten inzwischen erhöht, durch Kapitalentziehung, nachträglich erkannte zusätzliche Aufwertungsansprüche, Verlustabbuchung, nachträgliche Anlagenkorrektur usw. gemindert.

Reserven. Reserven erscheinen unter den verschiedensten Bezeichnungen. Manchmal ist gar nicht ohne weiteres erkennbar, ob es sich um Reserven, Rückstellungen oder Wertberichtigungen handelt. Bei Nachprüfung ihrer Entstehung entdeckt der Prüfer erst den eigentlichen Sinn der Ansammlung. Dabei wird häufig eine gewisse Betriebspolitik offenbar.

Sehr interessant ist es, unter Offenlegung der stillen Reserven einmal festzustellen, wie das gesamte Eigenkapital (Reinvermögen), bestehend aus zinsfreiem Betriebskapital und Reserven, sich in den Jahren nach dem Kriege geändert hat. Die Kurve läßt häufig wertvolle Rückschlüsse auf die gesamte Finanzpolitik der Gemeinde zu.

Endschaftsrückstellung. Es gibt Konzessionsverträge dritter Konzessionsnehmer mit Gemeinden, in denen vereinbart ist, daß das Ortsnetz und die Hausanschlüsse nach einer gewissen Betriebszeit ohne Entschädigung in den Besitz der Gemeinde übergehen (Endschaftsklausel). Wenn den Bestimmungen nicht schon durch höhere Abschreibungen Rechnung getragen wird, müssen dafür entsprechende Rückstellungen erscheinen.

Versorgungsrückstellung. Für die Pensions- und Ruhegeldansprüche der Beamten, Angestellten und Arbeiter ist es nach kaufmännischen Grundsätzen an sich erforderlich, während der Zeit ihrer Tätigkeit entsprechende Rückstellungen anzusammeln. Diese Rückstellungen bestehen auch bereits bei manchen Eigenbetrieben. Soweit ausreichende Beiträge an städtische Ruhegeldkassen geleistet werden, die als Versicherungsprämien aufgefaßt werden können, sind die vorhandenen Rückstellungen Eigenkapital, weil durch die Zahlung der Beiträge die Gemeinde gewissermaßen wie eine Versicherungsgesellschaft die unmittelbare Verpflichtung gegenüber den Berechtigten übernommen hat.

Anleihen. Die Eigenbetriebe haben in der Regel keine eigenen Anleihen; sie erhalten vielmehr Teilbeträge von größeren Anleihen der Körperschaft zur Verfügung gestellt, und zwar, wenn richtig verfahren ist, zu Originalbedingungen. Zinsen und Tilgungen werden fast allgemein bei öffentlich-rechtlichen Schulden in Annuitäten, bei denen Zins und Tilgung zusammen gleich bleiben, gezahlt. Wie hoch die Anteile von Zinsen und Tilgungen in den einzelnen Jahren sind, läßt sich ohne weiteres aus den vorhandenen Zins- und Tilgungsplänen ersehen. Zu achten ist darauf, daß auf die Betriebe nicht Darlehen umgelegt sind, die sie nicht bekommen haben.

Empfangene Pfandgelder. Vor der Geldentwertung verlangten Versorgungsbetriebe von schleppenden oder unsicheren Zahlern vielfach Sicherheitsleistungen in bar oder in Form von Sparbüchern. Für die bar geleisteten Sicherheiten fehlen manchmal in der Bilanz die Aufwertungsverpflichtungen. Die bereits zurückgezahlten Beträge sind in solchen Fällen zu Lasten der Gewinn- und Verlustrechnung gebucht worden.

Übrige Verbindlichkeiten. Verbindlichkeiten an die Gemeinde und deren Unternehmungen sind ebenso wie die Forderungen als besondere Posten in der Bilanz auszuweisen. Übersehen wird sehr häufig, die Einbehaltungen, die auf Grund der preußischen Verordnung vom 8. Juli 1932 mit $2\frac{1}{2}$ bzw. 5% von den Gehältern gemacht werden und die innerhalb von fünf Jahren nach der Fälligkeit auszuzahlen sind, als Verpflichtungen auszuweisen.

Nachrichtliche Bilanzvermerke. An anderer Stelle wurde bereits erwähnt, daß Sparbücher oft nicht buchhalterisch festgehalten sind. Das ist besonders bei den von den Kunden hinterlegten Sicherheiten in Form von Sparbüchern der Fall. Fragt man nach diesen Büchern, so kommt gewöhnlich u. a. eine Menge alter aufgewerteter Sparbücher zum Vorschein, deren Berechtigte zum Teil nicht mehr leben. Die Gefahr des Verschwindens liegt hier nahe. Die buchhalterische Erfassung ist also nicht nur aus Gründen des Bilanzausweises notwendig. Der Prüfer hat ferner darauf zu achten, daß die Bücher sämtlich einen Sperrvermerk zugunsten des Werkes tragen, so daß nicht Unbefugte Geld abheben können.

6. Besonderheiten der Gewinn- und Verlustrechnung.

Bei der Besprechung der Bilanzposten sind die Verbindungen zur Gewinn- und Verlustrechnung größtenteils schon erfaßt.

Gas-, Wasser- und Stromerträge. Im Hinblick auf die Beurteilung der wirtschaftlichen Verhältnisse und die Auswirkungen einzelner Tarifpreise ist im Bericht die Aufgliederung der Erträge nach den einzelnen Tarifen notwendig. Es empfiehlt sich auch die Angabe von Durchschnittssätzen je Leistungseinheit sowie die Analyse der Verluste zwischen Gesamtmengenlieferung ins Netz und Mengenabgabe an die Abnehmer.

Pachterträge. Bei Pachterträgen ist auf das Vorhandensein einer Pachtliste zu achten, in der alle vom Betrieb nicht selbst genutzten Grundstücke laufend festgehalten werden, denn bei den oft vorhandenen vielen kleinen Grundstücksflächen bildet sie die einzige Grundlage für die Kontrolle der Pachteinnahmen.

Aufgliederung des Aufwandes. Sofern nicht vom Betrieb selbst eine buchmäßige oder statistische Aufgliederung des Aufwandes nach den Gesichtspunkten einer Selbstkostenrechnung vorgenommen wird, sollte der Prüfer zum mindesten eine Aufgliederung nach den größten Kostenstellengruppen: Erzeugung, Verteilung (oder Fortleitung) und Übergabe anstreben.

Aufwandsprüfung. Bei der Prüfung der Verwaltungs- und Betriebsausgaben ist ganz besonders an die Pflicht des Prüfers zu denken, auf Sparsamkeit und Sauberkeit in der Betriebsführung zu achten. Wo sich also Hinweise notwendig machen, sollte nicht aus der aus der Prüfung privatwirtschaftlicher Unternehmen herrührenden Scheu davor zurückgeschreckt werden.

Vorabgaben. Ein großer Teil der Ablieferungen erfolgt oft in der versteckten Form überhöhter Ausgabeerstattungen und Verwaltungskostenbeiträge; ferner als Gemeindesteuern; Straßenbeleuchtung, kostenlos oder erheblich verbilligt; Lieferung von Versorgungsleistungen; Lieferung von Koks oder Kohlen; übermäßig hohe Verzinsung von Kassenkrediten; Unverzinslichkeit von Darlehen der Betriebe; Finanzzuschläge, die unmittelbar von den Erträgen gekürzt werden.

Aber auch offen werden unter verschiedenen Bezeichnungen Vorabgaben in der Gewinn- und Verlustrechnung ausgewiesen. Das sind in der Hauptsache Konzessionsabgaben; Verzinsung der Anlagewerte aus der Goldmarkeröffnungsbilanz, wofür Fremdschulden nicht mehr vorliegen; Straßenunterhaltungsgebühren, die meist nur in geringem Umfange berechtigt sind.

Der Fachausschuß des Instituts hat sich mit der Frage des Ausweises dieser Vorabgaben beschäftigt und in seinem Gutachten Nr. 14/1933 festgestellt, daß in aller Regel vom Bilanzprüfer nicht entschieden werden kann, ob die Abgaben Aufwand- oder Gewinncharakter haben. Es seien deshalb die Beträge auf der Aufwandseite gesondert auszuweisen. Es genüge jedoch, daß alle Abgaben dieser Art an die öffentliche Hand, gleichgültig, wie sie benannt seien, in einer Summe ausgewiesen würden. Für den nach Einsetzung dieses Postens verbleibenden Restgewinn könne ohne Bedenken der Ausdruck „Reingewinn" verwendet werden. Die Mustersatzung des Deutschen Gemeindetages geht in dieser Beziehung inzwischen ein erhebliches Stück auf dem Wege der Bilanzklarheit weiter.

Die Abgaben in versteckter Form muß der Prüfer festzustellen versuchen und, soweit keine Berechnungen vorliegen, schätzen und die entsprechenden Buchungen veranlassen. Dabei ist natürlich Erfahrung und Umsicht vonnöten.

In keinem Falle dürfen die Vorabgaben zu einem Verlust führen, insbesondere nicht bei Betrieben mit eigener Rechtspersönlichkeit, weil das zur Erhaltung des Stammkapitals erforderliche Vermögen der Gesellschaft an die Gesellschafter lt. Gesetz nicht ausgezahlt werden darf (§ 30 GmbH.-Gesetz, §§ 215 und 213 HGB.).

Wie man auf der einen Seite (und zwar hauptsächlich bei Eigenbetrieben) kostenlose Leistungen an die Gemeinde antrifft, so gibt es auf der anderen Seite Betriebe, die bisweilen ihre Leistungen an die Gemeinde sehr hoch berechnen. Dazu gehören auch manche Betriebe, an denen die Privatwirtschaft in irgend einer Form beteiligt ist. Für Straßenbeleuchtung berechnet man z. B. manchmal annähernd Kleinverkaufspreise, obwohl der Menge nach ein Großabnehmerpreis in Frage käme, der wesentlich niedriger liegt.

9. Zur Beurteilung von Krafterzeugungs- und Kraftverteilungsbetrieben.

Von Direktor Dipl.-Ing. **Friedrich Schraeder**, Mannheim.

1. Vorbemerkungen.

Wirtschaftliche Bedeutung der deutschen Stromversorgungsunternehmungen. Die Kraftwerke und Stromverteilungsbetriebe bilden einen Ausschnitt der deutschen Volkswirtschaft, der einen unvergleichlich stürmischen Aufstieg nach der technischen und Kapitalseite hin hinter sich hat, einen Aufstieg, wie ihn kein andrer Zweig der deutschen Wirtschaft bislang erlebte, noch auch wieder erleben wird.

Den Anfang der Entwicklung einer eigentlichen deutschen Elektrizitätswirtschaft kann man mit dem Jahre 1891 ansetzen, dem Geburtsjahr der elektrischen Kraftübertragung auf größere Entfernungen. Obwohl die deutsche Elektrizitätswirtschaft heute also erst 44 Lebensjahre zählt, ist ihre wirtschaftliche Bedeutung überragend. Von der kapitalmäßigen Größenordnung der öffentlichen Stromversorgung gibt die Steuer-Enquete 1930 eine anschauliche Darstellung[1]. Danach betrug Ende 1930 das Rohvermögen von 814 Elektrizitäts-Versorgungsunternehmungen und 63 kombinierten Unternehmungen rd. 4,4 Milliarden RM, davon waren im Besitze der öffentlichen Hand rd. 3,0 Milliarden RM. Kennzeichnend für die hohe Kapitalintensität ist, daß sich die Jahresroheinnahmen aus der eigentlichen Lieferwirtschaft bei diesen Unternehmungen auf nur rd. 1,9 Milliarden RM beliefen.

Bei derartigen Kapital- und Umsatzwerten steht die Elektrizitätswirtschaft beispielsweise dem Steinkohlenbergbau, der um Jahrhunderte älter ist, an wirtschaftlicher Bedeutung wohl kaum mehr nach.

Keine andere Technik ist so weit in die feinsten Verästelungen der gesamten technischen Entwicklungen unseres Kulturlebens eingedrungen und für alle Zeit unlösbar mit ihr und mit jeder kulturellen Betätigung verknüpft. Der unaufhaltsame Fortschritt der gesamten Technik verlangt daher auch weiterhin das unablässige Mitgehen der Elektrotechnik auf allen Gebieten. Alle die Entwicklung beeinflussenden Faktoren in diesem Wirtschaftszweige sind nach wie vor unablässig im Fluß.

Die vergleichende Fragestellung und ihre Schwierigkeiten. Es ist zum Teil eine Folge der beiden angeführten Eigenarten dieses kapitalintensiven Wirtschaftszweiges, daß es sehr an Vergleichsgrundlagen und Auswertungen fehlt, um ein beliebiges Unternehmen völlig richtig beurteilen und bewerten und damit objektiv richtige Kritik ausüben zu können.

Für die Beurteilung muß man zunächst feststellen, wieweit der Betriebs- und Unterhaltungszustand aller wesentlichen Teile des zu prüfenden Unternehmens den heute zu stellenden Anforderungen entspricht.

Dann ist zu ermitteln, wie groß bei Kraftwerken deren selbständige höchste Dauer-Leistungsfähigkeit ist und wie groß diese bei den Übertragungseinrichtungen (Fernleitungen und zugehörigen Transformatoren und Schaltanlagen) anzusetzen ist.

Weiter ist die Kapitalinvestition unter den gegebenen Voraussetzungen je Einheit der Leistungsfähigkeit und der jährliche Kapitaldienst je Einheit der jährlich abgegebenen Strommengen festzustellen; dabei muß man sich ein Bild darüber machen, inwieweit sie angemessen sind.

Ferner muß man ermitteln, wie hoch die aufgeteilten Gestehungskosten der Stromerzeugung, der Stromfortleitung und des Stromvertriebes sind und sein dürfen und welche Folgerungen sich bezüglich der Wirtschaftlichkeit des Unternehmens und bezüglich seiner Konkurrenzfähigkeit, auch auf längere Sicht, ergeben.

Dabei begegnen wir leider dem vorhin erwähnten Mangel. Denn vergleichende kritische Prüfungen auf dem Gebiete der Elektrizitätswirtschaft nach der technischen und nach der wirtschaftlichen Seite hin sind in Deutschland auch dem Fachmann deswegen besonders erschwert, weil es an brauchbaren und vergleichbaren Erfahrungswerten sehr

[1] Vierteljahreshefte zur Statistik d. D. Reiches, Berlin 1934, 4. Heft, S. 62.

fehlt. Man vermißt besonders die laufende Bekanntgabe genauer Einzelheiten und Einzelzahlen durch die großen Versorgungsunternehmungen, vor allem einiger der größten Gesellschaften, über die Ergebnisse ihrer technischen und wirtschaftlichen Arbeiten. Infolge des Aufsaugungsprozesses durch die Großkraftwirtschaft ist die Anzahl der selbständig gebliebenen, privatwirtschaftlich geführten Unternehmungen, die ausgiebig berichten, recht klein geworden. Bei den größeren der kommunal verwalteten Unternehmungen liegt es zwar besser; deren regelmäßige Berichterstattung leidet jedoch unter Lücken der verschiedensten Art, unter der Uneinheitlichkeit der Gliederung und an den Unsicherheiten der Bilanzansätze, so daß keine einwandfreien Schlüsse möglich sind. Alle Versuche, z. B. an Hand eines auch nur ganz rohen Fragebogens mit Hilfe der allgemein zugänglichen Berichtsangaben zu Erkenntnissen über die Gestehungskosten der Stromerzeugung oder der Stromverteilung bei einer Anzahl angenähert gleichartiger Unternehmungen zu gelangen, führen auch bei angestrengtesten Bemühungen immer wieder nur zu ganz dürftigen Ergebnissen, denen die Beweiskraft fehlt.

Im Jahre 1930 stellte ich in einem Aufsatze[1] die Frage:

Mit welchem Wärmeaufwande und mit welchen wesentlichsten Gestehungskosten für 1 kWh haben technisch bestens ausgestattete Dampfkraftwerke mit Steinkohlenfeuerung für eine Jahreserzeugung von etwa 50 Mill. kWh an aufwärts unter den in Deutschland gegebenen Verhältnissen heute auf Grund nachweisbarer Erfahrungswerte zu rechnen?

Die Antwort lautet heute genau noch wie vor 5 Jahren:

„Diese Frage ist auf Grund genauer Angaben aus deutschen Werken unbeantwortbar, da zu wenig Zahlenstoff zugänglich ist.“

Was ich damals für die Großkraftwirtschaft festgestellt habe, gilt auch heute noch ziemlich allgemein für wichtige grundsätzliche Fragen und für die wesentlichen Betriebskostenfaktoren der deutschen Elektrizitätswirtschaft, insbesondere im Hinblick auf vergleichbare Erfahrungsdurchschnitte.

Es ist danach von gesamtwirtschaftlicher Bedeutung, wenn auf diesem Gebiete Unterlagen beigebracht und klärend bearbeitet werden.

Die weiteren Betrachtungen sind grundsätzlich nach zwei Richtungen anzustellen: Nach der *technischen* und nach der *wirtschaftlichen* Seite, und zwar sowohl für die Kraftwerke als auch die Verteilungsunternehmungen. Eine genaue Grenzziehung ist bei der Verflechtung technischer und wirtschaftlicher Gesichtspunkte allerdings nicht durchweg möglich.

2. Technische Beurteilung.

Leistungsfähigkeit und Unterhaltungszustand. Die technische Leistungsfähigkeit muß so bemessen sein, daß sie den auftretenden Bedarf mit Sicherheit decken kann. Zur Sicherheit gehört eine genügende Reservevorhaltung.

Als allgemeiner Maßstab für die erforderliche Leistungsfähigkeit gilt die zu erwartende Höchstbeanspruchung des nächsten Winters. Infolge der beim Strom an sich fehlenden Speichermöglichkeit liegt die Höchstbeanspruchung bei Kraftwerken und Verteilungsnetzen der allgemeinen Versorgung im *Winter*, in der Regel in den Monaten Dezember und Januar.

---

[1] **„Die Gestehungskosten des Stromes in großen Steinkohlenkraftwerken auf Grund von Erfahrungswerten.“ Elektrotechnische Zeitschrift, Bd. 51, 1930, S. 1091/1131.**

Diese Erfahrungsregel gilt nicht nur für die öffentliche Stromversorgung, sondern bemerkenswerterweise auch für den größten Teil der industriellen Eigenanlagen.

Alle Betriebsteile müssen ausnahmslos in tadellosem Zustande erhalten sein; denn nur mit einem gutunterhaltenen Werkzeuge kann gute Arbeit geliefert werden.

Es sind also die Fragen zu beantworten:

1. Genügt das Unternehmen in allen seinen Teilen den gegenwärtigen Bedarfsanforderungen der Abnehmerschaft nach Menge und zeitlichem Verlauf der Stromentnahme während aller Monate des Jahres?

2. Ist die Betriebssicherheit, d. h. die unterbrechungslose Stromlieferung mit der zugesicherten Betriebsspannung und die Einhaltung der zugesicherten Betriebsspannung und Periodenzahl bei allen Abnehmern gewährleistet?

3. Ist der Unterhaltungszustand des Unternehmens mustergültig?

4. Sind die Stromverluste angemessen?

5. Ist es oder sind wesentliche Teile nicht über den Bedarf hinaus zu groß ausgebaut? (Verringerte wirtschaftliche Ausnutzung kann erhöhte Abschreibungen nötig machen!)

6. Ist das Unternehmen genügend modern, um auf absehbare Sicht mit Selbstversorgungsbetrieben (Eigenanlagen) in angemessenem Umfange konkurrenzfähig zu bleiben?

Die Wärmekraftwerke müssen mit guten wärmetechnischen *Wirkungsgraden* arbeiten; sie müssen also neuere Dampfkessel in großen Einheiten und in genügender Anzahl mit modernen Feuerungsanlagen besitzen; die Feuerungen müssen die Verwendung billiger Kohlensorten gestatten. Für den Kohlen- und Aschetransport müssen arbeiterleichternde und kostensparende Anlagen vorhanden sein. Die Turbogeneratoren dürfen nicht zu alt sein, da die wirtschaftliche Nutzungsdauer dieser infolge der immer noch anhaltenden Verbesserung der Dampfverbrauchszahlen je Einheit verhältnismäßig kurz ist.

Die *Schaltanlagen* für den Eigenbedarf der Kraftwerke sowohl wie auch für die Stromerzeugung und -verteilung müssen allen Anforderungen gewachsen sein. Ihre Kurzschlußfestigkeit muß ausreichend bemessen, die Schalter müssen zerknallsicher gebaut oder gegen Überbeanspruchung gesichert sein. Völlige Feuer- und Rauchsicherheit ist erforderlich, ebenso ein wirksamer Schutz gegen atmosphärische Störungen sowie gegen die Möglichkeiten der Übertragung von Störungen aus zugeschalteten fremden Netzen. Die *Meßeinrichtungen* müssen reichlich vorhanden sein und zuverlässig arbeiten.

Alle Anlageteile müssen mit den erforderlichen *Reserven* ausgestattet sein. Das gilt für die Dampfkessel und Hauptmaschinen zur Stromerzeugung nicht nur der Leistungsfähigkeit, sondern auch der verfügbaren Anzahl nach. Bei der Reservehaltung für Dampfkessel mit großer Leistung ist z. B. zu beachten, daß eine große Einheit infolge einer Störung plötzlich ausfallen kann, während die zweite etwa gleich große Einheit gerade einer länger dauernden Instandsetzung unterzogen wird. Für diesen Fall muß also in selbständigen Werken noch eine weitere Einheit verfügbar gehalten werden. Die heutigen Dampfkessel für hohe Leistungen sind zwar technisch hochentwickelte Verbrennungsmaschinen, aber empfindliche, zu Störungen neigende Gebilde. Selbst die größte Einheit kann durch einen kleinen Fehler plötzlich außer Betrieb gesetzt werden. Auch für die Turbogeneratoren muß die Reserve daher genügend groß sein. Grundsätzlich muß für die Spitzenbelastungszeit die Möglichkeit bestehen, daß volle Leistungsreserve betriebsfähig zur Verfügung ist, falls die größte Einheit ausfällt. Für die Dampfleitungen und ihr Zubehör, wie Ventile, für die Hilfseinrichtungen des Betriebes, insbesondere die Elektromotoren und elektrischen Einrichtungen für den Eigenverbrauch, für die Kessel- und Kondensationspumpen muß eine so weitgehende Reserve vorhanden sein, daß für einen ausfallenden Teil stets Augenblicksreserve eingeschaltet werden kann.

Die vorhandene Leistungsfähigkeit einschl. der verfügbaren Reserven muß bei wachsendem Strombedarf stets der Höchstbelastung vorauseilen. In den Vorkriegsjahren konnte man mit einem mittleren jährlichen Zuwachs der Jahreshöchstlast von etwa 8 bis 12% rechnen. Da diese infolge des Einflusses der Lichtbelastung, wie bereits erwähnt, stets in den Wintermonaten eintritt, muß immer rechtzeitig Vorsorge getroffen werden, daß im Sommer oder spätestens Herbst eines jeden Jahres die Leistungsfähigkeit des Kraftwerks auf das für die zu erwartende Höchstlast im folgenden Winter ausreichende Maß gebracht wird.

Als rohe Norm für die erforderliche Reserve kann gelten, daß die Dampfleistung der Kesselanlage und die Erzeugungsmöglichkeit der Turbogeneratoren um etwa je ein Drittel über der Höchstlast liegen muß. Als Höchstlast ist dabei eine Augenblicksleistung zu verstehen, die mindestens $^1/_4$ bis $^1/_2$ Stunde andauert. Diese Voraussetzung gilt für selbständige Dampfkraftwerke. Deren gibt es in Deutschland nur mehr sehr wenige. Die meisten sind in die sogenannten Superpower-Netze der Großkraftversorgung eingeschaltet. Bei diesen ist die Leistungsreserve mit Hilfe von Fernleitungen in entsprechend eingerichtete Aushilfs- oder Nachbarwerke verlegt. Hierfür müssen die Übertragungseinrichtungen, also Fernleitungen, Schaltanlagen, Transformatoren und Meßeinrichtungen den zu übertragenden Höchstleistungen und Kurzschlußbeanspruchungen entsprechend bemessen sein. Auch müssen für alle diese Einzelteile wiederum Augenblicksreserven verfügbar sein.

Betriebssicherheit. Für die Stromverteilungsanlagen gelten die Forderungen an die Leistungsfähigkeit, an den Unterhaltungszustand, an die unbedingte Betriebssicherheit und moderne Ausgestaltung der Betriebseinrichtungen sinngemäß.

Jeder Abnehmer muß so an Leitungsteile angeschlossen sein, daß für den Fall, daß ein Stromweg gestört ist, die Stromzufuhr noch mindestens auf einem zweiten Wege möglich ist. Diese Forderung gilt mit besonderer Strenge für Großabnehmer und industrielle Strombezieher.

Die Querschnitte der Leitungen müssen so bemessen und die Transformatoren so eingerichtet sein, daß stets und überall im Versorgungsbereiche eine ausreichende Betriebsspannung zur Verfügung steht.

Alle Fernleitungen, die nicht unterirdisch verlegt, sondern als Freileitungen gebaut sind, dürfen nicht als unbedingt betriebssicher betrachtet werden, da sie vor allem durch atmosphärische Einflüsse gestört werden können, von der Gefahr der erleichterten Möglichkeit mutwilliger Beschädigungen abgesehen. Ein sturmsicherer Bau von Freileitungen jeder Art ist möglich. Als bleibende Gefahrenquelle sind jedoch anzusehen Gewitter und Rauhfrost.

Die Großstädte sind gegen Stromausbleiben besonders empfindlich; infolgedessen darf bei Stromspeisung durch Freileitungen auf eine ausreichende Augenblicksreserve in voller Höhe der zugeführten Fremdleistung erfahrungsgemäß nicht verzichtet werden. Diese Erfahrungen gehen bis in die letzten Monate. Hier liegt eine der Schattenseiten des Verbundbetriebes mit der Großkraftwirtschaft. Denn aus technischen und wirtschaftlichen Gründen ist es noch nicht möglich, die mit Höchstspannungen für 220 und 380 kV Betriebsspannung gebauten, großen Fernleitungen der Großkraftwirtschaft als unterirdisch geführte Kabel auszuführen.

Kurzschlußsicherheit. Der Ausbau und Zusammenschluß der großen Kraftwerke seit dem Kriege hat diesen Werken und den von ihnen gespeisten Leitungsnetzen eine neue Gefahrenquelle gebracht, die man früher nicht gekannt hat: die Gefährdung durch die zerstörenden Wirkungen starker Kurzschlüsse.

Erhöhte Kurzschlußgefahren bestehen sowohl für größere Kraftwerke, deren Leistung höher ist als etwa 12000—15000 kW, als auch entsprechend für alle größeren Netze mit einer Stromaufnahme von etwa 30 Millionen kWh/Jahr an.

Hierzu ist eine kurze, besondere Darlegung am Platze, bei der ich einer Darstellung Rüdenbergs[1], des Chef-Elektrikers der S.S.W., folge.

„Kurzschlußströme und Überspannungen sind zwei Fragenkomplexe, die für den Betrieb unserer elektrischen Netze von überragender Bedeutung geworden sind. Sie verursachen einen großen Teil aller auftretenden Störungen und sind daher oft ausschlaggebend für die Zuverlässigkeit des Betriebs. Während eine Kurzschlußgefahr in modernen Verteilungsnetzen bei Kleinverbrauchern wegen der gut wirkenden Sicherungen für schwächere Ströme nicht mehr besteht, kann sie in den heutigen Großkraftwerken mit Leistungen von Hunderttausenden von Kilowatt mit solch zerstörender Gewalt in Erscheinung treten, daß schwere Leitungs- und Schalt-

[1] Rüdenberg, R.: Kurzschlußströme beim Betrieb von Großkraftwerken. Berlin: Julius Springer 1925.

anlagen im Augenblick zu Bruch gehen. Die Kurzschlußvorgänge müssen daher mit zu den wichtigsten technischen Faktoren beim Bau und Betrieb großer Anlagen gerechnet werden.

In den ausgedehnten Wechselstromnetzen unserer Großkraftwerke können erfahrungsgemäß durch eine ganze Reihe von Ursachen *Kurzschlüsse zwischen den Leitungen* eintreten. Überspannungen können in Maschinen, Transformatoren und Schaltanlagen, sowie in Kabeln und Freileitungen zu Überschlägen führen. Durchhängende Freileitungen können bei starkem Wind oder Rauhreif zusammenschlagen. Kabel können bei Bauarbeiten angehackt werden oder in ihren Muffen und Endverschlüssen durchschlagen. Isolationsfehler aller Art können vor allem bei unsachgemäßer Ausführung der Anlage entstehen, und schließlich bewirken falsche Schalthandlungen häufig ein vollständiges Kurzschließen des Netzes, entweder direkt beim Einschalten, oder beim Ausschalten durch Bildung leichtbeweglicher Lichtbögen, die zwischen die Leitungen geraten.

Die Folgen aller dieser Kurzschlüsse sind unter der Wirkung der hohen sich entwickelnden Ströme um so stärker, je *größer die speisenden Kraftwerke sind*. Während sich die Belastungsströme in ihrer Stärke im wesentlichen nach den Eigenschaften der Stromverbraucher richten, *sind die Kurzschlußströme völlig unabhängig von der Verbraucherstelle und werden in ihrer Stärke lediglich durch die Eigenschaften der Erzeugungsstelle und der dazwischenliegenden Netzstelle bestimmt*. Hierdurch wird es verursacht, daß die mit den Kurzschlüssen verknüpften, schädlichen Wirkungen um so stärker werden, je größer die Kraftwerke sind und je mehr große Kraftwerke man zu einem einheitlichen Netz zusammenschließt. Man muß daher erwarten, daß die Kurzschlußerscheinungen bei der heutigen Zunahme der Kraftwerksgrößen immer stärker werden, wenn man sie nicht durch geeignete Mittel eindämmt.

Zwei Wirkungen beherrschen das Bild sämtlicher Kurzschlußzerstörungen vor allem, nämlich die *mechanischen Kräfte* durch plötzliche Anziehung oder Abstoßung der Leiter, in denen die Kurzschlußströme fließen, und die *Wärmewirkungen der Ströme*. Beide treten oft mit großer Plötzlichkeit und ungeheurer Stärke auf und nehmen manchmal die sonderbarsten Formen an. So erleben wir, daß bei einem durch Kurzschlußströme zerstörten 20000-Volt-Kabel die Umhüllung zerrissen wird und die einzelnen Leiter heraustreten; in anderen Fällen werden durch Kurzschlußströme Stromwandler gesprengt. In Transformatoren werden durch Kurzschluß Transformatorspulen verbogen, da die Wicklungen unter dem Einfluß der Ströme und ihrer Streufelder vollständig deformiert werden können. Ebenso werden bei Turbogeneratoren die Wicklungen nach einem inneren Kurzschluß verbogen und ausgebrannt.

In besonderem Maße werden durch die Wirkungen eines schweren Kurzschlusses die Schaltkontakte im Innern eines Ölschalters beansprucht, da die Schalter die Kurzschlußstellen abzuschalten haben und dabei selbst einer kurzschlußartigen Beanspruchung ausgesetzt werden. In den Schaltanlagen geben ungenügende oder schlecht angezogene Kontakte aller Art beim Durchfluß von Kurzschlußströmen weithin fliegendes Spritzfeuer von sich, das häufig Überschläge zwischen den Leitungen und nach Erde einleitet. Von beschädigten Schaltern bleiben oft nach einem verheerenden Kurzschlußfeuer, das durch Überschlag der Isolatoren hervorgerufen ist, nur verkohlte Trümmer übrig. In besonders schweren Kurzschlußfällen treten auch schwere Beschädigungen an den baulichen Anlagen ein, indem die Umfassungsmauern von Schalthäusern umgeworfen, Dächer abgedeckt werden usw. Gelegentlich fliegen Schalter mitsamt dem Schalthaus in die Luft. Das Bedienungspersonal ist dabei häufig besonders schweren Gefahren ausgesetzt.

Derartige schwere Zerstörungen, die leider jedem Betriebsleiter geläufig sind, wenn er auch nur ungern eingehende Mitteilungen darüber macht, verlangen gebieterisch Abhilfe durch Anpassung der Schalteinrichtungen an die erforderliche, außerordentlich erhöhte Leistungsfähigkeit. Naturgemäß berühren die Gefahren der erhöhten Kurzschlußwirkungen in besonders großem Umfange die Schalter und Schaltanlagen großer Netze".

Bei den großen Kraftwerken kann man heute im allgemeinen damit rechnen, daß die Maschinen, die Schaltanlagen und die Leitungen entsprechend den zu erwartenden Kurzschlußbeanspruchungen genügend sicher ausgeführt sind.

Bei den großen Verteilungsnetzen, die den erhöhten Gefahren starker Kurzschlußströme ausgesetzt sind, ist im allgemeinen der Umbau der Schaltanlagen auf unbedingte Kurzschlußsicherheit erst im langsamen Werden begriffen. Hier fehlt es vielfach noch an den Möglichkeiten einer genauen Bestimmung der für die Ausbauleistungen maßgebenden Berechnungsgrößen.

Betriebssichere Leistungsschalter. Das für die sichere Beherrschung der Kurzschlußströme wichtigste Organ in den Kraftwerken und Verteilungsnetzen ist der Schalter. Auch über dessen technische Entwicklung in den letzten Jahren ist eine kurze Darstellung von Nutzen.

Als Schalter für die Ein- und Ausschaltung großer elektrischer Leistungen kamen etwa zwei Jahrzehnte lang bis etwa 1925 fast nur Ölschalter in Frage. Die Ein- und Ausschaltung des Stromes erfolgt bei diesen innerhalb einer verhältnismäßig großen Ölmenge, die den auftretenden Lichtbogen erstickt.

Die Ölschalterverwendung begann in Deutschland etwa in den ersten Jahren nach 1900. Da der Ölschalter sich bis kurz vor Kriegsanfang einwandfrei bewährte, lag, von heute aus betrachtet, kein Anlaß vor, wesentliche Änderungen an ihm vorzunehmen. Bei den damals nur geringen Kraftwerksleistungen wurde die Ölschalterkonstruktion auf dieser Entwicklungsstufe im großen und ganzen nur vom spannungstechnischen Standpunkt aus angesehen, während von Schaltleistungen oder gar von Kurzschlußleistungen noch keine Rede war.

Während des Krieges ist in der bis dahin eingeleiteten Entwicklung keine bemerkenswerte Wandlung zu verzeichnen. Nach dem Kriege setzte allgemein steigender Strombedarf ein, der rasch zu einer gewaltigen Vergrößerung der Kraftwerksleistungen und zu einem immer weiter um sich greifenden Zusammenschluß bestehender Netze führte. Demgegenüber bestand Mangel an guten Isolationsstoffen sowie an Geld und Zeit für Neuentwicklungen. Infolgedessen blieben vorerst veraltete Schalterkonstruktionen auch für völlig geänderte Beanspruchungsverhältnisse in Verwendung. Als dann die ersten Schalterexplosionen mit zerstörenden Folgen und mit lebensgefährlichen Wirkungen eintraten, wurde deutlich, daß in einem Ölschalter nicht nur Strom und Spannung unterbrochen, sondern auch elektrische Leistungen von damals noch ungeahnter Höhe in andere Energieform umgesetzt werden. Man versuchte, dem Ölschalterproblem dann auf verschiedenen Wegen beizukommen.

Man verstärkte die Konstruktionen immer mehr und machte schließlich den Versuch, druckfeste Schalter zu bauen, die jedem praktisch vorkommenden Überstrom standhalten sollten. Es zeigte sich aber, daß die im Schalter auftretenden Druckstöße sich nicht meistern ließen, und der Versuch, völlig druckfeste Ölschalter herzustellen, mußte in Deutschland als gescheitert aufgegeben werden.

Dann begann man, sich mit den Vorgängen bei der Schaltung schwerer Leistungen theoretisch und praktisch eingehender zu befassen und versuchte die Schalter sowohl in elektrischer als auch in mechanischer Hinsicht zu verbessern. Es setzte überall eine kostspielige und umfangreiche Forschungsarbeit über die Vorgänge bei der Lichtbogenlöschung unter Öl ein. Sie führte schließlich zur völligen Beherrschung des Problems durch die Schaffung sogenannter Hochleistungsschalter für sehr beträchtliche Schaltleistungen.

Da schwerere Schäden an Ölschaltern ungenügender Leistungsfähigkeit, wie sie sich von Zeit zu Zeit ereigneten, in der Regel mit Ölbränden und Explosionserscheinungen erhitzter Öldämpfe und Ölgase verbunden sind, versuchte man, das Öl ganz entbehrlich zu machen. Aus den parallel gehenden Konstruktionsarbeiten ergab sich allmählich einerseits die völlige theoretisch-praktische Lösung des Ölschalterproblems, zur gleichen Zeit aber auch die Entwicklung hochwertiger Konstruktionen an ölfreien oder ölarmen Schaltern, von denen vor allem Druckgasschalter und Expansionsschalter, die mit Wasserfüllung arbeiten, genannt seien.

Es liegen nunmehr genügende Erfahrungen vor, um eine bestimmte Anzahl von Konstruktionen solcher Hochleistungsschalter ohne Öl als im Betriebe völlig bewährt ansehen zu können. Trotz dieses Fortschrittes hat aber auch der konstruktiv allmählich sehr hochentwickelte, explosionssichere Ölschalter auch für hohe Leistungen seine Existenzberechtigung behalten.

Selektivschutz. Das Bestreben, die schädlichen Wirkungen schwerer Kurzschlüsse bei den Hauptleitungen und in Verteilungsnetzen möglichst auf den Ort der Kurzschlüsse einzugrenzen, führte weiterhin zur Ausbildung besonderer Schaltsysteme unter Zuhilfenahme von Zeitrelais in Verbindung mit automatischen Auslösern. Diese Systeme werden unter dem Namen Selektivschutz zusammengefaßt. Sie haben die Aufgabe, entstandene Kurzschlüsse in bestimmten Bruchteilen von Sekunden abzuschalten, die unverändert eingehalten werden müssen. Es ist also eine besonders hohe Präzision erforderlich.

Wie weit hier die Anforderungen gehen, dafür sei folgendes praktisches Beispiel angeführt.

Entsteht in einem Leitungssystem, durch das z. B. zwei industrielle Großunternehmungen versorgt werden, ein Kurzschluß, etwa durch Kabelbeschädigung, so wird das fehlerhafte Stück selbsttätig z. B. durch zwei Hochleistungsschalter im Augenblick des Kurzschlusses augenblicklich abgeschaltet. Die Stromversorgung geht dann durch das nicht abgeschaltete Kabel ungestört weiter. Um das sicherzustellen, müssen die Nachbarschalter bzw. die Schalter in den Hauptspeisepunkten mit Sicherheit in folgenden Zeitabständen gestaffelt sein: Die Kurzschlußabschaltung der ersten zwei, vor und hinter der Kurzschlußstelle im Stromweg zunächst angeordneten Schalter, erfordert einen Zeitraum von nur 1/4 Sekunde; die im Stromverlaufe nächstfolgenden Schalter sind so eingestellt, daß sie genau 1/4 Sekunde länger bis zum Ausschalten warten. Die nächstfolgenden Schalter, etwa im Hauptspeisepunkt, sind auf eine Schaltzeit eingestellt, die wiederum 1/2 Sekunde mehr erfordert. Nur wenn diese Staffelung genau eingehalten wird, arbeitet das System ordnungsgemäß. Stimmen die Zeitabstände nicht, so werden die Betriebe und Nachbarbetriebe, also größere Netzteile, gestört. Es muß hierbei bemerkt werden, daß die schweren Schalter durch Elektromotoren geschaltet werden.

Die Anforderungen, die hierdurch in technischer Beziehung an die Konstruktionen der Hochleistungsschalter, ihre elektrischen Antriebe und an die zugehörige Hilfsapparatur gestellt werden, sind außerordentlich hoch.

In großen Verteilungsnetzen stellt heute die Prozentzahl der für hohe Kurzschlußfestigkeit ausgebauten Schaltanlagen neben dem Grade des Ausbaues des Selektivschutzes einen gewissen Maßstab zur Beurteilung des Standes der Anpassung dieser Netze an die Forderung der notwendigen Modernisierung zur besten Sicherung der Strombelieferung dar.

Maßstäbliche und abgrenzende Feststellungen über den Grad der Kurzschlußsicherheit eines durch hohe Kurzschlußströme gefährdeten Netzes oder von Kraftwerksanlagen und das dafür aufzuwendende Kapital gibt es bislang kaum. Es ist nur bekannt, daß kurzschlußfeste Betriebsanlagen kostspielig sind. Nach der technischen Seite hin fehlt es überhaupt vielfach noch an den erforderlichen Hilfsmitteln zur Feststellung der im Betriebe wirklich vorkommenden höchsten Kurzschlußströme. Als solche Meßeinrichtungen dienen z. B. Oszillographen, die in die Netze eingebaut werden; von ihnen werden die Kurzschlußströme gemessen und photographisch in Kurvenform festgehalten.

Der Umbau vorhandener älterer Schaltanlagen in großen Netzen, die nicht genügend kurzschlußfest sind, auf erhöhte Kurzschlußsicherheit ist in der Regel mit beträchtlichem Kapitalaufwand verbunden.

Beispiele für die Wirkungsgrade bei der Stromerzeugung. Für die Größenordnung technischer Wirkungsgrade bei Dampfkraftwerken sind folgende zwei Beispielsziffern aus meiner oben erwähnten Untersuchung kennzeichnend.

Im Betriebsjahr 1928 waren die wärmewirtschaftlichen Ergebnisse zweier holländischer Kraftwerke folgende

		Utrecht	Rotterdam
Jahresstromerzeugung	Mill. kWh	66,5	323,8
Normaler Dampfdruck	atü	36	12
Mittl. Wärmeaufwand, bezogen auf die erzeugten Strommengen	kcal/kWh	4 680	4 330
Eigenverbrauch an Strom, bezogen auf die Gesamterzeugung	%	7,6	3,8
Stromabgabe ab Sammelschienen	Mill. kWh	61,5	311,5
Thermischer Wirkungsgrad des Kraftwerks, bezogen			
auf die Stromerzeugung	%	18,1	19,9
die Stromabgabe ab Sammelschienen	%	17,0	19,2

Die hiermit erzielten Wirkungsgrade von 17 bzw. 19% sind als besonders gut anzusehen.

Der beste m. W. bisher bekanntgegebene Wirkungsgrad eines Dampfkraftwerks ist im letztjährigen Bericht der englischen Elektrizitäts-Kommissare[1] enthalten. Für das Großkraftwerk Barking bei London wird bei etwa 1,3 Milliarden kWh Jahreserzeugung ein thermischer Wirkungsgrad von 28%, bezogen auf die Stromerzeugung, angegeben.

Beweiskräftige deutsche Ziffern für diese Wirkungsgrade werden (von

[1] Jahresberichte der „Electricity Commission“ über „Generation of Electricity in Great Britain“ London, H. M. s Stationery Office.

der Bewag abgesehen) der Öffentlichkeit kaum mehr bekanntgegeben, da die Anzahl der selbständig gebliebenen Dampfkraftwerke unter dem Einfluß der Großkraft- und Verbundwirtschaft sehr gering geworden ist. Während in England ein fruchtbarer Wettbewerb zugunsten der Kohlen-, der Dampfkessel- und Maschinen-Industrie gefördert wird, hat in Deutschland die Vorherrschaft der Verbundwirtschaft den Wettbewerb moderner Dampfkraftwerke um beste Wirkungsgrade nahezu völlig ausgeschaltet.

Beispiele für die Wirkungsgrade bei der Stromverteilung. Für die technischen Wirkungsgrade in der Stromverteilung seien folgende Beispiele zur Kennzeichnung der Größenordnung angeführt. Sie sind Jahres-Geschäftsberichten von Großstädten entnommen.

		A	B	C
Strombezug und Erzeugung	Mill. kWh	140,15	215,92	61,85
Nutzbar abgegebene kWh	"	119,22	198,2	58,69
Jahres-Wirkungsgrad	%	84,9	91,8	94,9
Verlustziffer	%	15,1	8,2	5,1

Die Ursache für die sehr großen Verschiedenheiten liegt vor allem in technischen Zusammenhängen, wobei die Verwendung von Gleichstrom neben Drehstrom wegen der beträchtlichen Umformungsverluste eine große Rolle spielt. Irgendwelche maßgeblichen Folgerungen kritischer Natur können aus dem Vergleich der rohen Verlustziffern allein nicht gezogen werden. Sie sind nur angängig im Zusammenhange mit allen wesentlichen Voraussetzungen, die von Fall zu Fall ganz außerordentliche Verschiedenheiten aufweisen.

Alle Vergleiche sind daher nur mit großer Vorsicht anzustellen.

3. Wirtschaftliche Beurteilung.

Übersicht. Die hauptsächlichsten Daten und Gesichtspunkte, die für eine wirtschaftliche Beurteilung von Elektrizitätswerken erforderlich sind, seien zunächst im Zusammenhang genannt:

A. Absatzseite.

1. Umfang des Absatzgebietes, Bevölkerungsdichte, wirtschaftliche Struktur der Verbraucherschaft, Verbrauchsdichte, Grad der Sättigung, Aussichten der künftigen Absatzentwicklung,
2. Charakteristik des Tages- und Jahresbelastungsverlaufes,
3. Art, Form und Staffelung der allgemeinen Tarifpreise, ihre Vielseitigkeit und Anpassungsfähigkeit, Aufbau der Sonderpreise für gewerbliche, industrielle und sonstige Zwecke, insbesondere für Großverbraucher; ihr Zusammenhang mit etwaigen Strombezugsabkommen,
4. Höhe der Verkaufserlöse nach Gruppen, wie Kleinverbrauch zu Licht-,

Haushalt- und Kraftzwecken, Großverbrauch, Straßenbahnverbrauch, Verwaltungs- und Straßenbeleuchtungsverbrauch, alles mit Mengen, Erlösen je Verkaufseinheit und je Abnehmer,

5. Zusammenhang zwischen dem Tarifaufbau und der Art des Hebedienstes,

6. Art und Verfahren der bestehenden Tarifpreis- und Sonderpreis-Kalkulationen.

B. Aufwandseite.

7. Selbstkosten der Erzeugung, des Bezuges, der Verteilung im Jahr und je Einheit,

8. Stromverluste nach Arten, Möglichkeit ihrer Senkung,

9. Fremdstrombezug nach Art, Dauer, Menge und jahreszeitlicher Verteilung; Aufteilung nach Leistungs- und Arbeitsgebühr usw., Kohlen- und Lohnklausel, Vertragsdauer, Verbilligungsmöglichkeit durch Änderung der Benutzungsdauer der Jahreshöchstlast, Anpassung des Bezugs an die Form der täglichen Belastungskurven, Elastizität des Vertrages bei Stromlieferverhandlungen mit Dritten usw.

Bei Fernbezug müssen Verteilungsbetriebe die Stromzulieferung über Freileitungen geringer bewerten, als die Zulieferung durch unterirdische Kabel. Die vergrößerte Störungsgefahr bei Freileitungen macht die Vorhaltung vermehrter Reserven notwendig, wenn volle Betriebssicherheit für den Weitervertrieb des Stromes an die Unterabnehmer erzielt werden soll.

10. Unterhaltung und Abschreibung, Zinsbelastung durch Eigen- und Fremdkapital,

11. Verwaltungsaufbau und Verwaltungskosten,

12. Belastung durch Steuern und Abgaben.

C. Bau- und Betriebsseite.

13. Anlage-Anschaffungswerte, aufgelaufene Abschreibungen, Buchrestwerte,

14. Grad der erreichten wirtschaftlichen Ausnutzung der Betriebsanlagen im Verhältnis zur möglichen günstigsten,

15. Möglichkeit der Leistungssteigerung auf verfügbaren Grundstücken, Räumen usw.,

16. Aussicht der Erhaltung der Lebensfähigkeit bei selbständigen Kraftwerken.

Ein Teil dieser Gesichtspunkte bedarf keiner besonderen Erläuterungen. Für eine Anzahl wesentlicher Gesichtspunkte wäre die Kenntnis vergleichbarer Erfahrungswerte aus den Ergebnissen möglichst zahlreicher Unternehmungen besonders erwünscht, an denen es aber z. T. noch fast völlig fehlt, z. B. für die Kosten der Verwaltung des eigentlichen Stromvertriebes usw.

Grundsätzliches zur Abschreibungsfrage. Eine Frage wirtschaftlicher Natur, die besondere Ausführungen verdient, ist die der angemessenen

Abschreibungen, d. h. der zur Wiedergewinnung der in die Anlagegegenstände gesteckten Gelder zu treffenden buchtechnischen und materiellen Zurückbehaltungen von den Einnahmen.

Es ist nützlich, hierzu folgende Grundsätze zu wiederholen[1]:

1. Die Abschreibungen oder Wertberichtigungsposten und ihre geldmäßigen Gegenwerte, die aktiv angelegten Erneuerungsfonds, dienen der wertmäßigen Wiedergewinnung und später dem Ersatze der durch den Gebrauch, durch allmählichen Verschleiß, durch Veralten, durch Einführung zweckmäßigerer Einrichtungen oder Arbeitsverfahren, durch technische Fortschritte oder in anderer Weise einer Wertminderung ausgesetzten Betriebsgegenstände oder Einrichtungen.

2. Die Abschreibungen sind grundsätzlich so zu bemessen, daß durch jährliche Aufbringung einer Summe, die bei gleichgebliebenen Anlageanschaffungswerten im allgemeinen gleich sein wird, nach den Gesetzen der Wahrscheinlichkeit am Ende der Anlagenutzungsdauer die Wertminderung ausgeglichen und etwa notwendiger Ersatz beschafft werden kann. Die Abschreibungen sind eine Last der laufenden Betriebskostenrechnung und der Aufwandseite der Erfolgsrechnung.

3. Die Aufbringung der Abschreibungssummen ist in keiner Weise abhängig von der Tilgung der für die Anschaffung aufgewendeten Baugelder.

4. Bei gänzlichem oder teilweisem Ersatz von Bestandteilen eines Unternehmens ist der etwa noch nicht abgeschriebene Restwert in einer Summe nachträglich abzuschreiben; der Ersatz ist also auch dann aus Abschreibungsgegenwerten zu decken, wenn der für diese Bestandteile erforderliche Betrag rechnungsmäßig noch nicht in voller Höhe angesammelt war.

Der Anlagewertberichtigungsposten hat hiernach auch die Eigenschaft eines Ausgleichspostens für den unerwartet frühen oder späten Eintritt der Notwendigkeit des Ersatzes sowie für höhere oder geringere Ersatzkosten gegenüber dem ursprünglichen Aufwand, sofern er im ganzen als ausreichend angesehen werden kann.

5. Von Zeit zu Zeit ist grundsätzlich zu prüfen, ob die durchgeführten Abschreibungen genügen, und ob die zugrunde gelegten Sätze zu hoch oder zu niedrig bemessen sind. Hierbei sind die nunmehr geltenden Anschaffungskosten zu berücksichtigen.

6. Die Abschreibungsgegenwerte, d. h. die aktiv angelegten Erneuerungsfonds, sind angesammelte Wirtschaftsmittel und deshalb dem Zugriff für Kämmerei- und Haushaltzwecke betriebsfremder Art grundsätzlich entzogen.

Wirtschaftliche Alterung von Anlagegegenständen. Für die Elektrizitätsversorgung ist wegen ihrer hohen Kapitalintensität und wegen der zu Eingang erwähnten innigen Verbundenheit mit allen technischen Fortschritten der Begriff der Alterung von hoher Bedeutung.

[1] Vgl. hierzu Dr. Kutzer, in Gemeindebetriebe 1. Bd. S. 79 usw. Leipzig: Duncker & Humblot 1908.

Gerade hier lehrt in besonderem Maße die Erfahrung, daß eine Wertminderung der Betriebsanlagen nicht nur durch den technischen Verschleiß eintritt, sondern daß häufig längst vorher die Wirtschaftlichkeit einer Maschine oder Einrichtung schon bedeutend gesunken sein kann, wenn neue Maschinen oder Einrichtungen mit günstigerem Wirkungsgrad die Verwendung der alten Maschinen unwirtschaftlich erscheinen lassen. In Anerkennung dessen ist auch der Reichsfinanzhof in den letzten Jahren zu Rechtsgrundsätzen gekommen, die die steuerliche Behandlung der Abschreibungen dieser Erkenntnis anpassen.

Bei der Festsetzung der Höhe der jeweiligen jährlichen Abnutzungen ist die Nutzungsdauer, d. h. die wirtschaftliche Lebensdauer zugrunde zu legen; es ist also zu berücksichtigen, wie lange die Anlagegegenstände nicht nur technisch, sondern auch wirtschaftlich mit Erfolg verwendet werden können. Nach § 7 des Einkommensteuergesetzes von 1934 bemißt sich die Abschreibung (Absetzung für Abnutzung) nach der betriebsgewöhnlichen Nutzungsdauer des Wirtschaftsgutes. Absetzungen für außergewöhnliche technische oder wirtschaftliche Abnutzung sind zulässig. Es ist also erforderlich, zu beurteilen, wie lange mit Hilfe eines Betriebsgegenstandes ein wirtschaftlicher Nutzen voraussichtlich erzielt werden kann, auf welchen Zeitraum daher das dafür aufgebrachte Geld zu verteilen ist. Danach haben auch die gemeindlichen Werke zu verfahren.

Abschreibungssätze für Kraftwerke und Stromverteilungen. In der von mir oben erwähnten Veröffentlichung habe ich, meines Wissens erstmals, versucht, ein Bild davon zu gewinnen, mit welchen Prozentsätzen ein Kraftwerk abzuschreiben hat, das einen dauernd wachsenden Strombedarf decken muß, und dabei technisch mustergültig auf der Höhe gehalten wird. Da deutsche Erfahrungszahlen nicht zur Verfügung standen, auch wegen der Inflation nicht zur Verfügung stehen konnten, habe ich Zahlen holländischer Dampfkraftwerke ausgewertet. Deren Verhältnisse lassen sich ohne weiteres auf deutsche Verhältnisse übertragen; sie weisen den besonderen Vorzug auf, daß diese Werke auf das eingehendste berichten und technisch sowohl wie kaufmännisch vorbildlich geführt sind. Die Untersuchungen müssen sich natürlich über eine zusammenhängende Reihe von Jahren erstrecken.

Die Auswertung dieser Erfahrungsziffern führte zu folgendem Ergebnis.

Der angewendete Abschreibungssatz hat genau ausgereicht, um der Nutzungsdauer (wirtschaftlichen Lebensdauer) der Betriebsteile, die durch die technischen Fortschritte mitbestimmt wird, buchmäßig Rechnung zu tragen. Um diesen Ansatz in Prozenten des Anschaffungswertes zu ermitteln, sind die Zahlen für fünf Jahre zugrunde gelegt, und zwar die Einheitswerte je 1 kW Jahresmaximum. Es betrug der Mittelwert: der Anschaffungskosten 357,32 RM/kW, der Jahresabschreibungen 18,71 RM/kW. Der mittlere Abschreibungsprozentsatz errechnete sich also zu 5,24%. Diese Feststellung scheint im vorliegenden Zusammenhange von besonderem Interesse zu sein. Sie besagt: Bei modernen, großen Dampfkraftwerken, die technisch auf der Höhe erhalten werden, ist als niedrigster Abschreibungssatz ein solcher von $5^1/_4$%, bezogen auf den Anschaffungswert, anzuwenden.

Für die Verteilungsanlagen fehlt es heute in Deutschland noch völlig an Möglichkeiten zu ähnlichen Ermittlungen. Von welcher Bedeutung aber auf dem Gebiete der Verteilungsanlagen, bei denen die Schaltanlagen wesentliche Bestandteile bilden, der Einfluß der vorzeitigen Alterung ist, das habe ich oben zu erläutern versucht. Ein Beispiel hierzu kann ich aus der eigenen Erfahrung anführen. Das Mannheimer Elektrizitätswerk baute während der Inflationsjahre eine größere Schaltanlage mit etwa fünfzig Schaltern. Der Bau dauerte etwas mehr als zwei Jahre; der Bauwert nach heutigen Preisen betrug etwa eine halbe Million RM. Als die Anlage betriebsfertig wurde, war die Schaltanlage den auftretenden Beanspruchungen nicht mehr gewachsen, da der inzwischen aufgenommene Strombezug vom Großkraftwerk Mannheim ganz andere Kurzschlußströme brachte, als vorhergesehen werden konnte. Die Anlage war also bereits mit dem Augenblick ihrer Inbetriebnahme technisch vollkommen überholt. Ein solcher Fall ist nicht etwa eine besondere Ausnahme, sondern er kann sich, wenn auch nicht so kraß, in ähnlicher Form immer wiederholen.

Ähnlichen Auswirkungen auf die Abschreibungsnotwendigkeiten begegnen wir auf dem Gebiete der Überteuerungen, der Kapazitäts-Übersteigerungen, der übertriebenen Einschätzung der künftigen Absatzmöglichkeiten, die nach den Inflationsjahren einsetzten, der verminderten Wettbewerbsfähigkeit usw. Bemerkenswerte Wertberichtigungen dieser Art, die notwendig und durch die Zufallsgewinne an Auslandsschulden infolge der Entwertung der ausländischen Valuta ermöglicht wurden, sehen wir beispielsweise im letztjährigen Geschäftsberichte des Rheinisch-Westfälischen Elektrizitätswerkes.

Spezifische Anlagekosten von Dampfkraftwerken (zu Seite 122).

1. Bielefeld[1], Städt. El.-W., Steinkohle, älteres, vorzüglich modernisiertes Werk	30800 kW	288 RM/kW
2. Plessa[2] (Mitteldeutschland), Rohbraunkohle (1929)	34000 „	255 „
3. Altona-Schulau[3], Steinkohle (1928)	45000 „	260 „
4. Großkraftwerk Mannheim[1] bekannte 100 atü-Anlage	70000 „	280 „
5. Großkraftwerk Stettin[1], Steinkohle	70000 „	321 „
6. Elektrizitätswerk Stuttgart-Münster[1]	78000 „	262 „
7. Westkraftwerk der Bewag, Berlin[4], für Steinkohle	224000 „	264 „
8. Utrecht[1] (Holland), 2 Kraftwerke für Steinkohle, 20000 + 30000 kW =	50000 „	255 „
9. s'Gravenhage[1] (Holland), 2 Kraftwerke für Steinkohle, 52000 + 3500 kW =	55500 „	262 „

[1] Nach Geschäftsberichten. [2] E.T.Z. S. 1733. 1930. [3] E.T.Z. S. 633. 1929.
[4] „Das öffentliche Elektrizitätswerk" Heft 10, S. 171. 1932.

Betriebsergebnisse holländischer Kraftwerke.

Stadt		Utrecht		Rotterdam-Schiehaven				Amsterdam	
Betriebsjahr		1927	1928	1925	1926	1927	1928	1927	1928
Zahl der Kraftwerke und eingebaute Leistung in kW		1×20 000 1×30 000		1×65 000				1×35 000 1×136 500	
Gesamte Stromerzeugung	Mill. kWh	62,6	66,5	114,6	135,8	152,3	170,0	281,0	323,8
Jahreshöchstbelastung	kW	20 800	24 000	42 430	46 370	51 830	58 880	101 840	110 770
Jahresbenutzungsdauer	h	3 010	2 770	2 705	2 930	2 940	3 045	2 760	2 925
Belastungsfaktor		0,34	0,32	0,31	0,33	0,33	0,35	0,32	0,33
Kohlenverbrauch[1], bez. auf nach außen abgegebene Arbeit	kg/kWh	0,765	0,720	0,694	0,666	0,631	0,598	0,792	0,824
reine Brennstoffkosten, bez. auf die erzeugte Arbeit	Rpf/kWh	1,10	1,01	1,37	1,11	1,055	0,96	1,26	1,22
Ausgaben für Löhne und Unterhaltung, bez. auf nach außen abgegebene Arbeit	Rpf/kWh	0,768	0,696	0,782	0,743	0,755	0,722	0,727	0,703
Abschreibungen, bez. auf den Anschaffungswert	%	6,42	6,48	5,20	5,45	5,25	5,25	4,8	4,5

[1] Hochwertige Steinkohle mit etwa 7 500 kcal/kg.

Anlagekosten von großen Dampfkraftwerken. Auf dem Gebiete der Anlagekosten von Dampfkraftwerken und der Betriebskosten sollen einige Anhaltsziffern gegeben werden (siehe Tabelle S. 121). Alle genannten Werke arbeiten mit sehr günstigen Betriebsergebnissen. Die wenigen Zahlen zeigen u. a., daß das größte der angeführten Kraftwerke keine wesentliche Baukostenverringerung je Leistungseinheit gegenüber den Zahlen für mittlere Kraftwerke von etwa 30000 bis 80000 kW aufweist. Das entspricht der Erfahrung, daß eine Leistungssteigerung über eine gewisse Größe hinaus in bezug auf die Baukosten je kW keine Baukostenersparnis mehr bringt.

Anhaltsziffern für die Kosten der Dampfstromerzeugung. Die Ermittlung vergleichbarer Anhaltsziffern für die Kosten der Stromerzeugung ist aus Angaben deutscher Dampfkraftwer-

Kosten von Stromerzeugung und Stromvertrieb.

	Einheit	1927 Werk A	1928 Werk A	1928 Werk B	1928 Werk C	1929 Werk B	1929 Werk C
1. Einwohner des eigenversorgten Gebietes	Einw.	75 000	75 000	90 000	190 000	90 000	190 000
2. Nutzbare Stromabgabe im Jahr	Mill. kWh/Jahr	9,8	11,2	16,4	35,3	17,5	36,3
3. Stromabgabe je Einwohner des Versorgungsgebietes	kWh	130	150	182	187	193	191
4. Erlös für Strom und Zählermiete	Rpf/kWh	21,5	21,3	18,8	12,9	18,8	13,3
5. Betriebskosten (ohne Kapitaldienst) für Erzeugung, Bezug und Vertrieb	Rpf/kWh	9,4	8,5	10,2[1]	6,0	10,1[1]	6,1
6. Kapitaldienst (Abschreibung und Zinsen oder Tilgung und Zinsen)	Rpf/kWh	4,1	3,9	3,5[2]	4,7	4,1[2]	4,8
7. Gesamtkosten (5+6)	Rpf/kWh	13,5	12,4	13,7	10,7	14,2	10,9
8. Überschuß, d. h. Erlös abzüglich Gesamtkosten	Rpf/kWh	8,0	8,9	5,1	2,2	4,6	2,4
9. Anlageanschaffungswert ohne Kraftwerk je Einwohner	RM/Einw.	—	28,40	—	59,40	—	—
10. Erlös für Strom und Zählermiete je Einw.	RM/Einw.	27,90	31,80	34,30	24,10	36,40	25,50

[1] Die Betriebskosten enthalten die Strombezugskosten und damit anteiligen Kapitaldienst des Stromlieferers.
[2] Der Kapitaldienst ist niedriger, weil ein eigenes Kraftwerk fehlt.

ke, die Dritten zugänglich sind, kaum möglich. Brauchbare Anhaltswerte geben auch hier wiederum Zahlen aus meiner Untersuchung über die Ergebnisse holländischer Werke. Einige kennzeichnende Ziffern sind in der Zahlentafel auf Seite 122 zusammengestellt. Eine Übertragung auf deutsche Verhältnisse ist ohne weiteres angängig.

Um Vergleichswerte für den Kohlenverbrauch zu erhalten, ist aus zehn Mittelwerten zweier guter Kraftwerke für den Kohlenverbrauch je kWh eine Mittelwertlinie in Abhängigkeit von der Jahreserzeugung aufgestellt. Sie verläuft als sanft abfallende Gerade. Ihr Verlauf ist festgelegt durch nachstehende Endwerte: Der Verbrauch an Steinkohle von etwa 7500 kcal/kg unterem Heizwert beträgt, bezogen auf die ab Sammelschiene abgegebene Arbeit und etwa 3000 Benutzungsstunden der Höchstlast, bei 50 Mill.

kWh Jahreserzeugung 0,75 kg/kWh und bei 180 Mill. kWh 0,60 kg/kWh.

Die für 1928 ermittelten holländischen Betriebskosten der Stromerzeugung dürften auch heute noch für den Vergleich deutscher gleichartiger Ziffern ihren Wert haben.

Kosten der Stromerzeugung einschl. Stromvertrieb. Auch für die Kosten von Stromerzeugung und Stromvertrieb sind (auf S. 123) Zahlen wiedergegeben, die aus Geschäftsberichten von drei deutschen Werken ermittelt sind und die außerordentliche Verschiedenheit der Kosten, wie auch der Einnahmen usw. anschaulich wiedergeben. Die Werke sind mit A, B und C bezeichnet.

Werk A hat eigene Stromgewinnung für die Versorgung der eigentlichen Stadt (75000 Einwohner), die Vororte (16000 Einwohner) versorgt ein Überlandwerk, das an das Stadtwerk Abgaben zahlt.

Werk B versorgt eine Stadt und ein kleines Überlandgebiet mit 90000 Einwohnern. Es bezieht den Strom und hält nur ein Reserve- und Spitzenkraftwerk mit 1430 kW Leistung vor. Werk C ist ein selbständiges Werk ohne Fremdbezug. Es versorgt eine Stadt mit 90000 und ein Überlandgebiet mit 100000 Einwohnern. Die Werte je kWh beziehen sich auf die nutzbar abgegebenen kWh (siehe Zahlentafel S. 123).

An allen Zahlen zeigt sich, daß ein unmittelbarer Vergleich der Ergebnisse nicht angängig ist.

Anschließend mögen noch einige Zahlenreihen angefügt werden, die den Geschäftsberichten des Rheinisch-Westfälischen Elektrizitätswerkes A.-G. entnommen sind. Sie geben einen Einblick in die Entwicklung der Zinskosten, bezogen auf die Jahresstromabgabe, bei einem führenden Unternehmen der Großkraftwirtschaft.

Geschäftsjahr	Anteil des verzinslichen Kapitals im Jahresmittel RM/Million kWh Abgabe	Zinsanteil bei 6,5 % Rpf/kWh Abgabe
1925	90 000	0,59
1926	115 200	0,75
1927	125 000	0,81
1928	116 000	0,76
1929	123 300	0,80
1930	169 000	1,10
1931	206 000	1,34
1932	186 000	1,19

Der Zinsendienst in den Kosten steigt in 6 Jahren von 0,59 auf den Höchstwert von 1,34 Rpf je kWh, also um 0,76 Rpf. Vergleicht man die beiden Jahre 1928 und 1931, in denen der Stromabsatz mit 2,067 und 2,139 Millionen kWh annähernd die gleiche Höhe aufwies, so ergibt sich, daß, auf gleichen Zinsfuß umgerechnet, die kWh im Jahre 1931 im Durchschnitt mit 0,58 Rpf mehr an Zinsen belastet ist als 1928.

Stromabsatz je Einwohner in deutschen Großstädten. In der Zahlentafel auf S. 123 sind an dritter Stelle Stromabgabekennziffern je Einwohner enthalten. Wie überaus verschieden sich die Stromdichte je Einwohner und Jahr in verschiedenen Städten Deutschlands gestaltet, dafür gibt die folgende Zusammenstellung ein anschauliches Bild (siehe nebenst. Zahlentafel).

Bei 41 verglichenen Großstädten beträgt für 1933 der Mittelwert des Stromabsatzes zu Licht-, Haushalts-, gewerblichen, industriellen Zwecken usw., jedoch ohne Straßenbahnen, öffentliche Beleuchtung rd. 159 kWh je Einwohner und Jahr. Die kleinste Ziffer beträgt 51,4 kWh, die größte 448,9 kWh. Der Abstand von Kleinstwert zu Höchstwert ist also außerordentlich groß, das Verhältnis beträgt 1:9.

Auch aus derartigen Zahlenwerten sind bei Vergleichen Folgerungen nur auf Grund genauer Kenntnis der wesentlichen Voraussetzungen zu ziehen.

Vergleichende Statistik der jährlichen Stromabgabe 1933 in deutschen Großstädten.

(Nach der Jahresstatistik des R.E.V.)

Anzahl der Städte	Staffeln	Einwohnerzahl Tausend	Gesamte Jahresstromabgabe (Klein- und Großverbrauch) Millionen kWh Jahr 1933	Abgabe je Einwohner[1] Kleinverbrauch Kleinstwert	Kleinverbrauch Größtwert	Kleinverbrauch Mittelwert	Großverbrauch Kleinstwert	Großverbrauch Größtwert	Großverbrauch Mittelwert	Gesamtverbrauch Kleinstwert	Gesamtverbrauch Größtwert	Gesamtverbrauch Mittelwert
				kWh/Jahr								
13	100 000— 150 000 Einwohner	1 602,4	236,63	34,6	83,4	48,5	13,0	395,0	99,2	51,4	448,9	147,7
18	150 000— 400 000 „	4 214,6	710,29	26,0	91,2	58,5	39,0	159,9	110,0	65,0	253,7	168,5
10	400 000—1 000 000 „	5 427,3	839,26	38,5	110,8	67,1	38,4	146,5	87,5	88,6	256,1	154,6
41	Großstädte	11 244,3	1 786,18	26,0	110,8	61,2	13,0	395,0	97,7	51,4	448,9	158,9
1	Hamburg	1 178,2	254,61	—	—	69,5	—	—	146,6	—	—	216,1
1	Groß-Berlin	4 110,3	809,13	—	—	90,0	—	—	111,1	—	—	201,1
43	Großstädte	16 532,8	2 849,92	—	—	70,5	—	—	101,9	—	—	172,4

[1] Ohne Bahnen, Straßenbeleuchtung usw.

4. Zur volkswirtschaftlichen Wirtschaftlichkeit des Fremdstrombezuges.

Die derzeitige Versorgungslage. Bekanntlich gehen die Bestrebungen der Großkraftwirtschaft dahin, unter irriger Benutzung der Gesichtspunkte, die für eine Verbundwirtschaft sprechen, die Stromerzeugung und die Großverteilung mit Hilfe eines ganz Deutschland überziehenden Großverteilungsnetzes in ihre Hand oder Kontrolle zu bringen. Es wird eine weitgehende Umlagerung der Stromerzeugung von den zahlreichen kleineren und mittleren Kraftwerken der früheren Entwicklungsstufe auf wenige Riesen-Dampfkraftwerke, ferner auf Wasserkraftwerke und auf Strombezug aus dem Auslande angestrebt. Durch Verlagerung der Stromerzeugung von den Verbrauchsschwerpunkten weg nach den Fundstellen der Brennstoffe und der Wasserkraft, durch Zusammenfassung der Verbrauchergruppen aller Art und durch die kostenmäßigen Vorzüge jeder Großwirtschaft gemeinhin soll die Energiebereitstellung verbilligt werden. Eindeutige zahlenmäßige Nachweise über den Umfang der Verbilligung und den volkswirtschaftlichen Nutzen dieser Neulagerung sind der Öffentlichkeit, insbesondere den Fachkreisen, allerdings noch nicht erbracht worden. Die regelmäßigen Veröffentlichungen der Großkraftwirtschaft lassen nur unvollkommene Betrachtungen zu, denn gerade die führenden Unternehmungen haben sich bei der Darstellung der wirtschaftlichen Einzelergebnisse von jeher kurz gefaßt, wohingegen sie ihre *technischen* Großleistungen stets ausführlich darstellen.

Das Großkraftwirtschaftssystem hat in erheblichem Umfange zur Stillegung oder Eingliederung bestehender selbständiger Kraftwerke geführt, darüber hinaus in manchen Gegenden Deutschlands zur Übernahme der örtlichen Verteilungsnetze durch die Großkraftwirtschaft und Direktleistung an alle Verbraucher.

Unter diesen Umständen erscheint es angebracht, die leitenden Gedanken zusammenzustellen, die für den Ausbau einer einheitlich geleiteten deutschen Elektrizitäts-Großwirtschaft maßgebend sein müssen. Nur bei leidenschaftsloser volkswirtschaftlicher Abwägung der Folgen ist der Prüfer in der Lage, im Einzelfalle die Entscheidung darüber mit vorzubereiten, ob ein Elektrizitätswerk sein Eigendasein in größere Zusammenhänge aufgeben oder wenigstens seine Erzeugungsanlagen stillegen und Fremdstrombezugsverträge abschließen soll. Im Einzelfalle ist darüber hinaus eine sehr weitschichtige Errechnung der finanziellen *betriebs*wirtschaftlichen Folgen der Änderung der Wirtschaftsweise vonnöten, deren Ergebnis je nach Lage des Falles sehr verschieden sein kann.

Leitsätze für den Aufbau einer volkswirtschaftlich ausgerichteten deutschen Elektrizitätswirtschaft. 1. Bei der überaus engen Verknüpfung der Elektrizitätswirtschaft mit der gesamten Volkswirtschaft dürfen die in

Deutschland gegebenen elektrizitätswirtschaftlichen Aufgaben und Probleme nicht losgelöst von der übrigen Volkswirtschaft behandelt und gelöst werden.

2. Die Entwicklung der Elektrizitätswirtschaft muß im Rahmen einer nationalen Wirtschaft erfolgen. Die internationalen Beziehungen ergeben sich von selbst aus den geographischen und wirtschaftlichen Voraussetzungen.

3. Als Gesamt-Versorgungssystem muß dasjenige zur Durchführung gelangen, das sich nach vergleichbaren Generalplanungen als das *volkswirtschaftlich beste* erweist.

4. Bei der hohen Kapitalintensität der Elektrizitätswirtschaft und insbesondere der in erhöhtem Maße kapitalbindenden Verbundwirtschaft ist wegen des in Deutschland bestehenden Kapitalmangels hohe Sparsamkeit bei allen Kapitalinvestitionen geboten.

Alle Überinvestitionen sind zu vermeiden; eine wirtschaftlich befriedigende Ausnutzung neuer Betriebsanlagen muß nach kurzer Anlaufzeit durch die Absatz-Entwicklung oder durch mehrseitige Abnahmegarantien gesichert sein.

Ausbauten auf sog. weite Sicht sind wirtschaftlich nicht vertretbar, da sie die Gefahr in sich schließen, die volkswirtschaftlich richtige Entwicklung zu stören.

5. Da der Reichtum Deutschlands zunächst auf den vorhandenen natürlichen Hilfsquellen und auf ihrer bestmöglichen Ausnutzung innerhalb einer geordneten Volkswirtschaft beruht, muß das Bestreben einer richtig geführten Elektrizitätswirtschaft dahingehen, in erster Linie alle im Lande vorhandenen *eigenen* Hilfsquellen bestens auszunutzen. Erst wo sie fehlen, sollen sie aus dem Auslande, unter Hintanstellung hinter etwaige vordringlichere andere Bedürfnisse der Volkswirtschaft, in Anspruch genommen werden.

Deutschland hat die Möglichkeit, den Energiebedarf für die gesamte Volkswirtschaft aus eigenen Energiequellen zu decken. Aufgabe der Wirtschaftspolitik ist es also, die im Lande vorhandenen Energiequellen, unter weitestgehender Heranziehung der vorhandenen Hilfsmittel, wozu vor allem die menschliche Arbeitskraft gehört, möglichst nutzbringend auszubeuten.

6. Eine gesunde Elektrizitätswirtschaft muß also anstreben, die elektrische Energie mit den besten technischen und wirtschaftlichen Wirkungsgraden aus den Braunkohlen- und Steinkohlenlägern sowie aus den ausbauwürdigen Wasserkräften des Landes an solchen Stellen und unter solchen Voraussetzungen zu gewinnen und den Verbrauchern zur Verfügung zu stellen, daß sie nicht nur möglichst billig wird, sondern daß auch die gesamte Volkswirtschaft möglichst große Vorteile hat.

Deshalb ist es volkswirtschaftlich unrichtig, die elektrische Energie weit abseits der Verbrauchsgebiete mit besonders billigen Brennstoffen zu erzeugen und sie durch besondere kostspielige Fernleitungen über das Land zu

verteilen, wenn denselben Verbrauchsgebieten Steinkohle über vorhandene und unausgenutzte Eisenbahnen oder Kanäle zugeführt werden kann, aus der in den Verbrauchsgebieten der Strom etwa ebenso billig bereitgestellt werden kann.

Auch ist es volkswirtschaftlich bedenklich, kostspielige Anleihen zur Finanzierung von Sondertransportwegen aus dem Auslande aufzunehmen, und an Stelle von Arbeitseinkommen im Lande für die gleiche technische Leistung Zinsen an das Ausland zu zahlen.

Ebenso ist die Einfuhr elektrischer Energie aus dem Auslande volkswirtschaftlich verfehlt, solange in der Außenhandelsbilanz der Stromaustausch mit dem Ausland keinen Aktivposten bildet. Wo die Stromeinfuhr aus dem Auslande privatwirtschaftlich billiger erscheint als die Stromerzeugung im Inlande, wird dieser Vorteil volkswirtschaftlich durch Verminderung von Kohlen-Absatzmöglichkeiten im Inlande und damit durch Freisetzung von Arbeitskräften erkauft. Bei den niedrigen Kosten der Stromerzeugung aus Kohle ist im übrigen der Nutzen einer Stromeinfuhr für die Stromverbraucher unbeachtlich.

Schließlich ist volkswirtschaftlich alles das falsch, was unter den Gesichtspunkten einer gesunden Wehrwirtschaft Bedenken erregt.

7. Der am schwierigsten zu behebende wirtschaftliche Mangel ist für Deutschland auf absehbare Zeit der Kapitalmangel. Dagegen hat es Überfluß an Brennstoffen und an Arbeitskräften.

Infolgedessen müssen Bauten mit besonders hohem Kapitalaufwand je Erzeugungseinheit, die der Verbesserung der Wärmewirtschaft oder der Betriebswirtschaft dienen, möglichst auf Zeiten größerer Kapitalkraft verschoben werden. Diese Forderung gilt sowohl für den Ausbau kostspieliger Wasserkraftanlagen, insbesondere im Auslande, wie auch z. B. für Pumpspeicherwerke großer Leistung. Die Grenze der Zulässigkeit von Kapitalfestlegungen zu dem angegebenen Zweck ist in Deutschland viel enger gezogen als in anderen, wirtschaftlich etwa gleichartigen, aber kapitalstärkeren Ländern.

8. An Brennstoffen besitzt Deutschland Überfluß und nicht etwa Mangel. Einem etwa in tausend Jahren eintretenden Versiegen der Brennstoffvorräte brauchen die nächsten 30 Jahre nicht dadurch Rechnung zu tragen, daß sie eine fortschrittliche Wärmetechnik und -wirtschaft auf ihrer reichen Kohlengrundlage zugunsten der vermehrten Verwendung von Wasserkräften hemmen und dabei noch durch Aufnahme von Schulden die Zukunft belasten.

9. Deutschland besitzt vorbildliche hochentwickelte Industrien des Dampfkessel- und zugehörigen Maschinenbaues; die deutsche Elektrizitätswirtschaft ist ein besonders wichtiger Auftraggeber. Da diese vielfach auf verschiedenen technischen Wegen zum gleichen Ziele kommen kann, soll sie bei ihren Aufträgen auf eine möglichst vielseitige Förderung dieser Industrien bedacht bleiben, sofern dazu kein erhöhter Kapitalaufwand erforder-

lich ist. Es liegt eine volkswirtschaftliche Notwendigkeit der Erhaltung eines allgemein hohen Standes dieser fabrizierenden Industrien in Deutschland vor. Der Elektrizitätswirtschaft stehen z. B. insbesondere auf dem wichtigen Gebiete der Wärmewirtschaft die verschiedensten Wege offen. Die volkswirtschaftlich vorteilhaftesten müssen beschritten werden.

10. Da die Versorgung der Bevölkerung mit Strom volkswirtschaftlicher Dienst, noch dazu auf einem Monopolgebiete, ist, muß die Geschäftsführung der beteiligten Energieversorgungsunternehmungen in besonderem Maße der öffentlichen Kritik unterstellt werden. Für die Unternehmen liegt also eine erhöhte Verpflichtung zu einer eingehenden und klaren regelmäßigen Rechenschaftsablegung sowohl über die technischen wie die betriebs- und volkswirtschaftlichen Ergebnisse ihrer Arbeit vor. Diese Forderung gilt um so mehr, je größer die Versorgungs- und Einflußbereiche der einzelnen Unternehmungen sind.

Bedenken gegen den derzeitigen Entwicklungsstand. Der bisherige Ausbau der deutschen Elektrizitätswirtschaft hat sich in seinen Anfangsstadien unter der Einwirkung einer Anzahl zufällig gegebener Voraussetzungen und Einflüsse vollzogen. Es hat nicht etwa von vornherein der Leitgedanke zugrunde gelegen, die volkswirtschaftlich beste Ausbaumöglichkeit, etwa nach dem Beispiele Englands, zur Ausführung zu bringen; es ist vielmehr festzuhalten, daß in berufenen größeren Fachkreisen eine vergleichende Untersuchung dieser lebenswichtigen Frage bislang überhaupt noch nicht stattgefunden hat.

Es sind ganz stark ausgesprochene Zufallsfaktoren gewesen, die die bisherige Entwicklung maßgebend mitbestimmt haben. Dazu gehören der Kohlenmangel und der Mangel an brauchbarer Kraftwerksleistung als unmittelbare Schadensfolgen des Krieges, ferner als dessen weitere Auswirkung die Umstellung von Kraftwerken der Kriegsindustrie, die durch den verlorenen Krieg verfügbar wurden, auf die öffentliche Stromversorgung. Damit war der Anlaß zum Fernleitungsbau gegeben. Dann traten ein gewaltig steigender Strombedarf bei wachsender Geldnot der Gemeinden auf der einen Seite und der Ausdehnungsdrang der Großunternehmungen bei reichlichem Auslandskredit auf der andern Seite sich gegenüber. In den ersten Jahren nach dem Kriege wuchs der Bedarf an Strom in vorher nicht erlebtem Umfange. Er stieg über den natürlichen Zuwachs hinaus besonders stark an, da mit dem Ende der Inflation ein bereits seit Jahren eingeleiteter Umstellungsprozeß in der Industrie vom mechanischen Antriebe zum elektrischen beschleunigt weitergeführt wurde. Dieser Umstellungsprozeß ist seit einigen Jahren im großen ganzen beendet. Sein vorübergehender Charakter wurde seinerzeit nicht richtig erkannt; er gab vielmehr Anlaß zu allgemeiner Überschätzung der künftigen Absatzentwicklung.

Das System der Großkraftwirtschaft, das so seit dem Kriege in unkontrollierter Entwicklung aufgebaut wird, stellt, gemessen an unseren Leitsätzen, nicht das volkswirtschaftlich beste der möglichen Ausbausysteme dar. Vor allem hat es einen wesentlich höheren Kapitalaufwand erfordert als eine planmäßige regionale Kraftwirtschaft, bei der ein Ausbau unter weitestgehender Ausnutzung vorhandener Einrichtungen, also der besten der bestehenden Dampfkraftwerke in den Verbrauchsschwerpunkten, der vorhandenen Eisenbahnen, Schiffahrtswege, Bergwerke usw. erfolgt wäre. Nur die ungünstiger arbeitenden und unwirtschaftlichen kleinen Werke hätten dabei auszuscheiden brauchen. Demgegenüber hat der erhöhte Kapitalaufwand der Großkraftwirtschaft zu einer sehr beträchtlichen volkswirtschaftlichen Verschuldung geführt.

Bezüglich der Ferntransportkosten des elektrischen Stromes ist kein Zweifel, daß sie bei den üblichen Ausnutzungsgraden der Höchstlast der Kraftwerke, also unter normalen Verhältnissen, nicht etwa unter, sondern **über** den äquivalenten Kohlentransportkosten durch Bahn und Schiff liegen. Bei allen vergleichenden Berechnungen ist hier der betriebliche, volkswirtschaftliche und wehrwirtschaftliche **Sicherheitsgrad** mitzubewerten.

Solange die Fortleitung elektrischer Energie über Freileitungen erfolgt, kann eine befriedigende Betriebssicherheit nur durch vermehrte Leitungs- und Maschinenreserven erzielt werden. Beide erfordern erhöhten Kapitalaufwand.

Der Bau der überaus kostspieligen Pumpspeicherwerke ist teilweise aus Sicherheitsgründen mitveranlaßt worden, bedeutet aber wiederum zusätzliche Kapitalinvestitionen.

Wenn vergleichende Gestehungskostenrechnungen für Fernstrombezug einerseits und Eigenerzeugung anderseits vorgenommen werden, so ist stets von der Voraussetzung höchster Betriebssicherheit auszugehen; dazu gehört, wie im ersten Teil ausführlich dargelegt, die unbedingte Fernhaltung atmosphärischer Störungen.

Wie wenig stichhaltig eines der wesentlichsten Beweisstücke ist, das die Großkraftwirtschaft zur Begründung ihrer wirtschaftlichen Überlegenheit anführt, habe ich in einem Aufsatze: „Die Problematik des Spitzenausgleichs bei der Großkraftwirtschaft in Deutschland"[1] eingehend nachgewiesen.

Es ist für mich und viele Fachgenossen, die über den Tag hinaussehen, kein Zweifel, daß bei der Entscheidung über die beste Art der zukünftigen Verbundwirtschaft Deutschlands die **regional** zusammengefaßte **Einzelkraftwirtschaft** mit einer größeren Anzahl völlig selbständiger, über das Reich verteilter Dampfkraftwerke und Verteilungsunternehmungen volkswirtschaftlich viel wertvoller ist als das bisherige System.

---

[1] Elektrotechn. Zeitschrift, H. 42, S. 1294/1300, 1931 und H. 43, S. 1328/1333, 1931.

10. Zur Pflichtprüfung von Kraftwerken.

Von Dipl.-Kfm. **Engelbert H. Raueiser**,
Wirtschaftsprüfer in Dresden.

Einleitung: Die Vorbereitung der Prüfung. Wir behandeln eine Pflichtprüfung, die für den Prüfenden eine Erstprüfung, für das Kraftwerk[1] selbst aber eine Wiederholungsprüfung sein soll. Die Arbeit wird eröffnet mit einer Sichtung der allgemeinen Prüfungsunterlagen, die der Prüfer sich entsprechend ergänzen läßt.

Zu den Unterlagen gehören:

1. Berichte über die Prüfungen der letzten beiden Jahre,
2. der zu prüfende Jahresabschluß,
3. eine nachgetragene Ausfertigung der Ortsgesetze,
4. die Betriebssatzung des Werkes,
5. die Liste der Auskunftspersonen,
6. ein Verzeichnis der bestehenden wichtigsten Verträge (Strombezugs- und Großabnehmerverträge, der Kohlen- und Wasserverträge),
7. der Kraftwerks-Kontenplan,
8. ein vollständiger Satz der im Kraftwerk im Gebrauch befindlichen Vordrucke,
9. ein Geschäftsverteilungsplan,
10. ein Organisationsplan des Werkes,
11. ein Lageplan der Werksgrundstücke (Grundbuch),
12. Strecken- und Netzpläne für die Verteilungsanlagen,
13. Verzeichnis der Zu- und Abgänge.

Im Zusammenhang mit der Sichtung der Unterlagen sind die Zuarbeiten und Vorbereitungen auf Vollständigkeit hin nachzusehen. Wenn sich der Prüfer mit den Unterlagen und Vorbereitungen vertraut gemacht hat, ist ein Einblick in die Buchhaltungsorganisation zu empfehlen. Desgleichen verschafft sich der Prüfer über das Ablagewesen, die Kassenverhältnisse und die Systematik der Verbrauchsabrechnung zunächst einen ersten Überblick. Dann folgt die eigenhändige Aufstellung der Rohbilanz aus dem nachaddierten Hauptbuch. Nach diesen Unterrichtungen und Vorarbeiten beginnt die eigentliche Kraftwerksprüfung.

Was soll geprüft werden? Eine Frage, die nicht zuletzt deshalb von Bedeutung ist, weil sich die Kraftwerksprüfung als Prüfung eines Versorgungsbetriebes der öffentlichen Hand in der Form des Eigenbetriebes, des Zweckverbandes oder der Gesellschaft mit beschränkter Haftung von der Prüfung einer Aktiengesellschaft in einem sehr beachtlichen Punkte abhebt. Während bei der Aktiengesellschaft nur die Buchführung, der Jahresabschluß sowie der Geschäftsbericht des Vorstandes gesetzliche Prüfungsgegenstände sind, erstreckt sich die Prüfung eines Gemeindekraftwerkes in einer der erwähnten Rechtsformen darüber hinaus auf eine Beurteilung der wirtschaftlichen Verhältnisse. Die Unterscheidung ist mehr als theoretisch.

[1] Der Kürze halber wird der Ausdruck „Kraftwerk" zusammenfassend für ein Elektrizitätswerk mit Erzeugungsanlagen (Kraftwerk) und Verteilungsbetrieb gebraucht.

Es ist ein großer Unterschied, ob lediglich zu prüfen, d. h. zu vergleichen ist zwischen Aufschreibungen einerseits und Vorgängen anderseits mit dem Ziel, gewollte oder ungewollte Unterschiede zwischen Vorgängen und Aufschreibungen festzustellen oder ob auch die Vorgänge an sich kritisch zu beurteilen sind. Im Gemeindekraftwerk haben wir die wirtschaftlichen Verhältnisse an sich kritisch zu beurteilen und nicht nur ihren zutreffenden Aufschreibungen nachzugehen.

Ich gliedere den Prüfungsstoff im folgenden in acht Gruppen und überlasse es dem Leser, ob er diese Ordnung nur als Stoffordnung oder auch als Prüfungsreihenfolge ansehen will[1].

1. Personalwirtschaft. Ein Gemeindekraftwerk mit seinem verhältnismäßig großen Bürobetrieb und mit dem großen Anteil an handwerklicher Arbeit ist in der Hauptsache eine Leistungsgemeinschaft. Die Nachprüfung einer solchen Leistungsgemeinschaft würde völlig fehlgehen, wollte sie sich ausschließlich auf die Sachvoraussetzungen beziehen und nur mit den toten Gegenständen und der früher oft gepriesenen sachlichen Organisation auseinandersetzen. Die Lebensvoraussetzungen eines Kraftwerkes, gesehen als Leistungsgemeinschaft, sind der Leistungswille und der die Gemeinschaft erfüllende Geist der Zusammenarbeit. Mangelnde Zusammenarbeit und mangelnder Leistungswille drückt sich in vielfältiger Weise nahezu in allen der Prüfung unterliegenden Einzelabteilungen des Betriebes aus.

Als Kraftwerksprüfer beginne ich mit der Prüfung der Personalverhältnisse, die auch zur Beurteilung der Lohn- und Gehaltsaufwendungen vonnöten sind und beachte hierbei die Leistungsseite. Man kann davon ausgehen, daß ein großer Teil des Personals nach dem inneren Aufbau der Verantwortung in vielfältiger Weise bereits laufend kontrolliert wird. Hier beschränkt der Prüfer sich darauf, festzustellen, ob die Anweisungen für das persönliche Verhalten der durch viele andere Stellen, insbesondere durch Abteilungsleiter, Werksleiter und Rechnungsprüfungsamt kontrollierten Personen nach dem Gesichtspunkt der Wirtschaftlichkeit und der Sicherheit seine Zustimmung finden können[2]. Wichtig ist, daß er sich dem Kreis der sonst nicht oder nur weniger kontrollierten Personen, also der Leitung und der Abteilungsleitungen, zuwendet. Er sollte also die Verträge des leitenden Personals prüfen. Er sieht nach, ob etwa Vergütungen vorliegen, die den Rahmen der vertraglichen Vergütungen überschreiten, seien es ungewöhnliche und zum Schaden des Werkes verbilligte Einkäufe, seien es nicht-

---

[1] Den Kritikern meiner mündlichen Darlegungen auf der Wirtschaftsprüferwoche sei an dieser Stelle mitgeteilt, daß meine Ausführungen sowohl auf Erfahrungen als Kraftwerksprüfer wie auch auf praktische Arbeit als kaufmännischer Leiter eines Elektrizitätswerkes zurückgehen.

[2] Der Grundsatz, daß die Energieversorgung so billig (wirtschaftlich) und sicher wie möglich vor sich gehen soll, ist im Vorspruch zum Energiewirtschaftsgesetz vom 12. Dezember 1935 unterstrichen.

berechnete Werkstattleistungen oder Leistungen, die die Kraftwagen, Personenwagen oder Lastwagen, z. B. bei Umzügen, für gehobene Werksangehörige ausführen. Auch Leistungen des ausführenden Personals im Interesse der leitenden Personen, z. B. Gartenpflege, Arbeiten in den Wohnungen, Ausweitung des Begriffs der Werkswohnungsinstandhaltung unterliegen seiner Kritik. Der Prüfer soll erfüllt sein von einer großen Achtung vor dem verantwortlich und schöpferisch tätigen Personal, doch darf ihn diese Einstellung grundsätzlich nicht zur Duldung von Versuchen verleiten, die auf irgendeine Art Selbstentlohnung hinauslaufen.

In die Prüfung des Personalwesens fällt die Kontrolle des Lohnwesens, der Lohnabrechnung und -auszahlung sowie des Gehaltswesens. Der Prüfer lernt hierbei auch die Auskunftspersonen näher kennen. Ein Gemeindekraftwerk hat, was die Kontrolle der Leistungen der Rechnungsbeamten, der Zählerableser und der Kassierer im Außendienst angeht, im allgemeinen eigene Statistiken, die sowohl den Vergleich mit den Leistungen zurückliegender Zeitabschnitte als auch eine Gegenüberstellung der Leistungen der verschiedenen Werksangehörigen enthalten. Der Prüfer setzt sich mit diesen Anschreibungen kritisch auseinander und nimmt die Auswertung vor. Gegen solche statistischen Kontrollen sind natürlich viele Vorbehalte möglich, die aber ihren Wert im ganzen kaum herabsetzen. Es ist z. B. bei Auswertung der für den Hebedienst geführten Leistungskontrollen zu bedenken, daß es nicht lediglich auf die Schnelligkeit der Arbeitserledigung ankommt. Die statistischen Zahlen sagen wenig oder gar nichts über die Güte der geleisteten Arbeit. Der Erfolg ist beim Ablesen und noch mehr bei der Geldeinziehung wichtiger als ein Schnelligkeitsrekord. Ein aufmerksamer Ableser kann wichtige Wahrnehmungen machen, die dem nur auf schnellste Erledigung bedachten Beamten entgehen. Der Einheber wird, wenn er besonders hartnäckig auf den größtmöglichen Geldeingang sieht, bessere Erfolge haben als wenn er gehetzt von Haushaltung zu Haushaltung lediglich mit Rücksicht auf die zu erledigenden Aufträge vorgeht. Für die richtige Beurteilung der Einzelleistungen des gehobenen Personals ist eine taktisch und psychologisch gereifte eigene Anschauung des Prüfers aus der gesamten Zeit der Prüfung unter Beachtung der der Prüfung unterliegenden gesamten Vorgänge Voraussetzung.

2. Anlagewirtschaft. An diesem Punkt der Arbeit sollte sich der Prüfer einen persönlichen Eindruck von dem Zustand der Anlagen verschaffen. Eine Besichtigung zu Beginn der Prüfung ist in der Regel nutzlos. Im weitern Verlauf der Prüfung wird sich der Prüfer persönlich mit Teilen des Werkes noch näher vertraut machen müssen. An diesem Punkt seiner Arbeit z. B. soll er sich die Anlagen auf die Zu- und Abgänge sowie auf ihren Unterhaltungszustand hin ansehen. Auch wichtige Teile des Netzes sollte er besichtigen. Man achte auf den Zustand, bei den Holzmasten z. B. darauf, ob sie nicht kernfaul sind. Bei Eisenmasten und Schaltern kann man den Anstrichturnus prüfen und kontrollieren, ob die Isolatorenstützen rostfrei gehalten werden, ob die Masten lotrecht stehen, die Überspannungsableiter überwacht werden und die Leitungen nicht ungebührlich durchhängen. In der Kritik hält sich der Prüfer an die VDE-Vorschriften. Man beachte den baulichen Zustand der Umspannstationsgebäude, die häufig an Orten stehen, wo sie den Witterungseinflüssen besonders ausgesetzt sind. Man sehe nach, ob die Ausästung bei Überlandleitungen ordnungsmäßig ist. Beim Werksgebäude selbst beachte man den Turnus der Dachreparaturen, im Kraftwerk den Turnus der Großreparaturen an Großmaschinen, die Reihenfolge der Entrostungen der Kessel und der Kesselsteinentfernung u. a. m.

Alle diese Arbeiten, die einen größeren Geldaufwand verursachen und in großen Abständen anfallen, können willkürlich mehrere Jahre verschleppt werden. Damit wird das Erfolgsbild gestört. Der Prüfer muß eine Entstörung vornehmen und seinem Auftraggeber ein klares, vergleichbares Bild vorlegen.

Wenn von Anlagenprüfung die Rede ist, erwartet man ein Eingehen auf die Abschreibungssätze und möglichst eine Aufzählung der Abschreibungssätze im einzelnen.

Die Abschreibungssätze richten sich selbstverständlich nach der Art der Unterhaltung und vor allem nach der Art der Verrechnung der für die Unterhaltung, für die Generalreparatur und für Teilersatz aufgewendeten Kosten. Schon daraus ergeben sich erhebliche Unterschiede in der Höhe der richtigen Abschreibungssätze, auf die mit allem Nachdruck verwiesen sei. Eine unkritische Verwendung der folgenden Abschreibungssätze ist also unter allen Umständen zu vermeiden. Zu beachten ist, daß auch manche am Lager geführte Werksgeräte, Motoren und Ersatzteile sowie die Zähler am Lager abschreibungsbedürftig sind. Als Anhaltspunkte für die normale Jahresabschreibung nenne ich aus der Praxis folgende Hundertsätze der Anschaffungswerte:

	%
Verwaltungs- und Wohngebäude	0,75—2
Betriebsgebäude	1—3
Kühltürme	2—5
Umspannergebäude	2—4
feste Wehranlage (baulicher Teil)	1—2
Wehranlage, maschineller, elektrotechnischer Teil	4—5
Gräben, Verbindungskanäle	0,5—1
Dampfkessel, Rohrleitungen	6—8
Kraftmaschinen, Umformer, deren Fundamente und Schaltanlagen	5—7
Akkumulatoren-Batterien	12—15
Fernheizanlage (Dampf-Rohrleitungen und Vorwärmung)	5—8
Kabel- und Freileitungen	2—4
Umspanner	4—5
Zähler	5—6

	%
Werkstatteinrichtungen einschl. Eichstationen, Geräte und Werkzeuge	5—15
Büromaschinen und -einrichtungen	10—15
Kraftwagen und Motorräder	15—25

Die aufgeführten Sätze sollen lediglich Anhaltspunkte geben, d. h. den Prüfer aufmerksam machen, daß die Verwendung von Abschreibungssätzen, die an der unteren Grenze des hier erwähnten liegen oder sogar die hier erwähnten noch unterschreiten, an besondere Voraussetzungen gebunden ist.

Ein Beispiel: Die Unterhaltung von Akkumulatorenbatterien erfordert Pflege und Sorgfalt. Die Wartung und Pflege wird beaufsichtigt durch in größeren Abständen vorgenommene fachtechnische Revisionen. Derartige Berichte sollte sich der Prüfer vorlegen lassen. Wenn jede Arbeit, die durch die Sonderprüfung als notwendig herausgestellt wird, entsprechend vorgenommen wird, so kann es selbstverständlich bei dem geringeren Abschreibungssatz — etwa 12% — bleiben, wohingegen bei Fortfall dieser Voraussetzung der Satz von 15% gefordert werden müßte.

Bei der Beurteilung der Abschreibungssätze sind bekanntlich auch wirtschaftliche Gesichtspunkte von großer Bedeutung. So würde beispielsweise der Kupfergehalt in Freileitungen oder Erdkabeln wegen des Stoffwertes allein kaum abgeschrieben werden müssen. In einem Satz von 1—2% kommt die Rücksicht auf wirtschaftliche Überlegungen zur Geltung. Fraglich ist die Dauer der wirtschaftlichen Verwendung. Der Prüfer muß sich eingehend mit der Notwendigkeit von Querschnittveränderungen befassen. Eine höhere Stromabnahme in bestimmten Bezirken, die häufig z. B. von Kochstromverwendung beeinflußt bzw. hervorgerufen ist, verlangt oft ein Heraufsetzen der Querschnitte, wenn nicht große Stromverluste in Kauf genommen werden. Bei Beurteilung der Abschreibungssätze und der Anlagenutzungsdauer ist also zu prüfen, ob solche Auswechselungen mehr oder weniger nahe bevorstehen, ob das Material wieder Verwendung findet u. a. m.

Ein weiterer Gesichtspunkt für die Beurteilung der Nutzungsdauer ist die Frage der Spannungsänderungen. Der Prüfer hat sich eingehend damit auseinanderzusetzen, ob und in welchem Umfange Spannungsänderungen beabsichtigt und welche Rückwirkungen daraus auf die Anlagenwerte zu erwarten sind.

Noch ein Wort zur Berichterstattung über die Kraftwerks-Anlagenprüfung.

Kaum ein Kraftwerk dürfte frei von geschichtlich zu erklärenden Anlagenfehlern sein. In dem einen Kraftwerk könnte die Kühlwassergewinnung, in dem anderen die Rückkühlanlage, in einem dritten der Standort des Kraftwerks im ganzen, in einem vierten die Lage des Verwaltungsgebäudes, im fünften die Raumverteilung für die Verwaltung, in einem weiteren der Leitungsquerschnitt in Teilen des Versorgungsnetzes, in einem weiteren die Spannung und so fort entsprechend den heutigen Verhältnissen günstiger sein. Es ist für den Prüfer wichtig, diese Grundfragen gebührend zu beachten und die Tatsachen ausreichend zur Kenntnis zu nehmen. Abwegig wäre es aber, von Jahr zu Jahr etwa im Prüfungsbericht auf diese meist allen Beteiligten, auch dem Auftraggeber, bereits seit langem bekannten besonderen Verhältnisse in aller Breite einzugehen. Im Urteil über die wirtschaftlichen Verhältnisse sind diese Tatsachen nur soweit anzuführen, als sie zur Erörterung stehende Auswirkungen haben, also z. B. die Leistungen im Vergleich zu anderen Leistungen herabsetzen, kostenerhöhend wirken usw.

3. Einkauf, Lagerwirtschaft und Materialverbrauch. Die Prüfung von Einkauf, Lagerwirtschaft und Materialverbrauch verdient nicht in jedem Gemeindekraftwerk eine besondere Beachtung. Ein reines Verteilerwerk z. B. kann unter gewissen Voraussetzungen mit einem sehr geringen Lager, nämlich dem Ersatzteillager für das Netz, auskommen. Anderseits hat z. B. ein Wärmekraftwerk für den Erzeugungsbereich und ein Verteilungsbetrieb, der die Unterhaltung des Netzes einschließlich der Unterhaltung der öffentlichen Beleuchtung selbst ausführt, selbst Netzerweiterungen und Hausanschlüsse vornimmt, die Zählereichung ausführt, unter gewissen Voraussetzungen auch Handel mit Installationsmaterial, ja, wie bei verschiedenen Überlandbetrieben, nach Übereinkunft mit der freien Händlerschaft auch in gewissem Umfang Rundfunkgeräte und Beleuchtungskörper, Elektroherde, Reklame- und Vorführartikel am Lager hält und der die für das Kraftfahrwesen erforderlichen Hilfs- und Betriebsstoffe zu verwalten hat, eine ganz ausgedehnte Lagerhaltung zu betreuen und demnach einen Einkauf im größten Umfang zu besorgen.

Grundsätzlich hat sich der Kraftwerksprüfer in diesem Teilabschnitt der Prüfung wiederum die beiden Gesichtspunkte der Wirtschaftlichkeit und der Sicherheit vor Augen zu halten, und zwar Sicherheit gegen Irrtum und Sicherheit gegen absichtliche Beeinträchtigung des wirtschaftlichen Ergebnisses und der zutreffenden Rechnungslegung.

Der Weg, auf dem die Prüfung vor sich geht, führt über drei Stufen:

1. die Feststellung, wie der Arbeitsablauf in den Verrichtungen, die mit Einkauf, Lager und Verbrauch zusammenhängen, nach dem Willen der Werks- und Abteilungsleitung erfolgen *soll*,
2. die materielle Kritik dieses Sollablaufs nach Wirtschaftlichkeit und Sicherheit,
3. den Vergleich des Sollablaufs mit der wirklichen Ausführung im einzelnen.

Der Prüfer geht aus von den Zahlen, die er dem vorgelegten Abschluß entnehmen kann, also dem Anlagezugang, den Lagerbeständen aller Art und dem Materialverbrauch. Mit diesen Gesamtzahlen, zu denen er sich noch den Zeitvergleich über zurückliegende und möglichst vergleichbare Abschnitte verschafft bzw. anfertigt, dringt er ins einzelne vor. Eine eingehende Besichtigung der Läger ist dringend zu empfehlen. Ein materialkundiger Prüfer wird so häufig zum Lager zurückkehren, daß er am liebsten seinen Arbeitsplatz möglichst nahe der Lagerbuchhaltung bzw. Lagerkartei und nahe dem Lager aufschlägt.

Zunächst geht der Prüfer dem Weg der eingehenden Rechnungen nach, wobei er die Ordnungsmäßigkeit der Wareneingangskontrolle und der Rechnungsprüfung beachtet. Praktisch greift der Prüfer dann vor allem die wiederkehrenden und die großen *Einkaufsbeziehungen* heraus. Die wiederkehrenden Einkaufsvorgänge, die vielleicht auffällig werden durch eine große Treue in der Wahl der Einkaufsquellen, verfolgt er nach ihrer Bedeutung, nach Preis und Menge. Er beachtet auch das Vorliegen der erforderlichen neutralen Vergleichszahlen und der Konkurrenzangebote. Die Prüfung geht selbstverständlich in Stichproben vor sich, aber gerade ihre Auswahl ist entscheidend.

Die Versorgungsbetriebe sind oft schon aus technischen Gründen an gewisse Großlieferer gebunden. Dadurch ergibt sich vielfach eine auch persönlich sehr fest gefügte Beziehung zu den örtlichen Vertretungen. Vermutungen, die den großen Zulieferwerken gegenüber völlig abwegig wären, könnten — was die örtlichen Vertretungen angeht — doch an Gestalt gewinnen und sich verdichten. Fehlt wegen immer wiederkehrenden und eingefahrenen Bezuges wichtigster Waren von stets den gleichen Lieferern die Vergleichsmöglichkeit mit Kontrollangeboten, so handelt es sich um ein Gebiet, auf dem große Versuchungen zur Bequemlichkeit usw. an das Einkaufs- und Lagerpersonal herantreten. Der Prüfer hat dann sein zur Berufseigentümlichkeit gehörendes, zunächst rein methodisches und theoretisches Mißtrauen mit Gewissenhaftigkeit auszuräumen. Dabei wird er auch gewisse kleinere und nebensächlich erscheinende Vorgänge im Verkehr mit Groß- oder Dauerlieferern beachten. Ich erwähne die frachtfreie Rücksendung von Verpackungsmaterial, die Festhaltung der Verpackungsstückzahl, die Rücksendung für neuen Bezug, Lohnaufträge, den Vergleich von Ware, die zum Lohn-Verzinken gegeben worden ist, mit der zurückgekommenen Ware, die Verpackungsgutschriften an sich, die Verbands- und Rückvergütungen und die vertraulichen Vergütungen in Geld- oder Warenform. Inbezug auf die vertraulichen Vergütungen kann der Prüfer, selbst wenn in seiner Prüfungspraxis im einen oder anderen Fall ein besonderes konventionswidriges Zugeständnis durch besonderes Vorgehen erzielt worden ist, selbstverständlich einem Werkleiter oder Einkäufer, der solche Sondervergütungen nicht erzielt, keine Vorhaltungen machen. Kommen aber derartige Vergütungen seines Wissens vor, dann gehören sie selbstverständlich in die Werkskasse und nicht in unkontrollierte Dispositionsfonds. Manchmal ist es ungewöhnlich schwierig, dem Verbleib von auf diese Weise erzielten Vorteilen gebührend nachzugehen. Aber nicht nur diejenigen Sondervergünstigungen und Rückvergütungen, die vertraulich bleiben müssen, sondern auch diejenigen, die konditionsgemäß sind, bedürfen der Nachprüfung, damit die richtige Anwendung der oft üblichen Rückvergütungsstaffel und die zutreffende Jahresabgrenzung, sofern daraus ein Einfluß auf die Staffelabrechnung hervorgeht, beachtet wird. Auch die Auswirkungen der lokalen Wirtschaftsautarkie unter dem Motto „Das Geld des Dorfes dem Dorfe" sind mit dem Maßstab der Wirtschaftlichkeit zu prüfen, damit nicht einige Einwohner zu Lasten aller übrigen aus solchen überlebten Grundsätzen Nutzen ziehen.

Die Lagervorräte als Teile des Umlaufsvermögens beschäftigen den Kraftwerksprüfer zunächst inbezug auf Menge und Wertansatz im Zeitpunkt der Bilanzfeststellung. Der Prüfer überprüft kritisch die Inventurvorschriften und deren Innehaltung. Hingewiesen sei auf die Gefahren, die durch Unterwegsware bei Montagen vorliegen und auf die in größerem Umfang vorliegenden Fragen des Altmaterials, z. B. der Kabelenden und der abgenommenen Kabel oder des zu regenerierenden Öles. Beim Erzeugungswerk spielt die Bestimmung des Kohlenvorrats in der Inventur eine große Rolle, wobei nicht nur die Kohlenmenge, sondern auch die Kohlenqualität, die durch Lagerung im Freien gelitten haben kann, von Beachtung ist. Eine Mengennachprüfung in Stichproben auf Grund von Aktenunterlagen, also der Zechen-, Bahn-, Nebenbahn- und Eingangsverwiegungen einerseits, der Verbrauchsnachweise anderseits wird häufig unvermeidlich sein. Die Bestandsfeststellung erfolgt in einigen Werken auf Grund von Vermessungen amtlicher Stellen.

Die Qualitätsbestimmung wird in Anbetracht der Bedeutung häufig mehrfach im Jahr vorgenommen, so daß die Wirtschaftlichkeitsbetrachtung an diese Analysen und ihren Befund nach Heizwert sowie Gehalt an Asche und Feuchtigkeit anknüpfen kann. Wo in diesem Punkt mit geringer Sorgfalt vorgegangen wird, wird es der Prüfer im Zusammenhang mit der Wirtschaftlichkeitsprüfung hervorheben. An den Bilanzstichtagen wird der Prüfer in der Regel nicht zugegen sein. Ist er es doch, so ist die Richtigkeit des Beständeausweises damit noch in keiner Weise gesichert. Man könnte dem Prüfer beispielsweise leicht Kabellängen sichtbar nachweisen, obwohl damit die richtige Rechnungsabgrenzung noch keineswegs erwiesen ist. Der Prüfer sollte also bei den wichtigsten Vorräten, besonders bei Kohle und Kabel, die Jahresabgrenzung der eingehenden Rechnungen und der Unterwegsware sehr sorgfältig vornehmen. Nur zu oft hat man aus Haushaltsgründen Waren erst im neuen Jahr versandt, aber schon im alten berechnet und umgekehrt.

Man kann sich leicht vorstellen, mit welchen Gefühlen die liefernde Industrie die Hand dazu bot, ohne Kenntnis der vorgeordneten Stellen Reserven zu bilden oder aufzulösen. Soll die gesetzliche Abschlußprüfung durch Bilanzprüfer hier Wandel schaffen, so muß sich der Prüfer ganz besonders der Rechnungsabgrenzung annehmen und in Stichproben bis auf den Vergleich der amtlichen Eingangsunterlagen mit den Rechnungsbuchungen rücksichtslos klarstellen, ob Lieferung (in der Regel Versand) und Belastung in den gleichen Rechnungsabschnitt gelangt sind.

Die Prüfung der Preisansätze für die Vorräte führt hinüber zur **Preisfestsetzung für den Warenverbrauch.**

Nicht ist in diesem Aufsatze einzugehen auf die allgemeinen organisatorischen Fragen, die mit der Lagerbuchhaltung und direkten Verbrauchsanschreibung und der Bewertung all der sonstigen Einzelheiten des Rechnungswesens zusammenhängen. Nur einige besondere Hinweise seien gestattet.

Im Kraftwerk gibt es eine Reihe von Zweifelsfragen bei Einteilung der Lagerartikel. Es gibt beispielsweise Isolatoren mit Stützen, montiert oder nur in gleichem Verhältnis zusammen geliefert und gelagert. Es gibt Abdeckeisen mit und ohne Klammern usw., also gemischte Lagerartikel. Bei Einzelverbuchung nach Menge und Wert findet man oft, daß bei diesen gemischten Artikeln falsche Durchschnitte gezogen werden. Der Prüfer hat dem in Stichproben nachzugehen, da die Falschbewertung sowohl die Aufwandermittlung, vielleicht sogar die Kalkulation, z. B. von Hausanschlüssen, als auch die Bilanzwerte störend beeinflußt. Auf die Bedeutung, die die Bewertung des Kupferinhaltes der Läger hat, brauche ich nur hinzuweisen. Das Erfordernis, die Werte weder über den Einkaufspreis noch über den Tagespreis hinaus einzusetzen, macht dem Prüfer eine sorgfältige Nachforschung zur Pflicht, die um so schwieriger ist, je weniger genau die Anschreibungen vorgenommen sind. Ins Problematische wird er kommen, wenn z. B. Ausbau und Austausch, etwa wegen Querschnitterhöhung von Freileitungen, in Frage kommen, wenn er also Posten ausgebauten bzw. ausgewechselten Materials vorfindet, welches zum Teil für den Wiedereinbau, zum

Teil für die Inzahlunggabe beim Neueinkauf, zum Teil aber auch für den Verkauf als Altmaterial bestimmt ist.

Bei der **Verbrauchserfassung** treten weniger besondere als vielmehr mit dem Einkaufs- und Lagerwesen allgemein eng zusammenhängende Fragen auf. Zu betonen ist die Bedeutung der strikten Durchführung der Rückrechnung zuviel ausgegebener Lagermengen. An der Organisation des Rückscheines — nicht, ob er im Vordruck vorgelegt werden kann, sondern an seiner Bewährung in der Praxis —, weiter an der Zahl, der Ordnung und der Kontrolle der Handlager erkennt man im Kraftwerk den Gesamtstand der Verbrauchsabrechnung. Rückschein, Handlager, Altmaterialabrechnung, Abrechnung der persönlichen Entnahmen, z. B. der Kohlen- oder Altholzlieferungen, verbilligter Verkauf von Werbematerial an die Werksangehörigen, z. B. von elektrischen Geräten, sind beachtenswerte Punkte.

Wenn sich der Prüfer einen persönlichen Eindruck von der Zweckmäßigkeit der Lagerung verschafft, so beachte er nicht so sehr die äußere Ordnung als die Frage der Vermeidung überflüssiger Gänge für den Lagerarbeiter bei Einlagerung und Ausgabe, die Höhe und Stetigkeit der Temperatur bei der Lagerung von Öl, Säure, Kraftfahrzeugreifen, die rostfreie Lagerung von Eisen und Werkzeugstahl aller Art. In größeren Lägern verfügt das Stahllager über Schneideeinrichtungen, damit Werkzeugstahl nicht in verhältnismäßig großen Stäben ausgegeben werden muß. Es sind also Gesichtspunkte zu beachten, die dem Fanatiker der Ordnung nicht ohne weiteres naheliegen.

Wichtig erscheint mir die Frage der Ölverbrauchsabrechnung, da die Regenerierung von ausgebrauchtem Öl oft hineinspielt. Öl, Dichtungsmaterial, Schleifmaterial und Werkzeugstahl für die Werkstätten sind für die Prüfung unter technisch-wirtschaftlichen Gesichtspunkten ungemein lohnend.

Ich möchte den Abschnitt nicht verlassen, ohne zu betonen, daß es sich hierbei ganz besonders verlohnt, gute Prüfungsarbeit zu leisten. Man erkennt auf diesem Gebiet die Grundtendenz des zu prüfenden Werkes und der jeweiligen Bilanzierung, letzere deshalb, weil in einem Werk oder in einem Jahre, in dem Reserven gelegt werden sollen, von Posten zu Posten die Absicht, möglichst an der unteren Grenze von Menge, Qualitätsbeurteilung und Wertansatz zu bleiben, erkennbar wird, während in Werken und Jahren, in denen günstige Ergebnisse auf Kosten der Reserven erwünscht sind, das umgekehrte Bestreben vorliegt.

Ich empfehle darum, Einkauf, Lagerwirtschaft und Materialverbrauch möglichst am Anfang zu prüfen. Für die Beurteilung der Abschlußhandhabung in den anderen Kapiteln sind die hier gewonnenen Eindrücke wichtig.

Man könnte einwenden, daß die Berücksichtigung alles in diesem Abschnitt Vorgebrachten den Rahmen einer Jahresabschlußprüfung weit überschreitet. Deswegen sei festgehalten, daß es niemals Aufgabe einer Prüfung sein kann, erschöpfend in Breite und Tiefe vorzugehen. Die erwähnten Prüfungsgesichtspunkte sind vorgebracht, um dem Prüfer von Fall zu Fall die Auswahl derjenigen Gebiete zu erleichtern, auf denen ein besonderes Verweilen voraussichtlich lohnt. Wird die Prüfung beschränkt — was in aller Regel notwendig sein wird —, so sollten möglichst nur diejenigen Abschnitte der Kürzung anheimfallen, die nach Lage des Einzelbetriebes voraussichtlich von geringerer Bedeutung sind. Erscheinen Sonderprüfungen erforderlich, so steht der Weg offen, dies beim Auftraggeber unter Darlegung der Gründe geltend zu machen.

4. Werkstätten und Kraftfahrwesen. Ein Kraftwerk, das lediglich kleinste Reparaturen selbst ausführt, also auch die Kraftfahrzeuge dem freien Gewerbe zur Reparatur übergibt, das die Zählereichung nicht selbst vornimmt, keine Installationen ausführt, auch Waschmaschinen und Klingelleitungen nicht selbst im Verleihbetrieb unterhält, hat nur Werkstätten von geringem Umfang. Je mehr sich das Werk aber auf den angeführten Gebieten betätigt, um so wichtiger wird die Frage der Werkstättenprüfung. Dabei darf freilich der Zusammenhang von Werkstattarbeit und Bereitschaftsdienst nicht vergessen werden. Kraftwerke, die selbst die Erweiterungs- und Unterhaltungsarbeiten im Netz ausführen, können stoßweise anfallende Beanspruchung im Netz mit Hilfe des Werkstättenpersonals leichter, billiger und sicherer bewältigen, was bei der Kritik der isolierten Wirtschaftlichkeit der Werkstätten sehr zu beachten ist. Im übrigen seien folgende Gesichtspunkte herausgestellt:

1. Der Prüfer soll im allgemeinen bei großen und bei wiederkehrenden Arbeiten verlangen, daß Kontrollkalkulationen auf Grund von Angeboten bei Vergebung der Arbeit außer dem Haus vorliegen. Beim Vergleich sind die Kalkulationsregeln für fortfallende und hinzukommende Kosten zu beachten.

2. Die Werkstätten sollen gehalten sein, Nachkalkulationsmaterial gewissenhaft und in abgestimmter Form zur Prüfung bereitzustellen.

3. Die Zusammenhänge zwischen Leistung und Lohn sollten verfolgt werden, wobei Bereitschaftsdienst außerhalb der Werkstatt offen in Erscheinung zu treten hat, also nicht etwa als nur scheinbare Leistungsminderung in der Werkstatt auftreten darf.

Das Kraftfahrwesen nimmt bei größeren Gemeindekraftwerken eine bedeutende Stellung ein. Man trifft dafür verschiedene Organisationsformen an.

Zunächst gibt es Kraftwerke, in denen das Kraftfahrwesen ausschließlich vom Werk verwaltet wird. Der Prüfer hat sich in diesem Fall eingehender mit der Abrechnung von Aufwand und Leistung sowie mit dem den Anlagegegenstand Kraftfahrzeuge betreffenden Fragengebiet auseinanderzusetzen. Wichtig ist auch die Verrechnung persönlicher Leistungen für Werksangehörige und die Werksleitung. In Werken mit guter Ordnung werden Fahrtenbücher geführt. Die Fahrten, auch solche für Rechnung Dritter, werden darin quittiert, die Verbrauchsmengen an Treibstoff, Reparaturen und Leistungen kurz nachgewiesen.

Ist die Kraftfahrzeugverwaltung für die gemeindlichen Werke und die eigentliche Verwaltung zusammengefaßt, so entfällt meist eine weitergehende Prüfung. Der Prüfer beschränkt sich auf die Prüfung des Anlagepostens Kraftfahrzeuge, also der Zu- und Abgänge, der Löschung der richtigen Buchwerte und der Abgrenzung der wechselseitigen Leistungen, die gegebenenfalls auf besondere Tendenzen untersucht werden müssen.

Häufig steht die Fahrzeugleistung in einem ungünstigen Verhältnis zum Fahrzeugbestand, da die Wagen in großem Umfange Bereitschaftsdienst leisten, so daß die Fahrzeiten — wenn man sie etwa mit denen eines Kraftverkehrsunternehmens vergleicht — außerordentlich klein gegenüber derjenigen Zeit sind, während der insbesondere Spezialfahrzeuge des Kraftwerkes anläßlich von Montagen und Auswärtsarbeiten, aber auch in Ausfahrbereitschaft, beim Werk ungenutzt stehen. Diese Bemerkung soll jedoch nicht von einer Prüfung abschrecken, sondern zu immer erneuter Überwachung Anlaß geben, zumal es sich hier um einen Wirtschaftlichkeitsfaktor erster Ordnung handelt.

5. Hebedienst und Kasse. Da die Hebedienstfragen in den Versorgungsbetrieben von anderer Seite behandelt werden, kann ich mich hier kurz fassen.

Bei der Nachprüfung des Hebedienstes ist die Beachtung des Grundsatzes besonders wichtig, daß die Kritik einer Istorganisation sich zunächst zu vergewissern hat, ob sich die Istorganisation mit der durch Anweisung geregelten Sollorganisation deckt. Eine Kritik trifft die falsche Stelle, wenn sie auf die anweisende Stelle zielt, obwohl nur die praktische Durchführung nachlässig und fehlerhaft ist. Besonders auf diesem Prüfungsgebiet ist darauf zu achten, daß die Forderung nach Sicherheit begrenzt wird durch das Gebot der Wirtschaftlichkeit, und daß bestehende Einrichtungen gegenüber Vorschlägen stets den Vorsprung haben, schon zu bestehen und eingelaufen zu sein. Trotzdem sollte der Prüfer gerade auf dem kostenfressenden Gebiet der Hebedienst- und Kassentätigkeit stets mit frischem Geist und mit der Absicht ans Werk gehen, das jeweils Beste und Wirtschaftlichste zur Erwägung zu stellen. Freilich ist gerade für den Organisator hier ein dornenvolles Gelände, denn es ist das Gebiet der persönlichen Arbeitserledigung der Dienststellen, und die geistige Arbeitsverfassung, also Wille, Gesinnung, Verhalten und Spannkraft der Sachbearbeiter sind für den Erfolg einer etwaigen Umstellung mindestens ebenso entscheidend wie die Schlüssigkeit des Organisationsplanes.

Im einzelnen sind folgende Prüfungsgebiete zu erwähnen:

1. Zähleranzahl,
2. Zählerstand,
3. Mengenerfassung,
4. Rechnungsabgrenzung in der Strombezugs- und Verbrauchsabrechnung,
5. Verzugszinsenabrechnung,
6. Nachlässe und Berichtigungen,
7. Mahnungen und Briefverkehr,
8. Kassen (Buch-, Belege- und Bestandsprüfung),
9. Leistungsaustausch zwischen Kraftwerk und anderen Gemeindestellen.

10. Ordnungsmäßigkeit der Rechnungserteilung besonders bei Großabnehmern auf Grund der Verträge.

Dazu folgende Hinweise[1]:

Zu 2. Zählerstand. Für jeden Ablesezeitraum sollte eine Abstimmung zwischen dem Gesamtzählerstand aller Zähler zu Beginn und dem Gesamtzählerstand zu Ende der Periode verlangt werden, wobei sich der Fortgang decken muß mit dem berechneten Verbrauch unter Berücksichtigung des Fortgangs der Zählerziffern auf den ausgebauten und ausgewechselten Zählern. Eine solch umfassende Kontrolle, von deren Richtigkeit sich der Prüfer durch Stichproben überzeugt hat und die nach großen Fehlerfeldgruppen unterteilt sein sollte, verstärkt erheblich die Sicherheit der Abrechnung.

Zu 3. Mengenerfassung. Angefangen mit den Bezugs- und Erzeugungsmengen von elektrischer Arbeit über die nutzbare Abgabe für Licht, Kraft, öffentliche Beleuchtung, Straßenbahn und Eigenverbrauch bis zu den verbleibenden rechnerischen Verlusten sollten die Mengenzahlen verfolgt und abgestimmt und vom Prüfer in Stichproben kontrolliert werden. Die Genauigkeit der Mengenerfassung hängt natürlich von den vorhandenen technischen Meßeinrichtungen ab. Es gibt Kraftwerke, bei denen die öffentliche Beleuchtung oder der Eigenverbrauch nicht lückenlos erfaßt und abgerechnet wird, so daß sich Eigenverbrauch und echte Verluste oder echte Verluste und Verbrauch der öffentlichen Beleuchtung nicht trennen lassen. Selbstverständlich bedeuten solche Lücken in der Mengenerfassung eine große Gefahr, auf die der Prüfer immer wieder hinweisen sollte. Im übrigen sollten die Netzverluste möglichst nach Strecken unterteilt sein. Sorgfältig gesicherte Verlustzahlen geben dann Anlaß, den Ursachen nachzugehen, seien sie auf unbezahlte Abgabe oder auf technische Ursachen, z. B. Meßfehler zurückzuführen.

Zu 5. Verzugszinsenabrechnung. Eine Verzugszinsenabrechnung, wie sie bei Großabnehmern zu beachten ist, bietet dem ausführenden Personal eine gewisse Freizügigkeit, so daß der Prüfer auch hierin sich in Stichproben von der Ordnungsmäßigkeit, Gleichartigkeit der Kundenbehandlung und von der Innehaltung der Vereinbarungen zu überzeugen hat.

Zu 6. Nachlässe und Berichtigungen. Gewährte Nachlässe und erforderliche Berichtigungen werden am besten völlig außerhalb der laufenden Stromabrechnung in der Buchhaltung verfolgt. Es fehlt hier die sonst im großen mögliche Gesamtabstimmung. Der Prüfer tut gut daran, sich eine Reihe von Einzelfällen anzusehen und deren Verfolgung und ordnungsgemäße Behandlung eingehend zu untersuchen.

Zu 7. Mahnungen, Briefverkehr. Die Gesichtspunkte der Wirtschaftlichkeit werden im einschlägigen Schriftverkehr der Kraftwerke gern

[1] Von den folgenden Ausführungen wurde ein Teil zugunsten der Sonderdarstellung in dem Aufsatz von H. Nicklaus gestrichen. Der Herausgeber.

vernachlässigt. Es lohnte sich, die Hinweise zu diesem Abschnitt zu einem Aufsatz auszudehnen, so groß ist die Bedeutung des Mahnwesens sowie des Schriftverkehrs aus Anlaß von Beschwerden aller Art usw. Die großen Unterschiede, die im Mahn- und sonstigen schriftlichen Kundenverkehr zwischen Industriewerken und Versorgungsbetrieben festzustellen sind, sind nur zum geringsten Teil berechtigt. Häufig wird ein von außen kommender Prüfer finden, daß sich hier und ferner in der Regelung der Unterschriften große Änderungen empfehlen, die zur Entlastung des Personals, vor allem der Abteilungsleiter und der Betriebsführer, beitragen und trotzdem die Wirksamkeit des Briefwechsels und Mahnverfahrens erhöhen.

Zu 8. Kassen. Eine Kassenbestandsprüfung ist für die Pflichtprüfung nur insoweit zweckmäßig, als sich eine nachträgliche Rückrechnung auf den am Jahresschluß ausgewiesenen Bestand empfiehlt. Im übrigen kann sich diese Prüfung auf eine Beleg- und Buchhaltungskontrolle der Art beschränken, wie sie für den übrigen Teil der Buchhaltung ebenfalls üblich ist. Alles übrige ist Sache des örtlichen Rechnungsprüfungsamtes. Eine überraschende Kassenaufnahme ist wegen des regen Schalterverkehrs und der Verbindung der Kassen mit dem Hebedienst ohne besonderen Auftrag mit der Prüfung des Jahresabschlusses nicht zu verbinden.

Zu 9. Leistungsaustausch zwischen Kraftwerk und anderen Gemeindestellen. Das Kraftwerk steht mit den übrigen Gemeindebetrieben und mit der Verwaltung in einem stark einseitigen Leistungsaustausch. Es ist meist Stromlieferant für die öffentliche Beleuchtung, für die öffentlichen Büros und Verwaltungen, für die Straßenbahn, und häufig auch Wärmelieferant für städtische Bäder und städtische Büros. Hat das Werk eine Fernheizanlage, so kommen weitere Lieferverhältnisse hinzu. Die Prüfung erstreckt sich hier auf die Überwachung der wechselseitigen Leistungen, auf die Abstimmung der Leistungsmengen und die materielle Kritik der Verrechnungspreise. Soll das Wirtschaftlichkeitsbild des Kraftwerks zutreffend sein, so müssen die Verrechnungspreise nach wirtschaftlichen Gesichtspunkten festgesetzt sein. Mit den Verrechnungspreisen muß sich der Prüfer besonders unvoreingenommen auseinandersetzen. Im Bericht schließt sich diese Auseinandersetzung an die Darstellung der Abrechnungszahlen an. Im Bericht gehe der Prüfer auf diese schwierigen Preisbildungsfragen wenigstens soweit ein, als etwa im Berichtsjahr grundsätzliche Änderungen stattgefunden haben.

6. Verträge und Tarifwesen, Werbung und Verkauf. Der Prüfer kommt hier in ein Gebiet, das stark kommerziellen Einschlag hat. Die Gestaltung der Großabnehmerverträge, die grundsätzliche Ausgestaltung der Kleintarife für die Haushaltungsverbraucher, die Regelung der Werbung, das alles erfordert kaufmännische Begabung. Der Abteilungsleiter, der diese Aufgabe sachbearbeitend behandelt, wird oft anders vorgehen müssen als das mehr behördlich arbeitende übrige Personal. Will der Prüfer dieser kaufmännischen Tätigkeit gerecht werden, so muß er sich der Problematik der Arbeiten, die er vor sich hat, voll bewußt sein. Wenn das Kraftwerk Verträge abschließt, Tarife ändert und Werbung betreibt, so begibt es sich in Wagnisse, wobei noch stark ins Gewicht fällt, daß eine lückenlose Nachprüfung der Wirkungen aus verschiedenen Gründen erschwert, wenn nicht gar in vielen Fällen unmöglich ist. Diese Erschwerungen liegen leider oft im zurückgebliebenen Rechnungswesen der Werke, insbesondere der Betriebsbuchhaltung und Kalkulation. In anderen Fällen sind Grenzen gezogen durch das wirklich technisch-wirtschaftlich Problematische. Es ist menschlich verständlich, daß ein Kraftwerkleiter seine eigene Berichterstattung stark durchdrungen sein läßt vom Optimismus und vom Wunsch, auf jeden Fall Erfolgsnachweise zu erbringen. Er will zuweilen um Verständnis werben für seine zum Teil vom berühmten Fingerspitzengefühl geleitete Arbeit auf diesen Gebieten. Der Prüfer, der als einziger außerhalb des Rahmens der im Kraftwerk mit dem Rechnungswesen befaßten abhängigen Stellen und gänzlich frei dasteht, muß hier ganz besonders wachsam sein. Er muß für die hauptsächlichsten Verträge, für den Grundgedanken der im Kraftwerk eingeführten Tarifänderungen und für die Grundsätze der Werbung Verständnis aufbringen, aber er darf auch mit der Kritik nicht grundsätzlich zurückhalten. Kritisch soll er berichten über alles auf diesem Gebiet Wesentliche im geprüften Jahr, über sich anbahnende Verschlechterungen und erkennbare günstige Anzeichen, wobei er zwar wohlwollend, aber schonungslos den Vorgängen nachzugehen hat. Er wird die Erwartungen, die den Verträgen, den Eingriffen in das Tarifwesen und den Werbefeldzügen vorausgegangen und wahrscheinlich in schriftlichen Vorlagen niedergelegt sind, mit den rechnerisch erfaßten Tatsachen vergleichen müssen.

Nehmen wir beispielsweise an, die Kraftwerksleitung habe die Genehmigung für die Einführung verbrauchsanregender Haushalttarife erhalten[1]. Die Möglichkeiten, zur besseren Ausnutzung der bestehenden Werks- und Leitungskapazität einen Mehrverbrauch durch Tarifgestaltung zu erzielen, und zwar möglichst unter Verringerung der Spitzenbelastung, sind vielgestaltig.

Die Wahl sei auf die sogenannten Strombegrenzungseinrichtungen in Verbindung mit der Zweiteilung des Tarifs in Bereitstellungspreis (Leistungspreis) und Arbeitspreis gefallen. Selbstverständlich braucht eine solche Umstellung eine längere Übergangszeit. Aber schon innerhalb der Übergangszeit kann man Feststellungen darüber treffen, wie sich die neuen Tarife in der Praxis bewähren. Es kann durchaus sein, daß die Werksleitung selbst an einer solchen frühzeitigen Berichterstattung kein Interesse hat. Ein Prüfer, der feststellt, daß, obwohl bereits gewisse Erfahrungen vorliegen, bei der Berichterstattung Zurückhaltung geübt wird, handelt im Interesse der Wirtschaftlichkeit, wenn er in geeigneter Form auf etwa bereits gewonnene ungünstige Erfahrungen hinweist. Sein Urteilsvermögen sollte jedenfalls von der Werksleitung so unabhängig sein, daß er über diese sehr schwierigen und häufig ins Problematische hineinragenden Fragen mit der durch die Begrenzung der festen Erkenntnisse gebotenen Zurückhaltung selbständig zu berichten in der Lage ist.

[1] Das Beispiel will keine allgemeingültigen Erkenntnisse vermitteln, sondern nur anregen. Der Verfasser.

Ergeben z. B. Einzelermittlungen bei denjenigen Haushaltungen, die bereits mit Strombegrenzungseinrichtungen versehen sind, daß statt des erwarteten Mehrverbrauchs ein Minderverbrauch infolge der unterbundenen gleichzeitigen Benutzung aller vorhandenen Stromverbrauchsgeräte und Lichtquellen eingetreten ist, so ist dies eine außerordentlich wichtige Tatsache. Zeigt außerdem seine Untersuchung im Werk, daß Spitzenbrechung in den Lichtverbrauchszeiten keine für das betreffende Werk unlösbare Aufgabe darstellt oder daß die Mehrkosten des Spitzenstromes in Anbetracht des Mehrverbrauchs wirtschaftlich sind, so könnte er mit einer rechtzeitigen Kritik die weitere Einführung eines Tarifes, welcher das Werk und damit die Gemeinde im ganzen schädigt, unterbinden. Aus solchen Erhebungen könnte z. B. hervorgehen, daß an Stelle des Grundgebührentarifs mit Strombegrenzung ein Doppeltarif vorteilhafter ist, der nur zur Verbrauchsdrosselung in den Spitzenstunden führt, im übrigen aber Verbrauchszunahme und damit verbesserte Werksausnutzung bringt.

Sicher ist, daß viele Werke nicht scharf genug zwischen der Erscheinung der fallenden Kosten bei größerer Kapazitätsausnutzung und dem Problem der steigenden Kosten durch Spitzenbelastungen unterscheiden. Während die Kostensenkung und damit — die Erlösseite einmal ausgeschaltet — die Erfolgssteigerung bei größerer Ausnutzung fast alle Werke mehr oder weniger angeht, ist die Kostenverteuerung bzw. Erfolgsminderung durch die Lichtstromspitze der Klein- und Mittelverbraucher seltener bzw. von geringerer Bedeutung als man anzunehmen scheint. Solchen Erscheinungen sollte der Prüfer im einzelnen auf den Grund gehen, damit er sein Urteil auf selbständigen Ermittlungen aufbauen kann.

Die Gestalt der Tarife in den Versorgungsbetrieben ist selbstverständlich nicht ausschließlich durch werkswirtschaftliche Überlegungen bestimmt. Die auf überwirtschaftliche Gesichtspunkte gegründeten Tarife, z. B. Einheitstarife für Stadt und Land nach dem Gesichtspunkt „Einer trage des anderen Last“ halten natürlich einer nur wirtschaftlich ausgerichteten Kritik im einzelnen nicht stand. Sich mit diesen Fragen auseinanderzusetzen ist nur dann Aufgabe des Prüfers, wenn er dazu eigens beauftragt ist. Bei der Prüfung der Großabnehmerverträge, die in vielen Fällen vollkommen losgelöst vom übrigen Tarifwesen als Einzelabkommen auf Grund der besonders hohen Stromabnahme zustande gekommen sind, ist eine Beurteilung im Rahmen der Pflichtprüfung oft außerordentlich schwierig. Häufig erzielen die Werke nur den Preis, der mit den Kosten einer vom antragenden Großabnehmer auf Grund tatsächlich vorhandener Möglichkeiten geltend gemachten anderen Kraftquelle konkurrieren kann. Bedenkt man ferner, daß im Werk meist einwandfreie Einzelkalkulationen fehlen, solche vielfach aber auch nicht vorhanden sein können, weil unlösbare wirtschaftliche und technische Probleme hineinspielen, so wird deutlich, wie zurückhaltend und wie sorgfältig der Prüfer bei seiner Kritik sein muß.

7. Die übrigen Posten des Jahresabschlusses. Die sonstigen Posten der Bilanz und der Gewinn- und Verlustrechnung enthalten im Kraftwerkbetrieb nicht viel ausgesprochen Eigentümliches. Es ist aber nicht etwa so, daß die im einzelnen nicht berührten Prüfungsteile von minderer Bedeutung seien. Ich erinnere an die großen und auch grundsätzlichen Fragen der Prüfung von Anleihen und ihrer Verwendung, der Abschreibungspolitik und Abschreibungsverwendung sowie an die Prüfung der verschiedenen bei Kraftwerken vorkommenden Gerechtsame. Diese Prüfungen treten in der gleichen Art bei anderen Gemeindebetrieben, ja auch Industriebetrieben schlechthin, in Erscheinung. Sie können deshalb hier übergangen werden. Hervorheben möchte ich, daß Ausgliederungsarbeiten häufig mit Prüfungsarbeiten verwechselt werden. Gliedern ist nicht prüfen. Der Prüfer soll verlangen, daß seine Unterlagen weitgehend vorbereitet werden, soll sich für vergleichende und kritische Arbeiten frei machen und beim Vergleichen da einsetzen, wo die größte Wahrscheinlichkeit für fehlende Übereinstimmung besteht.

8. **Wirtschaftlichkeit.** Auf die Prüfung der wirtschaftlichen Verhältnisse ist in den einzelnen Abschnitten von Fall zu Fall schon eingegangen worden. Wenn ich hier nochmals, und zwar ergänzend und zusammenfassend, darauf zurückkomme, so geschieht dies, um einige grundsätzliche Fragen zu erörtern.

Dem von der kaufmännisch-betriebswirtschaftlichen Seite kommenden Prüfer wird es in besonderem Maß naheliegen, das Rechnungswesen, also z. B. den Kontenplan und den Arbeitsablauf in der Verwaltungsabteilung, unter Wirtschaftlichkeitsgesichtspunkten kritisch zu beleuchten. Er wird hier oft ein großes Feld für Verbesserungsvorschläge und Anregungen weit über den Rahmen der Prüfung des Jahresabschlusses hinaus vorfinden.

Das Gemeindekraftwerk ist in gewissem Umfange ein Finanzamt für indirekte Steuern. Ebenso wie man beim Finanzamt nicht schon von Erfolgen spricht, wenn es nach Abzug seiner eigenen Unkosten noch einen Überschuß aus dem Steueraufkommen bereitstellen kann, ebensowenig kann man die Wirtschaftlichkeit eines Gemeindekraftwerkes an seinen Überschüssen messen. Bis zu einer allgemeinen Vervollkommnung des Rechnungswesens, an der er durch Vorschläge und Erfahrungsaustausch mitarbeiten sollte, muß der Prüfer sich bei der Stellungnahme zu der Frage der Wirtschaftlichkeit mit Einzelerhebungen begnügen. Wenn er die Gestehungskosten von Dampf und elektrischer Arbeit im einzelnen ermittelt und im Zeitvergleich auswertet, wenn er zu den großen, die Wirtschaftlichkeit beeinflussenden Fragen, z. B. der Anlagenerweiterung und der Ersatzanschaffungen, des Tarifwesens usw. von sich aus unbeeinflußt Stellung nimmt, so ist das keineswegs unwichtig. Auf dem Gebiet der Wirtschaftlichkeitsprüfung ist aber darüber hinaus für eine Weiterentwicklung noch ein großer Raum gelassen.

Schlußbemerkung: Zwei Vorurteile. Der Kraftwerksprüfer hat sich mit einem doppelten Vorurteil abzufinden. Er hat einen Beruf, von dem vielfach die Ansicht verbreitet ist, daß er besonders trocken und uninteressant sei. Für den Gemeindekraftwerksprüfer kommt noch hinzu, daß er sich in einem öffentlichen Versorgungsbetrieb befindet. Diesen Betrieben haftet das Vorurteil an, daß es sich um eine besonders langweilige und minder wichtige Arbeitsstätte ohne frischen Zug und ohne wirtschaftlichen Geist handele.

Auch diejenigen, die bisher das eine oder andere dieser Vorurteile geteilt haben, dürfen überzeugt sein, daß weder der Prüferberuf noch insbesondere die Betriebswirtschaft eines Gemeindekraftwerks in irgendeiner Weise diese irrigen und ganz zu Unrecht verbreiteten Ansichten rechtfertigen.

11. Zur Beurteilung der Betriebsführung von Gaswerken und ihren Verteilungsbetrieben.

Von Direktor Dipl.-Ing. **Hermann Müller**,
Hamburger Gaswerke G. m. b. H.

Die Versorgungsbetriebe für Gas und Strom sind einander im inneren Aufbau durchaus ähnlich. Die Unternehmungen gliedern sich fast immer in eine Erzeugungsstätte, in die Verteilungsanlage und die Verwaltung mit Abteilungen für Verkauf, Werbung und Rechnungswesen. Während Verteilung und Verwaltung bei Gas und Strom wenig von einander abweichen, stellt die Erzeugung bei den beiden Energiearten grundsätzlich verschiedene Aufgaben. Die Gaserzeugung ist nicht unwesentlich verwickelter als die Stromerzeugung. Bei dieser wird die Kohlenenergie durch Verbrennen unter Kesseln zur Dampferzeugung benutzt. Die Kohle verschwindet völlig, als Rückstand bleibt nur die Asche. Der hochgespannte Dampf treibt die zur Stromgewinnung geeigneten Maschinen. Der Abdampf geht in den Kondensator oder in die Luft und verschwindet. Der aus den Dynamos herausfließende Strom ist ein fertiges Erzeugnis, das keiner weiteren Nachbehandlung als höchstens der Umformung der Spannung bedarf.

Ganz anders die Gaserzeugung. Die Kohle wird hier entgast, d. h. bei 1000° in ihre gasförmigen und festen Bestandteile zerlegt. Aus der Kohle entstehen bei der trockenen Destillation nicht nur das Haupterzeugnis Gas, sondern auch noch die Nebenprodukte Koks, Teer, Ammoniak, Benzol, Schwefel usw. Wir haben es also hier mit verbundener Erzeugung oder sog. Kuppelproduktion zu tun. Das aus den Entgasungsöfen strömende Gas ist nicht ein fertiges Erzeugnis, sondern ein Gemisch verschiedenster Gase, welches noch einer sehr sorgfältigen und umfangreichen Nachbehandlung bedarf, ehe das Stadtgas fertig ist.

Viele Gaswerke erzeugen nicht nur Gas aus Steinkohle, sondern auch Gas aus Koks, das sogenannte Koks- oder Wassergas, und mischen beide Gase, meist im Verhältnis 3:1. Daneben gibt es noch Werke, welche die Kohle auf dem Weg der restlosen Vergasung verarbeiten.

Diese kurze Gegenüberstellung des Erzeugungsvorganges von Elektrizität und Gas läßt erkennen, daß die Beurteilung der Betriebsführung eines Gaswerks wesentlich andere und vielseitigere Erwägungen erfordert als diejenige eines Elektrizitätswerks. Gleichartig für beide Energiearten ist der Rahmen des technischen Vorganges. Er erfaßt nicht nur die Erzeugung und Verwaltung wie bei den meisten anderen technischen Unternehmungen, sondern auch die Verteilung. Demgemäß ergibt sich für unsere Untersuchung die folgerichtige Unterteilung in die drei Hauptkostenfelder: Erzeugung, Verteilung und Verwaltung.

1. Erzeugung.

Standortfrage. Die Erzeugungsstätte liegt am günstigsten, wenn sie in der Mitte des Versorgungsgebietes liegt. Außerdem soll sie ungefähr am tiefsten Punkt des Geländes errichtet sein, da das Gas bestrebt ist, infolge seines gegenüber der Luft leichteren spezifischen Gewichts nach oben zu steigen. Jede andere Lage zum Versorgungsgebiet ergibt ungünstigere Verhältnisse und damit höhere Betriebskosten. Sie drücken sich darin aus, daß die Verteilung des Gases infolge des dann notwendig werdenden größeren Durchmessers der Hauptrohrleitung größere Aufwendungen erfordert. Wird eine Stadt von mehreren Werken aus versorgt, dann werden sie zweckmäßig so verteilt, daß das Hauptversorgungsgebiet zwischen ihnen liegt.

Beschaffenheit des Gases. Richtlinien dafür sind zuletzt in den Jahren 1921 und 1925 von den deutschen Gaswerken aufgestellt worden[1]. Die Richtlinien erfordern einen Heizwert des Gases von 4200kcal/Ncbm mit Abweichungen von $\pm$ 100WE, der aus reinem Steinkohlengas durch Zusatz von Wassergas erhalten ist; ein spezifisches Gewicht unter 0,5; einen Gehalt an unbrennbaren Gasen (sog. Inerten) unter 15 Volumenprozent; Reinheit von Teer und Schwefelwasserstoff.

Der Gaswerksbetrieb ist so zu führen, daß der Abnehmer ein Gas von gleichbleibendem Heizwert, gleichbleibendem spezifischem Gewicht und gleichem Druck erhält. In den letzten Jahren sind die Anforderungen an die Gasbeschaffenheit noch wesentlich verschärft worden. Sie werden auch künftig noch weiter ausgebaut werden müssen mit Rücksicht auf die Gasgeräteindustrie, welche dann am günstigsten arbeitet, wenn sie in jeder Stadt dieselben Verhältnisse bezüglich des zur Verfügung stehenden Gases vorfindet. Die Gasgeräteindustrie fordert daher mit Recht eine strenge Normung des Gases für alle Werke in Deutschland. Die Vorarbeiten zur endgültigen Normung des Gases sind im Gang.

Die Richtlinien über die Beschaffenheit des Gases geben an, welche Nebenprodukte aus dem Gas entfernt werden müssen: Es sind dies Teer,

---

[1] Vgl. Kalender für das Gas- und Wasserfach, 2. technisch-wissenschaftlicher Teil, 55. Jahr, S. 325. Oldenbourg, München und Berlin 1932.

Naphthalin, Ammoniak und Schwefel. Diesen sind solche Nebenprodukte gegenüberzustellen, die entfernt werden können. Dazu zählt in erster Linie das Benzol und unter Umständen das Zyan. Beide Nebenprodukte werden zur Erhöhung der Wirtschaftlichkeit gewonnen. Beim Benzol spielen bekanntlich noch wichtige volkswirtschaftliche Erwägungen eine Rolle.

Kohle. Die Eigenschaften des Gases und der Nebenprodukte hängen in erster Linie vom Rohstoff Kohle und in zweiter Linie von der Art seiner Verarbeitung ab. Der Auswahl und dem Einkauf der Kohle ist daher höchste Sorgfalt zuzuwenden, denn die Kohlenart bestimmt in erster Linie den wirtschaftlichen Erfolg der Gaserzeugung. Als allgemeine Richtlinie kann gelten, daß eine gute und somit teure Kohle für den Gaswerksbetrieb den günstigsten wirtschaftlichen Erfolg verspricht. Jeder Betrieb wird sich im Lauf der Zeit auf die Verarbeitung für ihn besonders geeigneter Kohlensorten einstellen. Um sich ihren Bezug sicherzustellen, tut man gut, sich rechtzeitig einzudecken und langfristige Verträge auf 1 bis 2 Jahre abzuschließen. Die Notwendigkeit einer ununterbrochenen Gasversorgung der Bevölkerung verlangt die Lagerhaltung eines größeren Vorrats für 3 bis 4 Monate. Da aber die Kohle durch das lange Lagern an Wert verliert und große Vorräte viel Platz beanspruchen, muß man bei der Lagerhaltung der Kohle den richtigen Mittelweg wählen.

Koks. Das wertvollste Nebenprodukt ist der Koks; er kann, wie wir sehen werden, unter Umständen sogar zum Hauptprodukt werden. Da er auf dem freien Markt abgesetzt werden muß, hat sich seine Beschaffenheit nach den Wettbewerbsverhältnissen zu richten. Da in Deutschland der Zechenkoks mit seinen bekannten guten Eigenschaften vielerorts den Markt bestimmt, waren die Gaswerke in der letzten Zeit mehr und mehr gezwungen, dem Gaswerkskoks zechenkoksähnliche Eigenschaften zu geben, also Festigkeit, niedrigen Wassergehalt, reine Sortierung und hohen Aschenschmelzpunkt. Diese Eigenschaften werden aber von der verarbeiteten Kohle bestimmt. Im allgemeinen kann man sagen, daß der Koks um so fester wird, je geringer der Gasgehalt der Kohle ist. Daher nennt man Kohlen mit 20 bis 30% flüchtigen Bestandteilen Kokskohlen und solche mit 30 bis 35% flüchtigen Bestandteilen Gaskohlen. Gaskohlen geben einen weichen, porösen und rissigen Koks, der beim Transport und bei der Lagerung sehr sorgfältig zu behandeln ist. Grundsatz für eine richtige Behandlung des Koks im Gaswerksbetriebe ist daher: Ablöschen des glühenden Kokses in dünner Schicht von rd. 40 cm, Ausdampfen in ausgebreitetem Zustand, Transport ohne große Fallhöhen in Kübeln, Vermeidung des Anfalls von Kleinkoks. Wie sehr der wirtschaftliche Erfolg eines Gaswerks von der Koksqualität und dem Anfall an Kleinkoks abhängt, möge folgende Überlegung zeigen:

Aus 1 Tonne Kohle entstehen je nach der verwendeten Kohlensorte 650—720 kg Koks. Davon fallen je nach der Festigkeit und der Behandlung

6—10% Kleinkoks an. Bei einem durchschnittlichen Erlös für Koks von 28,— RM je t und für Kleinkoks von 8,— RM je t beträgt der Wert des erzeugten Kokses bei einem Anfall von 650 kg und 6% als Kleinkoks 17,42 je t Kohlendurchsatz. Eine Steigerung des Kleinkoksanfalles um 3% verringert diesen Wert auf 17,03 RM oder um 2,25%. Bei einer Erzeugung von 100000 t Koks im Jahr errechnet sich daraus eine Wertverminderung um 60000 RM. Dieses eine Beispiel mag zeigen, wie sehr Kohlen- und Koksqualität auf das wirtschaftliche Ergebnis eines Gaswerks einwirken.

Die anderen Nebenprodukte. Das nächstwichtige Nebenprodukt ist der Teer. Von ihm verlangt man, daß er dünnflüssig ist und einen geringen Wassergehalt von 3 bis 5% besitzt. Er soll außerdem möglichst wenig freien Kohlenstoff und Asche enthalten.

Die Benzolgewinnung aus dem Gas ist heute durch behördliche Vorschriften geregelt. Mit Rücksicht auf eine möglichst große Erzeugung von heimischen Treibstoffen muß das Benzol bis auf ganz geringe Mengen aus dem Gas herausgewaschen werden.

Die übrigen Nebenprodukte Ammoniak, Schwefel, Naphthalin, Zyan und Graphit spielen eine untergeordnete Rolle.

Der Anteil der einzelnen Erzeugnisse an den Gesamteinnahmen ist ungefähr für Gas 72%, Koks 23%, Teer 2%, Benzol 1,7%, für die übrigen Produkte 1,3%.

Selbstkostenrechnung. In der Frage der Selbstkostenrechnung bildet die Bewertung der Nebenprodukte schon immer einen Streitpunkt, der bis heute noch nicht restlos und befriedigend gelöst ist und daher vorweggenommen werden soll.

Vielfach wurde versucht, die Selbstkosten der Nebenerzeugnisse ähnlich zu errechnen, wie es in der Industrie im allgemeinen üblich ist, wenn mehrere Erzeugnisse aus einem Rohstoff anfallen. Man hat z. B. bei den Hamburger Gaswerken jahrelang so gearbeitet, daß man die Kosten des Rohstoffes nach einem bestimmten Schlüssel auf alle anfallenden Produkte verteilt hat. Man rechnete von den Kohlekosten 28% auf das Gas, 65% auf den Koks, 4,5% auf den Teer, 0,5% auf das Ammoniak und 2% auf das Benzol. Gewiß ist dieser Verteilungsschlüssel bis zu einem gewissen Grad berechtigt, weil tatsächlich die Steinkohle ungefähr 28% flüchtige Bestandteile enthält, welche bei der Vergasung in Form von Gas wieder gewonnen werden, und weil 65% des Kohlegewichts im allgemeinen in Form von Koks wieder erscheinen. Man erhält, wenn man ständig ein und dieselbe Kohlensorte verarbeitet, auf diese Weise sehr wohl brauchbare Zahlen, deren Vergleich das Auf und Ab in den Gestehungskosten gut wiedergibt. Wenn man aber eine Kohle mit anderen flüchtigen Bestandteilen zur Verarbeitung bringt, wird das gesamte Bild geändert und der Vergleich mit den früher erhaltenen Zahlen stimmt nicht mehr. Wenn man bedenkt, daß man in den Gaswerken heute nicht nur Gaskohle mit einem Gasgehalt von

32 bis 34%, sondern auch Kokskohle, deren Gasgehalt von 30% bis auf 22% und noch weniger herabsinken kann, verarbeitet, dann sieht man sofort, daß ein derartiger Verteilungsschlüssel zu Trugschlüssen Anlaß geben kann. Ähnlich steht es, wenn man die Kohlenkosten nach dem Heizwert der erzeugten Produkte aufteilen will. Er ist schon etwas besser, aber die Vergleichbarkeit der nach diesem Schlüssel erhaltenen Zahlen ist immer noch sehr gering.

Restrechnung. Man neigt daher heute allgemein dazu, die Selbstkosten der Gaserzeugung nach der sog. Restrechnung festzustellen. Diese besteht bekanntlich darin, daß man von den Kohlenkosten den Erlös aus allen Nebenerzeugnissen abzieht. Mit der dann noch verbleibenden Zahl, den sog. ungedeckten Kohlenkosten oder Kohlerestkosten, geht man in die Selbstkostenrechnung des Gases hinein. Diese enthält dann neben den ungedeckten Kohlenkosten in ihrer einfachsten und zusammengezogenen Form nur noch persönliche und sachliche Ausgaben und zum Schluß den Kapitaldienst. Die im Betrieb verbrauchten Selbsterzeugnisse braucht man bei dieser Form der Berechnung nicht zu berücksichtigen. Als Beispiel A und B sind zwei Selbstkostenrechnungen[1] nach diesem Aufbau eingefügt (S. 152).

Im Falle A sind die Kohlenkosten überdeckt, d. h. es entstehen Minuskosten, im Falle B sind sie nicht gedeckt, d. h. es bleiben Kohlenkosten bestehen. Es gibt in der Tat eine ganze Reihe von Gaswerken, bei welchen durch den Verkauf der Nebenprodukte die Kohlenkosten nicht nur gedeckt werden, sondern sogar noch ein Überschuß bleibt. Es gibt aber auch ebenso viele Gaswerke in Deutschland, bei welchen der Verkauf der Nebenprodukte die Kohlenkosten nicht ganz deckt. Die ungedeckten Kohlenkosten sind ein Prüfstein für die Beurteilung des Betriebes eines Gaswerks. Deckt der Erlös aus den Nebenprodukten die Kohlenkosten nicht, dann wird das Gaswerk günstig arbeiten, wenn es möglichst auf Gas und möglichst wenig auf Koks arbeitet, wenn es also dafür sorgt, daß die zur Entgasung gelangende Kohle möglichst restlos in Gas verwandelt wird (Gasfahrt). Deckt dagegen der Erlös aus den Nebenprodukten die Kohlenkosten, dann wird dieses Gaswerk um so günstiger arbeiten, je weniger verkäufliches Gas es erübrigt (Koksfahrt). Dies klingt paradox, ist aber richtig; denn dann wird das Gaswerk zur Kokerei und bekanntlich haben die Kokereien auch früher schon recht gut verdient, als sie das aus der Kohle entstehende Gas noch nicht nutzbringend verkauften, sondern abfackelten.

Will man also prüfen, wie ein Gaswerk arbeitet, dann wird man zunächst immer die sog. ungedeckten Kohlenkosten ermitteln und sehen, ob das Gaswerk auf Gas oder auf Koks am zweckmäßigsten arbeitet. Aus diesen Überlegungen folgert ohne weiteres, daß ein Gaswerk seine Überlegungen nicht nur auf den Gasabsatz, sondern insbesondere auch auf den wechselnden Markt der Nebenprodukte zu richten hat. Das bedeutet aber, daß es seine

[1] Die Tafel ist im Einvernehmen mit dem Verfasser vom Herausgeber aufgestellt.

Gasselbstkosten[1] frei Stationsgasmessereingang für 2000000 Vcbm[2] verkäufliches Gas.

Kostenart usw.	Menge je Jahr		RM je Jahr		Rpf je Vcbm		RM je t Kohle	
	Fall A	Fall B	Fall A[4]	Fall B	Fall A	Fall B	Fall A	Fall B
Kohlendurchsatz zu 20 RM/t	7350 t	4600 t	147000	92000	7,350	4,600	20,—	20,—
Verkäufliche Nebenerzeugnisse			157000	71000	7,850	3,550	21,36	15,43
Überdeckte (unterdeckte) Kohlenkosten			+ 10000	— 21000	+ 0,500	— 1,050	+ 1,36	— 4,57
Löhne und Soziale Abgaben, 2500 RM/Arb.	16 Arb.	14 Arb	40000	35000	2,000	1,750		
Sachliche Betriebskosten			8000	5000	0,400	0,250		
Gehälter und Verwaltungskosten			6000	6000	0,300	0,300		
Sachliche Unterhaltungskosten einschl. Versicherung[5]	2%	1,8%	10000	9000	0,500	0,450		
Kapitaldienst[5 6]	6,74%	6,74%	33700	33700	1,685	1,685	13,29	19,28
Gasselbstkosten			87700	109700	4,385	5,485	11,93	23,85
Aufteilung der Nebenerzeugnisse								
Teer zu 40 RM/t	330 t	220 t	13200	8800	0,660	0,440		
Ammoniaksalz			2800	2200	0,140	0,110		
Benzol			10000	—	0,500			
Zwischensumme			26000	11000	1,300	0,550	3,54	2,39
Koks zu 25 RM/t	5240 t	2400 t	131000	60000	6,550	3,000	17,82	13,04
Summe der Nebenerzeugnisse (wie oben)			157000	71000	7,850	3,550	21,36	15,43

Kennzahlen	Fall A	Fall B
Heizwert in kcal H_0/Ncbm[3]	4500	4500
Verkäufliche Gasausbeute in Vcbm/t Kohle	272	435
Verkäufliche Koksausbeute I in kg Koks/t Kohle	713	522
Verkäufliche Koksausbeute II in kg Koks/Vcbm Gas	2,62[7]	1,20[7]

[1] Gegenübergestellt von Dr. van Aubel. [2] Vereins-cbm bei 15° C 760 mm QS. [3] Normal-cbm bei 0° C 760 mm QS.
[4] Im Falle A wird ein Teil des erzeugten Gases an Stelle von Koks zur Ofenunterfeuerung verwendet.
[5] % des Anlage-Neuwertes von 500000 RM. [6] Annuität bei 4½% Rechnungszins und 25 Jahren Nutzungsdauer.
[7] Jede RM Kokspreisänderung ändert die Gasselbstkosten um 0,262 (0,120) Rpf/Vcbm.

Erzeugungseinrichtungen so durchbildet, daß es je nach der Marktlage sowohl als Gaswerk als auch als Kokerei arbeiten kann. Je mehr aber ein Gaswerk als Kokerei arbeitet, um so mehr entfernt es sich von der einfachen und stetigen Arbeitsweise eines gesicherten Monopolbetriebes.

Ofenbetrieb. Geht man nun etwas tiefer in die Einzelheiten der Gaserzeugung hinein, dann wird man das Gaswerk nach der Anordnung und Ausgestaltung seiner Einrichtungen, nach dem Lohn- und Materialaufwand und nach dem Energieverbrauch zu beurteilen haben. Der Schwerpunkt des Aufwandes liegt immer bei den Ofenanlagen. Man muß sich vor Augen halten, daß ein Gaswerk zu seinem Betrieb, vor allem zum Beheizen seiner Öfen, ungefähr 45% der gesamten erzeugten Koksmenge selbst braucht. Je sorgfältiger der Ofenbetrieb geleitet wird, und je wirtschaftlicher die Ofenanlagen arbeiten, um so niedriger werden bei den hohen Kosten dieses Betriebes die Gestehungskosten ausfallen. Maßgeblich sind hier die sog. Unterfeuerungszahlen. Man rechnet im allgemeinen damit, daß man 14 bis 16 kg Koks je 100 kg Kohle aufwenden muß. Für die einzelnen Ofenbauarten ist der Unterfeuerungsverbrauch verschieden. Am günstigsten schneidet der Horizontalofen ab; bei den übrigen Ofenarten, den Vertikalöfen, Schrägretorten- und Schrägkammeröfen, nutzt man zweckmäßigerweise die verhältnismäßig heiß abziehenden Rauchgase in einer nachgeschalteten Abhitzeanlage aus. Auf diese Weise wird ein ungünstiges Arbeiten der Ofenanlagen vermieden.

Energiebedarf. Der Kraftbedarf und Wasserbedarf eines Gaswerks darf nicht außer acht gelassen werden. Die Frage des Dampf- oder Stromantriebes für die Maschinen spielt eine nicht unwesentliche Rolle. Man braucht ungefähr 0,5 t Dampf und 5,0 kWh Strom je t Kohlendurchsatz. Der Wasserbedarf eines Gaswerks ist verhältnismäßig hoch: 6 bis 8 cbm Wasser werden je t Kohlendurchsatz benötigt. Wesentlich für einen günstigen Betrieb ist auch, daß die Kraft- und Dampfanlage möglichst zentral gelegen ist, damit die Energieverteilung durch Anwendung kleiner Querschnitte verbilligt wird.

Gasaufbereitung. Die Verarbeitung des rohen Gases ist in allen Werken gleich und bietet im allgemeinen geringere Möglichkeiten für Einsparungen.

Anlageplanung, Unterhaltungskosten. Die Kosten der Gaserzeugung werden sehr stark von der Art der baulichen Ausbildung der einzelnen Anlagen beeinflußt. Je klarer und einfacher der Grundriß, je einfacher die Fördereinrichtungen für Kohle, Koks, Teer, Ammoniak usw. sind, um so billiger wird der Unterhalt des Werkes sein. Sorgfältig durchgebildete Förderanlagen, zweckmäßige Einrichtungen für den Kokstransport usw. werden daher auf die Gestehungskosten des Gases günstig einwirken.

Je weiter die Mechanisierung eines Werkes getrieben wird, um so mehr werden auch die Löhne, nicht nur die Gehälter, zu festen Kosten. Die Notwendigkeit ständiger unbedingter Betriebsbereitschaft beeinflußt sie in starkem Maß. Wenn auch die Speicherungsmöglichkeit für Gas größer ist als für Strom, so ist sie doch nur beschränkt möglich. Daher muß nicht nur die nötige Betriebsreserve bei allen Anlagen vorhanden sein, auch das Lager muß in hinreichendem Maß mit Ersatzteilen versehen sein. Die Notwendigkeit einer fortlaufenden, nie unterbrochenen Gaserzeugung verlangt auch eine ständige Handwerkergruppe, welche Tag und Nacht zur Durchführung von Ausbesserungsarbeiten bereit ist, und der eine gut eingerichtete Betriebswerkstätte zur Verfügung steht. Diese Einrichtungen sind eine Notwendigkeit und dürfen nicht als abbaufähige Regiebetriebe angesprochen werden.

Die Abschreibungssätze müssen der Nutzungsdauer der einzelnen Anlagen angepaßt werden. Ofenanlagen wird man zweckmäßigerweise in 10 Jahren, Maschinen und Einrichtungen zur Behandlung von heißem Koks in 5 bis 10 Jahren, die übrigen Maschinen in 20 bis 25 Jahren abschreiben. Die Fundamente schreibt man wie die Maschinen ab, da sie meist für neue Maschinen nicht wieder benutzt werden können. Auch der Kapitaldienst wird weitgehend von der Notwendigkeit ständiger voll gesicherter Betriebsbereitschaft beeinflußt.

2. Verteilung.

Das Rohrnetz bildet einen sehr wertvollen Bestandteil der Gasversorgung. Seine Gesamtkosten sind nicht selten höher als die Kosten des Erzeugungswerks. Dem Rohrnetz ist also eine besondere Beachtung zu schenken.

Werkstoff und Rohrleitungen. Der wirtschaftliche Erfolg eines Gaswerksunternehmens wird demzufolge auch in starkem Maße von der Nutzungsdauer und der sorgfältigen Ausführung des Rohrnetzes abhängen. Die Frage, ob das Rohrnetz aus schmiedeeisernen oder gußeisernen Rohren gebaut werden muß, hängt im wesentlichen von den Bodenverhältnissen und von dem Druck in den Rohrleitungen ab. Fernleitungen mit erhöhtem Druck wird man in der Regel nur aus Stahlrohren mit geschweißten Verbindungen herstellen. Die Stadtrohrnetze können sowohl aus Gußeisen als auch aus Schmiedeeisen bestehen. In Erdreich mit aggressivem Stoff wird man in erster Linie gußeiserne Rohre benutzen müssen, weil sie den Anfressungen der Bodensäuren besser widerstehen als die schmiedeeisernen Rohre. Schmiedeeisen verwendet man in nicht festem, nachgiebigem Boden nach sorgfältiger Anbringung eines Rostschutzmittels.

Querschnitte. Über die Durchmesser im Rohrnetz bestehen im allgemeinen keine besonderen Vorschriften, sie hängen von den zulässigen Druckverlusten ab. Das Rohrnetz muß so weit sein, daß man auch zur Zeit der höchsten Abgabe bei jedem Verbraucher einen Druck von 60 mm halten kann. Um diese Bedingung erfüllen zu können, legt man die Rohrleitungen, wo irgend angängig, als Ringleitungen an, damit jede Verbrauchsstelle möglichst von zwei Seiten gespeist werden kann.

Stadtdruckregler. Nicht genügend leistungsfähige Rohrnetze macht man dadurch wieder vollwertig, daß man an den Stellen ungenügenden Druckes Speisepunkte mit Regleranlagen einbaut. Diese Anlagen werden durch besondere Speisestränge mit Gas unter erhöhtem Druck versorgt.

Rohrnetzpläne. Ein sorgfältig geleiteter Betrieb führt sehr genaue Rohrnetzpläne, welche die Lage und den Ausbau des Rohrnetzes bis in die Einzelheiten genau erkennen lassen. Richtschnur für das Rohrnetz muß sein, daß es bei seiner langen Nutzungsdauer auch für kommende stärkere Belastungen von vornherein groß genug dimensioniert ist.

Gasverluste. In den Kosten spielt der Rohrnetzverlust eine wichtige Rolle. Er ist eine rechnerische Größe, nämlich der Unterschied von gemessener Netzliefermenge und teils gemessener, teils errechneter Verbrauchsmenge. Der rechnerische Gesamtverlust setzt sich aus dem scheinbaren und dem tatsächlichen Verlust zusammen. Der scheinbare Verlust entsteht aus der Volumen-Veränderung infolge Abkühlung des Gases im Erdboden, der tatsächliche Verlust durch die Undichtheiten des Rohrnetzes. Der tatsächliche Rohrnetzverlust kann nur annähernd ermittelt werden, der rechnerische hängt in starkem Maße davon ab, ob das Rohrnetz dicht ist, ob die Gasmesser in den Häusern richtig anzeigen und ob der Verbrauch der Straßenbeleuchtung richtig errechnet ist. Im allgemeinen darf der tatsächliche Rohrnetzverlust höchstens 2 bis 3% betragen.

Anlagebuchhaltung. Sehr wichtig ist die Erfassung des genauen Wertes des Rohrnetzes, und hierzu ist eine sehr sorgfältig geführte Abrechnung nötig. Diese Abrechnung muß Angaben enthalten über die Lage der Rohre, die genaue Länge in m, die Durchmesser, die Zeit der Verlegung und die Herstellungskosten. Das Rohrnetz schreibt man vielerorts mit $2^1/_2$% ab. Bei älteren Rohrnetzen kommt es häufig vor, daß ganze Rohrstränge ausgewechselt werden müssen. Geschieht dies, so muß der herausgenommene Rohrstrang restlos abgeschrieben werden und der Gestehungswert der neuen Rohrleitung aktiviert werden. Vielfach lohnt sich die Herausnahme der alten Leitungen nicht.

Gasmesser. Ebenso sorgfältig wie das Rohrnetz müssen die Gasmesser behandelt und verwaltet werden. Eine laufende Überwachung der im Betrieb befindlichen Gasmesser auf Meßgenauigkeit ist notwendig. Empfehlenswert ist auch, daß alle in die Werkstätte zurückgelieferten Messer, ehe sie zur Ausbesserung gehen, auf ihre Meßgenauigkeit geprüft werden, damit man ein ganz einwandfreies Bild über ihr Arbeiten bekommt. Für die Gasmesser rechnet man mit einer Nutzungsdauer von 16 Jahren, so daß sie zweckmäßigerweise mit 6% abgeschrieben werden. — Die neuerliche Entwicklung der Gasmesser geht dahin, daß der nasse Gasmesser durch den trockenen Hochleistungsmesser verdrängt wird.

Abnehmerentwicklung. Nach der neueren Entwicklung lockern sich die Großstädte mehr und mehr auf. Die Zahl der Abnehmer in den Städten geht zurück, sie siedeln sich in ihrer Nähe neu an. Die Gaswerke müssen den abwandernden Verbrauchern folgen und ihre Netze im Weichbild der Städte ausbauen, auch wenn zunächst der Ertrag darunter leidet. Die Versorgung dieser Gebiete mit Gas unter höherem Druck und mit engen, billigen Rohrleitungen ist anzustreben. Diese Erweiterung kann dazu führen, benachbarte kleinere Werke anzuschließen und eine Gruppengasversorgung auszubauen.

Fernabsatz, Fremdgasbezug. Bei der Stillegung eines Werkes muß der Ferngaslieferer den Ferngaspreis frei Regler oder Behälter der Verbrauchsgemeinde ermitteln. Er setzt sich zusammen aus dem Gestehungspreis im eigenen Werk, den Verdichtungskosten, dem Kapitaldienst für die Ferngasanlagen, ihrer Unterhaltung und Bedienung, den Steuern, Verwaltungskosten und dem Reingewinn. Der Ferngaslieferer muß sich klar darüber sein, daß er Schwankungen der Abgabe, vor allem also die Spitzen, voll übernehmen muß.

Die Frage der Stillegung eines Werkes wird immer dann akut, wenn größere Geldaufwendungen für einen Neubau oder die Erweiterung erforderlich werden. Einer Gemeinde wird dann der Ferngasbezug zu empfehlen sein, wenn das ferngelieferte Gas frei Regler oder Behälter der Verbrauchsgemeinde nicht teurer kommt als das eigenerzeugte Gas frei Regler oder Behälter einschließlich Kapitaldienst für die Alt- und Neuanlagen. Wenn die stillzusetzenden Anlagen noch einen Nutzungswert hatten (der mit dem Buchwert nicht übereinzustimmen braucht), ist dieser vom Ferngaslieferer zu erstatten, ebenso hat er sonstige einmalige Nachteile der Werksstillsetzung auszugleichen. Außerdem muß die Bedarfsdeckung mit preiswerten Nebenerzeugnissen, vor allem mit Koks und Teer, gesichert sein. Werden aus einer Fernleitung mehrere Gemeinden beliefert, so ist die Kostenverteilung dieser Leitung in der Erfolgsrechnung zu klären. Die Erfahrung hat m. E. gezeigt, daß die einwandfreieste und einfachste Verteilung jene nach der abgegebenen Gasmenge in den einzelnen Gemeinden ist.

3. Verwaltung.

Haushaltgasabsatz. Die Hauptmenge des erzeugten Gases wird in den Haushaltungen zum Kochen verwandt. Der Gasabsatz in den Haushaltungen bildet daher das Rückgrat der gesamten Einnahme und muß sorgfältig gepflegt werden. Das Haushaltgas bringt auch die besten Preise. Eine genaue Verbrauchszergliederung des gesamten Versorgungsgebietes und eine Überwachung des Haushaltabsatzes muß daher von jeder sorgfältigen Betriebsführung verlangt werden.

Die Haushalttarife liegen in allen deutschen Städten ziemlich gleich und werden am besten so gestaltet, daß sie für Mehrverbrauch einen gehörigen

Anreiz bieten. Hierzu sind Grundgebühren- und Staffeltarife in gleicher Weise geeignet.

Gewerbegasabsatz. Neben dem Haushaltabsatz muß der Verwendung des Gases für gewerbliche und industrielle Zwecke ein besonderes Augenmerk gewidmet werden. Die für den Absatz des Gases auf diesem Gebiet notwendigen Tarife müssen so gestaltet sein, daß der Gaswärmepreis mit dem Wärmepreis für feste und flüssige Brennstoffe und Strom wettbewerbsfähig ist. Auch hier ist der Grundgebühren- oder Staffeltarif als zweckmäßig erkannt worden.

Kundendienst. Die wichtigste Aufgabe der Verwaltung ist die Schaffung zufriedener Gasabnehmer. Es gibt viele Möglichkeiten, um dieses Ziel zu erreichen. Der Einkassierer, der das Bindeglied zwischen Verwaltung und Abnehmer darstellt, soll nicht nur den Messerstand ablesen und die Rechnung erteilen, sondern er soll in höflicher aber knapper Form dem Kunden all das vermitteln, was zu seiner Zufriedenheit nötig ist. Dazu gehört die Aufklärung über die günstigsten Tarife, der Hinweis auf Werbemaßnahmen der Verwaltung, die Abgabe von Druckschriften und die Meldung über Störungen an Leitungen, Messern und Geräten. Der Einkassierer ist der beste Werber für das Gas, wenn er richtig geschult und vorgebildet ist.

Selbstverständlich wird die Verwaltung eine Störungsstelle einrichten, welche Tag und Nacht in der Lage ist, hilfsbereit einzuspringen.

Installation und Geräteverkauf. Nach den heutigen Grundsätzen über die Betätigung der öffentlichen Hand werden die gemeindlichen Gaswerke im allgemeinen die Installation von Leitungen und den Verkauf von Geräten den freien Berufen zu überlassen haben. Die Finanzierung von Leitungen und Geräten sollte jedoch zunächst noch im weitesten Umfang von den Gaswerken beibehalten werden, schon um die Arbeitsbeschaffungsmaßnahmen der Regierung zu unterstützen. Eine Statistik der Zentrale für Gasverwertung hat außerdem erwiesen, daß diejenigen Gaswerke den größten Verbrauch je Kopf der Bevölkerung aufweisen, die den Gasgeräteabsatz entweder selbst betrieben oder mindestens finanziert haben.

12. Zur Beurteilung von Straßenbahnbetrieben und ihren Werkstätten.

Von Generaldirektor Dipl.-Ing. **Paul Bayer**,

Stadtrat in Nürnberg.

1. Verkehr als öffentliche Aufgabe. Die Befriedigung des Verkehrsbedürfnisses innerhalb der Städte und zwischen benachbarten Städten ist ebenso eine unabweisbare Pflicht der in Frage kommenden Gemeinden, wie etwa die Versorgung der Bevölkerung mit den Produkten der lebenswichtigen Betriebe (Wasser, Gas und Strom). Die Verpflichtung tritt dann ein, wenn das Wachstum einer Gemeinde und der Grad ihrer wirtschaftlichen Verflechtungen ein solches Maß erreicht haben, daß die Beförderung von Personen nicht mehr dem einzelnen Volksgenossen überlassen werden kann, sondern als Gemeinschaftsaufgabe betrachtet werden muß. Der Grund hierfür liegt nicht nur in der Tatsache, daß die gemeinschaftliche Beförderung um ein Vielfaches billiger kommt als die getrennte, sondern auch in dem Umstand, daß die vorhandenen Straßenzüge zu gewissen Zeiten zur Aufnahme der Einzelverkehrsmittel nicht mehr ausreichen würden. Im allgemeinen kann man sagen, daß in Städten über 100000 Einwohnern die Notwendigkeit zur Errichtung eines öffentlichen Verkehrsunternehmens immer gegeben sein wird, und daß in Gemeinden unter 100000 Einwohnern für die Gründung eines solchen Unternehmens in vielen Fällen die Möglichkeit und Notwendigkeit besteht.

2. Rechtsform der Betriebe. Es ist dabei eine Frage zweiter Ordnung, ob eine Gemeinde, wenn sie ihre diesbezügliche Verpflichtung erkannt hat, ein Verkehrsunternehmen als Eigenbetrieb oder Eigengesellschaft gründet und betreibt, oder die Konzession zur Errichtung und zum Betrieb eines solchen Unternehmens an eine private Gesellschaft vergibt oder ob sie schließlich in der gemischtwirtschaftlichen Betriebsform die zweckmäßigste Lösung sieht. In allen Fällen muß sich die Gemeinde einen so starken Einfluß auf die Gestaltung und den weiteren Ausbau des Verkehrsbetriebes sichern, daß die gemeindlichen Belange angemessen berücksichtigt werden. Für diese Forderung spricht die Tatsache, daß eine Gemeindeverwaltung durch eine zielbewußte Verkehrspolitik die Entwicklung des ihrer Obhut anvertrauten Gemeindewesens maßgebend beeinflussen kann. Die Erkenntnis dieses Zusammenhanges hat wohl auch dazu geführt, daß man sich vor mehreren Jahrzehnten, als die meisten Verkehrsbetriebe neu gegründet oder anläßlich der Elektrifizierung umgestaltet wurden, in der überwiegenden Mehrzahl der Fälle zur Form des Eigenbetriebes entschlossen hat. Die Bedeutung dieser Entwicklung wird auch dadurch nicht beeinträchtigt, daß späterhin einige der größten Verkehrsbetriebe mit Eigenbetriebsform in gemeindliche Eigengesellschaften (mit hundertprozentiger kommunaler Kapitalbeteiligung) umgegründet wurden in der Absicht, die Betriebsführung von ungesunden Auswirkungen kommunaler Parteienwirtschaft zu befreien und erst recht den wirklichen städtischen Belangen dienstbar zu machen.

3. Verkehrsmittel. Gestatten Sie mir, daß ich in der Einführung noch einen anderen Punkt berühre, der ebenfalls zweiten Ranges ist, für die Wirtschaftlichkeit eines Verkehrsunternehmens aber außerordentliche Bedeutung erlangen kann. Wenn es selbstverständliche Pflicht einer Großstadt ist, für eine entsprechende Verkehrsbedienung zu sorgen, so ist dabei zunächst vollkommen offen gelassen, mit welchen Verkehrsmitteln dieser Pflicht Genüge geleistet wird. Es ist Ihnen vielleicht aufgefallen, daß ich bisher die Bezeichnung „Straßenbahnen" geflissentlich vermieden habe. Warum? Wir müssen uns von dem Gedanken frei machen, daß wir nur an die Straßenbahn denken, wenn wir von einem städtischen Verkehrsunternehmen sprechen. Verkehrsmittel gibt es eine ganze Menge: Straßenbahn — Benzin-Autobus — Diesel-Omnibus — Fahrdraht- oder Oberleitungs-Omnibus — Hoch-, Untergrund- und Schwebebahn, um nur die wichtigsten zu nennen. Welches Verkehrsmittel gewählt wird, für welche Linie und zu welchen Zeiten es eingesetzt wird, ist von der Eigenart der jeweiligen Verkehrsanforderung abhängig und ändert sich mit dem technischen Fortschritt. Als neuer Gesichtspunkt ist in letzter Zeit die Rücksicht auf die nationale Treibstoffwirtschaft hinzugetreten. Mit diesen wenigen Sätzen will ich sagen, daß es verfehlt ist, auf irgendein bestimmtes Verkehrsmittel eingeschworen zu sein.

Der objektive Verkehrsfachmann kann nicht Straßenbahn-, Autobus- oder Fahrdrahtbusfreund sein; er wird vielmehr den Einsatz der ihm von der Technik an die Hand gegebenen Verkehrsmittel nach gewissenhafter Wirtschaftlichkeitsprüfung durchführen, und wird sich über die stetige technische Vorwärtsentwicklung auf dem laufenden halten, um seine Entschlüsse dieser Entwicklung anzupassen. Um nicht mißverstanden zu werden, muß ich aber eines anfügen. So objektiv denkend und innerlich frei von Vorurteilen ein Verkehrsfachmann sein soll, so wenig er z. B. nur die Straßenbahn gelten lassen darf, so grundverkehrt und bedauerlich ist leider die Tatsache, daß heute Verkehrsfachleute und solche, die es zu sein glauben, das Heil einzig und allein nur in der automobilen Verkehrsbedienung sehen. Manche Stadt möchte sich am liebsten in dem Ersatz der alten, überlebten schienengebundenen Straßenbahn durch den modernen, beweglichen Autobus überstürzen. Die Schäden einer solchen, angeblich modernen Verkehrspolitik werden mit derselben im wirtschaftlichen Leben bekannten Zwangläufigkeit zutage treten wie die günstigen Auswirkungen einer vernünftigen Verkehrspolitik. Unter vernünftig verstehe ich in diesem Zusammenhang eine Verkehrspolitik, welche nicht der Überstürzung, sondern der organischen Weiterentwicklung des Bestehenden das Wort redet, ohne dabei die Fortschritte der Neuzeit auch nur einen Tag aus dem Auge zu verlieren.

Ein Beispiel möge das Vorangegangene näher erläutern. Die Nürnberg-Fürther Straßenbahn zeichnet sich dadurch aus, daß sie verhältnismäßig früh den Autobus für Zubringerlinien und solche Linien, die für die Straßenbahn ungeeignet sind, eingeschaltet und so jedes Verkehrsmittel da angewendet hat, wo es am Platze ist. Vor einigen Jahren ist einmal für die Nürnberger Verhältnisse berechnet worden, wie eine vollständige Umstellung auf Autobusbetrieb die Betriebskosten beeinflussen würde. Das Ergebnis der Berechnung war sehr betrüblich. Die jährlichen Betriebsausgaben würden um etwa 90% steigen, wenn die Nürnberger Straßenbahn völlig durch Autobusse ersetzt würde. Daraus folgt, daß beide Verkehrsmittel ihre Daseinsberechtigung haben und sich vorteilhaft ergänzen können.

Die Erscheinung, daß in der Technik eine Erfindung die bereits bestehenden Einrichtungen nicht vollkommen ablöst, findet sich immer wieder. Man denke z. B. an das uns Verkehrsfachleuten Nächstliegende, den Fernverkehr. Die Erfindung des Automobils zur Beförderung von Personen und zum Transport von Lasten hat nicht etwa die Eisenbahn überflüssig gemacht, ebenso wenig wie dies der Bau von schiffbaren Kanälen oder die staunenswerte Überbrückung von Raum und Zeit durch den Verkehrsflug oder der Bau der Reichsautobahnen vermochte. Gerade im Verhältnis von Reichsbahn und Reichsautobahn hat der Führer mit außerordentlichem Weitblick durch organisatorische Verkupplung dafür gesorgt, daß es auf diesem Gebiete zu keinem schädlichen Wettbewerb, sondern nur zu nützlicher Zusammenarbeit kommt.

4. Die Aufgabe der Straßenbahn. Die verkehrspolitische und volkswirtschaftliche Bedeutung der Reichsbahn für den Fernverkehr steht heute noch ebenso unangetastet da wie die der Straßenbahnen für den Nahverkehr.

Es ist nicht zu viel behauptet, wenn ich sage, daß auch im Jahre 1935 der großstädtische Massenverkehr mit häufiger Wagen- und Linienfolge immer noch am zuverlässigsten und preiswertesten von der Straßenbahn befriedigt wird, und daß die Straßenbahn heute in Großstädten immer noch, sowohl verkehrstechnisch als auch wirtschaftlich, das unentbehrliche Rückgrat bildet.

Daher ist es kein unmodernes Beginnen, sich mit den Gesichtspunkten für die Wirtschaftlichkeit von Straßenbahnen und deren Beurteilung auseinanderzusetzen.

5. Die Pflicht zum Reinertrag. Ich sprach davon, daß die Städte von bestimmter Größe und wirtschaftlicher Verflechtung die Pflicht haben, das Verkehrsbedürfnis zu befriedigen. Daß dabei auch in der Vergangenheit immer schon wirtschaftliche Gesichtspunkte eine große Rolle spielten, bedarf keiner besonderen Erwähnung. Die parteigebundenen Gemeindeverwaltungen früherer Jahre haben es aber doch fertig gebracht, daß in zahlreichen Fällen unwirtschaftliche Linien gebaut und unwirtschaftliche Tarife eingeräumt worden sind. Man vergaß dabei zu leicht, daß eine Straßenbahn durch unwirtschaftliche Bau- und Tarifmaßnahmen gefährdet, ja sogar zum Erliegen gebracht werden kann. Es ist daher kein Zufall, sondern klare Erkenntnis vergangener Mißstände, wenn die neue Deutsche Gemeindeordnung in ihrem § 72 davon ausgeht, daß sich die Gemeinden bei jeder wirtschaftlichen Betätigung grundsätzlich von wirtschaftlichen Gesichtspunkten leiten lassen müssen.

Mit § 72 ist eindeutig die Eigenwirtschaftlichkeit der Versorgungs- und Verkehrsunternehmungen insoweit verlangt, als dazu nicht nur die Deckung aller Aufwendungen unter Ansammlung angemessener Rücklagen gehört, sondern darüber hinaus die Erwirtschaftung eines Ertrages für den Haushalt der Gemeinde. Mit der gerade bei Straßenbahnen früher so sehr beliebten Methode, die Folgen wirtschaftlicher Unvernunft durch die Heranziehung allgemeiner Haushaltmittel, kurz gesagt, durch einen tüchtigen Griff in die Stadtkasse auszugleichen, muß für die Zukunft so rasch wie möglich gebrochen werden. Es wird allerdings immer wieder Fälle geben, in denen sich die Grundsätze des § 72 nicht sofort verwirklichen lassen, wie etwa der Bau einer Straßenbahnlinie zu der vom allgemeinen kommunalen Standpunkt für notwendig erachteten Erschließung eines Baugeländes. Für solche zu den Ausnahmen gehörenden Fälle wird sich immer eine vernünftige Regelung finden lassen, welche auf die geforderte Eigenwirtschaftlichkeit der Straßenbahn Rücksicht nimmt. So kann z. B. die Stadt der Straßenbahn ein unverzinsliches oder gering verzinsliches Darlehen zum Bau einer solchen Linie zur Verfügung stellen, oder es kann in den Wirtschaftsplan der Straßenbahn ein aus allgemeinen Haushaltmitteln stammender Betriebszuschuß für die zunächst unrentable Linie eingestellt werden. Eine solche Ausnahmeregelung berührt aber nicht die grundsätzliche Bedingung, und die heißt: Mindestens zu fordern ist der Ausgleich von Einnahmen und Ausgaben, darüber hinaus die Erwirtschaftung eines Ertrages für den Haushalt.

Damit sind wir nach einigen zum Verständnis des Folgenden unentbehrlichen Ausführungen zum Kernpunkt gekommen. Um den Ausgleich zwischen Einnahmen und Ausgaben zu erreichen, müssen wir stets bestrebt sein, die Einnahmen zu erhöhen und bei den Ausgaben so stark zu sparen, als es ein Sparen am rechten Fleck und vom sozialen Standpunkt aus vertretbar ist.

6. Die Einnahmen. Für die Einnahmen gilt in jeder Stadt ein Bestwert, der durch die Gegebenheiten des jeweiligen Verkehrsgebietes, d. h. durch seine räumliche Aufteilung und seine Höhenunterschiede, die Zusammensetzung seiner Bevölkerung sowie deren Einkommens- und Lebensverhältnisse, den Wettbewerb anderer Verkehrsmittel, wie der Reichsbahn, der Autos, Motor- und Fahrräder bestimmt ist. Dieser Bestwert der Einnahmen kann durch kein noch so fein ausgeklügeltes Tarifsystem überschritten werden. Ziel der Tarif- und Verkehrspolitik einer Straßenbahn muß es sein, diesem Bestwert so nahe wie möglich zu kommen.

Die Tarifpolitik. Ebenso wie es Autobus- und Straßenbahnfreunde gibt, so gibt es auch Freunde des Einheitstarifes und Freunde des Teilstreckentarifes. Das eine ist so falsch wie das andere. Ob ein Einheitstarif richtig ist oder ein Teilstreckentarif, kann nicht vom einzelnen Straßenbahndirektor bestimmt werden, sondern ist vornweg durch die genannten grundsätzlichen Bedingungen des Verkehrsgebietes festgelegt. Aufgabe des Straßenbahnleiters ist es, die durch die Verhältnisse gegebene Tarifart und keine andere zu wählen und die Höhe der einzelnen Preisstufen so festzusetzen, daß die Einnahmen den Bestwert erreichen.

Die landläufige Meinung, man könne durch eine Tarifermäßigung ohne weiteres die Zahl der Fahrgäste erhöhen und gleichzeitig die Einnahmen verbessern, reicht für eine ernste Tarifpolitik nicht aus. Zwar ist es bequem, auf die bösen Straßenbahnverwaltungen zu schimpfen, die in engstirniger

Weise auf ihren angeblich so hohen Preisen sitzen bleiben. Die unzufriedenen Fahrgäste haben auch recht, wenn sie behaupten, daß bei einer Tarifermäßigung auf jeden Fall mehr Fahrgäste die Straßenbahn benützen werden. Die Beantwortung der Frage aber, ob dieser starken Benutzung auch eine höhere Einnahme folgt, überlassen die Fahrgäste gerne der Straßenbahn. Es fehlt aus den vergangenen Jahren nicht an Beispielen, bei denen Millionen von Mark Fehlbeträge entstanden, weil man der landläufigen Meinung über die Fahrpreise nachgegeben hat.

Abb. 1.
Jährliche Fahrtenzahl je Einwohner.

Ich will statt dessen an Hand von einigen zeichnerischen Darstellungen die grundlegenden Voraussetzungen der Tarifgebarung herausstellen.

Hierzu darf ich bemerken, daß die nachstehend erläuterten Darstellungen Zahlen enthalten, die nur als Beispiele und nicht etwa als grundlegende Zahlen zu werten sind.

Bild 1 zeigt die Abhängigkeit der je Einwohner einer Großstadt geleisteten Fahrten vom tarifmäßigen Fahrpreis. Das Maximum in der Personenbeförderung würde selbstverständlich erreicht, wenn die Straßenbahn kostenlos fahren würde. Das Gegenteil hierzu ist ein so stark erhöhter Fahrpreis, daß niemand mehr die Straßenbahn benützt. Die Verbindung der beiden extremen Punkte ist je nach der Tarifart eine gerade oder eine leicht gebogene Kurve.

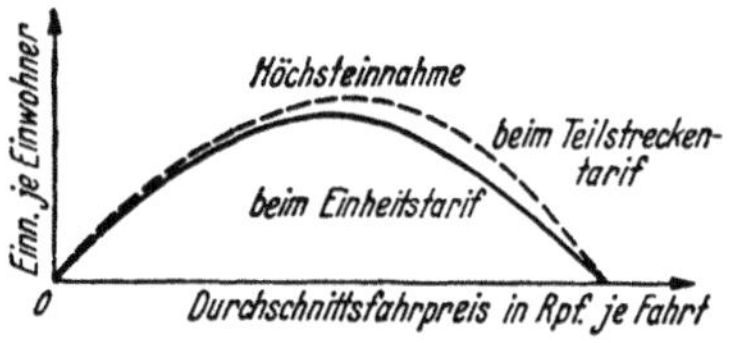

Abb. 2.
Jahreseinnahme je Einwohner.

Durch Multiplikation des jeweils angenommenen Fahrpreises mit der zugehörigen Fahrtenzahl je Einwohner ergibt sich die Jahreseinnahme je Einwohner (Bild 2). Aus der Abbildung geht ohne weiteres hervor, daß es einen günstigsten Fahrpreis gibt, der die höchstmögliche Einnahme liefert. Dieses Maximum der Einnahme kann durch kein noch so fein ausgeklügeltes Mittel irgendwie nennenswert erhöht werden.

Wie sich das Maximum der Einnahme zum Maximum des Gewinnes verhält, wird durch die beiden folgenden Abbildungen dargetan. Bild 3 zeigt die Ausgabenkurve, die in 2 Punkten die Parabel der Einnahmen schneidet. Zwischen diesen beiden Punkten liegt das Gebiet des Reingewinnes, der etwa in der Mitte zwischen den beiden Punkten seinen Höchstwert erreicht. Es ist Sache des verantwortlichen Straßenbahnleiters, den Tarif so zu gestalten, daß er dem Höchstwert des Reingewinnes möglichst nahekommt. Man muß sich aber dabei darüber im klaren sein, daß der Fahrpreis, der dem Höchstgewinn entspricht, höher liegt als der zur höchsten Einnahme zugehörige Fahrpreis. Bild 4 zeigt, wie in Zeiten der Wirtschaftskrisis sich Einnahmen- und Ausgabenlinie so stark voneinander entfernen, daß sie überhaupt keinen Schnittpunkt mehr gemeinsam haben und daß eben ein Verlust nicht zu vermeiden ist, ganz gleichgültig, welcher Fahrpreis gewählt wird.

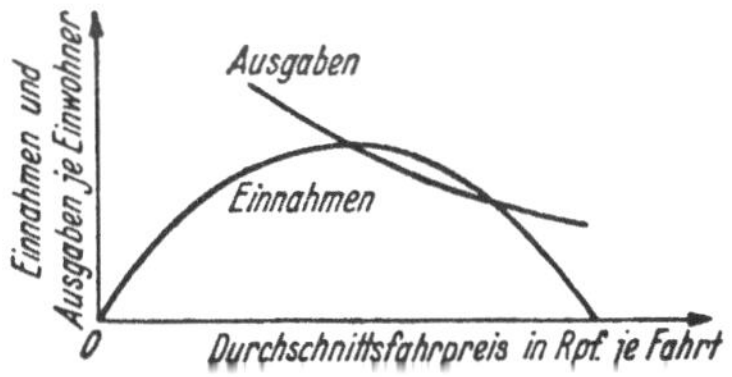

Abb. 3. Jährliche Einnahmen und Ausgaben bei günstiger Wirtschaftslage.

Der Wert dieser grundsätzlichen Feststellungen wird nicht durch die Tatsache beeinträchtigt, daß man da und dort durch besondere Tarifmaßnahmen, wie Sonntagstarife, Ausflugskarten usw. eine Verbesserung der Einnahmen erreicht hat. Wie für die eine Stadt Teilstreckentarife, für die andere ein Einheitstarif richtig sein kann, so für eine dritte Stadt ein gemischter Aufbau. Ein allgemeingültiges Schema läßt sich aus diesen Tatsachen nicht herleiten. Man muß in der Wirtschaft, immer vom Grundsätzlichen ausgehend, zu den Ausnahme- und Grenzfällen gelangen und darf nicht über den Ausnahmen die grundsätzlichen Zusammenhänge übersehen.

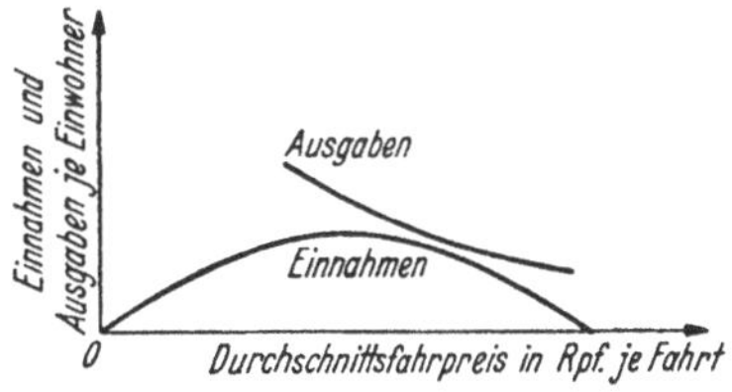

Abb. 4. Jährliche Einnahmen und Ausgaben in Krisenzeiten.

Der Tarif einer Straßenbahn setzt sich im allgemeinen zusammen aus dem Regeltarif (das ist der für jedermann geltende Preis des Einzelfahrscheins), den Fahrscheinheften und den Ermäßigungskarten, wie Netz-, Strecken-, Wochen-, Monats-, Schüler- und Kinderkarten. Die für den Kauf von Fahrscheinheften gewährte Ermäßigung des Regeltarifes schwankt im allgemeinen zwischen 10 und 25%, wobei eine Ermäßigung von 10% als niedrig und eine solche von 25% als ziemlich reichlich angesehen werden kann. Es gibt kleinere Straßenbahnen in Städten unter 100000 Einwohnern, die auf Fahrscheinhefte eine höhere Ermäßigung geben (25 und mehr Prozent), um auf solche Weise die Ausgabe weiterer Ermäßigungskarten zu vermeiden und sich so die Mindesteinnahmen zu sichern, die sie in Anbetracht ihrer geringen Ausdehnung unbedingt gebrauchen.

Aus den gesamten Einnahmen, welche die Beförderung aller Fahrgäste auf Grund der einzelnen Fahrtausweise ergibt, errechnet sich die durchschnittliche Jahreseinnahme je Fahrgast. Ebenso kann man auch für die einzelnen Fahrtausweisarten den zugehörigen Einnahmedurchschnitt errechnen. Derselbe wird beim Regeltarif die durchschnittliche Einnahme je Fahrgast übersteigen, bei Schüler- und Monatskarten darunter liegen. Bei der Festsetzung von Fahrpreisermäßigungen wird der Forderung der Deutschen Gemeindeordnung durch die Befolgung nachstehenden Grundsatzes Rechnung getragen:

Fahrpreisermäßigungen, die den zur Deckung der Selbstkosten erforderlichen Einnahmedurchschnitt gefährden, sind auf jeden Fall unstatthaft.

Bei diesem Grundsatz für die Gestaltung der Tarifermäßigungen ist vollständig offen gelassen, welche durchschnittliche Jahreseinnahme die einzelne Fahrscheinsorte ergibt. Man darf daraus aber nicht schließen, daß es zulässig wäre, ermäßigte Karten etwa so niedrig festzusetzen, daß die zugehörige Durchschnittseinnahme je Fahrgast nur wenige Pfennige ergibt, und man brauche nur andere Fahrscheinsorten, wie etwa den Regeltarif, so hoch festsetzen, daß sich wieder ein vernünftiger, den Selbstkosten entsprechender Einnahmedurchschnitt ergibt. Diese Meinung wäre irrig. Ein so hoher Regeltarif hält so viele Personen, die aus irgendwelchen Gründen auf den Regeltarif angewiesen sind, von der Benutzung der Straßenbahn ab, daß der dadurch eintretende Einnahmeausfall durch den Anreiz stärkster Ermäßigung bei bestimmten Fahrscheinsorten nicht wettgemacht werden kann. Unter den heutigen Verhältnissen kann man behaupten, daß die Selbstkostengrundlage gefährdet ist, wenn die durchschnittliche Einnahme je Fahrgast bei einem Ermäßigungstarif unter 10 Rpf liegt.

Damit schneide ich eine andere Frage an, die in diesem Zusammenhang gleich besprochen werden muß. Eine Straßenbahn ist ein Betrieb, der sich fast vollkommen vor den Augen der Öffentlichkeit abspielt. Kein Wunder, daß daher die Straßenbahnen der Kritik der Öffentlichkeit in besonderem Maße ausgesetzt sind, daß die Fahrgäste immer alles besser wissen als der verantwortliche Betriebsleiter. So spielt es angeblich für die Betriebskosten keine Rolle, ob noch ein paar Fahrgäste mehr den Wagen besteigen oder nicht. Die Meinung, daß bei nicht vollbesetztem Wagen das Hinzukommen weiterer Fahrgäste etwa durch besondere Ermäßigungstarife die Betriebskosten nicht beeinflusse, daß also die neu hinzukommenden Fahrgäste praktisch keine Beförderungsselbstkosten verursachen, ist so falsch, daß sie, wollte man ihr folgen, das Fundament einer Straßenbahn vollkommen unterhöhlen würde. Es ist zwar theoretisch durchaus richtig, daß die Betriebskosten des Wagens, wie die Kosten des Führers und Schaffners, die Stromkosten, die Wagen- und Gleisunterhaltung nicht beeinflußt werden, wenn bei irgendeinem Triebwagen noch weitere 5 Fahrgäste zusteigen. Ebenso richtig und für die hier in Betracht kommenden Verhältnisse das Ausschlaggebende ist es aber, daß es bei jeder Linie zu gewissen Zeiten und auf gewissen Strecken vollbesetzte Wagen gibt, die unmöglich weitere Fahrgäste aufnehmen können. Jede Straßenbahnlinie kann in 3 Streckenabschnitte unterteilt werden, in die Füllstrecke, die Strecke mit Vollbesetzung und die Entleerungsstrecke. Beim Anfang einer Linie ist der Zustrom mehrerer Haltestellen notwendig, um den Wagen zu füllen, ebenso wie der Wagen sich beim Herannahen an die Endstation nicht auf einmal entleert, sondern seine Fahrgäste an den einzelnen Haltestellen nach und nach abgibt. Zwischen Füll- und Entleerungsstrecke liegt die Strecke mit Vollbesetzung, die im Interesse der Wirtschaftlichkeit des Betriebes nicht entbehrt werden kann. Es ist aber tarifpolitisch falsch, die Besetzung des Wagens in dem mittleren Streckenteil durch Zustrom voll bezahlender Gäste dadurch zu unterbinden, daß man den Wagen schon vorher mit zuviel schlecht zahlenden Fahrgästen überfüllt. Man kann dagegen oft den Einwand hören, daß es sehr einfach sei, eine Überfüllung durch Betriebsverstärkungen, wie Einsetzen von Triebwagen oder Anhängen von Beiwagen, zu vermeiden. Der Einwand greift nicht durch. Wenn betriebliche Verstärkungen veranlaßt sind durch eine zu große Zahl von Fahrgästen, die mit übergroßer Ermäßigung fahren, dann deckt eben die Durchschnittseinnahme je Fahrgast nicht mehr die Selbstkosten der betrieblichen Verstärkung. Diese Zusammenhänge sind nicht ganz einfach, man muß sie sich aber klar vor Augen halten, will man den ganzen Widersinn der Behauptung erkennen, daß ein den Wagen besteigender Fahrgast zunächst gar keine weiteren Unkosten verursacht.

Die starke Verbreitung dieser landläufigen Meinung war mit daran schuld, daß sich im Straßenbahn-Tarifwesen ein Unfug breit gemacht hat, mit dem nicht rasch genug aufgeräumt werden kann. Ich meine das weite Gebiet der Tarifbegünstigungen. Bei den Straßenbahnen ist in den vergangenen Jahren bestimmten Fahrgastgruppen oder auch Einzelpersonen eine vollständige oder teilweise Befreiung von der Entrichtung des tarifmäßigen Fahrgeldes gewährt worden. Diese Fahrpreisbegünstigungen haben allmählich einen Umfang angenommen, der jede klare Wirtschaftsgebarung verhindert.

Straßenbahnen sind keine Wohlfahrtsanstalten, sondern sie sind werbende Betriebe. Ich darf auch hier wieder den § 72 der Gemeindeordnung anziehen, der das wirtschaftliche Gebaren dieser Betriebe zur unabweisbaren Pflicht macht. Kein Elektrizitäts- oder Gaswerk gesteht für einzelne Personengruppen Ausnahmen von den allgemeinen Strom- und Gastarifen zu. Wer Strom oder Gas beziehen will, muß eben den dafür in Frage kommenden Tarifpreis bezahlen.

Es ist Vorsorge getroffen, daß mit dem Unfug der übermäßigen Fahrpreisbegünstigungen bei den Straßenbahnen aufgeräumt wird[1].

Die Verkehrspolitik. Richtig ist die Verkehrspolitik, wenn eine Straßenbahn den Fahrplan so stark als möglich dem Verkehrsbedürfnis angleicht und die Verkehrsmittel je nach ihren besonderen Eigenschaften am richtigen

[1] Vgl. RdErl. d. RuPrMdI. vom 11. November 1935 V Wi. 114 II, IV 35 (MBliV. 1935 S. 1386) und die zugehörigen Richtlinien der Reichsverkehrsgruppe Schienenbahnen.

Ort und zur richtigen Zeit einsetzt. Die Anpassung an das Verkehrsbedürfnis geht natürlich nur bis zu einem gewissen Grade. Auf größere Veranstaltungen, die meistens mehrere Tage vorher gemeldet sind, wird man sich verhältnismäßig leicht einrichten können. Bei einer größeren Straßenbahn wird es aber nicht möglich sein, einen plötzlich einsetzenden Regenguß durch entsprechende Verstärkungen ausreichend zu berücksichtigen. Die außerordentlich starke Zunahme der Fahrräder in den letzten Jahren hat zu der für die Straßenbahn höchst unangenehmen Erscheinung geführt, daß die Radfahrer bei schlechtem Wetter oft in Scharen zur Straßenbahn kommen und dann womöglich einen Sitzplatz fordern zu können glauben. Es kann einer Bahn unmöglich zugemutet werden, für Fahrgäste, welche nur selten bei schlechtem Wetter die Bahn benützen, das ganze Jahr entsprechende Plätze in dem Wagen bereitzuhalten. Die Fahrpreise, die man sonst verlangen müßte, würden ein Vielfaches der derzeitigen Tarife betragen. „Laufkundschaft" wird bekanntlich auch vom Einzelhändler nicht gerade bevorzugt behandelt.

Wenn ich auf den zweckmäßigen Einsatz der Verkehrsmittel je nach ihrer Eigenart hingewiesen habe, so meine ich damit in erster Linie die Ergänzung der Straßenbahn durch Autobusse. Ich wies bereits darauf hin, daß ein objektiver Verkehrsfachmann nicht auf irgendein Verkehrsmittel eingeschworen sein darf. Größere Straßenbahnen werden heute den Einsatz von Autobussen für Zubringer- und ähnliche Dienste nicht entbehren. Der Hauptanteil an der Bewältigung des Verkehrs wird dessen ungeachtet immer bei der Straßenbahn verbleiben, solange nicht ganz grundlegende technische Umwälzungen kommen.

7. Die Ausgaben. Die Ausgabenseite eines Verkehrsbetriebes enthält folgende, wesentliche Posten: Personalkosten, Betriebskosten, allgemeine Unkosten, Steuern, Schuldzinsen, Abschreibungen und Abgaben an die Stadt.

Vorwiegen der festen Kosten. Die Ausgabenseite wird beherrscht von einem Gesetz, dessen Tragik alle Straßenbahnen aufs schwerste zu spüren haben. Es ist das G e s e t z d e r f e s t e n B e t r i e b s k o s t e n. Dieses Gesetz bedeutet nicht, daß die Betriebskosten einer Straßenbahn so fest und unabänderlich sind, daß eine Anpassung derselben an sinkende Einnahmen vollkommen ausgeschlossen sei. Sonst würde ja die Tatsache, daß die deutschen Straßenbahnen über 40 % ihrer Einnahmen gegenüber der Zeit der Höchstkonjunktur eingebüßt haben, alle Bahnen zum Ruin gebracht haben. Um das Gesetz der festen Kosten richtig zu verstehen, muß man auch hier wieder vom Grundsätzlichen ausgehen:

Die Fahrt eines Straßenbahnwagens von einer Haltestelle zur andern bedingt die gleichen Personalkosten für Führer und Schaffner, die gleichen Stromkosten, die gleiche Abnützung des Gleises, ob sich nun 50 Personen oder nur 5 Personen in dem Wagen befinden. Wenn eine Schuhfabrik statt

5000 Paar Schuhe nur 500 Paar Schuhe herstellt, so benötigt sie etwa den 10. Teil der Arbeitszeit und den 10. Teil des Materials. Das Gesetz der festen Kosten will besagen, daß bei Straßenbahnen die Betriebsausgaben dem Einnahmerückgang nicht in solcher Weise angepaßt werden können, daß erhebliche Verluste zu vermeiden sind. Wenn, wie dies in den letzten Jahren der Fall war, die Einnahmen nahezu um die Hälfte sanken, so konnte die durch die Notverordnungen veranlaßte Herabsetzung der Gehälter und Löhne, die Einsparung von Linien, die Verlängerung der Wagenfolge, die Zurückstellung jeder irgendwie verschiebbaren Ausgabe zwar eine Senkung der Betriebsunkosten bewirken, aber nie und nimmer eine entsprechende Anpassung an den katastrophalen Einnahmerückgang. Dabei muß zur Frage der Einsparung von Linien und der Verlängerung der Wagenfolge noch besonders auf die Betriebspflicht der Straßenbahn hingewiesen werden. Diese Betriebspflicht zwingt oft zur Durchführung unwirtschaftlicher Fahrpläne und zur Verkehrsbedienung mit ungenügend besetzten Wagen.

Eine wirklich durchgreifende Besserung kann daher nur von der Einnahmenseite kommen, in erster Linie von der Wiedererstarkung unseres Wirtschaftslebens auf Grund der vielseitigen Maßnahmen der nationalsozialistischen Regierung. Auch hier ist aber auf eine bedauerliche Erscheinung aufmerksam zu machen, nämlich auf das Nachhinken der Straßenbahn gegenüber der Gesundung anderer Betriebe. Die Straßenbahnen haben teilweise ihren tiefsten Einnahmestand erst im Jahre 1934 erreicht, und eine kleine Belebung macht sich erst 1935 geltend.

Personalkosten. Der bedeutendste Kostenanteil bei Straßenbahnen sind die Personalausgaben. Er weist von Betrieb zu Betrieb wesentliche Abweichungen auf. Diese Verschiedenheiten sind nicht immer begründet durch entsprechende Unterschiede in der Dienstleistung des Fahrpersonals, wie sie durch Größe und Verkehrscharakter einer Stadt bedingt ist, und auch nicht durch die örtlichen Lebensverhältnisse. Wesentliche Unterschiede sind dadurch veranlaßt, daß in einigen Städten das Fahrpersonal im Beamtenverhältnis steht. Für die Zukunft ist auf Grund reichsgesetzlicher Bestimmungen eine Neueinstellung von Führern und Schaffnern im Beamtenverhältnis nicht mehr gestattet. Es bleibt abzuwarten, in welcher Weise der Sondertreuhänder für das Verkehrsgewerbe in Zukunft die Lohn- und Arbeitsbedingungen des Straßenbahnpersonals regeln wird. Unabhängig von jeder Neuregelung wird die Tatsache bestehen bleiben, daß die Personalkosten den wesentlichen Kostenfaktor der Straßenbahn darstellen.

Kapitaldienst (Zins und Abschreibung) und Anlagekosten. Jede Beschaffung, die aktiviert werden muß, belastet über den Weg des Kapitaldienstes das Betriebsergebnis. Wenn der Kapitaldienst niedrig gehalten werden soll, so kann das nicht nur durch niedrige Zinssätze erreicht werden, sondern auch dadurch, daß man jede beabsichtigte Anschaffung sorgfältig prüft, ehe man sich zu ihr entschließt.

Wagen. Ein beträchtlicher Teil des Anlagevermögens unserer Straßenbahnen steckt in den Wagen. Bei einer Erweiterung oder auch Erneuerung des Wagenparkes soll man die einmal gewählte Linie einhalten, d. h. man soll nicht aus reiner Modelust Neues probieren, das sich im praktischen Betrieb noch nicht genügend bewährt hat. Die Erprobung neuer Wagentypen und Konstruktionen kann in größeren Betrieben leichter und gründlicher vorgenommen werden; das müssen sich vor allem die kleineren Betriebe gesagt sein lassen. Es ist aber auch im Großbetrieb falsch, eine neue Wagentype gleich in zu großer Auflage zu bestellen. Fehlschläge aus vergangener Zeit sind Musterbeispiele dafür, wie man es nicht machen soll. Die Gestehungskosten von Straßenbahnwagen müssen zukünftig dadurch gesenkt werden, daß man die Wagen, soweit es die verschiedenen örtlichen Verhältnisse irgendwie gestatten, typisiert und normalisiert, eine Aufgabe, mit der sich z. B. der Wagenbauausschuß der Reichsverkehrsgruppe Schienenbahnen eingehend beschäftigt. Bei einem Gang durch die Werkstätten irgendeiner Wagenbaufirma konnte man in den letzten Jahren erleben, daß für die Straßenbahn in X 4 oder 5 Wagen und für die Straßenbahn in Y ein einziger Wagen gebaut wurde. Dieser eine Wagen hatte mit den anderen 5 kaum ein Konstruktionsmerkmal gemeinsam, es handelte sich also um eine Sonderanfertigung. Wenn man demgegenüber die Serienfertigung in der Kraftwagenindustrie betrachtet, so versteht man, daß man auf dem bisherigen Weg nicht zu preiswerten Straßenbahnwagen gelangen kann. Es ist, wie schon gesagt, Vorsorge getroffen, daß dies in Zukunft anders wird.

Ein Gesichtspunkt gehört noch hierher: Die Straßenbahnen sind keine Monopolbetriebe, sondern stehen im denkbar schärfsten Wettbewerb in einer Zeit, in der ein ordentlicher Viersitzer 1800 RM, ein Motorrad nur wenige hundert Mark, und ein Fahrrad 40 RM, auf Wunsch in Raten, kostet. Im Kraftwagenbau wurde das Verhältnis von Motorleistung und Wagengewicht von Jahr zu Jahr günstiger; das bedeutet hohe Anfahrbeschleunigung, gutes Bergsteigen, hohe Reisegeschwindigkeit, wobei unter Reisegeschwindigkeit die erreichte Durchschnittsgeschwindigkeit zwischen Abfahrt und Ankunft zu verstehen ist. Je höher die Anfahrbeschleunigung eines Fahrzeuges und je höher seine Steigfähigkeit ist, um so mehr nähert sich die Reisegeschwindigkeit der Bestzahl, ohne sie natürlich je zu erreichen. Dieser damit angedeuteten Entwicklung im Kraftwagenbau müssen die Straßenbahnen aus den Gründen des scharfen Wettbewerbs, durch den die Straßenbahnen mit den anderen Verkehrsmitteln verkettet sind, zwangläufig folgen, wenn neue Rückschläge schlimmster Art vermieden werden sollen. Das bedeutet also auch für die Straßenbahnen Steigerung der Motorleistung je Tonne Triebwagengewicht bis zu der Grenze, die durch die Reibungsverhältnisse zwischen Rad und Schiene gezogen ist. (Es hat natürlich keinen Sinn, die Motoren so stark zu machen, daß beim Ingangsetzen des Wagens die Räder sofort zu schleifen beginnen. In sehr vielen Fällen wird es möglich sein, die Motorleistung um 50 bis 100% zu erhöhen, um die notwendige Anfahrbeschleunigung zu erreichen.) Für die Wagen gibt es also zusammengefaßt drei Regeln:

1. Zielbewußte Erprobung von Neukonstruktionen im praktischen Betrieb, keine Experimente, insbesondere nicht bei kleineren Bahnen.

2. In Zukunft Beschaffung genormter Wagen, wenn nicht ganz schwerwiegende, örtlich begründete Bedenken entgegenstehen.

3. Nicht sparen an der Motorleistung.

Oberbau und Oberleitung. Einen weiteren erheblichen Teil des Anlagevermögens bildet der Gleisoberbau mit der zugehörigen Oberleitung. Hierbei kann hinsichtlich der Anlagekosten beträchtlich gespart werden, wenn man neuzeitliche Bauweisen, wie sie sich in anderen Betrieben bewährt haben, verwendet. Der Verlegung der Straßenbahngleise auf eigenen Bahnkörper muß aus Gründen günstiger Anlagekosten und hoher Reisegeschwindigkeit besonderes Augenmerk zugewandt werden.

Wagenhallen. Auch Wagenhallen kann man, wie die Vergangenheit zeigt, teuer und billig bauen. Ich möchte nicht untersuchen, welche Gründe früher da und dort für eine stabile und massive Bauart der Unterstandshallen für unsere Straßenbahnen maßgebend gewesen sein mögen. Die neue Zeit hat auf jeden Fall neue Gesichtspunkte hierfür aufgezeigt. Man denke dabei nur an die von der Regierung geförderte Siedlungs- und Umsiedlungstätigkeit, sowie an die Bestrebungen zur Dezentralisierung und Verlegung der Industrie. Es ist unmöglich vorauszusagen, wie in 25 Jahren die Straßenbahnliniennetze der einzelnen deutschen Städte aussehen werden. Hieraus ergibt sich zwangläufig die Folgerung, daß Wagenhallen nicht standortgebunden sein sollen. Man wird daher in Zukunft dem billigen Holzbau mit lediglich massiven Seitenmauern besondere Beachtung schenken.

Auf die Werkstättenfrage komme ich noch im Zusammenhang mit der Unterhaltung.

Unterhaltungskosten. Zu ihnen wäre sehr viel zu sagen. Ich darf mich hier auf die wichtigsten Gesichtspunkte beschränken. Die starken Unterschiede der Unterhaltungskosten je Rechnungskilometer zwischen den einzelnen Betrieben beweisen, daß der Mindestwert an Betriebskosten noch nicht überall erreicht ist. Wer möglichst niedrige Unterhaltungskosten anstrebt, muß von einem sehr einfachen Grundsatz ausgehen, dessen folgerichtige Durchführung — allerdings nicht ganz so einfach ist. Der Grundsatz heißt: Die Aufwendungen einer Straßenbahn für die Unterhaltung ihrer wichtigsten Anlagenteile, d. i. für die Gleis- und Wagenunterhaltung, werden um so niedriger, je mehr man dem theoretischen Vorgang des rollenden, mathematisch genauen Kreises auf der mathematisch genauen Geraden praktisch näherzukommen trachtet.

Diese kurzen Worte begreifen die ganze Fülle der Fragen der Oberbau- und Werkstattarbeiten in sich, wenn ich dabei zur Vereinfachung die gleichzeitig in Betracht kommenden, außerordentlich schwierigen, dynamischen Probleme außer acht lassen darf. Wenn das Gleis einer mathematischen Geraden entsprechen soll, dann darf es keine ausgefahrenen Stöße, keine Senkungen und Schlaglöcher, keine Riffelbildung aufweisen, sondern es muß in seinen geraden Strecken, wie insbesondere in den Kurven, bestens mit geschweißten Stößen und mit genau eingehaltener Spur verlegt werden. Vor allem muß aber das Gleis zur rechten Zeit mit Spezialwagen zur Beseitigung der Riffelbildung abgeschliffen werden. Wenn der Umfang der Radreifen genau kreisförmig sein soll, dann darf er keine Schleifflächen besitzen. Durch ständiges, rechtzeitiges Abschleifen mittels einer Sonderschleifmaschine muß auch bei den Rädern für genaue Kreisform gesorgt werden. Die Form des Radreifens im abgenützten Zustand und die Form des Schienenkopfes muß genau aufeinander abgestimmt sein. Schienenschleifwagen und Radreifenschleifmaschinen sind nicht gerade billig, und man findet daher in mittleren und kleineren Betrieben die Meinung, daß sich deren Beschaffung nicht empfehle. Dieser Ansicht kann nicht beigepflichtet werden. Der ruhige Lauf der Straßenbahnzüge ist nicht nur wegen der Geräuschverminderung notwendig, sondern zu allererst wegen des geringeren Verschleißes. Für eine ganz kleine Bahn mit 5 oder 10 Wagen wird allerdings kaum eine komplizierte Schleifmaschine in der Preislage zwischen 5000 und 10000 RM in Betracht kommen. Es kann keine genaue Angabe über die Betriebsgröße gemacht werden, von der ab die Beschaffung einer solchen Maschine unbedingt lohnend ist. Fest steht auf jeden Fall, daß viel zu wenig Bahnen heute derartige Präzisionswerkzeuge besitzen.

Werkstattkosten. Damit komme ich zu den Unterhaltungsarbeiten in der Werkstätte. Eine Straßenbahnwerkstätte soll keine Waggonfabrik sein. Man soll sie aber so gut und reichlich ausstatten, daß die normalen Unterhaltungsarbeiten und Ausbesserungen (nach Zusammenstößen) auf das gewissenhafteste ausgeführt werden können. Über der Werkstattarbeit muß das Leitwort stehen: „Größte Präzision!“

Kein Handwerker kann ohne ein ordnungsgemäßes Werkzeug saubere Arbeit leisten. Solide und neuzeitliche Werkzeugmaschinen sind kein Luxus für eine Straßenbahn. Die Beträge, die man dafür aufwendet, machen sich reichlich bezahlt durch eine Verlängerung der Lebensdauer von Wagen und Gleis und durch eine Verringerung unangenehmer Betriebsstörungen, die immer Einnahmeausfälle nach sich ziehen. Nur unter der Voraussetzung, daß in der Werkstätte und deren Einrichtung nicht am falschen Fleck gespart wird, waren die niedrigen Abschreibungssätze, welche die ungünstige wirtschaftliche Entwicklung vielerorts den Straßenbahnen aufgezwungen hat, überhaupt noch zu verantworten. In Zukunft auf angemessene und im Bedarfsfalle jederzeit greifbare Abschreibungen, wie sie auch die Deutsche Gemeindeordnung vorschreibt, zu verzichten, ist unmöglich. Gerade der schon erwähnte scharfe Wettbewerb, in dem die Straßenbahnen stehen, fordert gebieterisch einen Ersatz alter Wagen, die wohl noch gut instandgehalten, aber in ihren mechanischen und elektrischen Einrichtungen überaltet sind und daher den neuzeitlichen Verkehrsbedingungen nicht mehr gerecht werden.

Verwaltungskosten. Gehälter der leitenden Personen. Eine besondere Aufmerksamkeit verdient die Verwaltung des Unternehmens. Bei Straßenbahnbetrieben sind heute, wie die bisherigen Ausführungen wohl zur Genüge dargetan haben, die Verhältnisse so schwierig, daß für die technischen Belange der fähigste und praktisch erfahrenste Kopf gerade gut genug ist, ein Punkt, der bei Besetzung solcher Posten nicht übersehen werden sollte. An erfahrenen Straßenbahnfachleuten wird in Kürze ein erheblicher Mangel eintreten, da es an entsprechend vorgebildetem Nachwuchs fehlt. Die Reichsverkehrsgruppe Schienenbahnen wird demnächst Richtlinien für die Einstellung von Ausbildungsingenieuren herausgeben, deren Durchführung den einzelnen Verwaltungen dringend angeraten werden muß. In der Vergangenheit ist bei Straßenbahnen, deren Gefolgschaft eine vierstellige Ziffer ausmacht, nicht selten an der Einsetzung eines einzigen zusätzlichen Ingenieurgehaltes in den Wirtschaftsplan Kritik geübt worden. Solche Kritik ist für einen, der die Verhältnisse von Grund aus kennt, unverständlich. Wer wirklich und ernsthaft den deutschen Straßenbahnen wieder auf die Beine helfen will, kann die sach- und fachkundige Ingenieurarbeit auf diesem Gebiet unter der entschlußkräftigen Führung eines verantwortungsbewußten, sach- und fachkundigen Betriebsleiters nicht hoch genug anschlagen.

Kaufmännischer Geist. Die übrige Verwaltung kann nicht eine kameralistische, sondern nur eine kaufmännische sein. Die kaufmännische Buchführung gestattet eine klare Übersicht über die jeweilige Lage des Vermögens und über die Betriebsausgaben, und läßt die Aufstellung von monatlichen Rohbilanzen zu. Nur so kann der Betriebsleiter laufend die Wirtschaftsgebarung des ihm unterstellten Betriebes übersehen. Seine Dispositionen werden so erleichtert und Fehlschläge werden besser vermieden. Die Verwendung der für besondere Zwecke genehmigten Mittel kann bei ihr in gleicher Weise kontrolliert werden wie bei der kameralistischen Buchhaltung.

Werbung und Kundendienst. Zu einer richtigen kaufmännischen Gebarung gehört es auch, daß die Straßenbahnen in ihren Wirtschaftsplänen besondere Mittel für die Werbung auswerfen. Das ist ein Punkt, den man bisher fast nirgends berücksichtigt fand, dem aber in Zukunft viel größere Beachtung zu schenken ist. Der richtige Dienst am Kunden, unter dem wir nicht eine Erfüllung unsinniger Ansprüche, sondern das Streben nach einer möglichst zuverlässigen und preiswerten, wie auch aufmerksamen Beförderung verstehen müssen, ist nicht das unbedeutendste Mittel zur Hebung der Wirtschaftlichkeit.

Pflege der Betriebsgemeinschaft. Dazu gehört auch, daß in der Gefolgschaft ein lebendiges Betriebsverständnis geweckt und die Betriebsverbundenheit während und nach dem Dienst erhalten und gestärkt wird. Voraussetzung hierfür ist natürlich, daß dem Betriebsleiter auch bei städtischen Bahnen die notwendige Einflußnahme in Personalfragen zugestanden wird.

8. Kennzahlen und Betriebsvergleich. Zum Schluß noch ein Wort über Kennzahlen. Sie gestatten insbesondere den Vergleich verschiedener Städte. Der Betriebsvergleich hat schon einen guten Anfang hinter sich, er muß aber noch planmäßig ausgebaut werden. Mit Rücksicht auf die gebotene Vereinheitlichung der Buchführung und der dazu gehörigen Bezeichnungsweise ist bei der Reichsverkehrsgruppe Schienenbahnen ein Sonderausschuß gebildet, dessen Arbeit in vollem Gange ist. Unter diesen Umständen ist es unzweckmäßig, auf diese Frage näher einzugehen, ehe nicht die Ergebnisse dieses Ausschusses vorliegen. Durch Zusendung eines Merkblattes könnten später die Teilnehmer an der Wirtschaftsprüferwoche entsprechend unterrichtet werden.

Unabhängig aber von den sachlichen Zahlen und über diesen stehend muß der Geist sein, von dem Führer und Gefolgschaft durchdrungen sind.

13. Prüfung des Hebedienstes und der zugehörigen Gebiete.

Von Wirtschaftsprüfer **Hermann Nicklaus**, Dresden.

Umfang des Hebedienstes. Hebedienst nennt man die Erhebung (Feststellung) des Verbrauchs, die Ausrechnung der Rechnungsbeträge und die Einhebung (Einziehung) der den Elektrizitäts-, Gas- und Wasserwerken aus ihren Lieferungen erwachsenden Forderungen an ihre Abnehmer. Da es sich um Dauerkunden handelt, mit denen periodisch abzurechnen ist, ist es eine alte Gepflogenheit, daß die Werke ihre Forderungen durch Kassenboten einziehen, sich also das Geld holen, während es sonst in Industrie und Handel üblich ist, daß der Abnehmer den Betrag seiner Schuld bringt oder überweist, wie ja Geldschulden nach den BGB Bringschulden sind. Natürlich wird auch ein Teil der Werksforderungen auf diesem Wege bezahlt. Wo aber die Werke organisatorisch nur darauf eingestellt sind, die Rechnungsbeträge durch Boten einzuziehen, ist es ihnen noch nicht einmal angenehm, wenn ein Teil der Abnehmer seine Zahlungen dennoch durch Überweisung oder durch Bareinzahlung an den Werkskassen bewirkt. Es gibt allerdings auch Werke, die an dem Grundsatz festhalten, daß Geldschulden Bringschulden sind und ihre Abnehmer dazu anhalten, den Gegenwert für ihren Verbrauch einzuzahlen, zu bringen.

Da der Wirtschaftsprüfer bei Prüfungen von Wirtschaftsbetrieben der öffentlichen Hand sich auch über die wirtschaftlichen Verhältnisse der geprüften Betriebe zu äußern hat, da ihm insbesondere die „Allgemeinen Vertragsbedingungen für Werkverträge zwischen Gemeindeprüfungsämtern und Wirtschaftsprüfern“ eine Stellungnahme zum organisatorischen Aufbau des Betriebes vorschreiben, ist es für den Prüfer notwendig, ein fachliches Urteil über die Zweckmäßigkeit und Wirtschaftlichkeit des von ihm angetroffenen Hebedienstverfahrens abgeben zu können. Auch die vom Prüfer zu treffende Feststellung, ob die Buchführung und der Jahresabschluß ordnungsgemäß sind, erfordert eine Beurteilung, ob die Handhabung des Hebedienstes eine ordnungsmäßige Abrechnung gewährleistet, so daß die in der Jahresrechnung ihren Niederschlag findenden Ergebnisse, nämlich die Höhe der Einnahmen und Höhe der Außenstände, als zutreffend angesprochen werden können.

Bei der Vielzahl von Abnehmern, die meist so groß ist wie die Zahl der Haushaltungen in dem versorgten Gebiet, verursacht der Hebedienst einen erheblichen Aufwand, und ein beachtlicher Teil der Verwaltungskosten wird durch diesen Zweig der Verwaltung verursacht. Es ist daher eine besondere Aufgabe der Werksleitungen, den Hebedienst so zu organisieren, daß Kostenaufwand und Leistung in das bestmögliche Verhältnis gebracht werden. Wenn man erfährt, daß der Kostenaufwand je Abnehmer und Rechnung für die Hebedienstarbeit vom Ablesen des Verbrauches bis zum Eingang des Geldes zwischen 15 Rpf und 1 RM schwanken kann, dann ersieht man daraus, daß die Werke durch ein geschicktes Hebeverfahren erhebliche Verwaltungskostenersparnisse erzielen können. Es gibt aber leider noch eine Vielzahl von Verfahren und ebenso viele Meinungen über die Vor- und Nachteile des einen oder anderen Verfahrens.

Organisation. Die Organisationsform des Hebedienstes wird bestimmt durch die Art des Versorgungsgebietes, die Art der Geldeinziehung, die Art der allgemeinen Tarifpreise und die Meinung der Werksleiter.

Wir unterscheiden Einwegverfahren (direktes Inkasso), wozu auch die Verwendung von Automaten gehört, und Zweiwegverfahren (indirektes Inkasso), außerdem noch das Bringsystem, das ebenfalls ein Einwegverfahren darstellt.

Beim Einwegverfahren wird zugleich mit dem Gange zur Ablesung das Geld eingezogen. Das Verfahren hat also Vorteile dort, wo die Wegzeit eine große Rolle spielt, so in Überlandgebieten mit größeren Entfernungen zwischen den einzelnen Abnehmern. Es wird auch in Städten dann lohnend sein, wenn der Tarifaufbau einfach ist, so daß an die Rechenkünste der Ableser und Kassenboten keine zu großen Anforderungen gestellt werden. Es muß aber berücksichtigt werden, daß das Ausschreiben der Rechnungen unter ungünstigen Umständen erfolgt und demzufolge auch mehr Zeit in Anspruch nimmt als unter den günstigen Voraussetzungen, die beim Ausschreiben der Rechnungen im Büro geschaffen werden können. Es hat ferner den Nachteil, daß auf richtige Rechnungserteilung erst nachträglich kontrolliert werden kann. Sobald die Tarife vielgestaltiger und damit die Rechenaufgaben für die Kassenboten schwieriger werden, tritt oft ein hoher Anteil von Fehlern auf. Der zur nachträglichen Berichtigung erforderliche Arbeitsaufwand macht dann die Vorteile der Wegersparnis hinfällig.

Einfach und selbstverständlich ist das Einwegverfahren bei Münzmessern.

Beim Zweiwegverfahren ist ein Gang für das Ablesen, ein zweiter für das Kassieren erforderlich. Wenn dies sich wenige Tage nach dem Ablesen vollzieht, wird der Zinsverlust aus dem Unterschied zwischen Feststellung und Einhebung des Verbrauches gering sein. Der Abnehmer erhält dann auf jeden Fall sorgfältige und nachgeprüfte Rechnungen. Außerdem ist größere Sicherheit für die redliche Abwicklung der Einhebung gegeben, weil Ablesung und Geldeinziehung durch verschiedene Personen bewirkt werden. Das Mehr an Wegezeit fällt bei geschlossenen Stadtgebieten nicht ins Gewicht gegenüber den Vorteilen, die dieses Verfahren bietet, insbesondere, wenn Strom, Gas und Wasser gemeinsam eingehoben werden.

Man kann aber auch die Vorteile des Einwegverfahrens mit denen des Zweiwegverfahrens, nämlich der sicheren und geprüften Rechnungserteilung, verbinden, wenn man einen kleinen Zinsverlust in Kauf nimmt. Man verbindet die Geldeinziehung für den vorletzten mit der Ablesung des letzten Abrechnungszeitraums. Der Kassenbote liest also z. B. den Juni ab und kassiert zugleich die Verbrauchsrechnung für Mai. Dieses Verfahren hat sich in großen Überlandgebieten bewährt.

Die **Abrechnungszeiträume** können verschieden lang sein. Allgemein und ursprünglich ist die monatliche Ablesung. Der Gedanke der Kostenersparnis hat dann zur zweimonatlichen oder gar zur zehnwöchentlichen Abrechnung geführt. Solch lange Zeitabschnitte haben zwei Nachteile, einmal den Zinsverlust, zum andern hat die Höhe einer zweimonatlichen Rechnung nicht gerade Werbewirkung. Das Vorliegen einer Verbrauchsrechnung für zwei Monate paßt schlecht in den Haushaltplan eines Lohn- oder Gehaltsempfängers und verursacht Reste, wenn der Abnehmer seine Rechnung im Zeitpunkt seiner Kassenebbe erhält. Außerdem wird er sich unter dem bedrückenden Gefühl des hohen Geldbetrages zur Sparsamkeit im Verbrauch veranlaßt sehen, bis die Zahlung geleistet und verschmerzt ist.

Auch hinsichtlich der Zeitpunkte der Ablesung gibt es verschiedene Möglichkeiten. Kleine und kleinste Werke können die Ablesungen auf den Stichtag, etwa den Monatsletzten, legen oder auf wenige Tage vor und nach dem Stichtag verteilen. Für große Werke würde dies einen stoßweißen Personalbedarf bedeuten, für den in der Zwischenzeit keine Beschäftigungsmöglichkeit gegeben wäre. Sie nehmen daher fortlaufende Ablesungen vor dergestalt, daß im Laufe eines Abrechnungsabschnittes alle Abnehmer regelmäßig in gleichen Zeitabständen abgelesen werden, also etwa Abnehmer A jeweils am 1., Abnehmer B immer am 2. usf. Andere Werke wieder drängen die

Ablesung in eine Zeit von 10—15 Tagen zusammen und beschäftigen das Ablesepersonal die übrige Zeit mit dem Kassieren.

Kosten. Ausschlaggebend für die Vorteilhaftigkeit eines Verfahrens sind neben der Sicherheit immer die Kosten. Für die Kosten gewinnt man eine Vergleichsgröße, wenn man die Kosten je Abnehmer und Jahr feststellt. Die Kosten je Abnehmer und Rechnung trügen unter Umständen, bieten aber die Grundlage für den Vergleich mit anderen Verfahren. Man darf aber nicht Halt machen bei den Kosten des Außendienstes, sondern muß auch die Kosten des gesamten Innendienstes mit heranziehen.

Zu den Kosten des Außendienstes gehören die Personalkosten der Ableser, Kassierer und Mahner einschl. der Wegegelder und Fahrtkosten, ferner die Sachkosten für die Ablesebücher, die Dienstkleidung usw.

Als Kosten des Innendienstes sind zu erfassen die Personal- und Sachkosten der Rechnungsabteilung, wobei die Verzinsung und Tilgung der Maschinenkosten nicht übersehen werden darf. Beim Einwegverfahren dürfen die Kosten für die Nachprüfung der Rechnungen nicht übersehen werden. Ferner gehören dazu die Kosten der Abrechnung mit den Kassenboten und der Kassen und Zahlstellen, die mit der Annahme von Verbraucherzahlungen beschäftigt sind, und schließlich die Kosten der Resteverwaltung und -überwachung. Manche Werke glänzen mit niedrigen Außendienstkosten, entheben sich aber der Mühe, die Kosten des Innendienstes festzustellen. Auch dürfen die Zinsverluste nicht übersehen werden, die eine scheinbar billige Abrechnungsweise unter Umständen mit sich bringt.

Bei einem Kostenvergleich ist natürlich auch zu berücksichtigen, ob es sich nur um Stromrechnungen mit zumeist nur einem Zähler je Abnehmer handelt, oder ob Strom und Gas oder gar Strom, Gas und Wasser zugleich in Rechnung gestellt werden. In diesen Fällen werden die Kosten je Rechnung immer entsprechend höher liegen. Erfahrungsgemäß dürfen die Kosten für reine Strom- oder Gasrechnungen bei 15—25 Rpf je Rechnung liegen, während sie bei zusammengefaßten Strom- und Gasrechnungen bis zu 40 Rpf betragen dürfen.

Arbeitsablauf. Das Arbeitsgebiet des Hebedienstes ist so umfangreich, daß es sich sehr wohl lohnt, diesen Verwaltungszweig einer Sonderprüfung zu unterwerfen, zumal es im Rahmen einer Bilanzprüfung unmöglich ist, in die Einzelheiten dieser ausgesprochenen Massenarbeit einzudringen. Immerhin ist es notwendig, sich auch im Rahmen der Bilanzprüfung über den Arbeitsablauf im Hebedienst zu unterrichten und hieraus zu schließen, inwieweit Gewähr gegeben ist, daß der Hebedienst den Anforderungen entspricht. Den Umfang der Hebedienstarbeit können wir unabhängig vom Verfahren begrenzen durch die drei Teilgebiete

Feststellung des Verbrauches,
Erteilung der Rechnung und
Einziehung des Geldes.

Der Hebedienst hat dafür zu sorgen, daß das Werk die geldliche Gegenleistung für seine Leistungen an die Abnehmer ungekürzt erhält. Es ist für den kleinen Betrieb nicht weniger wichtig als für den Großbetrieb, daß einwandfreie Kontrollen gegeben sind, sowohl hinsichtlich der vollständigen Erfassung aller Abnehmer als auch hinsichtlich der richtigen Berechnung und des ordnungsgemäßen Eingangs der Gelder. Die einmal vorhandene menschliche Unzulänglichkeit erfordert Sicherungen sowohl gegen unzulängliche Arbeitserledigung als auch gegen Unredlichkeit.

Veruntreuungsgefahren. Wir wollen kurz streifen, welche Lücken entstehen können: Der Verbrauch wird im allgemeinen durch Zähler gemessen und muß in regelmäßigen Zeitabständen abgelesen, berechnet und bezahlt werden. Mangelhafte Kontrolleinrichtungen und unzulängliche Anordnung des Meldewesens können bewirken, daß Abnehmer zwar beliefert, aber durch die Abrechnung nicht erfaßt werden.

Ablesefehler und Fehler in der Ausrechnung des Verbrauchs und des Geldbetrages sind nicht selten. Fehlerquellen ergeben sich auch bei der Berechnung des Geldbetrages für den festgestellten Verbrauch. Oft genug werden grundsätzliche Fehler in der Tarifanwendung oder der Verbrauchsberechnung jahrelang zum Schaden des Werkes durchgeschleppt. Wenn solche Fehler zum Schaden des Abnehmers gehen, pflegt er sie zu bemerken. Zu hohe Rechnungen fallen immer leichter auf als zu niedrige.

Bei der Geldeinziehung kommen immer wieder Unterschlagungen vor. Der Kassenbote ist noch nicht ausgestorben, der aus den kassierten Geldern einen unbewilligten Kredit in Anspruch nimmt, die beliehenen Reste aus dem neuen Einziehungsgang deckt und so ein Loch aufmacht, um das alte zu schließen, bis auf einmal ein großes und auffälliges Loch bleibt. Ein bei einer Nachprüfung geschnappter Kassenbote hat sich mit ungedeckten Schecks geholfen, die ihm ein Verwandter ausstellte. Schließlich ist es merkwürdig, wenn ein Scheck abgeliefert wird über einen Betrag, der in solcher Höhe in der ganzen Hebeliste nicht vorkommt.

Es gibt auch Abrechner, die mehr Geld brauchen als sie Gehalt beziehen, und eine unzulängliche Organisation kann es ermöglichen, Verbrauchsrechnungen nicht durch das Einnahmesoll zu nehmen und in die eigene Tasche zu kassieren.

Ein netter Brauch hatte sich bei einem Überlandwerk eingebürgert. Dort rechneten die Kassenboten der Überlandentfernungen wegen in monatlichen Zeitabständen ab. In der Zwischenzeit zahlten sie die kassierten Beträge auf Girokonto ein, und in der Verwaltung wurden ihre Ablieferungskonten mangelhaft überwacht. Da stellte eine Prüfung fest, daß die Kassenboten gute Kaufleute waren. Sie bewirkten die Einzahlungen auf ihre persönlichen Konten und überwiesen erst etliche Tage später auf das Konto des Werkes. Den Zinsgewinn auf ihren persönlichen Konten glaubten sie redlich erworben zu haben.

Dieser Streifzug durch die Unzulänglichkeit zeigt, daß die Arbeitsweise des Hebedienstes weitestgehend zwangläufige Kontrollen aufweisen muß. Darüber hinaus kann eine Prüfung auch der Arbeitserledigung für die Werke sehr von Nutzen sein, wobei die Prüfung der Arbeitserledigung sich immer nur auf mehr oder weniger umfangreiche, aber planmäßige Stichproben beschränken muß.

Um beim näheren Eingehen auf die Arbeitsgebiete des Hebedienstes zeigen zu können, welche Punkte und Schwächen bei seiner Prüfung zu beachten sind, muß der Prüfer damit eine Schilderung der verschiedenen Möglichkeiten der Arbeitsabwicklung verbinden.

Feststellung des Verbrauches. Die Feststellung des mengenmäßigen Verbrauches erfolgt durch Zähler oder Messer. Bei der großen Anzahl der Abnehmer ist eine Organisation erforderlich, die die Gewähr bietet, daß alle Abnehmer erfaßt werden, daß nicht der eine oder andere Abnehmer absichtlich oder unabsichtlich vergessen wird. Es ist also darauf zu halten, daß die vorhandene Einrichtung der Zählerüberwachung und der Ablesebücher jederzeit eine Vollzähligkeitskontrolle gestattet.

Zählerstammbuch. Die Zähler unterliegen bei den Werken einer genauen Kontrolle. Ein Zählerstammbuch darf in keinem Werke fehlen. Es muß gebunden sein und alle Zähler verzeichnen, über die das Werk verfügt. Der Eintrag erfolgt nach der Reihe des Eingangs und enthält neben dem Datum die Fabriknummer, Größen- und Typenbezeichnung und die Werksnummer, wenn das Werk die Zähler mit eigenen Werksnummern versieht. Dieses Zählerstammbuch muß Auskunft geben über die Gesamtzahl der vorhandenen Zähler und das Ausscheiden unverwendbar gewordener Zähler.

Zählerkartei. Neben dem Zählerstammbuch wird bei den meisten Werken noch eine Zählerkartei geführt, die die Unterlage für die technische Kontrolle der Zähler bildet und Auskunft gibt über den Standort, ob auf Lager oder bei welchem Kunden. Diese Zählernachweise müssen *außerhalb* der Abrechnungsabteilung geführt werden. Über Verwendung und Ortsveränderung eines Zählers ist Meldung zu erstatten. Diese Zählereinbau- und -ausbaumeldungen werden entweder laufend in ein dafür bestimmtes Buch eingetragen oder auf besonderen Meldevordrucken vermerkt. Die Zählerein- und -ausbaumeldungen müssen zwangläufig ihren Weg in die Abrechnungsabteilung finden, um in die Ablesebücher eingetragen zu werden.

Ablesebücher. Die Ablesebücher enthalten entweder für jeden Abnehmer oder für jeden Zähler ein Blatt. Die Blätter sind entsprechend dem Ablesegang geordnet. Gebundene Bücher haben den Nachteil, daß keine Zwischenschaltungen der nachträglich hinzugekommenen Abnehmer vorgenommen werden können, diese vielmehr am Schlusse nachgetragen werden müssen. Darum ist man zumeist zu Lose-Blatt-Büchern übergegangen. Diese bedürfen besonderer Sicherung gegen die Beseitigung einzelner Blätter. Die Bücher sind deshalb mit einem Schloß versehen oder werden jeweils plombiert. Zu Lose-Blatt-Büchern muß notwendig ein Nachweis der Anzahl der darin enthaltenen Blätter geführt werden, der jeweils auf den letzten Stand zu ergänzen ist. Dieser Nachweis ist entweder in das Buch eingeklebt, oder er wird auf einer besonderen Karte geführt, die im Büro verbleibt, wenn das Buch zum Ablesen hinausgegeben wird. Auf dem Nachweis muß die Gesamtzahl der im Buch enthaltenen Blätter, der Zu- und Abgang und der letzte Bestand mit Datum und Zeichen des Bearbeiters ersichtlich sein. Der Umfang der Ablesebücher richtet sich nach der Zahl der Ablesebezirke. In Überlandgebieten ist die Abgrenzung gewöhnlich durch die einzelnen Ortschaften gegeben. In Stadtgebieten wird straßen- oder blockweise unterteilt derart, daß der Inhalt eines Ablesebuches der Tagesleistung eines Ablesers entspricht.

Ableseblatt. Die Vordrucke der Ableseblätter sind sehr verschieden. Das Blatt enthält regelmäßig die Anschrift des Abnehmers und eine laufende Abnehmernummer, Angaben der Nummer und Daten des Zählers und sodann Spalten zum Eintragen der Zählerstände bei den einzelnen Ablesungen. Zumeist sind noch Spalten für die Ausrechnung der verbrauchten Mengen vorgesehen, und in vielen Fällen ist man dazu übergegangen, auch die Kosten des Verbrauches auf dem Ableseblatt auszurechnen. Die Vordruckgestaltung des Ableseblattes wird auch von dem Umstand beeinflußt, daß es eine die Verwaltung stark belastende Stoßarbeit ist, wenn die Ablesebücher periodisch neu angelegt werden müssen. Man strebt daher an, daß die Ableseblätter möglichst mehrere Jahre vorhalten. Da die Neuanlage der Blätter eine Massenarbeit ist, die gewöhnlich durch Hilfskräfte erledigt wird, bringt sie zumeist auch viele Übertragungsfehler mit sich. Insbesondere werden die Angaben über Art und Nummer des Zählers und Tarif des Abnehmers leicht unrichtig übertragen. Diese Mängel führten zur Entwicklung eines Verfahrens, das die periodische Neuausfertigung der Ableseblätter auf möglichst wenig Eintragungen beschränkt. Jeder Abnehmer erhält ein sog. Stammblatt, auf dem die Daten von dauerndem Wert, also Zähler- und Tarifangaben, eingetragen werden. Dieses Stammblatt bedarf keiner Auswechslung, es sei denn, es sei unansehnlich geworden. Hinter den Stammblättern werden die Ableseblätter eingereiht, und zwar für jeden Zähler ein besonderes Blatt, das nur die Anschrift oder Nummer des Abnehmers und den letzten Zählerstand aufgetragen erhält. Diese Ableseblätter können für eine mehrjährige Gebrauchsfähigkeit eingerichtet sein. Die Neuanlage vollzieht sich sehr rasch, wenn die Anschriften mit einer Adressiermaschine aufgetragen werden.

Vollzähligkeitsprüfung. Eine Vollzähligkeitsprüfung hat sich zuerst davon zu überzeugen, daß alle Zählerbewegungsmeldungen an die Abrechnungsabteilung gelangen und von ihr in den Ablesebüchern verarbeitet werden. Die losen Zählermeldungen sind in der Abrechnungsabteilung zweckmäßig nach laufenden, im voraus aufgedruckten Nummern abzulegen. Man kann dann eine Kontrolle ausüben, ob nicht zwischendurch Nummern fehlen und ob alle Meldungen Bearbeitungszeichen tragen. Zuweilen werden die Meldungen in den Mappen der Abnehmer abgelegt. Dann ist die Kontrolle schwieriger. Man muß dann die in der Zählerabteilung verbliebenen Durchschriften heranziehen und für einen Zeitabschnitt oder in Stichproben nachprüfen, ob sie alle den Weg in die Rechnungsabteilung gefunden haben und in die Ablesebücher eingetragen sind.

Die Vollzähligkeitsprüfung der in den Ablesebüchern verzeichneten Zähler ist beim Lose-Blatt-System besonders wichtig. Die summarische Kontrolle der in einem Buche befindlichen Blattzahl wurde schon erwähnt. Eine weitere Kontrolle ist die laufende Nummerung der Ableseblätter mit den Abnehmernummern. Diese Nummerung erfolgt bezirksweise oder bei Überlandgebieten ortsweise. Es ist zweckmäßig, daß die Abnehmernummer unverändert bleibt und daß neue Abnehmer die nächstfolgende Nummer erhalten, trotzdem aber in das Ablesebuch dem Ablesegang entsprechend eingeordnet werden. Zur Einhaltung dieser Ablesereihenfolge empfiehlt es sich, u. U. neben der Abnehmernummer noch eine laufende Nummerung des Buches durchzuführen und die eingeschalteten Blätter mit Buchstabenzusätzen zu den laufenden Nummern zu versehen.

Eine Vollständigkeitsprüfung kann sich nicht nur darauf beschränken, die Verarbeitung der Zählerveränderungsmeldungen in den Ablesebüchern und die Zahl der Blätter gemäß dem Kontrollblatt zu prüfen. Um sicher zu gehen, greift der Prüfer für einen Bezirk die Soll-Listen einer früher gelegenen Abrechnung heraus und vergleicht, wie weit die damals geführten Abnehmer noch vorhanden sind. Soweit sie fehlen, läßt er sich die Abmeldungen und Zählerveränderungsmeldungen vorlegen.

Erteilung der Rechnung. Beim Einwegverfahren schreibt der Kassenbote die Rechnung sogleich auf Grund der Ablesung an Ort und Stelle aus. Er verfertigt dann gewöhnlich eine Durchschrift auf seine Hebeliste, die der Nachprüfung und Abrechnung in der Verwaltung dient. Beim Zweiwegverfahren kommt es vor, daß die Ablesungen erst in ein Abnehmerbuch übertragen und die Ausrechnungen in diesem vorgenommen werden. Die Rechnungen werden sodann handschriftlich oder maschinell aus dem Abnehmerbuch abgeschrieben. Häufig ist die Einrichtung, daß die Ausrechnung sogleich im Ablesebuch vorgenommen wird. Dies hat den Vorteil, daß der Übertrag der Zählerstände entfällt und damit eine Fehlerquelle für Schreibfehler. Oft wird in den Ablesebüchern nur eine Teilausrechnung vorgenommen, nämlich nur die Ausrechnung der Verbrauchskosten für den einzelnen Zähler. Die Zusammenstellung des gesamten Rechnungsbetrages, also einschließlich Zählergebühr oder sonstiger fester Gebühren, erfolgt dann mit dem Ausschreiben der Rechnungen. Bei einfachen Tarifverhältnissen werden im Ablesebuch keine Ausrechnungen vorgenommen, sondern die Ausrechnung erfolgt im gleichen Arbeitsgange mit dem Ausschreiben der Rechnungen.

Für das Ausschreiben der Rechnungen hat die Anwendung von Maschinen große Verbreitung gefunden, so daß die handschriftliche Ausfertigung nur noch selten anzutreffen ist oder nur bei kleinen Werken, deren Abnehmerzahl so gering ist, daß die Verwendung von Maschinen sich nicht lohnt. Mit dem Ausschreiben der Rechnungen werden gewöhnlich zwei Durchschriften angefertigt, eine als Verbrauchsschuldner-Tagebuch (Debitoren-Journal) und eine zweite als Hebeliste.

Die Kontrolle der richtigen Rechnungserteilung muß sich den Besonderheiten der einzelnen Tarifarten anpassen. Es gibt insbesondere bei Elektrizitätswerken eine ganze Reihe von Berechnungsmöglichkeiten, die Pauschabrechnung, die reinen Mengentarife in der Form der Einfach- und Doppeltarife, der Zonentarife und Staffeltarife, die Grundgebührentarife, Benutzungsstundentarife und Leistungspreistarife.

Tarife. Der Pauschtarif ist entstanden aus dem Bestreben, die festen Kosten der Werke zu decken, hat sich aber nur für kleine Verbraucher durchgesetzt und verpflichtet diese zu regelmäßigen, monatlich gleichhohen Pauschzahlungen, die nach der Zahl und der Größe der Lampen bemessen werden. Diese Tarifart kann zu erheblichen Schädigungen der Werke führen, wenn nicht eine regelmäßige Kontrolle des Umfanges der Anlagen ausgeübt wird. Solche Kontrollen werden leicht vernachlässigt und sind den Werken immer wieder zu empfehlen. Anläßlich von Prüfungen angeregte Kontrollen haben fast immer den Erfolg gehabt, daß eine erhebliche Anzahl Abnehmer festgestellt wurde, die ihre Anlagen über die Pauschmenge hinaus erweitert hatten durch Einsetzen stärkerer Lampen, nicht gemeldete zusätzliche Installationen und Verwendung nicht pauschfähiger Verbrauchsgeräte. Derartige Feststellungen sind dann immer Anlaß, entweder den Pauschbetrag zu erhöhen, oder willkommene Gelegenheit, das Pauschverfahren durch Zählertarif zu ersetzen. Wenn das Pauschverfahren auch immer mehr zurückgeht, so wird es sich für gewisse Verbrauchsstellen doch bewähren, z. B. für Treppenbeleuchtungen.

Die Mengentarife sind die für Kleinverbraucher meist verbreiteten und für Gas und Wasser fast ausschließlich anzutreffen. Hier kann die Kontrolle der richtigen Ausrechnung summarisch vorgenommen werden, wenn im Verbrauchsschuldner-Tagebuch eine nach Tarifen getrennte Addition des Verbrauchs und der Geldbeträge durchgeführt wird. Gesamtsumme des Verbrauches mal Einheitspreis muß jeweils die Geldsumme ergeben.

Bei Doppeltarifen wird unterschieden zwischen der Freizeit mit niedrigem und der Sperrzeit mit hohem Einheitspreis. Hier kommt es vor, daß Umschaltuhren auf andere Zeiten eingestellt sind, als der Tarif vorsieht, so daß die Abnehmer für einen Teil der tariflichen Sperrzeit noch zu Freizeitpreisen beliefert werden. Die daraus entstehenden geldlichen Unterschiede können bei Großabnehmern erheblich sein, zumal sie bei mangelnder Kontrolle von Dauer sind.

Die Zonentarife und die Staffeltarife werden zuweilen mangels klarer vertraglicher Bestimmungen miteinander verwechselt. Der Zonentarif sieht von einem bestimmten Verbrauch ab eine Ermäßigung des Einheitspreises vor. Beim Staffeltarif gelten die tariflich festgelegten Preisstufen für den gesamten Verbrauch. Hier ist sehr darauf zu achten, welche Berechnungsweise der vertraglichen Abmachung tatsächlich entspricht, ob z. B.

die Preiszonen	oder	die Preisstaffeln
1— 500 kWh zu 20 Rpf		1— 500 kWh zu 20 Rpf
501—1000 „ „ 15 „		1—1000 „ „ 15 „
1001—2000 „ „ 12 „		1—2000 „ „ 12 „
usf.		usf.

Diese Ermäßigungen werden zuweilen auch erst am Jahresschluß berechnet und zurückvergütet.

Bei den Grundgebührentarifen sind neben dem Mengenpreis feste Gebühren vereinbart. Als solche Grundgebühren sind schon die Zähler- oder Meßgebühren anzusprechen. Die Höhe der Grundgebühren bestimmt sich entweder nach der Größe der Anlage, der Größe der eingebauten Zähler oder nach der Zahl der Räume (Raumtarif) oder in landwirtschaftlichen Gebieten nach der Größe des Besitzes, der Anzahl der unter Pflug befindlichen Tagewerke. Hier ist die richtige Feststellung der Höhe der Grundgebühren an Hand der tariflichen Bestimmungen zu prüfen. Zuweilen ist auch ein Grenzpreis festgelegt, über den die Kosten je kWh einschließlich Grundgebühr nicht hinausgehen sollen.

Verwandt sind die Benutzungsstundentarife. Bei diesen ist die Regelung derart, daß der Einheitspreis bei steigender Benutzungsstundenzahl niedriger wird. Die Benutzungsstunden ergeben sich aus der Aufnahmefähigkeit der Anlage in kW und der verbrauchten Menge in kWh. Ein Beispiel: Wenn in einer Anlage, die 3 kW aufnehmen kann, 900 kWh verbraucht wurden, dann hat sie 300 Benutzungsstunden (der installierten Leistung) aufzuweisen. Bei solchen Tarifen muß auf dem Ablese- oder Abrechnungsblatt die Größe der Anlage in kW festgelegt sein und die Anzahl der kWh vornotiert werden, die zur Anwendung der nächstniedrigen Einheitspreise führt.

Die Leistungspreistarife werden nur bei großen und größten Abnehmern angewandt. Ihre Kontrolle erfordert ein gewisses Maß technischer Kenntnisse, ist aber lohnend, weil es sich hier vielfach um große Beträge handelt und weil die verwickelte Messung und Abrechnung viele Fehlerquellen birgt. Wenn diese Abrechnung auch oft genug von sachverständigen Technikern vorgenommen wird, so hat doch die Erfahrung gezeigt, daß gerade hier Fehler der verschiedensten Art mit dauernder Wiederholung zum Nachteil der Werke unterlaufen. Die Nachprüfung einzelner Großabnehmer-Abrechnungen hat zuweilen schon Berechnungsfehler ans Licht gebracht, die im Laufe eines Jahres hunderte, tausende und sogar zehntausende von Mark ausmachten. Bei den Leistungspreistarifen wird grundsätzlich unterschieden zwischen dem Leistungspreis und dem Arbeitspreis. Die Leistung wird ausgedrückt in kW oder kVA, die Arbeit in kWh.

Die Leistung wird entweder durch einmalige Feststellung der Aufnahmefähigkeit der Anlage in kW festgestellt, wobei durch Messung der Leistungsfaktor der Anlage, ausgedrückt durch den cos. φ, bestimmt wird, der von Zeit zu Zeit zu kontrollieren ist. Bei ganz großen Abnehmern wird die Leistung durch schreibende Leistungszeiger gemessen. Dabei wird noch unterschieden zwischen Wirkleistung und Blindleistung, aus denen die zeitgleiche höchste Scheinleistung zu ermitteln ist, die der Berechnung des Leistungspreises zugrunde gelegt wird. Die Feststellung der Leistung erschwert sich, wenn mehrere Übergabestellen vorhanden sind, wobei auch zu beachten ist, daß alle Übergabestellen bei der Abrechnung erfaßt werden. Wichtig ist bei Großabnehmern, daß dem Vertragswillen entsprechende Meßgeräte und Meßsätze eingebaut sind, z. B. die Registrierung der Maxima in Übereinstimmung mit dem Vertrag viertel- oder halbstündlich erfolgt. Die Zählerkonstanten sind abhängig vom Übersetzungsverhältnis der zu einem Meßsatz verwendeten Strom- und Spannungswandler und der Konstante des Zählers selbst. Bei Geräteauswechslungen wird zuweilen übersehen, daraus sich ergebende Änderungen der Konstanten zu berücksichtigen, woraus sich dann fortlaufend falsche Verbrauchsermittlungen ergeben.

Für die Arbeitspreise ist wichtig, ob der Vertrag hochspannungsseitige oder niederspannungsseitige Messung vorsieht. Es kommt vor, daß der Arbeitspreis für hochspannungsseitige Messung festgesetzt ist, die Messung aber tatsächlich niederspannungsseitig erfolgt, weil man die hohen Anschaffungskosten für Hochspannungsmeßsätze vermeiden will, und daß demzufolge die Umspannverluste dem gemessenen Verbrauch zuzurechnen sind. Diese Zurechnung wird zuweilen vergessen oder falsch vorgenommen. In einem Falle ergab sich bei einem mittleren Werk allein hieraus eine Zuwenigberechnung von 6000 RM innerhalb zweier Jahre. Die Einheitspreise für die kWh sind oft gleitend und werden durch eine sog. Kohlenklausel und Lohnklausel bestimmt. Es ist dann auch zu prüfen, ob diese Klauseln richtig angewandt sind, ob zutreffende Kohlenpreise, Frachten und Löhne zugrunde gelegt und die gültigen Einheitspreise richtig errechnet sind.

Diese kurze Erläuterung des Wesens der Leistungspreistarife zeigt, daß gerade dieses Gebiet der Beachtung zu empfehlen ist, zumal hier ausgeführte Kontrollen sehr lohnend sein können. Als Grundlage zum Eindringen in die Besonderheiten dieser Tarife sei auf das in der Sammlung Göschen erschienene Büchlein verwiesen: Munk, Tarife für den Verkauf elektrischer Arbeit.

Sollfeststellung. Am Abschluß der Rechnungserteilung steht die Soll-Ermittlung. Wie schon erwähnt, werden die Summen aller Rechnungen einmal in den Verbrauchsschuldnerlisten, zum andern in den Hebelisten ermittelt. Während die Schuldnerlisten eine vollständige Wiedergabe der Rechnungen enthalten, beschränken sich die Angaben in den Hebelisten zumeist nur auf Abnehmernummer und Betrag und weisen allenfalls noch die Namen aus. Die Großabnehmerrechnungen werden gewöhnlich in besonderen Listen zusammengestellt. Die Endsumme aller dieser Listen ergibt sodann das Einnahme-Soll eines Abrechnungszeitraums. Hier hat der Prüfer sein Augenmerk darauf zu richten, daß in dem Soll alle Abnehmerbezirke und alle Abnehmer erfaßt werden. Die Endsumme des Einnahme-Solls wird in der Geschäftsbuchhaltung dem Abnehmerkonto belastet. Dieses Konto bildet die Grundlage zur Kontrolle des Geldeingangs.

Geldeinziehung. Bevor die Rechnungen den Kassenboten zur Einziehung übergeben werden, müssen sie mit einem Quittungsvermerk versehen werden. Dadurch gewinnen die Rechnungen für die Boten die Bedeutung von barem Geld. Kann der Bote das Geld nicht erhalten, dann trennt er den Quittungsabschnitt ab und überläßt dem Abnehmer die Rechnung zur Bezahlung. Beim Abrechnen hat der Kassenbote für alle nicht erhaltenen Beträge die Quittungsabschnitte vorzulegen als wirksame Kontrolle für die Höhe der kassierten Posten und der abzuliefernden Beträge. In Gebieten mit großen örtlichen Entfernungen würde es Zeitverlust bedeuten, wenn die Kassenboten immer kurzfristig zur Abrechnung in der Verwaltung erscheinen müßten. In solchen Fällen wird die Abrechnung in größeren Zeitabständen vorgenommen, jedoch immer mindestens nach Durcharbeitung eines Abrechnungszeitraumes. Es ist dann besonderes Augenmerk darauf zu richten, daß die Boten Teilablieferungen durch Einzahlung auf Bank- oder Postscheckkonten des Werkes vornehmen, und daß die Höhe dieser Teilablieferungen von der Verwaltung dauernd kontrolliert wird durch Gegenüberstellung der den Boten übergebenen oder zugesandten Rechnungen und der darauf geleisteten Ablieferungen unter Beachtung der Angemessenheit der zeitlichen Unterschiede.

Die beim ersten Kassiergang nicht hereingebrachten Beträge werden entweder schriftlich gemahnt oder durch besondere Boten eingezogen, die bei Nichterhalt des Geldes die Zuleitung schließen. Es ist häufig anzutreffen, daß die Kassenboten die Reste aus dem vorausgegangenen Abrechnungszeitraum mit den laufenden Rechnungen nochmals zur Einziehung mitbekommen. Dieses Verfahren birgt große Gefahren für die redliche Abrechnung. Es gibt Gelegenheit zu dem bereits erwähnten Veruntreuungsverfahren, bei dem man alte Löcher deckt und neue aufmacht.

Geldabrechnung. Die Abrechnung der kassierten Beträge mit den Kassenboten darf grundsätzlich nicht durch die Rechnungsabteilung selbst vorgenommen werden. Sie ist unbedingt einer von der Abrechnung unabhängigen Stelle, etwa der Kasse, zu übertragen. Es darf nicht unbeanstandet bleiben, wenn die Abrechner unmittelbar mit den Kassenboten verkehren.

Ein zu Unredlichkeiten neigender Abrechner hat es besonders bei kleinen und mittleren Werken in der Hand, in seine Tasche zu arbeiten, den Kassenboten für seine Zwecke zu mißbrauchen und die hinterzogenen Beträge aus dem Soll verschwinden zu lassen. Weitgehende Arbeitsteilung ist gerade hier das beste Mittel, Unredlichkeiten zu vermeiden. Die Kassenboten sind, wenn es die örtlichen Verhältnisse zulassen, möglichst zu täglicher Abrechnung anzuhalten. Die ihnen übertragenen Bezirke sind regelmäßig zu wechseln, was allerdings in Überlandgebieten nicht immer durchführbar ist. Eine unvermutete Kontrolle von Kassenboten, die man zu diesem Zweck von ihrem Kassiergang wegholt, nicht kommen läßt, hat schon manchmal Unstimmigkeiten ans Licht gebracht. Eine weitere Kontrolle ist das Nachkassieren der Reste durch eine neutrale Person aus der Verwaltung des Werkes.

Resteverwaltung. Die Restekontrolle muß der Kasse oder einer besonderen Stelle obliegen, die Feststellung der Gesamtsumme der Reste muß in der Buchhaltung verankert sein. Die Kontrolle muß in erster Linie eine Unterteilung nach Abrechnungszeiträumen aufweisen, damit sogleich ein Überblick über das Alter der Reste gegeben ist. Verbrauchsaußenstände dürfen normalerweise nicht älter werden als zwei, höchstens drei Ablesezeiträume. Bei älteren Außenständen müssen schon ganz besondere Verhältnisse vorliegen. Gewöhnlich ist dann die weitere Belieferung eingestellt. Bei großer Abnehmerzahl ist eine bezirksweise Unterteilung notwendig, die in Überlandgebieten durch die Ortschaften gegeben ist. Bei Stadtgebieten dürfen diese Bezirke nicht zu umfangreich sein, da sonst die Resteabstimmung erschwert wird. Kleine Bezirke ergeben entsprechend kleine Fehlerfelder und ermöglichen eine restlose Abstimmung zwischen der Summe der von der Geschäftsbuchhaltung ausgewiesenen Reste und dem Einzelnachweis der noch offenen Posten. Es ist nicht selten, daß bei zu großen Bezirken eine restlose Abstimmung einfach nicht mehr gelingt, weil einmal bei der Zusammenstellung der vielen Einzelposten Fehler unterlaufen, weil ferner beim Löschen der nachträglichen Eingänge Fehler gemacht werden. Solche Abstimmungsunterschiede dann zu klären, erfordert einen Arbeitsaufwand, der oft genug nicht in Einklang steht mit der Höhe der vorliegenden Abweichung. Sind aber schon infolge mangelhafter Fehlerfeldbegrenzungen die Abstimmungsunterschiede zur Dauererscheinung geworden, und ist es nicht möglich, die Organisation der Resteerfassung ohne großen Mehraufwand an Verwaltungskosten zu verbessern, dann bleibt nur eine scharfe Beobachtung ihrer wechselnden Höhe. Solange sie sich innerhalb eines im Verhältnis zur Gesamtsumme geringfügigen Betrages bewegen, sind sie unbedenklich, weil dies ein Zeichen dafür ist, daß die meisten Unterschiede im Fortschreiten der Arbeiten selbsttätig aufgedeckt werden. Immer aber muß gefordert werden, daß die Abstimmung zwischen dem Soll an Verbrauchsaußenständen lt. Geschäftsbuchhaltung und der Summe der nachgewiesenen einzelnen Reste regelmäßig, und zwar möglichst monatlich, vorgenommen wird. Man trifft nicht selten den Zustand an, daß eine solche Abstimmung erst am Jahresschluß erfolgt, wo es dann nahezu unmöglich oder nur mit einem großen Zeitaufwand erreichbar ist, die Fehler zu klären.

Forderungen in der Bilanz. Nun ist noch einiges zu sagen über die Verbrauchsaußenstände in der Bilanz.

Sie ergeben sich als Saldo des Verbrauchsschuldner-Kontos und müssen für die Prüfung belegt sein durch eine mit diesem Saldo abgestimmte Aufstellung. In dieser Aufstellung sind die Forderungen aus dem letzten Abrechnungszeitraum gewöhnlich nur summarisch angeführt unter Absetzung der bis zum Bilanzstichtag kassierten Beträge. Für die vorausgegangenen Zeitabschnitte müssen Resteverzeichnisse aus den Hebelisten angefertigt sein. Da die Bilanzprüfung immer erst einige Zeit nach dem Bilanzstichtag erfolgt, wird der Prüfer sich stets davon überzeugen, welche Beträge im Zeitpunkt der Prüfung noch unbezahlt sind. Dadurch kann er sich bis zu einem gewissen Grade Gewißheit verschaffen von der Echtheit der Außenstände.

Stichtagrichtigkeit. Bei der Abgrenzung der Forderungen aus Lieferungen und Leistungen ist die stichtaggerechte Ablesung sehr selten. Die Werke haben daher oft nicht unerhebliche stille Reserven, weil sie die Verbraucherforderungen nur bis zum letzten Ablesezeitraum bilanzieren, manchmal allerdings auch stille Verluste. Die Ablesung geht beispielsweise vom 1.—31. Dezember. Dann ist nur für die am 31. Dezember abgelesenen Abnehmer der ganze Dezemberverbrauch erfaßt, während für die übrigen nur ein mehr oder weniger großer Teil, für die am 1. Abgelesenen der Dezember überhaupt nicht erfaßt wurde. Man kann in diesem Falle im Mittel annehmen, daß der Stromabsatz eines halben Monats dem neuen Geschäftsjahr zugute kommt. Dies ist von Bedeutung, wenn die Betriebssatzung vorschreibt, daß kein Bilanzposten stille Reserven enthalten darf, wie die Musterbetriebssatzung in § 16 Abs. 2 vorsieht. Diese stille Reserve ist dann nicht vorhanden, wenn beispielsweise der Ablesezeitraum vom 16. Dezember bis 15. Januar geht und das Ergebnis dieser Ablesung als Dezember-Ablesung noch in das alte Jahr genommen wird. Dann ist von dem einen Teil der Abnehmer ungefähr soviel vom Januarverbrauch noch auf alt verrechnet, wie von dem Dezemberverbrauch des anderen Teils auf neu entfallen wird.

Nun ist es bei manchen Werken üblich, daß sie vom ersten Ablesezeitraum des neuen Jahres den Teil überschlägig berechnen, der davon als Verbrauch im alten Jahr anzusprechen ist, und diesen Anteil in runder Summe als noch nicht abgerechneten Verbrauch aktivieren. In solchen Fällen muß sich der Prüfer genauestens überzeugen, daß der aktivierte Betrag angemessen festgesetzt ist.

Besondere Beachtung ist der bilanzmäßigen Behandlung von **Pauschsummen** zu schenken. Pauschbeträge werden gewöhnlich vorauszahlungsweise erhoben, ohne daß bei der Bilanzaufstellung dieser Zahlungsbedingung gedacht wird. Es ist also darauf zu achten, ob die im Dezember kassierten Pauschgelder auch tatsächlich für Dezemberverbrauch erhoben wurden, oder ob es sich um Vorauszahlungen für den Januarverbrauch handelt. Diese Beträge müssen dann als Vorauszahlungen passiviert werden.

Auch bei Münzzählern liegen oft besondere Verhältnisse vor. Münzzähler werden zuweilen bei solchen Abnehmern angebracht, die noch Rückstände zu begleichen haben. Die Zähler werden dann auf einen höheren Einheitsbetrag eingestellt und die dadurch erlangten Mehrzahlungen zur Deckung der alten Schuld verwendet. Ferner kommt es nicht selten vor, daß die Abnehmer einen Münzenvorrat einwerfen, so daß also bei der Leerung sich eine Vorauszahlung ergibt. Es ist also darauf zu achten, wie sich die Einnahme aus Münzzählern mit dem dabei abgelesenen Verbrauch deckt, und in welchem Umfange die auf Vorrat eingeworfenen Münzen Vorauszahlungen ergeben.

14. Die Aufstellung eines kaufmännischen Jahresabschlusses bei kameralistischer Buchführung.

Von Wirtschaftsprüfer Dr. **Siegfried Rentrop**, Köln.

1. Vorbemerkung.

Es ist nicht meine Absicht, die Fragen, die bei der Entwicklung eines kaufmännischen Jahresabschlusses aus der kameralistischen Buchführung in der in preußischen Gemeinden überwiegend anzutreffenden Form auftauchen, restlos zu beantworten; es kommt mir vielmehr auf diejenigen Punkte an, über welche sowohl bei kaufmännisch vorgebildeten Buchhaltern als auch bei kameralistisch geschulten Beamten deshalb in der Regel Unklarheit besteht, weil beide die Zusammenhänge zwischen der kameralistischen Einnahme- und Ausgaberechnung und der kaufmännischen Gewinn- und Verlustrechnung nicht übersehen.

Von einer Erörterung der Frage, ob für die Rechnungslegung der großen Versorgungsbetriebe die kaufmännische oder die kameralistische Buchführung vorzuziehen ist, sehe ich ab. In kleineren Versorgungsbetrieben, deren Rechnungslegung mit der der Gemeinden selbst eng verbunden ist, halte ich, obwohl die Überlegenheit der kaufmännischen Buchführung für wirtschaftliche Unternehmungen allgemein anerkannt ist, insbesondere aus personellen Gründen die Einführung einer vollständigen kaufmännischen Buchhaltung für die Betriebe vorerst jedenfalls nicht für ratsam.

2. Die Verpflichtung zur Vermögensrechnung.

Die Verpflichtung zur Vermögensrechnung ist für die wirtschaftlichen Unternehmungen der preußischen Gemeinden im § 98 des Gemeindefinanzgesetzes vom 15. Dezember 1933 niedergelegt[1]. Es heißt dort: „Unternehmungen, in denen die Buchungen nicht nach den Grundsätzen der doppelten Buchführung erfolgen, müssen ihre Rechnung durch eine Vermögensrechnung ergänzen, welche die Veränderung des Vermögens im letzten Rechnungsjahr nachweist. Bei der Aufstellung der Vermögensrechnung und bei der Bewertung des Vermögens sollen die Vorschriften der §§ 38 bis 41 HGB. sinngemäß angewendet werden."

Ich weise besonders darauf hin, daß also nicht nur eine Vermögensrechnung aufzustellen ist, sondern daß auch die Veränderungen des Vermögens im letzten Rechnungsjahr nachzuweisen sind. Damit ist also der Grundsatz der Kontinuität ausdrücklich ausgesprochen, und es ergibt sich, daß ohne den Nachweis der Veränderungen die Vermögensrechnung den gesetzlichen Vorschriften nicht entspricht.

Was unter dem Nachweis der Veränderungen des Vermögens zu verstehen ist und in welcher Form dieser Nachweis zu führen ist, sagt das Gemeindefinanzgesetz nicht.

Weniger bekannt ist, daß der Nachweis in einer doppelten Form möglich ist, nämlich

1. als Nachweis der Bilanzveränderungen, in der betriebswirtschaftlichen Literatur bekannt als sog. Bewegungsbilanz,
2. als Erfolgsrechnung. Nur diese Form gestattet gleichzeitig eine zuverlässige Beurteilung der Entwicklung der wirtschaftlichen Verhältnisse.

Der Nachweis der Vermögensveränderungen in Form der sog. Bewegungsbilanz würde für die 1. Stufe des späteren Beispiels wie folgt aussehen:

Bewegungsbilanz.

Zunahme des Kassenbestandes	21 860	Abnahme der Forderungen . .	2 000
		Zunahme der Lieferantenschulden	2 400
		Zunahme der Sonstigen Schulden	4 000
		Bilanzgewinn = Vermögensveränderung	13 460
	21 860		21 860

Diese Form der Darstellung hat mannigfache Vorzüge zur Beurteilung der Struktur und der Liquidität des Unternehmens. Sie läßt sich auch dann durchführen, wenn auf den Zusammenhang mit der Haushaltrechnung bei der Aufstellung der Vermögensrechnung überhaupt verzichtet wird. Ich bin allerdings der Ansicht, daß ein solcher Verzicht untunlich ist und die Quelle schwerer Fehler werden kann.

[1] Zur Deutschen Gemeindeordnung vom 30. Januar 1935 sind einschlägige Vorschriften bis Ende Februar 1936 noch nicht ergangen.

Soll die Haushaltrechnung als Unterlage der Selbstkostenrechnung dienen, wie es die Musterbetriebssatzung des Deutschen Gemeindetages von 1934 vorsieht, so genügt nicht die Wahrung der formalen Kontinuität, sondern es ist auch die Beachtung der Kontinuität hinsichtlich der Bewertung und insbesondere hinsichtlich der Rechnungsabgrenzung geboten.

Eine offiziöse Auffassung, wie die Verwaltungsbuchführung aufzuziehen ist, damit dem Erfordernis einer kontinuierlichen Vermögensrechnung genügt werden kann, enthält § 12 der erwähnten Musterbetriebssatzung[1]. Es heißt dort:

§ 12.

(1) Die Stadtwerke führen ihre Rechnung mit Einschluß der Kassen- und der Betriebsbuchführung nach den Regeln der Verwaltungsbuchführung. Die Rechnung ist so einzurichten, daß sie die regelmäßige Aufstellung von Bilanzen (Vermögensrechnungen), Gewinn- und Verlustrechnungen (Erfolgsrechnungen) und Selbstkostenrechnungen gestattet.

(2) In den Sachbüchern der Stadtwerke ist, unbeschadet einer weiteren Unterteilung, eine besondere Abteilung für die erfolgswirksamen Einnahmen und Ausgaben zu bilden. Erfolgswirksame Einnahmen und Ausgaben sind die Erträge und Aufwendungen im Sinne der kaufmännischen Gewinn- und Verlustrechnung, d. h. das laufende Rechnungssoll derjenigen Einnahmen und Ausgaben, die oder deren Unterschied das Eigenkapital (Reinvermögen) der Stadtwerke oder den Bilanzgewinn oder Bilanzverlust mehren oder mindern. Alle übrigen Einnahmen und Ausgaben sind erfolgsunwirksam, sie mehren oder mindern endgültig oder vorläufig lediglich einzelne Vermögens- oder Schuldteile so, daß das Eigenkapital (Reinvermögen) der Stadtwerke unverändert bleibt (Vermögenstausch, z. B. durch Barkauf von Lagervorräten, Schuldentausch, Vermögensminderung bei gleichhoher Schuldenminderung, Vermögensmehrung bei gleichhoher Schuldenmehrung). Zu den erfolgswirksamen Ausgaben gehören insbesondere auch die Abschreibungen auf das Anlagevermögen und auf Forderungen sowie die Zinszahlungen; zu den erfolgsunwirksamen Ausgaben gehören insbesondere auch die Schuldentilgungen.

(3) Führt die Änderung eines Vermögens- oder Schuldenteils gleichzeitig zu einer Änderung am Eigenkapital (Reinvermögen) oder am Gewinn oder Verlust, wie es z. B. bei dem Verbrauch von Lagervorräten, bei den Abschreibungen und bei den Schenkungen von Sach- oder Geldwerten der Fall ist, so ist die Änderung des Eigenkapitals (Reinvermögens) in der Abteilung der erfolgswirksamen, die Änderung der Vermögens- oder Schuldenteile in den Abteilungen der erfolgsunwirksamen Einnahmen und Ausgaben zu verrechnen.

Dem hier aufgestellten wesentlichen Erfordernis einer besonderen Abteilung für die erfolgswirksamen Einnahmen und Ausgaben entspricht das Muster zur Haushaltrechnung gemäß Anlage A der preußischen Ausführungsanweisung vom 27. Juni 1934 insoweit nicht, als die Spalte „Wirkliches Soll" die Reste aus dem Vorjahr noch enthält.

3. Die Vermögensrechnung als Hilfsmittel der Erfolgsrechnung.

Bevor ich die Entwicklung der Vermögensrechnung aus der Haushaltrechnung an einem Beispiele zeige, sind noch einige allgemeine Ausführungen über Sinn und Ziel der Vermögensrechnung erforderlich.

[1] Die Musterbetriebssatzung wird durch die gemäß § 105 DGO. zu erwartende reichsrechtliche Regelung abgelöst werden.

Die Vermögensrechnung hat nämlich nicht nur die Aufgabe, das Vermögen als solches darzustellen, sondern sie ist ein unentbehrliches Hilfsmittel für eine richtige Erfolgsrechnung. Eine richtige Erfolgsrechnung ist aber sowohl für die Selbstkostenberechnung als auch für eine zuverlässige Beurteilung der wirtschaftlichen Verhältnisse notwendig.

Mit Hilfe der Vermögensrechnung wird nämlich die Trennung der Einnahmen und Ausgaben in Aufwand und Ertrag einerseits und Aktiven und Passiven anderseits vollzogen.

Während die einfache Verwaltungsbuchführung nur die Ausgaben und Einnahmen im Geschäftsjahr erfaßt, ohne Rücksicht auf die Erfolgsrechnung, schält die kaufmännische doppelte Buchführung (und ebenso die gehobene Verwaltungsbuchführung nach österreichisch-süddeutschem Muster) die Ausgaben und Einnahmen für das Rechnungsjahr heraus. Im Gegensatz zu den Einnahmen und Ausgaben im Geschäftsjahr bezeichnet man diese Einnahmen und Ausgaben für das Geschäftsjahr als Aufwand und Ertrag. Die nicht für das Geschäftsjahr geleisteten Einnahmen und Ausgaben erscheinen dagegen als Aktiven und Passiven in der Bilanz.

Sind beispielsweise für 5000 RM Kohlen eingekauft worden, jedoch nur für 4000 RM Kohlen verbraucht worden, so

beträgt der Aktivbestand der Bilanz	1000 RM
der Aufwand für das Geschäftsjahr	4000 „
die Ausgabe im Geschäftsjahr	5000 RM.

Es würde hier zu weit gehen, die Zusammenhänge zwischen Einnahmen und Ausgaben einerseits und Ertrag und Aufwand anderseits vollständig darzulegen. Ich verweise dazu auf die systematische Bearbeitung dieser Zusammenhänge in der Dynamischen Bilanz von Prof. Dr. E. Schmalenbach[1] und lasse seine Übersicht der möglichen Beziehungen zwischen Ausgabe und Aufwand sowie zwischen Einnahme und Ertrag hier folgen[2] (siehe S. 190).

Die Erkenntnis dieser Zusammenhänge erfordert eine längere und eingehende Beschäftigung mit der Sache und die Kenntnis der Grundregeln der doppelten Buchführung.

Über diese befinden sich im Schrifttum sehr viele krause und wirre Gedanken. Ich verweise deshalb an dieser Stelle auf das besondere Verdienst des Kölner Professors Dr. Erwin Geldmacher um die Aufdeckung der mathematischen Zusammenhänge der Konten und der 4 Grundformen der Buchungen in Gestalt von: Aktivtausch, Passivtausch, Massenzunahme und Massenabnahme.

Die von Geldmacher aufgestellten Grundregeln[3] lassen sich in überraschend kurzer Zeit erlernen und bilden ein unentbehrliches Rüstzeug zur Verhütung falscher Buchungsansätze.

[1] 6. Auflage 1933, Gloeckner.

[2] Ich verweise ferner auf das Buch von Prof. Dr. Ernst Walb: Die Erfolgsrechnung privater und öffentlicher Betriebe, Berlin 1927, Spaeth u. Linde.

[3] Wirtschaftsunruhe und Bilanz. Berlin 1923, Verlag Julius Springer.

Die möglichen Beziehungen zwischen Ausgaben und Aufwendungen sowie zwischen Einnahmen und Erträgen.

A. Bilanz.

Aktiven

1. **Ausgaben, noch nicht Aufwand.**
   Gekaufte Anlagen, soweit sie dem Verschleiß und anderer Entwertung unterliegen.
   Unverbrauchte Roh-, Hilfs- und Betriebsstoffe.
   Vorausgezahlte Versicherungen, Zinsen, Mieten u. dgl.
   Vorauszahlungen an Lieferanten.
   Verteilungsfähige Ausgaben für Versuchskosten, Vorbereitungskosten u. dgl.
2. **Erträge, noch nicht Einnahmen.**
   Selbsterstellte Anlagen, soweit sie nach Gebrauch verkäuflich sind.
   Fabrikate.
   Forderungen aus Leistungen.
3. **Ausgaben, noch nicht Einnahmen.**
   Gekaufte Anlagen, soweit sie nach Gebrauch veräußerlich sind.
   Warenvorräte im reinen Handel.
   Gegebene Darlehen.
   Gekaufte Wertpapiere, Beteiligungen u. dgl.
4. **Erträge, noch nicht Aufwand.**
   Selbsterstellte Anlagen, soweit sie dem Verschleiß und anderer Entwertung unterliegen.
   Halbfabrikate und Fabrikate zur eigenen Verwendung.
   Verteilungsfähige Leistungen für Versuchsobjekte.
5. **Geld.**

Passiven

6. **Aufwand, noch nicht Ausgaben.**
   Schulden an Lieferanten.
   Zu erwartende Ausgaben für rückständige Instandsetzungen.
   Zu zahlende oder zu erwartende Steuern für rückwärtige Besteuerungsgründe.
   Zinsen u. dgl. für verbrauchte noch nicht gezahlte Leistungen anderer.
7. **Einnahmen, noch nicht Erträge.**
   Vorauszahlungen von Kunden, andere Vorauseinnahmen für spätere Leistungen.
8. **Einnahmen, noch nicht Ausgaben.**
   Genommene Darlehen.
   Aufgenommenes Kapital.
9. **Aufwand, noch nicht Erträge.**
   Zukünftige Leistungen für rückständige Instandsetzungen.

B. Gewinn- und Verlustrechnung.

Soll (Aufwandseite)				**Haben** (Ertragseite)			
1. Aufwand	jetzt,	Ausgabe	jetzt.	7. Ertrag	jetzt,	Einnahme	jetzt.
2. „	„	„	früher.	8. „	„	„	früher.
3. „	„	„	später.	9. „	„	„	später.
4. „	„	Ertrag	jetzt.	10. „	„	Aufwand	jetzt.
5. „	„	„	früher.	11. „	„	„	früher.
6. „	„	„	später.	12. „	„	„	später.

Ich muß mich hier auf diese wenigen Schrifttumshinweise beschränken. Sie waren jedoch erforderlich, da das folgende Beispiel die Kenntnis der Grundregeln der doppelten Buchführung und der Zusammenhänge von Ausgabe und Aufwand sowie von Einnahme und Ertrag voraussetzt.

4. Die Entwicklung einer Vermögensrechnung aus der Haushaltrechnung.

Ich gehe im folgenden von der unten abgedruckten Haushaltrechnung des Elektrizitätsverteilungsbetriebes einer kleinen Gemeinde aus. Das für die Haushaltrechnung verwendete Muster entspricht der Anlage A der 2. Ausführungsanweisung vom 27. Juni 1934 zum preußischen Gemeindefinanzgesetz. Nach meinen Erfahrungen ist übrigens die Handhabung der Haushaltrechnung, insbesondere die Behandlung des Kassenbestandes und der Vorabgabe an die Gemeinde, nicht einheitlich.

Haushaltrechnung 1934.

Einnahmen	Einnahme Soll					Ist nach den Kassenbüchern	Verbliebene Reste
	nach dem Haushaltsplan	Reste aus dem Vorjahr	Zugang (Mehreinnahmen)	Abgang (Ausfälle)	Wirkliches Soll		
1	2	3	4	5	6	7	8
1. Kassenbestand . .		13 000			13 000	13 000	
2. Lichtstromabgabe	70 000	8 000	6 000	1000	83 000	76 000	7000
3. Kraftstromabgabe	10 000	3 000	9 000	1000	51 000	49 000	2000
Summen	110 000	24 000	15 000	2000	147 000	138 000	9000

Ausgaben	Ausgabe Soll					Ist nach den Kassenbüchern	Verbliebene Reste (Bestände)
	nach dem Haushaltsplan	Reste aus dem Vorjahr	Zugang (Mehrkredite)	Abgang (Ersparnisse)	Wirkliches Soll		
1	2	3	4	5	6	7	8
1. Bezogener Strom	60 000		2000		62 000	59 000	3000
2. Löhne u. Gehälter	8 000		400		8 400	8 400	
3. Soziale Abgaben	800		40		840	840	
4. Materialien . . .	1 500	500	300		2 300	2 200	100
5. Reparaturen. . .	2 000	400		500	1 900	1 700	200
6. Zinsen	9 000	2000			11 000	10 000	1000
7. Steuern	4 000		3000		7 000	2 000	5000
8. Sonstige Ausgaben	5 000			1000	4 000	4 000	
9. Vorabgabe an die Gemeinde . . .	15 000				15 000	15 000	
Summen	105 300	2900	5740	1500	112 440	103 140	9300

Auf dieser kameralistischen Haushaltrechnung baue ich die Vermögensrechnung in drei Stufen auf. Die Stufe 1 umfaßt nur die Ergebnisse der Haushaltrechnung; die Stufe 2 bezieht das Anlagevermögen, die Vorräte, die Spargutthaben und die langfristigen Schulden in die Rechnung ein; die Stufe 3 beseitigt die Mängel der internen Rechnungsabgrenzung und der Rechnungsabgrenzung gegenüber der Gemeinde.

Zum ordentlichen Nachweis der Veränderungen ist es erforderlich, für jede der drei Stufen darzustellen A. die Eröffnungsbilanz, B. die Schlußbilanz, C. die Gewinn- und Verlustrechnung, D. die Differenzenprobe für die betreffende Entwicklungsstufe.

Stufe 1: Ergebnis der Haushaltrechnung.

A. Eröffnungsbilanz zum 1. 1. 34.

Aktiven	RM	Passiven	RM
Forderungen	11 000	Eigenkapital	21 100
Kassenbestand	13 000	Lieferantenschulden	900
		Sonstige Schulden	2 000
	24 000		24 000

B. Schlußbilanz zum 31. 12. 34.

Aktiven	RM	Passiven	RM
Forderungen	9 000	Eigenkapital	21 100
Kassenbestand	34 860	Lieferantenschulden	3 300
		Sonstige Schulden	6 000
		Bilanzgewinn (Vermögenszunahme)	13 460
	43 860		43 860

C. Gewinn- und Verlustrechnung.

Aufwand		RM	Ertrag	RM
Bezogener Strom		62 000	Lichtstromabgabe	75 000
Löhne und Gehälter		8 400	Kraftstromabgabe	48 000
Soziale Abgaben		840		
Materialien		1 800		
Reparaturen		1 500		
Zinsen		9 000		
Steuern		7 000		
Sonstige Ausgaben		4 000		
Überschuß:				
Vorabgabe	15 000			
Bilanzgewinn	13 460	28 460		
		123 000		123 000

D. Differenzenprobe.

Sie kommt erst für die späteren Stufen in Betracht.

E. Erläuterungen.

Aus der Schlußbilanz ergibt sich eine Vermögenszunahme (ein Bilanzgewinn) von 13460 RM. Diese Vermögenszunahme ist in der Gewinn- und Verlustrechnung ordnungsmäßig und lückenlos nachgewiesen. Jede Verrechnung, die diese Lückenlosigkeit nicht besitzt, muß nach meiner Auffassung als unzureichend zurückgewiesen werden.

Im übrigen bestehen zwischen Stufe 1 und Haushaltrechnung folgende Beziehungen:

Forderungen = Einnahmereste aus dem Vorjahr.
Lieferantenschulden = Ausgabereste aus dem Vorjahr für Strom, Material und Reparaturen.
Sonstige Schulden = Ausgabereste aus dem Vorjahr für Zinsen und Steuern.
Eigenkapital der Eröffnungsbilanz = Aktiven abzüglich Schulden.
Aufwand = Wirkliches Ausgabesoll abzüglich Reste aus dem Vorjahr.
Ertrag = Wirkliches Einnahmesoll abzüglich Reste aus dem Vorjahr.

Überschuß und Bilanzgewinn (Vermögenszunahme) unterscheiden sich um die Vorabgaben ohne Gegenleistung an die Gemeinde. Der Überschuß muß sämtliche Vorabgaben ohne Gegenleistung enthalten, also auch etwa nicht vorgetragene Kassenbestände und Reste, die Kosten der Straßenbeleuchtung usw. Sind die Kosten der Straßenbeleuchtung der Gemeinde noch nicht in Rechnung gestellt, so ist das nachzuholen. Der Rechnungsbetrag wird für den Betrieb Ertrag; der gleiche Betrag erscheint entweder als zusätzliche Vorabgabe oder (wie in unserem Beispiel weiter unten) als Forderung an die Gemeinde, die bei Ablieferung des Bilanzgewinnes einzubehalten ist. Das gleiche gilt für einen nicht vorgetragenen Kassenbestand.

Stufe 2: Einbeziehung des Anlagevermögens, der Vorräte, der Sparguthaben und der langfristigen Schulden.

Zur Erreichung der Ergebnisse der Stufe 2 muß eine Reihe von bücherlichen und außerbücherlichen Feststellungen getroffen werden. Das Ergebnis dieser Feststellungen sei folgendes:

a) Anlagevermögen und Abschreibungen.

Anlage	Wert 1. 1. 34	Abschreibung 1934		Zugänge 1934
	RM	%	RM	RM
Grundstücke . . .	4 000	—	—	—
Umspannergebäude	11 000	2	220	—
Umspanner . . .	40 000	4	1600	—
Leitungsnetz . . .	80 000	4	3232	800
Einrichtung . . .	2 000	10	240	400
	137 000		5292	1200

Auf die Hilfsmittel für die Bewertung des Anlagevermögens (Grundsteuerwert der Grundstücke, Versicherungstaxen, Bauabrechnungen, Grundbuch- und Katasterauszüge, Unterlagen der Bauabteilungen, eigene oder Sachverständigenschätzung) kann ich hier nicht weiter eingehen. Die Erfahrung hat gezeigt, daß es manchmal nicht ganz einfach ist, wirkliche brauchbare Unterlagen zu beschaffen.

Die Zugänge sollen, wie wir annehmen, in der Haushaltrechnung in den Ausgaben für Reparaturen enthalten sein.

b) Umlaufvermögen und Verbindlichkeiten.

Konto		1. 1. 34 RM	31. 12. 34 RM	Zunahme (+) Abnahme (—) RM
Aktiven:	Vorräte	900	700	— 200
	Sparguthaben	8 000	7 000	— 1000
Passiven:	Tilgungsdarlehen	98 000	95 000	— 3000

Von der Tilgung seien 1000 RM dem Sparkassenbuch entnommen, der Rest von 2000 RM sei in der Haushaltrechnung als Zinsausgabe verbucht.

Durch Einbeziehung dieser Vorgänge in die Vermögensrechnung der Stufe 1 ergibt sich nunmehr folgende Neuaufstellung, in der die Veränderungen schräg gedruckt sind.

A. Eröffnungsbilanz zum 1. 1. 34.

Aktiven	RM	Passiven	RM
Anlagevermögen			
Grundstücke	*4 000*	**Eigenkapital**	*69 000*
Gebäude	*11 000*	**Verbindlichkeiten**	
Umspanner	*40 000*	Tilgungsdarlehn	*98 000*
Leitungsnetz	*80 000*	Lieferantenschulden	900
Einrichtung	*2 000*	Sonstige Schulden	2 000
Umlaufsvermögen			
Vorräte	*900*		
Sparkassenbuch	*8 000*		
Forderungen	11 000		
Kassenbestand	13 000		
	169 900		169 900

B. Schlußbilanz zum 31. 12. 34.

Aktiven

Anlagevermögen	Vortrag RM	Zugang RM	RM
Grundstücke . .	4 000		4 000
Gebäude . . .	11 000		11 000
Umspanner . .	40 000		40 000
Leitungsnetz . .	80 000	*800*	80 800
Einrichtung .	2 000	*400*	2 400
Umlaufsvermögen			
Vorräte			*700*
Sparkassenbuch			*7 000*
Forderungen.			9 000
Kassenbestand			34 860
			189 760

Passiven

	RM
Eigenkapital	69 000
Erneuerungskonto	*5 292*
Verbindlichkeiten	
Tilgungsdarlehen.	*95 000*
Lieferantenschulden	3 300
Sonstige Schulden	6 000
Bilanzgewinn	*11 168*
	189 760

C. Gewinn- und Verlustrechnung.

Aufwand

		RM
Bezogener Strom		62 000
Löhne und Gehälter		8 400
Soziale Abgaben		840
Materialien		*2 000*
Reparaturen		*300*
Zinsen		*7 000*
Steuern.		7 000
Abschreibungen		*5 292*
Sonstige Ausgaben		4 000
Überschuß:		
Vorabgabe . . .	15 000	
Bilanzgewinn .	*11 168*	*26 168*
		123 000

Ertrag

	RM
Lichtstromabgabe	75 000
Kraftstromabgabe	48 000
	123 000

D. Differenzenprobe zwischen Stufe 1 und Stufe 2.

	RM
Vorratsminderung	200
Abschreibungen	5 292
Überschuß Stufe 2	26 168
	31 660

	RM
Überschuß Stufe 1	28 460
Anlagezugänge	1 200
Tilgung in Zinsen	2 000
	31 660

E. Erläuterungen.

Die Zunahme des Eigenkapitals der Eröffnungsbilanz von 21 100 RM auf 69 000 RM, also um 47 900 RM, ergibt sich aus dem Unterschied der neu hinzugekommenen (schräg gedruckten) Aktiven und Passiven. Die neuen Aktiven betragen 145 900 RM, die neuen Passiven 98 000 RM, die Zunahme danach 47 900 RM.

Die Ausgabe für Material betrug laut Stufe 1 1800 RM, die Vorräte haben sich um 200 RM vermindert; der Materialverbrauch beträgt also in Wirklichkeit 2000 RM.

Die Abschreibungen erscheinen erstmalig in der Erfolgsrechnung mit 5292 RM als Aufwand; der gleiche Betrag erscheint unter den Passiven der Bilanz als Erneuerungs- oder Wertberichtigungskonto.

Um die Anlagezugänge der Bilanz von 1200 RM vermindern sich in der Erfolgsrechnung die Ausgaben für Reparaturen.

Von der Tilgung sind aus dem Vermögen (Sparguthaben) außerhalb der Haushaltrechnung und Erfolgsrechnung 1000 RM geleistet. Auch der Rest ist erfolgsunwirksam zu verbuchen. Es mindern sich deshalb die Zinsen in der Erfolgsrechnung um 2000 RM. Beide Posten zusammen ergeben die Darlehensminderung auf der Passivseite der Bilanz von 3000 RM.

Stufe 3: Einbeziehung der Rechnungsabgrenzung.

Um eine zuverlässige Selbstkostenrechnung zu erzielen, bestimmt § 96 preuß. GemFinG. ausdrücklich, daß dem Unternehmen alle Aufwendungen der Gemeinde für Gestellung von Personal, Verzinsung und Tilgung zur Last fallen. Umgekehrt ergibt sich daraus, daß Leistungen des Unternehmens an die Gemeinde ebenfalls in Rechnung zu stellen sind. In den Allgemeinen Vertragsbedingungen für Wirtschaftsprüfer wird daher die Kontrolle dieser Vorschriften zur besonderen Pflicht gemacht.

Bezüglich der Rechnungsabgrenzung zur Erzielung einer richtigen Erfolgsrechnung enthält Anlage B zur 2. Ausführungsanweisung vom 27. Juni 1934 zum preuß. GemFinG. folgende Bestimmungen:

„Die Einnahmen und Ausgaben sind grundsätzlich in dem Jahre nachzuweisen, in dem sie eingegangen oder geleistet sind. Für eine gewisse Auslaufzeit eines Rechnungsjahres — und zwar bis zum Abschluß der Kassenbücher — ist indessen bestimmt, daß Einnahmen und Ausgaben, die wirtschaftlich zum abgelaufenen Rechnungsjahre gehören, noch in den Kassenbüchern dieses Rechnungsjahres nachgewiesen werden (§ 105, Abs. 2). Demgegenüber sind Einnahmen, die wirtschaftlich zum neuen Rechnungsjahr gehören, aber bereits vor dem 31. März eingehen, mit Ausnahme von Steuern und sonstigen Abgaben vorläufig als Verwahrgelder zu buchen und demnächst in den Kassenbüchern des neuen Rechnungsjahres endgültig zu verrechnen (§ 105 Abs. 3)."

Die Frage einer richtigen Rechnungsabgrenzung wird also auch in der Verwaltungsbuchführung keineswegs vernachlässigt; sie ist infolge der Reste- und Verwahrgelderverrechnung praktisch fast mit der gleichen Genauigkeit möglich wie in der kaufmännischen Buchführung. Wenn man häufig die gegenteilige Meinung hört, so liegt das daran, daß meist nicht genügend beachtet wird, daß der Kameralist die Bezeichnungen Einnahme und Ausgabe in verschiedener Bedeutung verwendet.

Während das in der Haushaltrechnung erfaßte Wirkliche Einnahmesoll nach Abzug der Vorjahrsreste fast in jedem Falle bei richtiger Verbuchung bereits weitgehend dem Ertrag entspricht, kann die Isteinnahme nach den Kassenbüchern unter Umständen infolge der Resteverrechnung weit hinter dem Ertrag zurückbleiben oder ihn überschreiten. Entsprechend nähert sich meist das Wirkliche Ausgabesoll nach Abzug der Vorjahrsreste schon weitgehend dem Aufwand, während die Istausgabe nach den Kassenbüchern sich oft wesentlich davon unterscheidet. Beim Wirklichen Soll sind allerdings Bestände, Abschreibungen, Zugänge und Tilgungen meist noch nicht erfaßt. In der Praxis wird aber nach meiner Erfahrung gegen die Grundsätze über die Rechnungsabgrenzung insofern vielfach verstoßen, als nur solche Posten in die Resteverrechnung einbezogen werden, zu welchen schon Istteilzahlungen vorliegen, während die Einstellung von Zugängen und Abgängen zum Soll keineswegs das Vorliegen wirklicher Zahlungen zur Voraussetzung hat.

Im Beispiel ist angenommen, daß nur die Rechnungsabgrenzung der Schlußbilanz ungenau war. Die Eröffnungsbilanz wurde als richtig unterstellt, obwohl dies praktisch vielfach nicht der Fall ist. Für die Schlußbilanz sollen folgende Posten zusätzlich zu berücksichtigen sein:

	RM
a) Verwaltungsleistungen der Gemeinde (Aufwand des Betriebes, unter den sonstigen Ausgaben zu verbuchen)	4000
b) Rechnungsabgrenzung (Aufwand):	
Abschreibung auf uneinbringliche Forderungen	1600
Fehlendes Ausgabesoll für Materialrechnungen	600
Fehlendes Ausgabesoll für Gewerbesteuer .	2000
	8200
c) Betriebsrechnung für Straßenbeleuchtung (Ertrag)	7000
Mehraufwand (Überschußminderung). . .	1200

Das Zahlenbild der Stufe 2 ändert sich durch Einbeziehung dieser Vorgänge wie folgt:

A. Eröffnungsbilanz zum 1. 1. 34. Unverändert wie in Stufe 2.

(B bis D siehe S. 198.)

E. Erläuterungen.

Die Forderungen in der Bilanz vermindern sich durch Absetzung der uneinbringlichen Beträge um 1600 RM. In gleicher Höhe tritt in der Erfolgsrechnung ein neuer Aufwandposten auf. Die Kürzung der Forderun-

B. Schlußbilanz zum 31. 12. 34.

Aktiven	Vortrag RM	Zugang RM	RM	Passiven	RM
Anlagevermögen					
Grundstücke . . .	4 000		4 000	**Eigenkapital**	69 000
Gebäude	11 000		11 000	**Erneuerungskonto**	5 292
Umspanner . . .	40 000		40 000	**Verbindlichkeiten**	
Leitungsnetz. . .	80 000	800	80 800	Tilgungsdarlehen	95 000
Einrichtung . . .	2 000	400	2 400	Lieferantenschulden	*3 900*
Umlaufvermögen				Sonstige Schulden	*8 000*
Vorräte			700	**Bilanzgewinn**	*9 968*
Sparkassenbuch			7 000		
Forderungen			*7 400*		
Forderung an die Gemeinde			*3 000*		
Kassenbestand.			34 860		
			191 160		191 160

C. Gewinn- und Verlustrechnung.

Aufwand		RM	Ertrag	RM
Bezogener Strom		62 000	Lichtstromabgabe.	75 000
Löhne und Gehälter		8 400	Kraftstromabgabe	48 000
Soziale Abgaben.		840	Straßenbeleuchtung	*7 000*
Materialien		*2 600*		
Reparaturen		300		
Zinsen		7 000		
Steuern		*9 000*		
Abschreibung auf Anlagen . .		5 292		
Abschreibung auf Forderungen		*1 600*		
Sonstige Ausgaben		*8 000*		
Überschuß:				
Vorabgabe . .	15 000			
Bilanzgewinn . .	*9 968*	*24 968*		
		130 000		130 000

D. Differenzenprobe zwischen Stufe 2 und 3.

	RM		RM
Verwaltungskosten	4 000	**Überschuß nach Stufe 2** . .	26 168
Forderungsverlust	1 600	Straßenbeleuchtung	7 000
Materialrest	600		
Gewerbesteuer	2 000		
Überschuß nach Stufe 3 . .	24 968		
	33 168		33 168

gen ist aus Gründen einfacher Darstellung gewählt. Formell genau verfährt man, wenn man nach § 16 Abs. 18 der Musterbetriebssatzung vorgeht.

Als neuer Bilanzposten tritt eine Forderung an die Gemeinde von 3000 RM auf. Es handelt sich um die Belastung für Straßenbeleuchtung

(7000 RM) abzüglich Gutschrift für die Verwaltungsleistungen der Gemeinde (4000 RM).

Die Lieferantenschulden erhöhen sich um die nicht verbuchte Rechnung von 600 RM. Um den gleichen Posten erhöht sich der Materialaufwand, da Vorräte aus dieser Materialrechnung am Bilanzstichtage lt. Inventur nicht mehr vorhanden waren.

Die Sonstigen Schulden erhöhen sich um die Rückstellung für Gewerbesteuer von 2000 RM; um den gleichen Betrag steigt der Steueraufwand.

Der Bilanzgewinn der Stufe 2 von 11168 RM vermindert sich um den Unterschied der neu verbuchten Erträge und Aufwendungen, nämlich um 1200 RM auf 9968 RM.

5. Die formale Durchführung der Vermögensrechnung.

a) Die äußere Form. Zunächst ist die Frage zu entscheiden, ob die Vermögensrechnung die Gestalt der kaufmännischen Bilanz oder z. B. die der Vermögensaufstellung für die Vermögensteuer oder eine eigentümliche kameralistische Gestalt haben soll.

Ich bin zu dem Ergebnis gekommen, daß eine besondere kameralistische Gestalt nicht wünschenswert ist; und schon in meinem Thema kommt zum Ausdruck, daß das Ziel nicht eine kameralistische Vermögensrechnung ist, sondern eine Vermögensrechnung, die auf der kameralistischen Haushaltrechnung beruht.

Ich lehne die Versuche, die Vermögensrechnung mit der Haushaltrechnung formal direkt zu verbinden, ab, weil sie zu umständlich sind und, weil die Abschlüsse einem möglichst großen Personenkreis verständlich sein müssen. Selbst wenn man daher eine der kaufmännischen Form überlegene Abschlußform noch entdecken sollte, was nicht sehr wahrscheinlich ist, so ist dennoch wegen der allgemeinen Verbreitung die kaufmännische Form der Abschlüsse vorzuziehen. Von diesem Ergebnis geht auch die Musterbetriebssatzung des Deutschen Gemeindetages aus, wenn sie im § 13 die Entwicklung von Bilanzen und Erfolgsrechnungen vorschreibt, unabhängig davon, ob kaufmännische oder kameralistische Buchführung besteht.

Soweit ich es übersehe, kommen vorerst zwei Wege in Betracht, um aus der Haushaltrechnung Vermögensrechnungen mit Nachweis der Veränderungen des Vermögens aufzubauen, der isolierte und der kontinuierliche Aufbau.

b) Der Nachweis der Veränderungen im isolierten Aufbau. Das vorgetragene Beispiel ging den Weg des isolierten Aufbaus. Er erfordert einen hohen Grad von Aufmerksamkeit und Beherrschung der Zusammenhänge zwischen Einnahmen und Ausgaben sowie zwischen Aufwand und Ertrag. Diese Beherrschung kann aber von den ausführenden Organen in kleinen Betrieben nicht verlangt werden und wird auch weder durch theoretische Vorbildung noch durch rezeptmäßige Beispiele in kurzer Zeit einzuschulen sein. Infolge der fehlenden Zwangläufigkeit werden bei isoliertem Aufbau leicht Fehler unterlaufen, die sich für die Selbstkostenrechnung und die Beurteilung der wirtschaftlichen Verhältnisse verhängnisvoll auswirken können. Der kontinuierliche Aufbau ist daher unbedingt vorzuziehen.

Es bleibt noch zu bemerken, daß der isolierte Aufbau auch ohne zwangläufigen Nachweis des Zusammenhangs mit der Haushaltrechnung möglich ist. In diesem Falle läßt sich aber der Nachweis der Vermögensveränderungen nicht in Gestalt der Gewinn- und Verlustrechnung erbringen, sondern nur, wie bei einfacher Buchführung, in Gestalt der bereits dargestellten Bewegungsbilanz.

Schließlich muß ich in technischer Hinsicht noch darauf hinweisen, daß jede Vermögensrechnung mit der Entwicklung einer Eröffnungsbilanz zu beginnen hat.

c) **Der kontinuierliche Aufbau.** Zunächst ist die Eröffnungsbilanz nach kaufmännischen Grundsätzen in das (sog. tote) Hauptbuch einzutragen.

Für die kontinuierliche Durchführung der Vermögensrechnung kommen sodann zwei Verfahren in Frage. Man kann entweder die Summen der Haushaltrechnung mit kaufmännischen Buchungsansätzen durch ein Grundbuch monatlich in das Hauptbuch übernehmen oder Kassenbestand und Reste am Jahresanfang auf ein Konto Haushaltrechnung übertragen und am Ende des Jahres einmalig den Abschluß der Haushaltrechnung über dieses Verbindungskonto übernehmen. Das zweite Verfahren entspricht der vielfach üblichen Koppelung von Geheimbuchhaltung und offener Buchhaltung in der kaufmännischen Buchführung. In diesem Falle ist die Haushaltrechnung in der Abschlußbuchhaltung als eine Art Filialbuchhaltung behandelt. Zu Beginn des Rechnungsjahres werden die Geldbestände auf die Filiale übertragen; während des Jahres arbeitet die Filiale mit den Geldbeständen und verarbeitet die Einnahmen und Ausgaben; am Ende des Jahres wird die Filiale liquidiert. Das Verfahren hat den Vorteil, daß die Abschlußbuchhaltung jährlich nur eine ganz geringe Zahl von Buchungen erfordert. Dem steht jedoch als schwerer Nachteil entgegen, daß auch kaufmännisch geschulte Kräfte sich in das Abhängigkeitsverhältnis der beiden Buchhaltungskreise meist nicht hineinzudenken vermögen.

Das erste Verfahren ist daher vorzuziehen. Man wird allerdings auch in diesem Falle nicht daran vorbeikommen, die Rendanten und Abschlußbuchhalter mit den Grundlagen der doppelten Buchhaltung vertraut zu machen, dagegen ist für die Bearbeiter der Kassenbücher, der Haushaltrechnung und der Handbücher eine Kenntnis der doppelten Buchhaltung nicht unbedingt erforderlich.

Vierter Abschnitt.

Ergänzungen zum ersten bis dritten Abschnitt.

15. Richtlinien für die Vorbereitung der Pflichtprüfungen gemeindlicher Wirtschaftsbetriebe,

herausgegeben vom Gemeindeprüfungsamt bei der Regierung Düsseldorf[1].

Die der Prüfungsbereitschaft dienenden Maßnahmen lassen sich in zwei Gruppen einteilen:

I. Der Prüfer soll zur Erleichterung seiner Tätigkeit bei Beginn der Prüfung einen die technischen, wirtschaftlichen und rechtlichen Grundlagen des Betriebs umfassenden Überblick erhalten.

II. Der Jahresabschluß muß bei Beginn der Prüfung vorliegen und ordnungsgemäß aus den Geschäftsbüchern entwickelt sein. Das Material zur Prüfung dieses Abschlusses ist lückenlos bereitzustellen.

Im einzelnen wird hierunter folgendes verstanden:

Zu I: Den gewünschten Einblick in die Verhältnisse eines Betriebes gewinnt der Prüfer vor allem aus

a) einer Darstellung der technischen Grundlagen der Werke,

b) einer — meist in dem Jahresbericht bereits enthaltenen — Schilderung der technischen und wirtschaftlichen Entwicklung für das zu prüfende Jahr,

c) einer Übersicht über die Organisation von Betrieb und Verwaltung nebst Organisationsplänen, Kontenplänen, Registraturplänen,

d) einer Darstellung der rechtlichen Grundlagen unter Beifügung der Betriebssatzung, Gesellschaftsverträge, Parteienverträge u. dgl.,

e) einer Zusammenstellung der sonstigen wichtigen Verträge (z. B. Bezugs- und Absatzverträge),

f) den Dienstplänen und Dienstanweisungen,

g) einem Verzeichnis der anweisung- und zeichnungsberechtigten Beamten,

h) einem Nachweis über den Versicherungsschutz,

i) den Steuerakten und Prozeßakten,

k) einer Liste der zur Verfügung stehenden Auskunftspersonen unter Angabe des Geschäftsbereichs, für den sie zur Auskunftserteilung berechtigt sind,

l) den Satzungen zu besonderen Kranken- oder Versorgungskassen der Unternehmen nebst den versicherungstechnischen Unterlagen.

Die Unterlagen sollten lückenlos auch dann vorgelegt werden, wenn der Prüfer den Betrieb bereits kennt. Es kann vom Prüfer nicht verlangt werden, daß er von früheren Prüfungen her noch den erforderlichen Überblick hat.

---

[1] Beispiel der auch von anderen Gemeindeprüfungsämtern durch Verfügung an die Gemeinden und Gemeindebetriebe herausgegebenen Vorschriften über Prüfungsbereitschaft.

Zu II: Dieser Teil der Prüfungsvorbereitungen betrifft die Buchhaltung als solche und den zur Prüfung vorzulegenden Abschluß. Der Prüfer muß jederzeit in der Lage sein, sich ohne Zeitverlust über sämtliche Buchungs- und Abschlußvorgänge des zu prüfenden Jahres (Prüfungsjahr) sowie über den Aufbau und Inhalt des Jahresabschlusses an Hand der sachgemäß geordneten Belege, Akten und sonstigen Unterlagen zu unterrichten. In diesem Sinne sind die folgenden Ausführungen, die für einen Teil der Betriebe nicht neu sein werden, aufzufassen.

a) Zur Buchhaltung und ihrer Organisation:

1. Wenn nicht schon gemäß Ziffer I c vorgelegt, Darstellung der Buchhaltungsorganisation durch einen die Geschäfts- und Betriebsbuchhaltung umfassenden Kontenplan.

2. Verzeichnis der vorhandenen Geschäftsbücher, Hilfsbücher und Karteien.

3. Verzeichnis sämtlicher am Bilanztage des Prüfungsjahres vorhanden gewesenen Haupt- und Nebenkassen einschl. Porto-, Wertmarken-, Betriebskassen usw. mit Straße, Haus- und Zimmernummer des Kassensitzes und Namen der verantwortlichen Kassenführer; Angabe der zwischen Bilanztag und Prüfungsbeginn neu errichteten und aufgelösten Kassen.

b) Zum Aufbau des Jahresabschlusses:

1. Vorlage der für die Öffentlichkeit und den internen Gebrauch bestimmten Jahresabschlüsse des Vorjahres nebst Geschäftsberichten, Prüfungsberichten des Wirtschaftsprüfers und Stellungnahme der Gemeindeverwaltung.

2. Nachweis der Genehmigung und Veröffentlichung der Vorjahresabschlüsse sowie des abschließenden Prüfungsvermerks des Leiters des Gemeindeprüfungsamts.

3. Nachweis der Verwendung des Vorjahresgewinns.

4. Zusammenstellung der Beschlüsse, Anordnungen, Verfügungen der übergeordneten Stellen aus dem Prüfungsjahr.

5. Vorlage der Summen- und Saldenbilanz des Prüfungsjahres sowie des unterschriebenen Jahresabschlusses nebst Geschäftsbericht für das Prüfungsjahr.

c) Zum Inhalt der Vermögensdarstellung oder Jahresendbilanz: Grundstücke und Gebäude: Beschreibung des gesamten Grundbesitzes unter Angabe der Bodenfläche, des Zugangsjahres, der Ursprungswerte mit den bisher vorgenommenen Abschreibungen sowie der letzten steuerlichen Einheitswerte.

Die Beifügung von Grundbuch- oder Katasterauszügen erleichtert den Überblick.

Bei Gebäuden sind das Baujahr, die Herstellungskosten (evtl. Bewertung in der Goldmarkbilanz), bisherigen Abschreibungen, Steuerwerte, Feuerversicherungswerte anzuführen. Zu Fabrikgebäuden soll auch die Bauausführung (z. B. Holzbau) und der umbaute Raum in cbm angegeben sein. Zur Beurteilung des Wertes nicht selbst genutzter Grundstücke ist ferner die Angabe der laufenden Unterhaltungskosten und Miet- oder Pachterträge von Bedeutung.

Maschinen und Apparate: Lückenlose Nachweisung der einzelnen Gegenstände an Hand der Inventarverzeichnisse oder Inventarkarteien, die auch das Baujahr, Anschaffungsjahr, den Anfangswert und die bisherigen Abschreibungen enthalten sollen. Aus den bereit zu haltenden Versicherungsakten muß sich der Umfang des Versicherungsschutzes (Feuer-, Maschinenschaden-, Kaskoversicherung) ohne weiteres ergeben.

Beteiligungen: Zur Beurteilung des Wertes der Beteiligungen sind die Verträge, die letzten zwei Jahresabschlüsse und, soweit vorhanden, die letzten Prüfungsberichte bereitzulegen. Über die zur Beteiligung bestimmten Wertpapiere müssen, wenn sie bei betriebsfremden Stellen aufbewahrt werden, die Hinterlegungsbestätigungen greifbar vorliegen.

Im übrigen müssen die bei dem Anlagevermögen und den dazu gehörigen Wertberichtigungen im Laufe des Prüfungsjahres eingetretenen Veränderungen für jeden einzelnen Posten belegt werden können.

Vorräte: Die von dem Aufnahmepersonal unterschriebenen Inventurlisten in Urschrift nebst einer Reinschrift hiervon sowie die Dienstanweisungen zur Inventuraufnahme. Die Inventurreinschriften sollen die Unterschriften der für die Vor- und Nachrechnung sowie die Wertansätze verantwortlichen Beamten tragen.

Wertpapiere: Zergliederung der Bestände unter Angabe der Nennwerte, Anschaffungswerte, Buchwerte im Vorjahre, Kurswert zum Bilanztage. Ferner sind noch der Aufbewahrungsort der einzelnen Stücke anzuführen und bei Hinterlegungen die Bestätigungen hierüber bereit zu halten.

Hypotheken und Grundschulden: Darlehnsverträge, sowie bei Briefsicherungen die Urkunden und bei Buchsicherungen neuere Grundbuchauszüge.

Forderungen an die Stadt: Schuldanerkenntnisse auf den Bilanztag.

Forderungen an abhängige Unternehmen: Desgl.

Geleistete Anzahlungen: Empfangsbestätigungen, Verträge, Abrechnungen.

Gegebene Baudarlehen: Darlehnsverträge, Urkunden oder sonstige Unterlagen über die dinglichen Sicherheiten, Bewertungsunterlagen zu den verpfändeten Grundstücken (amtliche Schätzungen, Feuerversicherungswerte, Steuerwerte).

Forderungen aus Teilzahlungs- und Finanzierungsgeschäften: Verträge, Nachweis der Sicherheiten.

Forderungen aus Lieferungen und Leistungen: Einzelnachweise an Hand von Restelisten oder Kontokorrentauszügen. Besondere Zusammenstellung für zweifelhafte Posten (Dubiosenliste). Übersicht über die während des Geschäftsjahres wegen Uneinbringlichkeit ausgebuchten Forderungen nebst Akten zu den einzelnen Vorgängen.

Sonstige Forderungen: Bewertungsunterlagen, Urkunden zu den Sicherheiten, bei größeren Posten Schuldanerkenntnisse.

Wechsel und Schecks: Nachweisung der Bestände vom Bilanztage durch ein Aufnahmeprotokoll; Zusammenstellung des Wechsel- und Scheckobligos für den Bilanztag.

Konten des Zahlungsverkehrs: Kassenbestandsprotokoll vom Bilanztage und Jahresauszüge oder Sparbücher über sämtliche Konten bei Geldinstituten. Bei Abweichungen zwischen Buchsaldo und tatsächlichem Saldo laut Bankauszug ist die Nachweisung der Zwischenposten erforderlich.

Posten der Rechnungsabgrenzung: Ermittlungsunterlagen.

Vermerke (vor der Spalte): Der Nachweis über Zusammensetzung der Vermerke sollte bis auf weiteres nach den Vorschlägen der alten Musterbetriebssatzung (§ 16 A VII) gegliedert werden. Die Aufstellung ist von dem verantwortlichen Beamten mit der Erklärung zu unterschreiben, daß sonstige, den Vermögensstand oder die Rentabilität des Unternehmens unter Umständen beeinflussende Rechte Dritter (z. B. Pfandrechte) und Risiken (z. B. schwebende Geschäfte, Prozesse) auf den Bilanztag nicht bestehen.

Rückstellungen: Ermittlungsunterlagen.

Wertberichtigungen: Die Wertberichtigung (Abschreibung) für die Anlagen muß zumindest entsprechend der Gliederung des Anlagevermögens aufgestellt sein. Eine summarische Wertberichtigung genügt nicht den Erfordernissen einer ordnungsmäßigen Buchhaltung. Soweit als möglich sind dem Prüfer Berechnungsunterlagen über die Angemessenheit der Wertberichtigung vorzulegen.

Verbindlichkeiten: Saldobestätigungen und soweit nicht schon nach Ziffer I e vorgelegt, Schuldverträge, Anleiheverträge, Tilgungspläne.

d) Zur Einnahmen- und Ausgabenrechnung oder Erfolgsrechnung:

Personalaufwand: Lohnlisten und Gehaltslisten des Jahres, Tarifverträge, die Auftragszettel und Arbeitsbücher zur Nachprüfung der Außenarbeiten und Verteilung der Löhne auf die Kostenstellen, statistische Unterlagen über den Personalaufwand nach Besoldungsgruppen.

Sachaufwand: Lieferungsverträge, Vereinbarungen über Sonder- und Geheimrabatte, Bezugsstatistiken nach Menge und Wert, Betriebsstatistiken.

Betriebsverträge: Tarife, Lieferungsverträge, Ablesebücher, Verkaufsbücher, Umsatzstatistiken; zu den verkauften Nebenprodukten die Frachtbriefduplikate oder Wiegescheine. Sämtliche Inkassolisten des Jahres sowie etwaige schwarze Listen des Hebedienstes.

Kapitalerträge: Verträge, Zinsberechnungen.

Sonstige Erträge: Übersicht über die vermieteten und verpachteten Grundstücke, Gebäude und Wohnungen, Nachweisung der Miet- und Pachtverträge nebst zugehörigen Verträgen.

16. Hinweise für den Abschluß von Verträgen auf dem Gebiete der Energiewirtschaft durch Gemeinden (GV.)[1].

I. Allgemeine Gesichtspunkte für Energieverträge.

1. Rechtzeitig vor dem Abschluß jedes Energievertrages, möge es sich um Werkstillegungsverträge, Lieferverträge für Teil- oder Vollbezug, Betriebsführungs-, Pacht-, Konzessions-Gesellschaftsverträge usw. handeln, ist von der Gemeinde (GV.) eine zuverlässige Wirtschaftlichkeitsberechnung aufzustellen und nebst dem Gesamtplan und den Vertragsentwürfen unabhängigen Beratern zur Nachprüfung und Stellungnahme zuzuleiten. Der Deutsche Gemeindetag ist in der Lage, unabhängige technisch, juristisch, betriebswirtschaftlich und rechnerisch geschulte Sachverständige zu benennen.

2. (1) Hinsichtlich der Vertragsdauer gilt, soweit bis auf weiteres Vertragsabschlüsse nicht besser überhaupt zurückgestellt werden, folg.:

(2) Die Vertragsdauer soll eine angemessene Zeit nicht überschreiten. Grundsätzlich wird daher bei einem Hauptvertrag (erstmaliger Vertragsabschluß) über 30 Jahre nicht hinauszugehen sein. Die Dauer der Verträge sowie der Vertragsverlängerungen kann dann noch kürzer sein, wenn keine Notwendigkeit zu kostspieligen Um- und Neubauten, sonstigen Beschaffungen und Kapitalanlagen besteht, die sich auch für den Vertragsgegner der Gemeinde erst in einem längeren Zeitabschnitt wirtschaftlich ausnützen lassen.

(3) Vertragsverlängerungen sollen sich im allgemeinen auf nicht mehr als fünf Jahre, in Sonderfällen auf höchstens 10 Jahre erstrecken. Eine Vertragsverlängerung ist nur dann zu empfehlen, wenn Nachteile und Härten, die sich während der Laufzeit des alten Vertrages (des Hauptvertrages) herausgestellt haben, gleichzeitig mitbeseitigt werden. Die vorzeitige Verlängerung eines Vertrages ist unzweckmäßig; Verhandlungen über eine Fortführung des Hauptvertrages über den Zeitpunkt des ursprünglich vereinbarten Vertragsablaufs hinaus sollen in der Regel erst im letzten Vertragsjahr begonnen werden.

3. (1) Bei Neuverträgen und Vertragsverlängerungen ist darauf zu achten, daß die Verträge einer Gemeinde in ihren Endschaftsklauseln nicht durch andere Verträge, die zu anderen Zeitpunkten ablaufen, für die Gemeinden nachteilig werden. Nach Möglichkeit sollen zusammenwirkende Energieverträge einer Gemeinde (GV.) annähernd gleichzeitig ablaufen.

(2) Gleichzeitiges Ende aller Verträge von Gemeinden innerhalb eines Kreises sowie von Gemeinden, die zum Belieferungsgebiet desselben Lieferers (Vertrags-

[1] Anlage zum Runderlaß des RuPrMdI. vom 15. August 1935 (V Wi. 22 III/35). Die Hinweise enthalten wichtige Gesichtspunkte für die Beurteilung vorliegender Verträge bei der Pflichtprüfung der wirtschaftlichen Verhältnisse.

gegners) gehören, ist anzustreben; dies gilt insbesondere dann, wenn für kleinere Städte und Landgemeinden für die Zukunft ein Übergang zur Eigenverteilung oder zur Übertragung der energiewirtschaftlichen Aufgaben auf eine gemeinsame kommunale Einrichtung möglich und vorteilhaft erscheint.

4. Die Vereinbarung von Meistbegünstigungsklauseln empfiehlt sich, wenn die Meistbegünstigung bereits anderen Gemeinden vom Vertragsgegner gewährt worden ist. Dabei ist aber zu beachten, daß die Meistbegünstigungsklausel bei allgemeiner Anwendung einer Preisermäßigung entgegenwirken kann. Häufig erscheint es zweifelhaft, ob Meistbegünstigungen überhaupt wirksam werden und die Fälle ihrer Anwendbarkeit von der vertragschließenden Gemeinde einwandfrei festgestellt werden können.

5. Bei allen Preisfestsetzungen für wiederkehrende Leistungen sind Bestimmungen vorzusehen, wonach sich die Preise nach Maßgabe der die Preise bestimmenden Kosten senken. Wird eine Kohlenklausel vereinbart, so sind der Kohlenpreis, auf dem sie beruht, und seine Zusammensetzung so eindeutig anzugeben, daß auch späterhin eine Nachprüfung der Richtigkeit durch Dritte auf Grund bekanntgegebener amtlicher oder gleichzuachtender Belege möglich ist. Der Kohlenpreis ab Zeche und die Fracht sollen möglichst die Preise des Vertragsabschlußtages sein, nicht frühere Richtpreise; der Ort der maßgeblichen Verladestelle, für die der Kohlenpreis gilt, und die Art der Verladung sind kenntlich zu machen, damit eine genaue Abgrenzung der in die Gesamtkosten der Kohle einbezogenen Beförderungskosten (z. B. frei Schiff Hafen, frei Bahnwagen Anschlußgleis) möglich ist. Entsprechendes gilt für eine etwa vereinbarte Lohnklausel. Außervertragliche Nebenabreden über eine Senkung der Preise, etwa die Annahme eines anderen als des vertraglichen Kohlenrichtpreises für eine Übergangszeit, sind unerwünscht. Ein für die Preisfestsetzung vereinbarter Anteil der Kohle- und Personalkosten soll durch ein sinnvolles Verhältnis ersetzt werden können, wenn er im Laufe der wirtschaftlichen Entwicklung seinen ursprünglichen Sinn verloren hat.

6. Die Preise für wiederkehrende Leistungen sollen sich nicht nur mit den Kostenbestandteilen ändern, sondern auch dann, wenn eine Verbesserung der Wirtschaftlichkeit der Anlagen auf andere Weise erzielt wird.

7. Zu vermeiden sind in jedem Falle Bestimmungen, die dem Vertragsgegner das Recht zur einseitigen Abänderung der Preise aus nur ganz allgemeinbestimmten Gründen einräumen (z. B. „und aus sonstigen Gründen").

8. Wenn die Entscheidung von Streitfällen unter Ausschluß des ordentlichen Rechtsweges Schiedsgerichten übertragen werden sollen, so bedarf dies zur Rechtswirksamkeit eines besonderen Vertrages (§ 1027 ZPO. in der Fass. vom 27. Oktober 1933, RGBl. I S. 780). Im allgemeinen soll die Gemeinde (GV.) die Zuständigkeit von Schiedsgerichten statt der ordentlichen Gerichte zur Entscheidung reiner Rechtsfragen nicht vereinbaren. Dagegen kann die Vereinbarung eines Schiedsgutachterausschusses, der — ohne Beeinträchtigung der Zuständigkeit der ordentlichen Gerichte — nur über gewisse tatsächliche Verhältnisse entscheidet, unter Umständen zweckmäßig sein. Dies gilt z. B., wenn es sich um die Feststellung des für den Kaufpreis oder Rückkaufspreis maßgebenden Schätzungswertes eines Ortsnetzes oder ähnliche Feststellungen handelt (vgl. IV, 8).

9. Eindeutige Bestimmungen sind über die Energiequellen zu treffen. Dies gilt sowohl für Strom (Stromart und Stromspannung) als insbes. auch für Gas (Temperatur und Barometerstand, Heizwert, spezifisches Gewicht und Lieferdruck). Dabei ist scharf zwischen der Lieferbeschaffenheit und der Beschaffenheit zu unterscheiben, die die Grundlage für die Preisberechnung bildet. Weiterhin ist zu beachten, daß sich im Laufe der Vertragsdauer die technischen Voraussetzungen für die Energielieferung grundlegend ändern können, wodurch die Lieferbeschaffenheit beeinflußt wird (z. B. Änderung des Heizwertes von Gas). Alle bei Änderungen oder Umstellungen der

Lieferbeschaffenheit für die Gemeinde und für die Abnehmer entstehenden Kosten und Nachteile soll der Lieferer tragen.

10. Über die Durchleitung von Anlagen des Vertragsgegners durch das Gebiet der Gemeinde soll vereinbart werden, daß die Gemeinde über die Linienführung und die Art solcher Anlagen vor dem Baubeginn rechtzeitig durch den Vertragsgegner benachrichtigt werden muß. Alle bei Bau, Betrieb und Veränderungen der Durchleitungsanlagen sowie durch Schädigung des Eigentums Dritter dabei entstehenden Kosten soll der Vertragsgegner tragen; er soll sich verpflichten, die Gemeinde von etwaigen Ansprüchen Dritter frei zu stellen. Die Gemeinde soll für sich im Vertrag das Einspruchsrecht gegen die vom Vertragsgegner geplante Linienführung und gegen die Art der Anlagen für den Fall festlegen, daß der geplanten Linienführung und Art der Anlagen ein vorwiegend öffentliches Interesse entgegensteht. Mit Rücksicht auf die Geschlossenheit des Versorgungsgebiets soll der Vertragsgegner aus Durchleitungsanlagen innerhalb des Gemeindegebiets Energie weder mittelbar noch unmittelbar abgeben oder anbieten dürfen.

11. Bei allen Verträgen ist darauf zu achten, daß klare und eindeutige Bestimmungen über die Tragung der Unterhaltungskosten und der Abschreibungen für die einzelnen Teile der zur Vertragserfüllung erforderlichen Anlagen vereinbart werden, gleichgültig, in wessen Eigentum sie stehen.

II. Reine Energiebezugsverträge.

1. Energielieferungsbedingungen für die Einzelabnehmer sind nicht im Wortlaut in die Energielieferverträge aufzunehmen, sondern gesondert zu vereinbaren.

2. (1) Die energieverteilenden Gemeinden müssen darauf achten, daß der nötige Einfluß der Gemeinde auf die Gestaltung der Tarife nach öffentlichen und sozialpolitischen Gesichtspunkten in jedem Falle gesichert ist.

(2) Die Vereinbarungen über die Lieferung der Energie sollen keine Bestimmungen enthalten, die die wirtschaftliche Ausnutzung der vorhandenen und der neu zu erstellenden technischen Anlagen der Gemeinde unmittelbar oder mittelbar verhindern.

3. Mit Rücksicht auf die Geschlossenheit des Stromversorgungsgebiets der Gemeinde und eine einheitliche Energie- und Tarifpolitik ist gegenüber Vereinbarungen, durch die sich der Lieferer die unmittelbare Versorgung größerer Abnehmer vorbehält, besondere Vorsicht am Platze. Derartige Vereinbarungen werden nur ausnahmsweise und nur dann in Frage kommen, wenn der Kreis der unmittelbar belieferten größeren Abnehmer nach der Art und der Menge der Abnahme genau begrenzt ist.

4. Es soll möglichst vereinbart werden, daß der Lieferer sich grundsätzlich zu tragbaren Preisermäßigungen bereit erklärt, wenn dies in besonderen Fällen zur Herstellung oder Erhaltung der Geschlossenheit und Einheitlichkeit des Versorgungsgebiets erforderlich ist.

5. Die Vereinbarung von Grundpreistarifen bedarf genauer vorheriger statistischer Berechnungen und gegebenenfalls der besonders sorgfältigen Überprüfung ihrer Klauseln durch unabhängige Sachverständige. Dies gilt insbesondere auch für die Bemessungsgrundlage des Grundpreises (bei der Elektrizität des Leistungspreises), für die zugehörigen Blindstromklauseln usw. Kommen für die Berechnung des Leistungspreises für die Lieferung elektrischer Arbeit mehrere Strommeßstellen in Betracht, so dürfen nicht ohne weiteres die Höchstleistungen der einzelnen Meßstellen zusammengezählt und zum Maßstab des Grundpreises gemacht werden, sondern nur die tatsächliche Höchstleistung der Meßstellen in einem und demselben Zeitpunkt. Für den Fall, daß die Gemeinde eigene Energieerzeugungsanlagen ganz oder teilweise stillsetzen, aber betriebsbereit halten will, ist im Vertrage für denjenigen Teil des gesamten Lei-

stungsbedarfs, der bisher mit den stillzusetzenden Erzeugungsanlagen bereitgestellt wurde, ein so niedriger Leistungspreis vorzusehen, daß die Stillsetzung unter Aufrechterhaltung der Betriebsbereitschaft wirtschaftlich möglich ist.

6. (1) Bezüglich der Zählerprüfung ist es zweckmäßig, folg. zu vereinbaren:

(2) Bei Anzweiflung der Richtigkeit der Angaben der eingebauten Zähler steht jeder Partei das Recht zu, eine Prüfung der Zähler durch ein anerkanntes elektrisches Prüfamt vornehmen zu lassen. Wird das Ergebnis einer solchen von einer Partei veranlaßten Nachprüfung von der Gegenseite angezweifelt, so ist die Entscheidung der Physikalisch-Technischen Reichsanstalt herbeizuführen.

7. Bei Energiebezugsverträgen empfiehlt sich die Vereinbarung besonderer Preise für den Bezug der zur Beleuchtung der Straßen, gemeindeeigenen Gebäude u. dgl. erforderlichen Energie nur dann, wenn diese Vereinbarung nicht die sonstigen Energiebezugsbedingungen beeinträchtigt.

III. Betriebsführungs-, Anlageüberlassungs- und Verpachtungsverträge.

Betriebsführungs-, Anlageüberlassungs- und Verpachtungsverträge stehen zwischen reinen Bezugsverträgen und solchen Verträgen, die dem Lieferer das Recht zur Energieabgabe im Gemeindegebiet in Verteilungsanlagen einräumen, die im Eigentum des Lieferers stehen und für die infolgedessen ein Wegebenutzungsrecht vereinbart wird (Konzessionsverträge).

1. Nachdem die Deutsche Gemeindeordnung für die wirtschaftliche Betätigung der Gemeinden gleichzeitig als Ersatz der bisher häufig benutzten Form der Kapitalgesellschaft die besondere Betriebsform des Eigenbetriebes entwickelt hat, sollte allgemein die Bildung von Gesellschaften, also auch die Bildung von gemischtwirtschaftlichen Gesellschaften zum Zwecke der Energieversorgung und des Betriebes von Anlagen nur in besonderen Ausnahmefällen in Betracht gezogen werden. Wie die Begründung zu § 69 DGO. bezüglich der Beteiligung an gemischtwirtschaftlichen Unternehmungen hervorhebt, liegen in einer solchen Beteiligung besondere Gefahren, da die Gemeinde die Wirtschaftsführung des Unternehmens günstigstenfalls nur mittelbar beeinflussen kann und sie nicht selbst ausschließlich bestimmt. Ganz besondere Bedenken bestehen gegen die Bildung gemischt-wirtschaftlicher Gesellschaften, wenn der Beweggrund dazu vornehmlich die Beschaffung fremder Mittel ist. Für die Beteiligung der Gemeinde an wirtschaftlichen Unternehmungen sind in jedem Falle die Vorschriften des § 69 DGO. zu beachten. Die Durchführungsvorschriften nach § 105 DGO. werden demnächst noch näher darüber bestimmen, welchen Mindesteinfluß sich die Gemeinde im Falle der Beteiligung an privatrechtlichen Gesellschaften durch den Gesellschaftsvertrag oder den gleichzeitig abzuschließenden Parteienvertrag insbesondere im Aufsichtsrat sowie auf die Bestellung der Geschäftsführer oder des Vorstandes zu sichern hat und in welcher Weise ein unbeschränktes Revisionsrecht für die Gemeinde und die von ihr Beauftragten sowie für die Aufsichtsbehörde festzulegen ist.

2. Die Gemeinde muß darauf achten, daß ihr der nötige Einfluß auf die Gestaltung der Tarife nach öffentlichen und sozialpolitischen Gesichtspunkten in jedem Falle gesichert ist.

3. Für die Überlassung von Verteilungsanlagen zur Betriebsführung oder pachtweisen Benutzung u. dgl. ist grundsätzlich zu beachten, daß der Betriebsführer, Übernehmer oder Pächter die Anlagen auf seine Kosten so sorgfältig instand zu halten und so in Anpassung an die Fortschritte der Technik in bester Weise und nach den Erfordernissen der Wirtschaftlichkeit und Sicherheit zu ersetzen (zu erneuern) und auszugestalten hat wie seine eigenen Anlagen. Besonders sorgfältiger Behandlung bedarf in dieser Beziehung auch die Übergabe von Meßeinrichtungen (Gasmessern, Stromzählern usw.).

4. Den Verträgen sind Übergabeverzeichnisse einzugliedern, in denen die zu

überlassenden einzelnen Teile der Verteilungsanlage nach Art, Zahl und Wert genau aufgeführt sind.

5. Die Verträge müssen der Gemeinde außer den sonstigen Einnahmen auch ausreichende Einnahmen für die Abschreibung und Verzinsung der zur Verfügung gestellten Anlagen sicherstellen. Von einer Abschreibungsabgabe, nicht aber von der Zinsabgabe, kann abgesehen werden, wenn die volle Werterhaltung der Anlagen vertragliche Aufgabe des Pächters usw. ist. An die Stelle der Abschreibungen darf nicht die Tilgung von Anleihen und Darlehen treten, die die Gemeinde mehr oder weniger willkürlich den betr. Anlagen zugeordnet hat.

6. Im Vertrage soll der Vertragsgegner der Gemeinde auch diejenigen Kosten übernehmen, die durch notwendige Maßnahmen der Gemeinde im Gemeindegebiet, insbesondere durch Straßenverlegungen und Straßenumbauten, entstehen; bei derartigen Maßnahmen soll die Gemeinde jedoch auf berechtigte Wünsche des Versorgungsunternehmens Rücksicht nehmen.

7. Es ist dafür zu sorgen, daß nicht nur das Alteigentum der Gemeinde in seinem vollen Werte erhalten bleibt, sondern daß auch werterhöhende Umbauten, Anlageerweiterungen (Vergrößerungen oder Verstärkungen) und Neubauten — zusammen Neueigentum genannt — sogleich nach Fertigstellung in das Eigentum der Gemeinde übergehen. Ein gemischtes Eigentum ist grundsätzlich zu vermeiden. Die Angemessenheit des Wertes des Neueigentums, das ebenso wie das Alteigentum bei Ablauf des Vertrages wieder in die Verwaltung und auch in den Besitz der Gemeinde selbst übergeht, ist dadurch zu sichern, daß die Baupläne mit zugehörigen Wirtschaftlichkeitsvorrechnungen rechtzeitig vorher von der Gemeinde genehmigt und die Baudurchführung und Abrechnung während und unmittelbar nach der Fertigstellung von der Gemeinde nachgeprüft werden kann.

8. Die Bezahlung des Neueigentums ist unabhängig vom Eigentumsübergang zu regeln; im allgemeinen wird eine Bezahlung erst bei Vertragsende in Betracht kommen; bis dahin sind die Beträge zu stunden. Soll die Gemeinde das Neueigentum schon während der Vertragsdauer bezahlen, so ist für das Neueigentum ebenso wie für das Alteigentum an die Gemeinde regelmäßig eine angemessene Verzinsung des Anlagewertes zu zahlen, da ja die Nutzung beim Pächter, Übernehmer oder Betriebsführer liegt.

9. Die Abschreibungen auf Alt- und Neueigentum sollen grundsätzlich den für die Eigenbetriebe der Gemeinden (GV.) erlassenen oder noch ergehenden Bestimmungen entsprechen. Die häufig getroffene Vereinbarung zu niedriger Abschreibungssätze führt dazu, daß die Gemeinde Wertverluste an Alteigentum erleidet und für das Neueigentum einen zu hohen Preis zahlt.

10. Bei der Bemessung etwaiger Vergütungen für die Betriebsführung ist darauf zu achten, daß sie in einem angemessenen Verhältnis zur Leistung des Betriebsführers stehen.

11. Soll der Vertragsgegner eine Verpflichtung zum Betrieb, zur Unterhaltung oder Erweiterung von Anlagen zur Beleuchtung der Straßen, öffentlichen Zwecken dienenden Gebäude u. dgl. übernehmen, so empfiehlt es sich, diese Verpflichtung in einem Zusatzvertrag zum Hauptvertrag zu vereinbaren. Es bedarf hierbei der Beachtung einer Reihe wichtiger Gesichtspunkte in bezug auf das Eigentum an den Anlagen, wie Wartung, Erhaltung und etwaige Erweiterung der Anlagen, die Beleuchtungszeiten, die Haftung für Schäden und vor allem in bezug auf die Kostenberechnung.

IV. Konzessionsverträge.

Durch Konzessionsverträge wird dem Vertragsgegner das Recht zur Energieabgabe im Gemeindegebiet in ihm gehörenden Verteilungsanlagen sowie das Recht zur Benutzung des Gemeindeeigentums insbesondere auch der Wege eingeräumt. Diese Form der Energieversorgung wird im allgemeinen nur für Gemeinden in Frage kommen, die nicht in der Lage sind, eigene Ortsverteilungsanlagen selbst zu betreiben und die die Energieverteilung im Einzelfalle auch nicht gemeinsam mit anderen Gemeinden oder Gemeindeverbänden vornehmen können. Konzessionsverträge (Wegebenutzungsverträge) sind ferner erforderlich, wenn nur einzelne Zuführungs- oder Durchleitungen Dritter im Gemeindegebiet verlegt werden.

1. Die in den vorangegangenen Abschn. I—III aufgestellten Grundsätze finden auch hier *sinngemäß Anwendung*. Ist mit dem Abschluß eines Konzessionsvertrages die Übernahme einer Kapitalbeteiligung durch die Gemeinde verbunden, so sind hierfür die einleitenden Ausführungen in Abschn. III dieser Hinweise zu beachten.

2. Beginnt der Konzessionsvertrag mit dem *Verkauf der Ortsverteilungsanlagen* (des Ortsnetzes) der Gemeinde an Konzessionsnehmer, so ist für das Ortsnetz ein angemessener Kaufpreis zu vereinbaren, bei dessen Bemessung der technische Zustand und der wirtschaftliche Wert des Netzes zu berücksichtigen sind. Es empfiehlt sich, den Kaufpreis nicht in die Energie-Bezugspreise und -bedingungen einzubeziehen; er ist getrennt darzustellen und es soll besonders darüber abgerechnet werden. Es empfiehlt sich ferner, eine angemessene Verzinsung des etwaigen restlichen Kaufpreises festzulegen. Der Restbestand an Anleihen und Darlehen, den die Gemeinde für das Netz in ihren Büchern führt, ist in der Regel nicht als angemessener Kaufpreis anzusehen.

3. Bezieht sich der Wegebenutzungs- und Lieferkonzessionsvertrag oder ein Verkaufs- und Konzessionsvertrag nur auf die Versorgung mit einer *einzigen Energieart* oder auf das Verteilungsnetz für eine einzige Energieart, so soll dem Konzessionsnehmer oder Käufer nur das Recht zur Wegebenutzung für diese *eine* Energieart, nicht aber auch für die Fortleitung anderer Energiearten überlassen werden, insbesondere darf die Verlegung von Leitungen für andere Energiearten sowie für Schwachstromanlagen und Verkehrsmittel aller Art durch Dritte oder durch die Gemeinde selbst nicht im Vertrage ausgeschlossen sein; die Gemeinde soll sich das Recht vorbehalten, Energieleitungen für die Zwecke der Gemeindeverwaltung oder die Eigenbetriebe der Gemeinde im Gemeindegebiet zu verlegen und zu betreiben.

4. Mit dem *Ablauf des Lieferrechts* soll auch das Wegebenutzungsrecht des Vertragsgegners endigen. Wird vereinbart, daß nach Ablauf des Vertrages ein Durchleitungsrecht (nicht Lieferungsrecht) bestehen bleiben soll, so wird für die Zeit nach Vertragsende ein angemessenes Benutzungsgeld oder eine Anerkennungsgebühr festzulegen sein; in jedem Falle ist der Lieferer für etwa der Gemeinde bei Bau und Betrieb solcher Durchleitungsanlagen entstehenden Kosten ersatzpflichtig zu machen.

5. Der Vertragsgegner soll im Vertrage auch diejenigen Kosten übernehmen, die durch *notwendige Maßnahmen der Gemeinde* im Gemeindegebiet, insbesondere durch Straßenverlegungen und Straßenumbauten, entstehen; bei derartigen Maßnahmen soll die Gemeinde jedoch auf berechtigte Wünsche des Versorgungsunternehmens Rücksicht nehmen.

6. *Verkaufsverträge* sollen eine genaue Beschreibung der Art, des Umfangs und des Zubehörs der zu übergebenden Anlagen enthalten; bei größeren Anlagen ist dem Vertrage ein Übergabeverzeichnis beizufügen, in dem die einzelnen Teile des Ortsnetzes nach Art und Zahl genau aufgeführt sind.

7. Um für das Ende des Konzessionsvertrages die nötigen *Auseinandersetzungsunterlagen* zu besitzen und einem Streit bei Vertragsende nach Möglichkeit vorzubeugen, ist vertraglich zu vereinbaren,

a) daß die verkauften Anlagen technisch und wirtschaftlich auf der Höhe zu halten und bei Bedarf entsprechend auszubauen sind,

b) daß der Gemeinde jederzeit, am besten jährlich, der genaue Stand aller einzelnen Anlagekonten nach Anschaffungswerten, Zugängen, Abgängen, Normalabschreibungen, Sonderabschreibungen usw. bekanntzugeben ist,

c) daß wesentliche Änderungen während der Vertragsdauer der vorherigen Zustimmung der Gemeinde bedürfen,

d) daß schließlich über alle Anlagen technische Aufschreibungen und Zeichnungen anzufertigen und in einwandfreiem Zustande zu halten sind, damit die reibungslose Übernahme aller Anlagen und ihre weitere sichere Betriebsführung nach Vertragsende gegebenenfalls möglich ist.

8. Für die Gemeinde ist das Recht vorzusehen, bei Beendigung des Konzessionsvertrages das Ortsnetz anzukaufen oder zurückzukaufen. Die Bewertungsgrundlagen des Kaufpreises sind im Vertrage festzulegen. Als Kaufpreis oder Rückkaufpreis soll der von zwei unparteiischen Sachverständigen zu ermittelnde Schätzungswert vereinbart werden, wobei festzulegen ist, daß unter Schätzungswert der am Tage der Übernahme abzuschätzende Herstellungswert unter Berücksichtigung des Alters und des Zustandes der Anlagen verstanden werden soll. Als Höchstgrenze für den Kaufpreis ist der Anschaffungswert — bei angemessener Zuteilung der Verwaltungskosten (Regie-Zuschläge) — abzüglich entsprechender Abschreibungen nach besonders zu vereinbarenden Abschreibungssätzen vorzusehen. Der Gemeinde soll im Vertrage das Recht eingeräumt sein, den Stand der Anlagekonten sowie den Stand und Zustand der Anlagen selbst jederzeit nachzuprüfen oder durch ihre Beauftragten nachprüfen zu lassen.

9. (1) Auch bei der Energieversorgung auf Grund eines Konzessionsvertrages kommt es in erster Linie auf eine Tarifpolitik an, die in dem erforderlichen Umfang öffentlichen, wirtschaftspolitischen und sozialpolitischen Gesichtspunkten gerecht wird und die für den einzelnen Abnehmer und die Gesamtheit der Einwohner gleichermaßen günstige Energieversorgung sicherstellt.

(2) Unbeschadet dieser Tarifpolitik erscheint es angemessen, daß die Gemeinde für den Verzicht auf Eigenversorgung einen finanziellen Ausgleich von dem Konzessionsträger erhält. Eine solche Abgabe wird in der Regel gleichzeitig eine Gegenleistung für die Benutzung des Gemeindeeigentums insbes. der Wege umfassen. Die Höhe der Abgabe richtet sich nach den jeweiligen örtlichen Umständen. Bei Vereinbarung einer Pauschal-Konzessionsabgabe soll sich die Gemeinde im Vertrag eine Erhöhung dieser Abgabe für den Fall vorbehalten, daß während der Dauer des Vertrages die Zahl der Anschlüsse an das Netz und die Menge der abgegebenen Energie erheblich zunehmen. Die Vereinbarung von jährlichen Pauschalabgaben ist für die Gemeinde jedoch meist ungünstiger als die Vereinbarung einer nach dem Roh-Umsatz der abgegebenen Energieeinheiten u. dgl. bemessenen Konzessionsabgabe.

10. Die Gemeinde soll sich im Vertrag ausbedingen, daß sich die Tarife nach Maßgabe der die Energiepreise bestimmenden Kosten senken. Die Tarife sollen sich aber nicht nur mit den Kostenbestandteilen ändern, sondern auch dann, wenn eine Verbesserung der Wirtschaftlichkeit der Energieerzeugung oder Energieverteilung auf andere Weise erzielt wird.

11. Größere Gemeinden (5000 Einwohner und mehr) sollen entsprechend dem zu Ziff. 9 Gesagten anstreben, daß sie auf die Tarifpolitik des Konzessionsnehmers in allen wichtigen sozial- und wirtschaftspolitischen Fällen von sich aus den nötigen Einfluß behalten. Auch wo durch die Gestaltung der Tarife die Einnahmen der Gemeinde aus dem Konzessionsvertrag berührt werden, insbesondere bei Umsatzbeteiligung, soll die Einführung neuer Tarife nur nach vorheriger Zustimmung der Gemeinde erfolgen können, bei deren Entscheidung naturgemäß sozialpolitische und ähnliche Erwägungen im Vordergrund stehen müssen. Vertraglich ist festzulegen, wie die nachteilige Wirkung von Einnahmeausfällen durch neue Tarife, Sonderverträge usw. für die Gemeinde abgewehrt wird. Wo ein Gemeindeverband oder mehrere Gemeindeverbände die Energieversorgung mit Hilfe eines gemeinschaftlichen überwiegend kommunalen Unternehmens durchführen, ist die Einflußnahme auf die Tarifgestaltung durch die kommunalen Vertreter in den Organen dieses Unternehmens zu wahren.

12. (1) Es ist darauf zu achten, daß alle Bestimmungen über den Anschluß der Abnehmer in den gesondert zu vereinbarenden Lieferungsbedingungen für die Abnehmer eindeutig festgelegt werden. Die Erhebung von Baukostenzuschüssen oder die Forderung einer Mindestabnahme soll auf solche Fälle begrenzt werden, in denen eine kostendeckende Versorgung für den Vertragsgegner von vornherein ausgeschlossen ist und dem Vertragsgegner die kostenlose Errichtung deshalb nicht zugemutet werden kann. Baukostenzuschüsse sind aber auch für solche Fälle nur in Höhe eines angemessenen Hundertsatzes der reinen Selbstkosten vorzusehen. Die örtlichen Grenzen, innerhalb derer die Erhebung besonderer Baukostenzuschüsse oder die Forderung einer Mindestabnahme bei dem Anschluß neuer Abnehmer nicht gestattet ist, sind ausdrücklich festzulegen. Für den Rückkauf der Anlagen ist vorzusehen, daß die zur wirtschaftlichen Energielieferung nach Vertragsende erforderlichen, aber bereits vor Vertragsende von den Abnehmern an den Konzessionsnehmer abgeführten Baukostenzuschüsse anteilig an die Gemeinde ausgehändigt oder der Gemeinde in Form eines Abzuges vom Rückkaufpreise gutgebracht werden.

(2) Bei der Stromverteilung soll der Vertragsgegner die Unterhaltungskosten der Hausanschlüsse tragen. Der Begriff Hausanschluß ist in den Lieferungsbedingungen klar zu begrenzen.

13. Für die Vereinbarungen über die Beleuchtung der Straßen, der öffentlichen Zwecken dienenden Gebäude u. dgl. wird auf die Ausführungen im Abschnitt III 11 verwiesen.

14. Bei allen Verträgen, die das Eigentum oder die Betriebsführung an gemeindeeigenen Anlagen und damit das Schicksal der bisher beschäftigten Personen in die Hand Dritter bringen, ist klarzustellen, wie der Übernehmer die bisher beteiligten Personen sicherstellt oder abfindet.

15. Es soll schließlich im Vertrag vereinbart werden, daß der Konzessionsträger verpflichtet ist, der Gemeinde (GV.) hinreichende Auskünfte über die Gestaltung der Energiewirtschaft, am besten regelmäßig am Schluß jedes Jahres eine statistische Übersicht über die im Gemeindegebiet nutzbar abgegebene Energie, gegliedert nach Verwendungsarten und Abnehmergruppen, zu liefern. Es sollte ferner vereinbart werden, daß die Gemeinde auch zu anderer Zeit eine entsprechende Teilübersicht verlangen kann, wenn sie ein berechtigtes Interesse an der Mitteilung dieser Angaben glaubhaft macht.

V. Erstversorgungsverträge.

1. Verträge, die die erstmalige Errichtung von Anlagen zur Versorgung mit Gas oder elektrischer Arbeit durch die Gemeinde selbst oder durch Dritte bezwecken (Erstversorgungsverträge) kommen praktisch nur noch für kleinere Gemeinden in Betracht; die in den vorangegangenen Abschn. I bis IV aufgeführten Grundsätze gelten für solche Verträge sinngemäß.

2. Gemeinden mit weniger als 2000 Einwohnern sollen an dem Abschluß von Erstversorgungsverträgen den zuständigen Gemeindeverband (Landkreis) beteiligen.

3. Von der Gemeinde zu leistende Baukostenzuschüsse sollen nur auf Grund einer nachprüfbaren Zuschußberechnung des Unternehmers vereinbart werden.

17. Elektrizitätswirtschaftliche Begriffe.

Zwecks eindeutiger Verständigung empfiehlt es sich, nur die folgenden Begriffsworte in Berichten, Gutachten usw. zu verwenden:

A. Grundwerte für die Zahlenbeispiele.

Erzeugte oder verbrauchte elektrische Arbeit in einem Zeitabschnitt 10000000 kWh/Jahr
Kalenderstunden im gleichen Zeitabschnitt (365×24=) . . . . 8760 h/Jahr

Installierte (vorgehaltene) Leistung (Maschinenleistung, Umspannerleistung, Anschlußwert) . . . . 5000 kW ggf kVA
Höchstlast (Höchstleistung, Spitzenleistung). . . . . 4000 kW ggf kVA

$$1\ \mathrm{kW} = 1\ \mathrm{kVA} \cdot \cos\varphi$$

B. Begriffsbestimmungen durch Beispiele.

1. Mittlere Leistung $L_m = \frac{10000000\ \mathrm{kWh}}{8760\ \mathrm{h}} = 1142\ \mathrm{kW}.$

2. Benutzungsdauer der installierten Leistung

$$h_L = \frac{10000000\ \mathrm{kWh}}{5000\ \mathrm{kW}} = 2000\ \mathrm{h}.$$

3. Ausnutzungsfaktor n. Der Ausnutzungsfaktor entspricht dem Beschäftigungsgrad der Industrie.

Erste Errechnungsweise:

$$n = \frac{10000000\ \mathrm{kWh}}{5000\ \mathrm{kW} \cdot 8760\ \mathrm{h}} = 0{,}228 = 22{,}8\%.$$

Zweite Errechnungsweise (Benutzungsdauer der installierten Leistung durch Kalenderstunden):

$$n = \frac{2000\ \mathrm{h}}{8760\ \mathrm{h}} = 0{,}228 = 22{,}8\%.$$

Dritte Errechnungsweise (mittlere durch installierte Leistung):

$$n = \frac{1142\ \mathrm{kW}}{5000\ \mathrm{kW}} = 0{,}228 = 22{,}8\%.$$

4. Belastungsdauer h_S (oder Benutzungsdauer der Höchstlast):

$$h_S = \frac{10000000\ \mathrm{kWh}}{4000\ \mathrm{kW}} = 2500\ \mathrm{h}.$$

5. Belastungsfaktor m.

Erste Errechnungsweise:

$$m = \frac{10000000\ \mathrm{kWh}}{4000\ \mathrm{kW} \cdot 8760\ \mathrm{h}} = 0{,}285 = 28{,}5\%.$$

Zweite Errechnungsweise (Belastungsdauer durch Kalenderstunden):

$$m = \frac{2500\ \mathrm{h}}{8760\ \mathrm{h}} = 0{,}285 = 28{,}5\%.$$

Dritte Errechnungsweise (mittlere Leistung durch Höchstlast):

$$m = \frac{1142\ \mathrm{kW}}{4000\ \mathrm{kW}} = 0{,}285 = 28{,}5\%.$$

6. Reservefaktor r.

Erste Errechnungsweise (installierte Leistung durch Höchstlast):

$$r = \frac{5000\ \mathrm{kW}}{4000\ \mathrm{kW}} = 1{,}25.$$

Zweite Errechnungsweise (Belastungsdauer durch Benutzungsdauer der installierten Leistung):

$$r = \frac{2500\ \mathrm{h}}{2000\ \mathrm{h}} = 1{,}25.$$

Dritte Errechnungsweise (Belastungsfaktor durch Ausnutzungsfaktor):

$$r = \frac{0{,}285}{0{,}228} = 1{,}25.$$

18. Technische Angaben über Elektrizitätswerke in Pflichtprüfungsberichten.

Für den Fall, daß in Abschnitt II (Grundlagen und Aufbau der Betriebe) der Pflichtprüfungsberichte eingehendere technische Angaben gemacht werden, sind folgende Gesichtspunkte in erster Linie zu beachten.

1. Art der Energiebereitstellung: Es ist zwischen Fremdstrombezug und Eigenerzeugung zu unterscheiden. Auch bedarf es der Erwähnung, ob die Einspeisung von einer oder mehreren Stellen aus erfolgt. Weiter ist von Interesse, ob Großabnehmer vorhanden sind, die zu gewissen Tageszeiten Energie in das Netz zurückliefern.

2. Erzeugungsmittel: Die Erzeugungsmittel ergeben sich bei Eigenerzeugung aus der Art der Erzeugungsanlage (Dampf, Wasser, Diesel). Neben der Größe der Aggregate (oder auch bei größeren Werken neben der Gesamtleistungsfähigkeit) ist bei Dampfwerken der Betriebsdruck des Dampfes anzugeben, bei Wasserkraftwerken die Art, also z. B. Laufkraftwerk, Hochdruckwerk mit oder ohne Speichermöglichkeit usw. Eine Empfehlung, z. B. von Diesel auf Dampfkraft oder auf Fremdstrombezug überzugehen, bedarf der Zusammenarbeit von kaufmännischen und technischen Prüfern.

Den Erzeugungsmitteln bei Eigenerzeugung entspricht bei Fremdstrombezug die Übergabeeinrichtung. Man muß zum mindesten wissen, ob die Gebäude und Umspanner der Gemeinde gehören und an welchen Stellen die zur Verrechnung gelangende Energie gemessen wird (hochspannungsseitig oder niederspannungsseitig).

3. Stromart und Spannung: Aus den Berichten muß ersichtlich sein, um welche Stromart (Gleichstrom oder Drehstrom) es sich handelt. Auch sind Angaben über die Höhe der Spannungen erwünscht. Für die Beurteilung der rechnerischen Verluste, d. h. des Unterschiedes von Erzeugungsmenge und berechneter Abgabemenge, ist die Kenntnis der Verhältnisse notwendig (s. Abschnitt „Stromverluste").

Daß es gelegentlich vorkommt, daß sowohl Dreh- als auch Gleichstrom verteilt wird, dürfte bekannt sein. Wenn eine Umformung von Dreh- auf Gleichstrom vorgenommen wird, so ist außer den Umformungsmitteln (Motorgeneratoren, Umformern, Gleichrichtern) auch anzugeben, welche Mengen umgeformt werden.

Wird in den Berichten ein Durchschnittsgestehungskostenpreis und -erlös je kWh ermittelt und dabei die Gleichstrom- und Drehstromabgabe in kWh zusammengezählt, so ist das sehr ungenau. Da aber vor allem bei kleineren Gemeinden eine Trennung der Kosten oder der Erlöse aus Gleich- und Drehstrom nicht möglich ist, muß in diesem Fall das rohe Verfahren der Addition der kWh beibehalten werden; man sollte jedoch dann im Bericht darauf hinweisen.

4. Höchstlast und Belastungsdauer (Benutzungsdauer der Höchstlast): Die Gegenüberstellung von Durchschnittsgestehungskosten je kWh über eine Reihe von Jahren ist zwecklos, wenn nicht die Belastungsverhältnisse irgendwie gekennzeichnet sind. Das einfachste Kennzeichen ist die Höchstlast und die Belastungsdauer. Man vgl. den Abschnitt „Elektrizitätswirtschaftliche Begriffe".

5. Verteilungssystem: Bei der Verteilung ist anzugeben, ob es sich um Hoch- oder Niederspannungsverteilung handelt und ob es sich um überlagerte Netze handelt oder nicht. Im letzten Falle sind die Spannungen der Netze anzugeben.

19. Stromverluste.

A. Verlustleistung, Verlustarbeit, Größenordnung im Gesamtdurchschnitt.

Zunächst ist darauf hinzuweisen, daß zwischen Verlustleistung in kW und Verlustarbeit in kWh zu unterscheiden ist. Eine allgemein gültige Zahl zur Beurteilung der Verlustarbeit läßt sich nicht angeben. Sie beträgt von den Klemmen der Maschine in den Erzeugerwerken an gerechnet bis zu den Zählern der Abnehmer 10 bis 30 und mehr Prozent. In einzelnen Leitungen und Netzteilen können auch erheblich höhere Verluste auftreten.

B. Grundsätzliches über die Abhängigkeit der Verluste.

Die Höhe der Verlustarbeit ist abhängig von:

1. der Belastung,
2. den Querschnitten,
3. dem technischen Zustand (Alter) des Netzes,
4. der Vermaschung,
5. den Schaltzuständen usw.,

dagegen nicht, was häufig verwechselt wird, von der Stromart. Ein Strom, gleichviel ob Gleich- oder Wechselstrom, ruft in einem Leiter gleichen Querschnitts unter denselben Bedingungen die gleichen Verluste hervor. Aber auch wenn für ein Gleichstromdreileiternetz und ein Dreiphasenwechselstromnetz (Drehstrom) mit Nulleiter das gleiche Kupfergewicht aufgewandt und bei vergleichbaren Spannungen eine gleiche Leistung übertragen wird, sind die Verluste praktisch gleich. Dabei besteht ein kleiner Vorteil für den Gleichstrombetrieb, der um so größer wird, je schlechter beim Dreiphasenwechselstrombetrieb der $\cos\varphi$ wird. Die Behauptung ist also unrichtig, daß die Umstellung von Gleich- auf Drehstrom die Verluste verringert. Die Verringerung wird praktisch nur dadurch erzielt, daß man wesentlich stärker dimensionierte Netze neu verlegt. Würde man dieses Verfahren auch für die Überholung der Gleichstromnetze anwenden, so würde man ebenfalls die Verluste verringern können.

C. Größenordnung der Verluste in den einzelnen Verteilungsstufen.

1. Gleichstromnetze: a) Durch Umformung von Dreh- in Gleichstrom.

Die Umformungsverluste sind davon abhängig, ob Gleichrichter, Motorgeneratoren, Kaskadenumformer oder Einankerumformer Anwendung finden, und wie diese belastet sind. Obgleich der Wirkungsgrad aller dieser Systeme bei Vollast nicht schlecht ist, fällt er bei schwacher Belastung stark ab (die Gleichrichter machen eine Ausnahme, siehe unten). Der durchschnittliche Verlust liegt zwischen 10 und 30%. Bei Gleichrichtern, die nicht unter 25% ihrer Nennlast eingesetzt werden, sollte der Verlust nicht über 10% steigen. Allerdings hat man auch verschiedentlich noch schlechter belastete Gleichrichter, namentlich im Bahnbetrieb, und damit auch höhere Verluste festgestellt.

b) Netz. Hier gibt es zurzeit nur eine Verteilungsstufe, die Niederspannungsstufe. Die Verluste im Netz selbst liegen je nach Netzzustand, Dimensionierung, Vermaschung usw. zwischen 5 und 30%. Im Straßenbahnbetrieb sind in einzelnen Speisekabeln kurzzeitig Verluste über 40% festgestellt worden.

2. Wechselstromnetze (Drehstromnetze): a) durch Umspannung (Auf- oder Abspannung).

Auch hier besteht eine starke Abhängigkeit der Verluste der Transformatoren von der Belastung. Während der vollbelastete Transformator bei sehr großen Typen nur etwa 1% Verluste aufweist, steigt der durchschnittliche Jahresverlust bei schlechter Belastung und kleineren Typen auf 10 bis 20%. Die Ursache dieser hohen Verluste ist in dem Leerlauf der Transformatoren zu sehen; daher schaltet man Transformatoren nach Möglichkeit zu und ab oder entwickelt besondere Typen nach den jeweiligen Verwendungszwecken.

b) Höchst- und Hochspannungsnetz (über 25 kV).

Hier dürften die Verluste heutzutage 5% nie übersteigen. $1\frac{1}{2}$ bis 2% dürften normal sein, es sei denn, daß einzelne Kabel überlastet werden.

c) Mittelspannungsnetz (unter 25 kV).

Die Verluste betragen je nach Alter, Dimensionierung und Vermaschung 5 bis 15%.

d) Niederspannungsnetz (unter 500 Volt).

Die Verluste betragen je nach Alter, Dimensionierung und Vermaschung 5 bis 25%.

D. Ergebnis.

Die Verlustgrenzen sind so verschieden und von so vielen Faktoren abhängig, daß es sich zwar empfiehlt, sie in den Berichten anzugeben, aus ihrer Höhe aber keine Rückschlüsse auf die Betriebsführung zu ziehen. Läßt sich eine Stellungnahme zu der Höhe der Verluste nicht vermeiden, so ist ein technischer Sachverständiger hinzuzuziehen.

20. Gasverluste.

Der rechnerische Gasverlust, d. h. der Unterschied zwischen der auf dem Gaswerk gemessenen Erzeugung und der Summe der Ablesungen bei den Verbrauchern einschl. Eigenverbrauch und Straßenbeleuchtung soll in den Grenzen von 3—7% der Erzeugung liegen, 10% aber keinesfalls überschreiten. Der rechnerische Gasverlust hat folgende Ursachen:

1. Meßfehler der Gasmesser (± 4% Gebrauchsfehlergrenze), z. B. Nichtanzeigen kleiner Gasmengen;
2. unregelmäßige Vornahme der Messerablesungen;
3. Unterschiede in Druck (1 mm WS = 0,01 Vol-%), Temperatur (1° C = 0,37 Vol-%) und durch Kondensation von Wasserdampf (1° C zwischen 12—18° C = 0,10 Vol-%);
4. wirklicher Verlust durch undichte Muffen, Rohrbrüche, Undichtigkeiten am Gasbehälter usw.;
5. Zuweilen wird ein Teil der Gasverluste durch erhöhte Berechnung des Gasverbrauches für öffentliche Beleuchtung verdeckt.

Es empfiehlt sich, bei der Berechnung der rechnerischen Gasverluste Gaserzeugung und Bezug einheitlich auf ein Gas von 15° C, 760 mm QS (das sogenannte Vereins-cbm) umzurechnen, das auch für die Selbstkostenrechnung besonders brauchbar ist, weil die *verkauften* Gasmengen zwar unter den verschiedensten Bedingungen gemessen werden, im deutschen Durchschnitt aber wohl bei derselben Temperatur (15°) und demselben Druck (760 mm) wie das Vereins-cbm.

Zur Darstellung des Verlustes kann folgende Tafel verwendet werden:

	1000 cbm		%	
	1932	1933	1932	1933
Gaserzeugung (+ Gasbezug) lt. Stationsgasmesser bei 15° C 760 mm QS	6200	6500	100,0	100,0
Gasverbrauch lt. Einzelablesung (ev. + Schätzungen)	5787	6052	93,3	93,1
Rechnerischer Gasverlust	413	448	6,7	6,9
	km			
Netzlänge einschl. Abgabe *fern*leitungen[1]	125	140	—	—
	cbm/km			
Rechnerischer Gasverlust in cbm/km Rohrnetzlänge und Jahr	3304	3200	—	—

Als günstige Zahl für den Verlust können unverbindlich 4000 cbm je km *und Jahr* angegeben werden, wobei nicht zwischen Mittel- und Niederdruck im Netz unterschieden ist.

Selbstverständlich kann die Gaserzeugung nur da auf 15° C 760 mm QS umgerechnet werden, wo die meßtechnischen Voraussetzungen gegeben sind. Sind entsprechende Meßeinrichtungen nicht vorhanden oder ihre Ergebnisse nicht ausgewertet, so ist im Bericht darauf hinzuweisen. Ob sich im Einzelfalle der Gasverlust mit größerer annähernder Richtigkeit auf Basis der jeweiligen Messung oder auf Basis von 15° 760 mm ermitteln läßt, kann allgemein nicht gesagt werden. Im wesentlichen hat, wie gesagt, die Umrechnung auf 15° 760 mm den Sinn, für die Beurteilung der *Selbstkosten* der Erzeugung und des Bezuges eine sichere Bezugsgröße zu haben.

[1] Mittel zwischen Jahresanfangslänge und Jahresendlänge, wenn keine genauere Durchschnittsermittlung vorliegt.

21. Kohlerestkosten je 1000000 cbm verkäuflicher Gaser-

Kohlerestkosten sind die Kohleneinsatzkosten abzüglich Wert der verkäuflichen Nebenerzeugnisse. Die Kohlerestkosten können ungedeckte Kohlekosten oder überdeckte Kohlekosten (also Minuskosten) sein. Beispiel: Kohleneinsatz 5000 t zu

Verkäufliche Ausbeute (Erübrigung) je t Kohle		Kohlendurchsatz	Verkäuflicher Koks	K—N=14 RM/t Kohle				K—N=	
		je Mill. cbm verkäufliches Gas		Kokspreis in RM/t Koks				Kokspreis in	
cbm Gas	kg Koks	t	t	24,—	22,—	20,—	18,—	26,—	24,—
a	b	c	d	e	f	g	h	i	k
200	720	5000	3600	*—16 400*	*—9 200*	*—2 000*	5 200	*—13 600*	*—6 400*
220	700	4545	3182	*—12 738*	*—6 374*	*— 10*	6 354	*— 9 992*	*—3 648*
240	680	4167	2834	*— 9 678*	*—4 010*	1 658	7 326	*— 7 012*	*—1 344*
260	660	3846	2538	*— 7 068*	*—1 992*	3 084	8 160	*— 4 452*	624
280	640	3571	2285	*— 4 846*	*— 276*	4 292	8 864	*— 2 274*	2 296
300	620	3333	2067	*— 2 946*	1 188	5 322	9 456	*— 414*	3 720
320	600	3125	1875	*— 1 250*	2 500	6 250	10 000	1 250	5 000
347	580	2882	1672	220	3 564	6 908	10 252	2 640	5 984
374	560	2674	1497	1 508	4 502	7 496	10 490	3 862	6 856
401	540	2494	1347	2 588	5 282	7 976	10 670	4 882	7 576
428	520	2336	1215	3 544	5 974	8 404	10 834	5 786	8 216
455	500	2198	1099	4 396	6 594	8 792	10 990	6 594	8 792
482	480	2075	996	5 146	7 138	9 130	11 122	7 304	9 296
509	460	1965	904	5 814	7 622	9 430	11 238	7 936	9 744
536	440	1866	821	6 420	8 062	9 704	11 346	8 510	10 152
563	420	1776	746	6 960	8 452	9 944	11 436	9 020	10 512
590	400	1695	678	7 458	8 814	10 170	11 526	9 492	10 848
617	380	1621	616	7 910	9 142	10 374	11 606	9 920	11 152

Erläuterungen: 1. Die überdeckten Kohlekosten (Minuskosten) sind durch schräge Zahlen und Minusstrich gekennzeichnet.

2. Die Kohlerestkosten je 1 cbm verkäufliches Gas sind durch Kommaverschiebung zu ermitteln. (4 Stellen nach links, RM wird Rpf; Zeile 1, Spalte e z. B. = —1,64 Rpf/cbm.)

3. Die verkäufliche Ausbeute von Gas und Koks sind von einander abhängig; es gehören also die Werte der Spalten a und b zusammen. Aufgeführt sind nur praktisch vorkommende Erübrigungen. Es sind aber auch andere Verhältnisse praktisch möglich.

4. Die Kohlen- und Koksmengen in Spalte c und d sind aus den Zahlen in Spalte a und b ermittelt. Es beträgt z. B. bei 200 cbm Gaserübrigung der Kohlenbedarf 1000000 cbm : 200 cbm = 5000 t, der verkäufliche Koks ergibt sich aus 5000 t Kohle × 0,720 t Koks je t Kohle = 3600 t.

zeugung bei den verschiedenen Erübrigungen und Preisen.

18 RM = 90000 RM; Nebenerzeugnisse 106400 RM (20000 RM ohne Koks = 4 RM/t Kohle und 86400 RM für Koks = 3600 t Koks zu 24 RM/t Koks); Kohlerestkosten — 16400 RM (vgl. Zeile 1, Spalte e).

16 RM/t Kohle		K—N = 18 RM/t Kohle				K—N = 20 RM/t Kohle			
RM/t Koks		Kokspreis in RM/t Koks				Kokspreis in RM/t Koks			
22,—	20,—	28,—	26,—	24,—	22,—	30,—	28,—	26,—	24,—
l	m	n	o	p	q	r	s	t	u
800	8 000	—10 800	—3 000	3 000	10 800	—8 000	— 000	0 400	10 000
2 716	9 080	— 7 286	— 922	5 442	11 806	—4 560	1 804	8 168	14 532
4 324	9 992	— 4 346	1 317	6 990	12 658	—1 680	3 988	9 651	15 324
5 700	10 776	— 1 836	3 240	8 316	13 392	780	5 836	10 932	15 998
6 866	11 436	298	4 868	9 438	14 008	2 870	7 440	12 010	16 580
7 855	11 988	2 118	6 252	10 386	14 520	4 650	8 784	12 918	17 252
8 750	12 500	3 750	7 500	11 250	15 000	6 250	10 000	13 750	17 500
9 328	12 672	5 060	8 404	11 748	15 092	7 480	10 824	14 168	17 512
9 850	12 844	6 216	9 210	12 204	15 198	8 570	11 564	14 558	17 552
10 270	12 964	7 176	9 870	12 564	15 258	9 470	12 164	14 858	17 552
10 646	13 076	8 028	10 458	12 888	15 318	10 270	12 700	15 130	17 560
10 990	13 188	8 792	10 990	13 188	15 386	10 990	13 188	15 386	17 584
11 288	13 280	9 462	11 454	13 446	15 438	11 620	13 612	15 604	17 596
11 552	13 360	10 058	11 866	13 674	15 482	12 180	13 988	15 796	17 604
11 794	13 436	10 600	12 242	13 884	15 526	12 690	14 332	15 974	17 616
12 004	13 496	11 080	12 572	14 064	15 556	13 114	14 632	16 124	17 616
12 204	13 560	11 526	12 882	14 238	15 594	13 560	14 916	16 272	17 628
12 384	13 616	11 930	13 162	14 394	15 626	13 950	15 182	16 414	17 646

5. Die Kokserübrigung je 1 cbm Gas ist aus Spalte d durch Kommaverschiebung zu ermitteln. Sie beträgt in Zeile 1 3,6 kg je cbm. Jede RM/t Kokspreisänderung ändert bei diesem Verhältnis z. B. die ungedeckten Kohlekosten um 0,36 Rpf/cbm.

6. Der Wert K ist der Frankopreis je t Kohle, N der Erlös aus Nebenprodukten ohne Koks in RM je t Kohle. Ist K—N z. B. 14 RM/t Kohle, so kann diese Differenz aus 18 RM Kohlepreis und 4 RM/t Kohle Nebenprodukterlös (ohne Koks) entstanden sein, aber auch z. B. aus 17—3 oder aus 19—5 oder aus 18,50—4,50 RM/t.

7. Zwischenwerte lassen sich durch Interpolation ermitteln; handelt es sich um runde Wertbeträge, so sind sie aus Spalte c und d abzulesen. Bei K—N = 15 gilt z. B. die Spaltengruppe e bis h für K—N = 14 + dem Wert in Spalte c (t Kohle × 1 RM). Ist bei K—N = 14 der Kokspreis 25 RM, so gilt die Spalte e für 24 RM abzüglich Spalte d (3600 t Koks zu 1 RM), so daß die überdeckten Kohlekosten (—16400 — 3600 =) — 20000 RM betragen.

22. Zur Technologie der Trinkwassergewinnung, -aufbereitung und -verteilung.

Die nachfolgenden Ausführungen sind als Ersatz für den fehlenden technischen Aufsatz über Wasserwerke im 3. Teil dieses Buches gedacht.

Arten des Rohwassers.

A. Oberflächenwasser: 1. Regenwasser, 2. Flußwasser, 3. Seewasser, 4. Talsperrenwasser.
B. Grundwasser und Quellwasser.
  1. echtes, mit natürlichem Filtervorgang,
    a) frei, unter wasserdurchlässiger Erddecke,
    b) gespannt über Flur, artesisch, unter wasserundurchlässiger Erddecke.
  2. unechtes,
    a) unterirdische Wasserläufe ohne natürlichen Filtervorgang,
    b) uferfiltriertes Grundwasser,
    c) infiltriertes Grundwasser.
C. Gemischte Rohwässer (Oberflächen- und Grundwasser).

Verwendung des Rohwassers.

A. Brauch- oder Nutzwasser,
B. Trinkwasser.

Die Feststellungen über die **Eignung von Trinkwasser** erfordern eingehende Wasseruntersuchungen. Es sind folgende:

A. physikalisch:
Aussehen, Geschmack, Geruch, Temperatur, pH-Wert, Kolloidstoffe,
B. chemisch:
Bestimmung der Bestandteile,
C. bakteriologisch:
Bestimmung des Gesamtkeimgehaltes und des Vorhandenseins von Darmkeimen, bacterium coli, den sog. Colikeimen, deren Menge einen Maßstab für die Verunreinigung durch Abgangsstoffe bildet.
D. biologisch:
Man findet Anhaltspunkte für den allgemeinen Zustand des Wassers auch in der vor der Probeentnahme liegenden Zeit durch Anwesenheit oder Fehlen bestimmter pflanzlicher und tierischer Organismen und anorganischer Stoffe (Plankton).

Chemische Bestandteile in Rohwässern und Grenzwerte für Trinkwässer.

	Rohwasser mg/l	Trinkwasser mg/l
Abdampfrückstand	30—800	bis 300
Chlor, Cl	0—80	unter 30
Kochsalz, NaCl	0—80	unter 50
Ammoniak, NH_3	Spuren	0
Salpetrige Säure, N_2O_3	Spuren	0
Salpetersäure, N_2O_5	0—30	0
Kalk, CaO	7—250	7—250
Magnesia, MgO	0—70	0—70
Schwefelsäure, SO_3	0—200	unter 60

	Rohwasser mg/l	Trinkwasser mg/l
Eisen, Fe	0—20	unter 0,1
Mangan, Mn.	0—3	unter 0,1
Kali, K_2O	0—10	0
Phosphate, P_2O_5	0—2	0

Der Gehalt an Kohlensäure (freie CO_2) und Bikarbonaten gibt dem Wasser den erfrischenden Geschmack. Die Temperatur von Trinkwasser liegt am besten zwischen 7—11°C.

Härte des Wassers. Die Härte ist ein Hauptkennzeichen aller Wässer und wird von Kalzium- und Magnesiumsalzen gebildet. Man bezeichnet 10 mg CaO im Wasser als einen deutschen Härtegrad (10 MgO entsprechen dabei 14 CaO).

(Beispiel: 1 l Wasser enthält 128 mg CaO und 17,5 mg MgO. Die Härte beträgt $12{,}8 + 1{,}4 \times 1{,}75 = 15{,}25$ deutsche Härtegrade.)

Einteilung des Wassers nach der Härte:

Bezeichnung	deutsche Härtegrade
weich	unter 8
mittelhart	8—13
ziemlich hart	13—18
hart	18—30
sehr hart	über 30

Zur Kesselspeisung ist nur Wasser mit weniger als 3 bis 10 deutschen Härtegraden ohne vorhergehende Aufbereitung verwendbar.

Gesamthärte = Härte des ungekochten Wassers

Bleibende Härte = Mineralsäurehärte = im abgekochten Wasser verbleibende Härte,

Karbonat- (CO_2-) Härte = vorübergehende Härte = Unterschied zwischen Gesamt- und bleibender Härte.

Unter gebundener Kohlensäure ist dabei die Hälfte der gesamten CO_2 zu verstehen, die (außer freier Kohlensäure!) als Bikarbonate hauptsächlich an die im Wasser gelösten Erdalkalien (im wesentlichen Natrium), an Kalk und Magnesiaanteile gebunden sind. Beim Kochen zerfallen die Bikarbonate unter Abgabe der Hälfte ihres CO_2-Gehaltes, der sog. halbgebundenen Kohlensäure, und scheiden sich als schwerlösliche Monokarbonate ab.

Wasserstoffionenkonzentration: pH-Wert. Bei reinem Wasser hat nach der Menge ionisierten Wasserstoffes der Wasserstoffexponent den Wert 7 und wirkt neutral. Ist die Zahl größer als 7, reagiert das Wasser sauer, ist sie kleiner als 7, reagiert es alkalisch. Die Unterschiede und Eigenarten im pH-Wert werden hauptsächlich durch das Verhältnis von freier und gebundener Kohlensäure bestimmt.

Aggressivität des Wassers. Die für die Verteilung und Zuleitung von Trinkwässern in Frage kommenden Metalle werden von allen sauer reagierenden Wässern mehr oder weniger angegriffen. Das gleiche gilt für harte alkalische Wässer mit Überschußkohlensäure. Der Metallangriff ist bei Gegenwart von Sauerstoff (O_2) um so stärker, je geringer die Karbonathärte und je höher der Gehalt des Wassers an Überschußkohlensäure ist. Ein Gehalt von 5 mg freier Kohlensäure (CO_2) kann als unschädlich angesehen werden.

Wegen des stark gesundheitsschädlichen Einflusses von Bleisalzen dürfen einfache Bleirohre in den Fällen nicht benutzt werden, in denen das Wasser weniger als 50 mg CaO enthält, d. h. dessen Härte unter fünf deutschen Härtegraden liegt. Es sind dann Bleimantelrohre mit Zinnüberzug zu verwenden. Bleiauflösung wird durch Nitrate (N_2O_5) und insbesondere durch Nitrite (N_2O_3) sehr begünstigt, da diese mit dem Blei unmittelbar in Reaktion treten.

Die angreifende Wirkung von Chloriden (Cl) ist darauf zurückzuführen, daß sie bei weichen Wässern die Ausbildung einer Schutzschicht auf den Rohrwandungen verhindern.

Von allen Metallen setzt das Kupfer dem Angriff des Wassers den größten Widerstand entgegen.

Beton und Mörtel (Erdbehälter) werden gleichfalls von allen sauer reagierenden Wässern angegriffen, ferner von solchen, die mehr als Spuren Schwefelwasserstoff (H_2S) oder Sulfide enthalten. Sulfate (SO_3) verursachen Gipsbildung, die zu Sprengungen des Mauerwerks führen kann.

Aufbereitung des Wassers.

I. Entfernung von Schwebestoffen und Kolloiden.

A. Absetzverfahren.

1. ohne Fällungsmittel (notwendige Absitzdauer je nach Reinheitsgrad 4—24 Stunden) in ununterbrochenem oder unterbrochenem Betriebe.
2. mit Fällungsmitteln (notwendige Absitzdauer je nach Reinheitsgrad 2 bis 6 Stunden) in unterbrochenem oder ununterbrochenem Betriebe.

Die das Wasser bräunlich färbenden, kolloiden Huminstoffe müssen durch Chemikalienzusatz ausgeschieden werden. Das zumeist benutzte Ausflockungsmittel ist Aluminiumsulfat ($Al_2 (SO_4)_3$). Man verwendet ferner Eisenchlorid ($FeCl_3$) und Eisensulfatchlorid. Ein wirksames Mittel zur Bekämpfung von Algen ist ein Zusatz von Kupfersulfat ($CuSO_4$).

Durch Anwendung von Absitzbecken wird nicht an der für die Nachreinigung erforderlichen Filterfläche gespart. Es wird nur die Zahl der Filterreinigungen (Rückspülungen) vermindert.

Die Baukosten für Absitzbecken stellen sich auf etwa 10—15 RM/cbm Nutzinhalt, die Betriebskosten ohne Kapitaldienst auf 10—16 Rpf/1000 cbm Wasser.

B. Sandfiltration.

1. Langsamsandfiltration.
   Sie wird für die Reinigung, insbesondere Entkeimung, von verhältnismäßig reinem Oberflächenwasser (z. B. Flußwasser) benutzt. Die Leistungsfähigkeit beträgt 2,4—3,0 cbm Wasser je qm Filteroberfläche und Tag. Die Oberfläche der einzelnen Filter beträgt etwa 500—5000 qm.
2. Schnellfiltration durch offene oder geschlossene (Druck-) Filter.
   Die Schnellfiltration findet hauptsächlich Anwendung für die Reinigung von trübem oder saurem Oberflächenwasser und wird ferner für die Enteisenung und Entmanganung des Wassers benutzt.
   Die Leistungsfähigkeit („Filtergeschwindigkeit") liegt zwischen 4—20 m/std = 4—20 cbm Wasser/qm Filteroberfläche und Stunde (= etwa 100—500 cbm/qm Filteroberfläche und Tag) und beträgt etwa das 30—150 fache der Leistung von Langsamfiltern. Die Größe der Filteroberfläche geht bei geschlossenen Filtern bis zu 6 qm (etwa 2,75 m ⌀), bei offenen bis zu etwa 100 qm.
   Die Filterspülung erfolgt im Gegenstrom zumeist mit Druckwaschwasser. Die notwendige Spülwassermenge beträgt im Durchschnitt 2% der Filtratmenge.
   Die Vorteile des Schnellfilters gegenüber dem Langsamfilter bestehen in einem wesentlich kleineren Raumbedarf, geringeren Anlage- und Betriebskosten, einer einfacheren und rascheren Reinigung durch Rückspülung und Eignung zur Reinigung auch von Rohwässern schwankender Beschaffenheit.

II. Entkeimung des Wassers. Die Gesamtkeimzahl soll in 1 ccm guten Trinkwassers möglichst unter 10 liegen.

A. Abkochung (Erhitzung über 75° C).

Das Verfahren ist nur für kleine Wassermengen (Haushalte) anwendbar.

B. Filtration (durch eine gebildete Filterhaut).

1. Langsamfiltration
   (bei größeren Verunreinigungen Vorreinigung durch Absitzenlassen).
2. Schnellfiltration in Verbindung mit Fällungsmitteln, die sich kolloidal ausscheiden (z. B. Aluminiumsulfat).

C. Chlorung.
Die Zuführung des Chlors (Cl_2) zur Desinfektion des Trinkwassers erfolgt in Form von Chlorgas (direkt oder indirekt), Chlorlauge, Chlorkalk oder Chlorstickstoffverbindungen; in den meisten Fällen wird Chlorgas angewendet. Wegen der Gefahr der Geschmacksbeeinträchtigung wird bei Trinkwässern nur in Notfällen von der Chlorung Gebrauch gemacht.

D. Zusatz von Kalkmilch (20—30proz. $Ca(OH)_2$).
Das Verfahren eignet sich bei sehr weichem Wasser (z. B. Talsperrenwasser), ist jedoch wenig im Gebrauch.

E. Ultraviolettbestrahlung.
Die Anwendung ist teuer und kommt für Großbetriebe kaum in Betracht.

F. Ozonisierung.
Bei billigen Strompreisen ist das Verfahren gut. Es empfiehlt sich, das Wasser vorzureinigen.
Zur Entkeimung ist neben der Chlorung die Sandfiltration das in Wasserwerken am meisten benutzte Verfahren.

III. Ausscheidung der gelösten Stoffe.

A. Enteisenung.
Überführung des gelösten zweiwertigen (Ferro-) Eisens durch kräftige Belüftung und Einwirkung des Luftsauerstoffes mit Unterstützung durch Kontaktmittel in flockige Ausscheidungen von dreiwertigem (Ferri-) Eisenhydroxyd, die durch Filterung entfernt werden. Bei ungenügender Belüftung verbleibt ein Überschuß an freier Kohlensäure im Wasser oder es ist zu wenig Sauerstoff aufgenommen, was in beiden Fällen zumeist eine Eisenauflösung im Rohrnetz („Wiedervereisenung“) zur Folge hat.

1. Offene Enteisenungsanlagen.
   Diese eigenen sich im besonderen bei verhältnismäßig schwer ausscheidbarem Eisen.
   a) Zerstäubung des Wassers mittels Düsen.
   b) Freie Rieselung über Kaskaden, Holzhorden, Koks usw.
   c) Zusatz von Chemikalien (Kaliumpermanganat, Aluminiumsulfat, Kalkwasser u. a.).
2. Geschlossene Enteisenungsanlagen.
   Diese finden Verwendung bei leicht ausscheidbarem Eisen.
   a) Anschnüffeln von Luft in der Saugleitung.
   b) Einführung von Preßluft in die Druckleitung.
   c) Druckrieselung im Luftraum eines Enteisenungskessels bzw. Kontaktfilters.
   d) Zusatz von Chemikalien (wie bei offenen Anlagen).

Bei einem mittleren Eisengehalt kann man im Mittel 5 cbm Wasser auf 1 qm Rieselerfläche/Stunde geben. Die nachgeschalteten offenen oder geschlossenen Schnellfilter lassen je nach dem Eisengehalt eine Belastung von 5—20 cbm/qm Filteroberfläche und Stunde zu.

Geschlossene Enteisenungsanlagen haben gegenüber offenen den Vorteil, daß das Rohwasser nur einmal gepumpt zu werden braucht, Anlagekosten und Platzbedarf

geringer sind und Verunreinigungen des Wassers in weitem Maße unmöglich gemacht werden.

B. Entmanganung.
Das als Begleiter des Eisens auftretende Mangan läßt sich mit diesem durch Belüftung und Rieselung oder Filterung ausscheiden. Es ist für einen ausreichenden Oberflächenkontakt von Braunstein (MnO_2) Sorge zu tragen. Ein weiteres Verfahren arbeitet biologisch mit manganspeichernden Algen.

C. Entsäuerung (hauptsächlich Entfernung der freien Kohlensäure).
1. mechanisch (Rieselung, Regnung, Zerstäubung).
2. chemisch (Kalkwasser, Rieselung über Marmorkies).
Wässer mit einer Karbonathärte von mehr als 6 deutschen Härtegraden können in einem Arbeitsgange mit der Enteisenung durch mechanische Behandlung entsäuert werden. Bei weichen Wässern muß die freie Kohlensäure durch chemische Bindung entfernt werden.

D. Enthärtung.
1. Eine Enthärtung, sofern sie für Trinkwasserversorgung erforderlich ist, geschieht zumeist auf chemischen Wege. Sie beruht in den meisten Fällen auf Umsetzung und Ausfällung der Kalk- und Magnesiasalze als kohlensaurer Kalk und Magnesiumhydroxyd.
   a) Kalksodaverfahren.
   b) Soda-Regenerativverfahren (nur bei geringem Magnesiagehalt des Wassers).
   c) Permutit-Verfahren (Natrium-Aluminium-Silikat).
2. Thermisches Verfahren (Erhitzen unter Ausscheidung der Bikarbonate).

E. Entgasung.
Bei hohem Gehalt an Sauerstoff oder freier Kohlensäure ist eine Entgasung des Wassers angebracht. Durch Einbau eines Kessels in die Förderleitung wird dies verhältnismäßig einfach erreicht.

Wasserfassungsanlagen.

I. Die Gewinnung von Oberflächenwasser geschieht durch Rohrleitungen, die in die Flußläufe, Seen oder Talsperren hineinverlegt werden. Die Entnahme soll nicht an seichten, schlammablagernden Stellen erfolgen. Bei Flüssen ist die Schöpfstelle möglichst hoch über dem Flußbett, jedoch unter dem tiefsten beobachteten Wasserstande und dort, wo eine starke Strömung vorhanden ist, anzulegen. In vielen Fällen handelt es sich bei Quellen auch um Oberflächenwasser, das in höher gelegenem Gelände versickert ist und ohne natürlichen Filtervorgang weiter unten wieder zum Vorschein kommt.
Bei der Wasserentnahme aus Seen soll diese nach Möglichkeit wenigstens 5 m unter dem Wasserspiegel und 2 m über dem Seegrunde erfolgen.

II. Wasserfassungsanlagen für Grundwasser dürfen nicht der Gefahr von Überschwemmungen ausgesetzt sein. Zur Verhütung von Verunreinigungen sind um Brunnen und Quellfassungen ausreichende abgesperrte Schutzgebiete anzulegen. Als Wasserfassungen dienen:

A. Gräben (kommen wegen Verunreinigungsgefahr kaum in Frage)
B. Stollen bzw. Sickergalerien
C. Brunnen
   1. Kesselbrunnen (Schachtbrunnen).
   Diese finden für Tiefen bis zu etwa 12 m Verwendung, wenn das Grundwasser tiefer als 5 m unter der Oberfläche in groben Sanden und Kiesen ansteht. Der Durchmesser der Kesselbrunnen beträgt im allgemeinen 1 bis 5 m.

Der Brunnenmantel besteht zumeist aus Mauerwerk, Zementringen oder Eisenbeton.

2. Rohrbrunnen.
Diese werden gebohrt und aus Metallwandungen hergestellt. Sie haben einen Durchmesser von 0,5—1,0 m und sind manchmal außen mit Kies verfüllt. Bei größeren Wasserfassungen wird das Wasser in manchen Fällen durch Heberleitungen aus verschiedenen Brunnen einem gemeinsamen Sammelbrunnen zugeführt, aus dem die Förderpumpen schöpfen. Bei kleinen Anlagen sind direkte Saugleitungen vorzuziehen, weil der Sammelbrunnen zu teuer würde.
Brunnen bis zu 50 m Tiefe bezeichnet man als „Flachbrunnen", Brunnen über 50 m Tiefe als „Tiefbrunnen".

Hebung und Förderung des Wassers. Bei Auswahl der Antriebsmaschinen ist in vielen Fällen gegenüber der Wirtschaftlichkeit die Sicherheit höher zu bewerten. Benzin-, Gas-, Diesel- und Elektromotoren als Antriebsmaschinen benötigen wesentlich geringere Grundflächen als Dampfanlagen mit Kesselhaus und Kamin. Für die Flüssigkeitshebung benutzt man hauptsächlich folgende Mittel:

I. Luft- oder Dampfdruck:
   A. Saugheber,
   B. Druckluftpumpe (Mammutpumpe),
   C. Dampfwasserheber (Pulsometer).
II. Wasser- und Dampfstrahlpumpen (Ejektoren und Injektoren).
III. Hydraulischer Widder.
IV. Kolbenpumpen.
V. Kreiselpumpen.

Für größere Leistungen sind zumeist Kolben- und Kreiselpumpen in Gebrauch. Letztere werden in Verbindung mit elektrischem Antrieb wegen der damit verbundenen einfachen Betriebsweise und der Möglichkeit der Fernsteuerung und Vollautomatisierung in immer größerem Maße eingeführt.

Bei Brunnen mit einem mehr als 8 m unter Aufstellungsort der Pumpe befindlichen Grundwasserspiegel werden zur Hebung des Wassers Bohrlochkolbenpumpen (Tiefgestängepumpen) oder direkt elektrisch betriebene Tiefbrunnen-Kreiselpumpen (Tauch- oder Unterwasserpumpen) verwendet.

Kraftbedarf von Pumpen zur Förderung von 1 cbm Wasser/Std. Die manometrische Förderhöhe kann für hohe Rohrreibungsverluste gleich dem 1,5fachen des geodätischen Höhenunterschiedes gesetzt werden. Für die Kolbenpumpen gilt ein mittlerer Wirkungsgrad von 0,85, für die Zentrifugalpumpen von 0,70. Beispiel:

manometrische Förderhöhe, m	40	100
geodätische Förderhöhe, m	27	67
Kolbenpumpen, PS_e/cbm/Std.	0,17	0,44
Zentrifugalpumpen, PS_e/cbm/Std. . . .	0,21	0,53

Der zuzuführende Kraftbedarf für die Antriebsmaschinen liegt entsprechend ihrem Wirkungsgrad höher. Dieser beträgt bei Dampfmaschinen 0,80 bis 0,90, bei Motoren 0,85 bis 0,95. 1 PSh entspricht 0,736 kWh.

Aufspeicherung des Wassers. Zur gleichmäßigen Betriebsweise der Rohwasserförderung und Aufbereitung sowie zur Abdeckung der Tagesverbrauchsschwankungen ist die Zwischenschaltung von Ausgleichs- und Speicherbehältern erforderlich. Diese erfüllen zugleich die Aufgabe, den Druck im Rohrnetz gleichmäßig zu erhalten und sind so groß zu bemessen, daß sie stets eine genügende Brandreserve von wenigstens 50—60 cbm Wasser abgeben können.

Die erforderliche Größe der Speicherbehälter ergibt sich aus dem Vergleich zwischen zugeführten und entnommenen Wassermengen zum mittleren Verbrauch. Je größer die Anzahl der Pumpen ist, die den auftretenden Wasserverbrauch zu decken vermögen, um so kleiner kann der Mindestinhalt eines Behälters gewählt werden. Ein größerer Behälterraum gibt dem Förderbetrieb eine weitergehende Beweglichkeit und Wandelbarkeit.

Bei ausreichenden Erhebungen im Gelände des Versorgungsgebietes legt man die Speicherbehälter als Erdbehälter an. In der Ebene sind Turmbehälter zu erstellen.

Das Fassungsvermögen von Erdbehältern soll mindestens die Hälfte bis ein Drittel des größten Tagesbedarfs zu decken vermögen. Bei kleinen Gemeinden ist ein Behälterinhalt von ein- bis zweifachem Tagesbedarf zweckmäßig. Erdbehälter sind für Reinigungsarbeiten nach Möglichkeit durch eine Trennwand teilbar auszuführen.

Turmbehälter führt man je nach den Abgabemengen mit einem Inhalt von $^1/_5$ bis $^1/_2$ des größten täglichen Verbrauchs aus. Sie werden im allgemeinen aus Schmiedeeisen oder Beton hergestellt.

Werden mehrere Speicherbehälter errichtet, so sind diese in gleicher geodätischer Höhe aufzustellen. Die Behälter kommunizieren durch das Verbrauchsnetz zueinander; die Wasserspiegel gleichen sich gegenseitig aus.

Als Ersatz für Behälter können Standrohre oder Windkessel benutzt werden. Diese vermögen jedoch bei geringeren Größen nur Druckschwankungen auszugleichen.

Verteilung des Wassers. Sofern das Versorgungsgebiet Höhenunterschiede von mehr als etwa 70 m aufweist, müssen Zonen mit getrennten Rohrnetzen erstellt werden, die in den meisten Fällen durch Überpumpwerke miteinander verbunden sind. Der sogenannte „bürgerliche Versorgungsdruck" soll zur Zeit des höchsten Verbrauchs noch einen Druck von mindestens 20 m Wassersäule (2 atü) über Pflaster haben.

Das Verbrauchsnetz wird am besten nach dem „Umlauf-(Kreislauf-)System" verlegt: Sämtliche Zweigleitungen verbindet man untereinander durch Nebenstränge. Gegensatz: „Verästelungssystem".

Für die Verlegung von Straßenleitungen werden im allgemeinen Gußrohre verwendet. In neuerer Zeit und zumal in Gelände, das Erdbewegungen ausgesetzt ist, sowie da, wo eine Gewichtsersparnis — insbesondere bei Leitungen mit großem Durchmesser — erwünscht ist, kommen Stahlrohre zur Anwendung.

Die Abdeckung der Rohrleitungen mit Erde soll in Deutschland mindestens 1,25 m betragen (Rohrverlegungskosten!). Nach den letzten zum Teil recht kalten Wintermonaten ist man zum Schutze gegen Einfrieren mancherorts dazu übergegangen, die Leitungen 1,50 m tief zu verlegen.

Rohrverlegungskosten. 1. Preise für fertigverlegte, geschweißte Stahlrohre großer Baulängen einschließlich Formstücke, Nachisolierung der Schweißverbindungen und Druckprobe, jedoch ohne Armaturen (Schieber usw.) und Erdarbeiten für den Rohrgraben und erforderliche Pflasterarbeiten:

lichte Weite mm	80	100	125	150	200	225	250	275	300
RM/lfd. m.	4,50	5,50	7,50	9,50	13,50	16,50	18,40	21,10	24,—

2. Für die Bewertung eines gesamten Rohrnetzes oder bei größeren Bauabschnitten ist für Armaturen und Anschlußstücke ein Zuschlag von etwa 10% zu den reinen Rohrverlegungskosten zu machen.

3. Je nach den örtlichen Boden- und Lohnverhältnissen sind die Kosten der Erd- und Pflasterarbeiten verschieden. Sie sind am besten im einzelnen an Ort und Stelle zu ermitteln. Bei stichfähigem Boden läßt sich für eine Erdabdeckung der Rohrleitung von 1,50 m ein Rohrgraben von 70—80 cbm Breite je lfd. m für etwa 2,— bis 2,25 RM ausheben, verfüllen und wieder festrammen. Die Kosten für Pflasterarbeiten sind

nach der Art (z. B. Kleinpflaster, Platten, Asphalt) verschieden. Man kann im Mittel für Pflasterarbeiten mit 0,70 RM/lfd. m Pflasterung rechnen.

Bei mittleren Rohrstärken und 1,5 m Rohrdeckung betragen für Erd- und Pflasterarbeiten die überschläglichen Kosten etwa 2,70 bis 3,— RM/lfd. m, die den reinen Rohrverlegungskosten einschließlich Aufschlag für Armaturen zuzuschlagen sind.

Die angeführten Richtpreise stimmen in etwa auch für Gußrohre.

23. Wasserverluste, Wassermesser, Wasserverbrauch.

Wasserverluste. Man unterscheidet:

	% der Gesamtförderung
1. wirkliche Wasserverluste (Undichtigkeiten)	0—2
2. scheinbare Wasserverluste (durch Nichtmessung) .	10—25

Die scheinbaren Wasserverluste beruhen darauf, daß die Wassermesser die Durchflußmengen außerhalb ihres Meßbereiches ungenau oder gar nicht anzeigen. Zum Teil sprechen die Messer auch bei Entnahme kleinerer Mengen (undichte Hähne usw.) nicht an. Für gute und regelmäßige Unterhaltung und Prüfung der Wassermesser ist daher seitens der Werke Sorge zu tragen.

Wassermesser: Zur Bestimmung der Wassermengen dienen in Wasserversorgungsbetrieben im allgemeinen folgende drei auf verschiedenen Prinzipien beruhende Messerarten:

I. Geschwindigkeitsmesser:
 A. Flügelradmesser (mit Ein- oder Mehrstrahlbeaufschlagung),
 B. Woltmann-Wassermesser.

II. Volumenwassermesser:
 A. Scheibenwassermesser,
 B. Ringkolben- und Kolbenmesser.

III. Druckdifferenzmesser:
 A. Meßrand und Meßdüse,
 B. Venturirohr.

Geschwindigkeitsmesser eignen sich im besonderen für mittlere, Volumenwassermesser für kleine und Druckdifferenzmesser für große Wassermengen. Die Meßgenauigkeit beträgt etwa ± 2%. In Deutschland sind hauptsächlich Geschwindigkeitsmesser (Flügelradmesser) in Gebrauch. Volumenmesser sind wegen der genaueren Maßeinhaltung der Meßorgane und der Paßarbeit teurer als Flügelradwassermesser.

Wasserverbrauch: I. Mittlerer Wasserverbrauch/Kopf und Tag:

Einwohnerzahl	l/Tag
über 50 000	120—200
unter 50 000	80—150

Der höchste Tagesverbrauch kann mit 150% des durchschnittlichen Wasserverbrauchs/Tag eingesetzt werden.

Der höchste Stundenverbrauch ist etwa 10% des durchschnittlichen Tagesverbrauchs.

Die Angaben der 44. Zusammenstellung der Betriebsergebnisse von 833 Wasserwerken, die meistenteils aus dem Betriebsjahr 1932/33 stammen, können, da das Jahr 1932 ein Tiefstandjahr war, zu vorsichtigen Schätzungen für den Durchschnittsverbrauch dienen. Sie zeigen einen Durchschnittsverbrauch je Kopf und Tag (Einheitsverbrauch) bei Städten mit

über 100 000	Einwohnern	von	130—170 l
100 000—10 000	„	„	170 l
10 000— 4 500	„	„	80 l
unter 4 500	„	„	40—60 l

Der Höchstverbrauch beträgt in ganz großen Städten und Industriestädten das 1,4- bis 1,5fache, in anderen Städten das 1,4- bis 1,6fache des Durchschnittsverbrauchs, dagegen in der Gartenbaustadt Werder (Havel) das 4,0fache, in 12 bekannten Badeorten das 2,03fache.

II. Rundschreiben des DGT über schärfere Erfassung des Wasserverbrauchs (vom 24. Februar 1934 Nr. IV 505; Auszug).

Die Gesamtförderung der deutschen Wasserwerke betrug 1931 etwa 2,4 Milliarden cbm. Rechnet man mit einer Durchschnittseinnahme von 25 Rpf/cbm, so beträgt der Wert der Wasserförderung 600 Millionen RM. 1% Verlustminderung bedeutet demgemäß eine Mehreinnahme für die Wasserwerke von 6 Millionen RM/Jahr und einen entsprechenden volkswirtschaftlichen Gewinn.

Die Verluste entstehen vielfach durch mangelhaft arbeitende Wassermesser. Wo auf die Bedeutung der Verlustfrage geachtet wurde, ist es gelungen, die gesamte Fördermenge mit 90 oder mehr Prozent für die Berechnung zu erfassen. Der Verlust beträgt also in diesen Werken 10% oder weniger. Anderswo dagegen ergeben sich Verluste von 30% und mehr der Fördermenge. Es muß möglich sein, binnen Jahresfrist die Wasserverluste der Gemeinden ganz erheblich zu senken. Soweit es sich dabei um die genauere Erfassung bzw. Messung des Verbrauchs handelt, ist darauf hinzuweisen, daß es der Wassermesserindustrie im letzten Jahrzehnt gelungen ist, die Empfindlichkeits- und Genauigkeitsgrenze der Wassermesser um nahezu 100% zu verbessern. Es ist für die Wasserwerke Pflicht, sich die technischen Fortschritte zunutze zu machen. Die Kosten für planmäßige Auswechslung überalterter Wassermesser haben sich in Breslau und Dresden z. B. in 1—1½ Jahren bezahlt gemacht. Allen Werken, die heute noch Verluste von mehr als 10% haben, empfiehlt deshalb der Deutsche Gemeindetag, ihre Wassermesser zum Zwecke der Instandsetzung und Erneuerung sorgfältig durchzuprüfen. Eine Ausnahme können nur solche von der Natur bevorzugten Gemeinden machen, die ihr Wasser in übernotwendiger Weise aus höher gelegenen Quellen ohne besondere Aufbereitung durch natürliches Gefälle beziehen. Nur wenn diese Gemeinden nach neuen Einnahmequellen suchen und deshalb Wassergeld erheben, empfiehlt sich auch für sie die Einführung von Wassermessern.

III. Richtlinien für den Einbau neuer Wassermesser und für den Ersatz überalterter Wassermesser durch neue (aufgestellt vom DGT zusammen mit dem Deutschen Verein von Gas- und Wasserfachmännern):

1. Die technische Entwicklung der Wassermesser ist in den letzten Jahren so fortgeschritten, daß es sich in jedem Fall lohnt, überalterte Wassermesser durch neue zu ersetzen.

Die Meßeigenschaften und Ausführungsarten moderner Hauswassermesser, insbesondere die Genauigkeitswerte, sind aus den DINblatt-Entwürfen DVGW. E 3260 und E 3261 zu ersehen. In Zukunft sollen nur noch Normenwassermesser eingebaut werden.

2. Sämtliche Wassermesser sind einer regelmäßigen Prüfung etwa in 2 bis 4jährigen Turnus zu unterziehen, wobei am besten mit den kleineren Hauswassermessern begonnen wird; es folgen dann die größeren Wassermesser (Kombinationen usw.), auf die ein besonderes Augenmerk zu richten sich empfiehlt, da sie — obwohl meist nur in kleiner Anzahl vertreten — einen verhältnismäßig großen Teil der Gesamtabgabemenge messen. Wasserwerken, die derartige Prüfungen nicht selbst durchführen können, wird empfohlen, dies bei benachbarten größeren Wasserwerken oder bei den Wassermesserfabriken vornehmen zu lassen.

3. Die Wassermesser sind hierbei in den Werkstätten oder sonstigen Prüfstellen gründlich von Oxyden und Fremdkörpern zu reinigen; abgenutzte Teile sind zu erneuern. Die instandgesetzten Messer müssen vor dem Einbau neu einreguliert werden.

4. Überalterte Wassermesser, deren Genauigkeit und Meßempfindlichkeit der heu-

tigen Technik nicht mehr entsprechen, sind durch neue zu ersetzen. Hierunter fallen vor allem sämtliche Wassermesser, die in der Vorkriegs- und Kriegszeit eingebaut worden sind.

5. Auf die Auswahl der richtigen Wassermessergröße ist größter Wert zu legen; sie ist abhängig von dem Normalverbrauch und den vorübergehend auftretenden Höchstbelastungen. Es ist also nicht erforderlich, daß der Messer den gleichen Durchmesser wie die Zuflußleitung hat.

6. Im einzelnen kann der Ersatz der älteren Messer und Einbau von neuen Messern bei den verschiedenen Wasserwerksgruppen wie folgt vorgenommen werden:

Gruppe A mit Fördermengenmessung, mit Angabemessung
Gruppe B mit Fördermengenschätzung, mit Abgabemessung
Gruppe C ohne Fördermengenmessung, mit Abgabemessung
Gruppe D mit Fördermengenmessung, ohne Abgabemessung
Gruppe E ohne Fördermengenmessung, ohne Abgabemessung.

Abgabemessung ist gleich der Messung der Wasserabgabe an Private und für öffentliche Zwecke durch Wassermesser. Fördermenge ist gleich der ins Rohrnetz abgegebenen Reinwassermenge.

Zu A Werke mit Fördermengenmessung, mit Abgabemessung. Bei dieser Gruppe kann die Wasserbilanz leicht gezogen und der Wasserverlust zahlenmäßig ermittelt werden, nachdem, falls erforderlich, die Richtigkeit der Fördermengenmessung durch Nachprüfung der hierzu verwendeten Wassermesser nachgeprüft worden ist. Auf genaue Messung der Fördermenge ist besonderer Wert zu legen, da die ermittelten Zahlen für eine genaue Betriebsüberwachung von grundlegender Bedeutung sind. Daher sind die Hauptfördermengenmesser sorgfältig instand zu halten und Messer, deren Meßeigenschaften sich nicht mehr als einwandfrei erwiesen haben, zu überholen oder durch neue zu ersetzen. Überschreiten die Wasserverluste — das ist diejenige Wassermenge, die durch die Abgabemessung nicht erfaßt und daher auch nicht bezahlt wird — 10% der Gesamtförderung, so sind Maßnahmen zur Verringerung dieser Verluste, insbesondere Ersatz überalterter Wassermesser durch neue, wirtschaftlich geboten.

Zu B. Werke mit Fördermengenschätzung, mit Abgabemessung. Hier sind neue Hauptwassermesser zur Ermittlung der Fördermenge einzuführen. Das weitere Vorgehen hinsichtlich der Abgabemesser entspricht dem Vorgehen in Gruppe A. Für die Aufstellung der Wasserbilanz ist die Schätzung auf Grund der Anzeige von neu eingebauten Hauptwassermessern zu prüfen, auch wenn angenommen werden kann, daß die Schätzung dem wirklichen Werte nahe gekommen ist, z. B. wenn bei Kolbenpumpen mit Hilfe eines Hubzählers die Fördermenge ermittelt worden ist.

Zu C. Werke ohne Fördermengenmesser, mit Abgabemessung. Hier empfiehlt sich das gleiche Vorgehen wie unter B, also Einführung der Fördermengenmessung und Beginn der Auswechselung überalterter Abgabemesser bereits vor Aufstellung einer Wasserbilanz. Da für die Aufstellung einer Wasserbilanz das Zahlenmaterial erst nach Einbau der Fördermengenmesser und nach Ablauf einer längeren Betriebszeit zur Verfügung steht, ist die Prüfung der Meßeigenschaften der älteren Abgabemesser schon vorher in Angriff zu nehmen.

Zu D. Werke mit Fördermengenmessung, ohne Abgabemessung. Bei sehr geringen Gestehungskosten des Wassers, also in Fällen, wo das Wasser aus höher gelegenen Quellen ohne besondere Aufbereitung und ohne Maschinenbetrieb durch natürliches Gefälle dem Rohrnetz zufließt und in genügenden Mengen vorhanden ist, kann eine Abgabemessung unter Umständen als nicht lohnend bezeichnet werden, es sei denn, daß die Gemeinden nach einer Einnahmequelle suchen und deshalb Wassergeld erheben wollen. Dann empfiehlt sich auch hier die Einführung von Abgabemessern als Schlüssel für die gerechte Verteilung der Kosten.

Sollte aber, insbesondere in der heißen Jahreszeit, die ausreichende Wasserversorgung der Gemeinden in Frage gestellt sein, so ist, um die Gemeinden vor unnötigen Ausgaben für Erweiterungsbauten zu bewahren, sofortiger Einbau von Abgabemessern erforderlich, da dann erfahrungsgemäß der Verbrauch durch Einschränkung der Wasservergeudung erheblich zurückgeht.

In allen Fällen, wo das Wasser chemisch oder mechanisch aufbereitet oder durch Pumpen gefördert wird und dadurch höhere Gestehungskosten verursacht, ist der Einbau von Abgabemessern wirtschaftlich gerechtfertigt.

Zu E. Werke ohne Fördermengenmessung, ohne Abgabemessung. Die Messung der Fördermenge dürfte sich in jedem Fall lohnen, da sie, wie bereits unter A zum Ausdruck gebracht, wertvolles Zahlenmaterial liefert. Im übrigen ist, wie unter D näher beschrieben, vorzugehen.

24. Schrifttumshinweise.

Mit Rücksicht auf den Umfang des ausführlichen Sachverzeichnisses, das für die praktische Benutzbarkeit des Buches als Nachschlagewerk entscheidend ist, mußten ausführliche Schrifttumsangaben unterbleiben. Statt dessen seien hier wenigstens einige Hinweise gegeben.

Zeitschriften. Zunächst seien die Zeitschriften genannt, die der Prüfer gemeindlicher Betriebe regelmäßig auswerten sollte. Unter den kommunalpolitischen Zeitschriften stehen an erster Stelle die Zeitschrift „Der Gemeindetag", Halbmonatsschrift (Verlag W. Kohlhammer, Stuttgart-Berlin, Bezugspreis 15,— RM je Jahr), „Die nationalsozialistische Gemeinde", Halbmonatsschrift (Verlag Frz. Eher Nachf., München, Bezugspreis 6,— RM je Jahr) und die „Zeitschrift für öffentliche Wirtschaft", Monatsschrift (Neuer Kommunalverlag G. m. b. H., Berlin, Bezugspreis 16,— RM je Jahr). Finanzwirtschaftliche, haushaltrechtliche und Rechnungslegungsfragen behandelt die Zeitschrift „Der Gemeindehaushalt", Monatsschrift (Deutscher Gemeindeverlag G. m. b. H., Berlin, Bezugspreis 12,— RM je Jahr). Über neue Gesetze, Verordnungen, Erlasse, Vorträge, Tagungen, Werksberichte u. dgl. aus dem Gebiete der Elektrizitäts-, Gas- und Wasserversorgung unterrichten die wöchentlich erscheinenden „Elgawe-Tagesfragen" (Selbstverlag, Berlin W 35, Derfflingerstr. 5, Bezugspreis 60,— RM je Jahr). Von fachwissenschaftlichen Zeitschriften sind zu nennen „Elektrizitätswirtschaft", Zeitschrift des Reichsverbandes der Elektrizitätsversorgung, Mitteilungsblatt der Reichsgruppe Energiewirtschaft und der Wirtschaftsgruppe Elektrizitätsversorgung, monatlich 3 Hefte (Franckh'sche Verlagsbuchhandlung W. Keller & Co., Stuttgart-Berlin, Bezugspreis 20,— RM je Jahr), Das „Gas- und Wasserfach", Mitteilungsblatt der Reichsgruppe Energiewirtschaft und der Wirtschaftsgruppe Gas- und Wasserversorgung, Wochenschrift (Verlag R. Oldenbourg, München, Bezugspreis 30,— RM je Jahr) und „Die Verkehrstechnik", Zeitschrift der Reichsverkehrsgruppe Schienenbahnen, Halbmonatsschrift (Verlag Ullstein A.-G., Berlin, Bezugspreis 27,— RM je Jahr). Die letztgenannten Zeitschriften berichten auch über Fortschritte auf technischem Gebiete.

Technologie. Für die erste Einführung in die Technologie der Betriebe empfehlen sich außer den bekannten Sammlungen die Schriften des Deutschen Ausschusses für technisches Schulwesen (Selbstverlag, Berlin NW 7, Dorotheenstr. 40), insbesondere die Hefte „Spannung, Widerstand, Strom", Preis 3,— RM, und „Gas aus Kohle", Preis 0,90 RM.

Sammelwerke. Wie bei allen Studien dieser Art empfiehlt sich die Durchsicht der einschlägigen Wörterbücher und Konversationslexika. Aus den fachwissenschaftlichen Wörterbüchern seien insbesondere die zugehörigen Aufsätze im „Handwörterbuch der Kommunalwissenschaft" (Verlag G. Fischer, Jena) und im „Handwörterbuch der Staatswissenschaften" 4. Auflage (Verlag G. Fischer, Jena) genannt. Beide bringen auch ausführliche Schrifttumsangaben, die allerdings, ebenso wie die Aufsätze, die Entwicklung der letzten Jahre nicht mehr berücksichtigen. Als Ergänzung ist deshalb das zweimal jährlich erscheinende „Jahrbuch für Kommunalwissenschaft“, Herausgeber Dr. Kurt Jeserich, Verlag W. Kohlhammer, Stuttgart-Berlin, heranzuziehen.

Sonstige Vorträge der Wirtschaftsprüferwoche. Für das vorliegende Heft standen nicht alle Handschriften der Vorträge auf der Ersten Wirtschaftsprüferwoche zur Verfügung. Einen Ersatz für den Vortrag von Ministerialdirektor Dr. Surén haben die Leser in dem Kommentar Surén-Loschelder zur Deutschen Gemeindeordnung und dem Ergänzungsband zum Kommentar, Berlin (Carl Heymanns Verlag, Preis 6,— bzw. 3,80 RM). Zum Vortrag von Oberbürgermeister Dr. Dr. Weidemann vergleiche man den Kommentar Kerrl-Weidemann zur Deutschen Gemeindeordnung, Berlin (Verlag C. A. Weller, Preis 5,80 RM) sowie seine grundsätzlichen Aufsätze in den genannten kommunal-politischen Zeitschriften. Bezüglich der Vorträge von Ministerialrat Dr. Loschelder und Ministerialrat Dr. Spielhagen vergleiche man das Buch Loschelder-Spielhagen, „Prüfung von Gemeinden und Gemeindeverbänden“ (Verlagsanstalt Müller, Eberswalde, Preis 6,20 RM). Wesentliche Stücke des Schlußvortrages von Dr. van Aubel findet man in dem Aufsatz van Aubel-Richter „Zur Finanzwirtschaft der Gemeindebetriebe“, Zeitschrift für öffentliche Wirtschaft, März- und Aprilheft 1936. Die Vorträge von Stadtkämmerer Dr. Hettlage, Beigeordneter Dr. Meyer, Prof. Dr. Hans Peters, Wirtschaftsprüfer Dipl.-Kfm. Stützel und Privatdozent Dr. Thoms sind bisher nicht veröffentlicht.

Sonderheft „Der Wirtschaftstreuhänder“. Anläßlich der Wirtschaftsprüferwoche erschien als Sonderheft über Gemeindeprüfung die Doppelnummer 12/13 (1935) der Zeitschrift „Der Wirtschaftstreuhänder“ (Verlag G. A. Gloeckner, Leipzig) mit Aufsätzen von Dr. Möncmeier, Ministerialrat Triebel, Dozent Dr. Johns und der Fachgenossen Nintelen, Dr. Raschen, Dr. Wittig, Dr. Kotterba, Klosterhalfen, Masowsky, Dr.-Ing. Eisenberg, Nicklisch, Renger, Dr. Morgenthaler, Dr.-Ing. Wolf, Dr. Reichelt, Bock und Brügelmann.

Gemeindeprüfungsrecht. Die Texte der für das Gemeindeprüfungsrecht wesentlichen Gesetze, Verordnungen, Erlasse usw. findet man in folgenden zwei Büchern: Dr. Peter van Aubel, „Die Pflichtprüfung in Gemeinden und Gemeindebetrieben“, Heft 1 der Fachschriften der Wirtschaftsberatung Deutscher Gemeinden A.-G. (zur Zeit vergriffen, 4. Auflage in Vorbereitung) und Dr. Wilhelm Loschelder „Gemeindeprüfungsrecht“, Berlin (Carl Heymanns Verlag, Preis 6,— RM).

Energiewirtschaftsgesetz. Wichtig werden demnächst die Kommentare zum Energiewirtschaftsgesetz vom 13. Dezember 1935. Wir erwähnen den Referentenkommentar von Darge, Melchinger und Rumpf (Verlag O. Elsner, Berlin, Preis 9,— RM) und den Kommentar von Beig. Dr. Meyer und Ministerialrat Dr. Storck (Verlag W. Kohlhammer, Stuttgart-Berlin — noch nicht erschienen).

Namen- und Sachverzeichnis.[1]

Die fett gedruckten Zahlen verweisen auf Beiträge in diesem Buche.

[1] Aufgestellt von Wirtschaftstreuhänder Dipl.-Kfm. Dr. Hans Winckelmann.